경주
첨성대의
기원

정연식 지음

경주 첨성대의 기원

지은이   정연식

펴낸날   2024년 10월 21일 (재판 1쇄)

펴낸곳   주류성출판사

서울특별시 서초구 강남대로 435

TEL | 02-3481-1024 (대표전화) • FAX | 02-3482-0656

www.juluesung.co.kr | juluesung@daum.net

값 36,000원

잘못된 책은 교환해 드립니다.

ISBN 978-89-6246-499-3 93910

＊본 저작물에는 함초롱바탕체와 경기천년바탕체가 활용되었습니다.

경주
첨성대의
기원

정연식 지음

주류성

1. 본문에서는 특별한 경우를 제외하고는 한자를 노출하지 않고 ( )에 넣되, 한국한자
   음과 다르게 읽는 한자나 번역문의 원문 한자는 [ ]에 넣었다. 다만 한국한자음과 다
   르게 읽는 중국, 일본의 명사는 ( )에 넣었다. 예) 가라[加耶], 쥐똥[鼠矢], 옆으로 나
   왔다[傍出], 뤄양(洛陽), 도쿠리(德利)

2. 각주와 참고문헌의 서지사항은 시카고 스타일을 따르지 않고 '저자, 연도, 논문 제목,
   책 이름, 출판지: 출판사, 참고 쪽'의 순서로 썼다. 장(章)이 바뀌면 '앞의 책, op. cit.' 등
   으로 줄이지 않고 전체를 다시 썼다.

3. 지도는 국토지리정보원 홈페이지(https://www.ngii.go.kr)에서 내려받아 알아보기
   쉽게 다시 그렸다. 조사보고서 도면의 자북(磁北) 표시는 진북(眞北) 표시로 수정했다.

4. 이 책에서의 시각은 특별한 언급이 없으면 현재 우리가 사용하는 동경 135도 기준의
   한국표준시(KST)가 아니라, 해당 지점의 태양의 남중시를 1년간 평균한 지방평균시
   (LMT)이다. 첨성대 지점의 지방평균시는 한국표준시보다 23분 7초가 늦다.

5. 고대 항성의 위치는 'Cartes du Ciel 4.2.1'로 찾았고, 양력 날짜와 절기는 '달력 1.32'로
   찾았다.

6. 그림과 사진 가운데 일부는 알아보기 쉽게 손질한 것도 있다. 그러나 논지에 맞추기 위
   한 의도적인 왜곡은 전혀 없었다.

7. 인명에는 존칭을 생략했다.

주신 사랑에 비하면 보잘것없는 이 책을

하늘로 돌아가신 외할머니께 바칩니다.

역사는 왜 공부하는 것일까?

생물학이나 경제학과 같은 자연과학이나 사회과학의 존재 이유는 단순 명쾌해서 이런 질문에 답변하기가 어렵지 않다. 하지만 역사학의 경우에는 간단치가 않다. 대학의 사학과에 들어오면 처음에 대개 역사학입문 강의를 듣게 된다. 교수들은 대학에 갓 들어온 학생들에게 신채호, 크로체, 콜링우드 등 쟁쟁한 역사학자들의 이름을 들먹이며 역사학의 방법론, 존재가치를 역설한다. 그러나 학생들이 이해하기 쉽게 그리고 선뜻 받아들일 수 있도록 설득하는 것은 쉬운 일이 아니다.

프랑스 중세사학자 마르크 블로크는 2차 대전 당시 레지스탕스 운동에 뛰어들었다가 독일군에 체포되었다. 자신의 운명이 어떻게 될지 모르는 상황에서 그는 감옥 안에서 책의 집필에 착수했다. 그 책의 첫머리는 자신이 체포되기 몇 해 전에 친척 집 어린 소년이 역사학자인 아버지에게 묻는 말로 시작된다. "아빠, 역사란 도대체 무엇에 쓰는 건가요?" 이 소리를 옆에서 들은 블로크는 어린아이의 당돌한 질문에 대한 답으로 『역사를 위한 변명, 그리고 역사가의 임무』라는 책의 원고를 남기고 프랑스가 해방되기 두

달 전에 총살되었다.

역사를 연구하는 궁극적인 목표가 무엇인가에 대해서는 여러 가지 답이 있겠지만, 최초의 동기는 아주 단순했으리라고 생각한다. 블로크의 경우와는 반대로 나는 10년 전에 당시 사학과를 다니던 딸에게 물었다. "너는 역사를 왜 공부한다고 생각하니?" 딸은 딱 1초를 생각하고 답했다. "궁금하니까." 첨성대에 관한 연구는 아주 단순한 궁금증에서 시작되었다.

원래 나의 전공은 조선시대 사회경제사였고, 박사학위 논문도 농민들의 군역과 균역법에 관한 것이었다. 그런데 이것저것 잡다한 분야에 관심이 많았던 터에 90년대 후반부터는 주변 사람들의 권유로, 그리고 관심과 흥미가 생겨서 조선시대에 하루 몇 끼 밥을 먹었는지, 시간은 어떻게 알아냈는지, 무엇을 타고 다녔는지 등을 탐구하는 일상생활사 연구에 빠져들었다. 그러다가 2009년에 학교 사무처장 보직을 맡아 우연히 경주에서 열린 직원연수회의 가이드를 맡게 된 일을 계기로 첨성대가 궁금해서 논문 한 편을 써 보려고 착수했다. 그랬던 것이 예상보다 일이 커져서 세 편을 동시에 발표하게 되었다. 그런데 그 과정에서 새로운 사실들이 감자 덩어리처럼 줄줄이 쏟아져 나왔다. 금맥을 발견한 느낌이었다. 그러다 보니 전공인 조선시대사보다도 고대사에 주력하게 되었다. 첨성대를 연구하다가 고천문학에 손을 뻗쳤고, 고천문학을 공부하다가 중요한 별의 이름에 쓰인 한자를 한나라 때는 지금과는 전혀 다르게 읽었다는 사실을 우연히 발견했다. 그래서 궁금증이 생겨서 역사음운학 공부에 착수했고, 그 덕에 조선시대의 울릉도, 독도의 여러 별명이 왜 생겼는지도 밝혀낼 수 있게 되었다.

본래 나의 관심사와 장기는 고증이다. 70년대 후반 대학 시절에는 사실만을 말하라는 랑케의 실증사학, 자질구레한 사실 천착에 몰두하는 문헌고증사학은 몰가치하고 무책임한 역사학으로 여기는 분위기가 있었고, 나도 그렇게 생각했다. 그러나 연구 활동을 오래 계속하는 가운데 거창한 이론도 실증이 뒷받침되지 않으면 언젠가는 허망하게 무너지고 만다는 것을 깨달은 뒤로는 생각이 바뀌었다.

서울대 규장각에 근무하던 시절에 전시회를 앞두고「기성전도(箕城全圖)」라는 평양지도의 제작연도를 밝혀내기 위해 테이블 위에 커다란 지도를 펼쳐놓고서 고개를 숙이고 들여다보고 있는데 당시 학예연구사로 함께 근무하던 오수창 교수가 지나가면서 한마디 던졌다. "저 형, 또 시작했네!" 그 고증벽이 나를 첨성대로 몰아갔다.

첨성대 논문은 2009년 12월에 공개되었지만, 발표는 그 석 달 전에 한국역사연구회 분과회의에서 있었는데 발표 전날 몇몇 언론사에 내용이 알려져 보도되고 포털 사이트에도 게시되어 작지 않은 반향이 있었다. 당시 연합신문 기자가 자신의 글에 어느 정도 확신을 갖고 있느냐고 묻기에 나는 80%라고 답했다. 그러나 지금 다시 묻는다면 98%라고 답할 것이다. 왜? 나머지 2% 가운데 1%는 혹시 발굴조사가 이뤄지면 채워질 수도 있고, 나머지 1%는 남겨두려 한다. 역사학에 100%는 없으니까.

이 책의 내용은 어떤 사람들에게는 생뚱맞다고 생각될 수도 있고, 어떤 사람들에게는 매우 껄끄러울 수도 있다. 나의 주장이 금방 쉽게 받아들여지리라 기대하지는 않는다. 이 주제에는 다른 견해를 갖고 있는 연구자들도 많다. 그리고 특히 첨성대에 붙여진 '현존하는 세계 최고(最古)의 천문대'라는 명성에 흠집을 내는 일일 수도 있기에 반발도 적지 않을 것이다.

논란에 휘말리는 것이 나쁜 일만은 아니다. 처음부터 만인에게 환영받는 이론은 대개는 별것도 아니어서 시간이 지나고 나면 사람들 뇌리에서 지워지는 일이 적지 않다.

프로이센의 경제학자 고센은 공무원직을 그만둔 뒤 착수한 사업에 실패하자 저술에만 전념하여 4년 만에 원고를 완성했다. 그는 책 서문에서 코페르니쿠스가 하늘의 천체들의 상호작용을 설명했다면, 자신은 지상의 인간들의 상호작용을 설명해 냈다고 큰소리를 쳤다. 그러나 고센은 책을 내려는 출판사를 구하지 못해 자비로 출판해야 했고, 부와 명성을 안겨주리라 기대했던 자신의 저서가 철저히 외면당하자 팔리지 않고 남은 책을 모조리 없애버리고 이듬해에 폐결핵으로 사망했는데 이 비운의 경제학자의 사인이 혹시 화병이 아니었느냐는 말이 있다. 한계효용의 법칙에 관한 그의 업적은 20년 뒤에 고서점에서 발견된 책 한 권으로 가까스로 인정받을 수 있었다.

고흐는 아는 사람에게 풍경화 한 점을 선물했는데 그가 왜 그림에 사인을 하지 않냐고 묻자, 그럴 필요 없다, 나중에 사람들은 내 그림을 알아보게 될 것이고, 내가 죽으면 나에 대한 글을 쓸 것이라고 대답했다. 하지만 800여 점 완성품 가운데 생전에 팔린 그림은 단 한 점밖에 없었다. 그 예술적 가치를 알아보고 끝까지 지원해 준 사람은 오직 아우 테오뿐이었다. 고흐는 사후 10년이 되어서야 서서히 거장의 반열에 오르기 시작했다.

1974년에 존 슈바르츠는 물리학계의 오랜 난제였던 우주에 존재하는 중력, 전자기력, 강력, 약력 네 가지 힘을 하나로 설명할 수 있는 끈이론으로 학계의 이목을 끌기는 했지만 결국 아무도 믿어주지 않자 "범우주적으로 무시당했다."라며 울분을 토했다. 그의 이론은 10년이 지나서야 '만물의 이론'으로 인정받았다. 그러나 끈이론의 진실 여부는 아직도 확실치 않아서, 지금도 물리학계의 대형 사기극이라는 비난이 가라앉지 않고 있다.

그러나 이 책에 담긴 이야기는 그토록 오래 외면당하지는 않을 것이고 사기극이라는 비난에 얽히지도 않을 것이다. 왜냐하면 첨성대에는 관심을 갖고 있는 사람이 많아서 심리학과 연관된 미시경제학이나 강렬한 색채의 후기인상파 미술처럼 변덕스러운 트렌드 때문에 외면당할 위험이 없다. 그리고 끈이론처럼 진위논란에 휘말릴 만큼 어려운 이야기도 아니다. 첨성대 한자 이름과 관련된 음운론은 생소해서 어지럽다 하더라도 나머지는 지극히 상식적인 이야기이다.

상식적인 사실을 찾는 데 오랜 시간이 소요된 것도 이상한 일은 아니다. 지금은 대장경을 읽으려면 편안히 책상에 앉아서 인터넷으로 단어 검색까지 할 수 있는 세상이 되었지만, 예전에는 도서관에 가서 서가에 빽빽하게 꽂혀 있는 대장경을 이것저것 꺼내보며 필요한 글이 어디 있는지 한참을 뒤져야 했다. 반세기 전만 하더라도 모든 일이 순조롭게 빨리빨리 진행될 수 없었다. 발굴과 조사보고서의 간행도 활발하지 못했고, 연구성과도 충분히 축적되어 있지 않았다. 그런 상태에서 기초자료를 찾아내어 모으고 세상에 알리는 수고로운 일들이 여러 연구자에 의해 느릿느릿, 차근차근 진행되었다. 이 연구가 선학들의 땀의 노고가 닦아놓은 길을 따라 이루어진 것임은 두말할 나위도 없다.

사실은 첨성대 연구서를 곧 내겠다는 말을 10년 전부터 주변에 하고 다녔다. 그런데 게으름을 피운 것은 아니었으나 이런저런 이유로 이제야 책을 내게 되었다. 그동안 가슴 한구석에 학자로서의 책무를 다하지 못했다는 부담감을 안고 지냈는데 그것을 덜어내게 되어 기쁘다. 그리고 책의 출간을 미룬 것이 결과적으로는 잘한 일이라는 생각도 든다. 그 사이에 예전 논문에서 했던 이야기 가운데 생각이 바뀐 것도 적지 않고, 공부를 계속하면서 새롭게 찾아낸 것들도 여럿이 있었다. 그것들이 논지의 방향을 바꾸어야 할 정도로 심각한 것은 아니었으나 여기저기서 부분적으로 해명해야 했는데 이 책으로 모두 정리하려 한다.

책의 이름은 '경주 첨성대의 기원'으로 했다. '기원'은 두 가지 뜻을 담고 있다. 별을 쳐다보는 우물의 기원(起源)으로 생각해도 좋고, 경주 첨성대를 세운 선덕여왕의 기원(祈願)으로 해석해도 무방하다.

다음번 책에서는 옛날 우리 조상들이 하늘의 별을 올려다보면서 땅 위에서 벌어진 일들을 어떻게 별자리 이야기에 엮어서 이해했는지 밝혀 보려 한다. 그 준비를 하면서 이 책에 대한 비판과 조언에 귀를 열고 있을 것이다.

2022년 12월 17일
남양주 별내동 집에서

머리말

    첨성대는 석굴암과 함께 경주의 대표적인 상징물이다. 그리고 우리나라 고대 과학의 수준을 가늠하는 표상으로, 우리 민족의 자랑스러운 문화유산으로 소개해 왔다. 우리나라 역사책에는 삽도가 들어간 책이라면 표지나 앞부분에 거의 예외 없이 첨성대 사진이 실렸고, 과학사와 관련된 책이라면 더 말할 나위도 없었다. 1960년대의 10원짜리 지폐 앞면에는 첨성대가, 뒷면에는 세계 최초의 철갑선이라 알려졌던 거북선이 그려졌다. 그리고 1970년대에 우리나라 최초로 현대식 망원경을 갖춘 천문대를 소백산에 지을 때 부속 건물 하나는 첨성대 모양으로 지어 첨성관이라는 이름을 붙였다.[1)]

    첨성대는 처음에는 현존 동양 최고(最古)의 천문대로 소개되었으나, 1973년에는 세계 최고의 천문대라는 타이틀이 붙여졌다. 지금까지 남아있

---

1)   김호일, 2000, 「소백산천문대의 어제와 오늘」, KAO Newsletter 22, 한국천문연구원

는 천문대로 7세기 이전에 세워진 것은 세계 어디에도 없었다.[2] 이미 1982년 판 기네스북에는 세계 최고의 천문대로 수록되기도 하였다 한다.[3]

우리에게 첨성대는 지금까지 그렇게 각인되었다. 하지만 이 자랑스러운 문화유산에 대한 해외의 반응은 미지근했다.

첨성대는 꽤 이른 시기에 유럽에 알려졌다. 프랑스에서 기상학을 공부하고 온 일본인 기상학자 와다 유지가 제물포에 기상관측 책임자로 와서 1910년에 첨성대에 관한 글을 쓰고 이를 영어로 번역하여 유럽에 소개했다. 그로 인해 첨성대는 일찍이 1911년에 과학학술지 『네이처(Nature)』의 뉴스난에 소개되기도 하였다. 그러나 『네이처』 편집자의 반응은 싸늘했다. 그저 탑처럼 생긴 조형물에는 천문대로 볼 수 있는 구석이 전혀 없다는 것이었다.

1959년에는 중국과학사의 세계적인 학자 조지프 니덤의 『중국과학문명사』 3권에 삽도와 함께 중국어 발음 잔싱타이(Chan Hsing Thai)라는 이름으로 소개되었다. 그런데 그것은 그림자 길이를 재어 절기를 알아내는 당(唐)의 주공측경대라는 규표(圭表)를 설명하는 과정에서 주공측경대가 첨성대와 닮은 것 같다고 하여 단 7줄 분량으로 스쳐 지나가듯 언급되었고 내용에도 오류가 있었다.

별 관심이 없던 유럽과는 달리 우리나라와 가까운 일본의 천문학자들은 가끔 자기 나름의 의견을 제시했다. 1981년 경주에서 열린 제3차 첨성대토론회에 참석했던 교토대학의 야부우치 기요시는 '결정적인 반대 증거가 나

---

2) 전상운, 1973, 「한국의 세계제일 ③ 첨성대: 世界속의 과학문화재—신라 천문학의 상징」, 『세대』 1973년 11월호, 181-182쪽

3) 송상용, 1983, 「첨성대 是非」, 『과학과 기술』 16-2, 40쪽

오지 않는 한' 천문대로 생각한다고 '조심스럽게' 말했다 한다.[4] 충분히 짐작이 간다. 천문대로 보기에는 이상한 점이 많아서 천문대설에 동조하는 것이 조심스럽기는 하지만 이름이 '별을 쳐다보는 대[瞻星臺]'라는데야 천문대가 아니라는 생각을 하기가 쉽지 않았을 것이다.

그리고 도쿄대학의 나카야마 시게루는 1971년에 첨성대를 답사한 후에 다목적용 천문대일 것이라는 견해를 밝히고는 그해에 일본천문학회의 『천문월보(天文月報)』에 한국의 첨성대는 꼭대기에 올라 맨눈으로 관측 활동을 하기 위해 세운 천문대라고 발표했다고 전한다.[5] 그러나 1984년에 출간된 자신의 저서에서는 말이 딴판으로 바뀌었다. 그는 첨성대를 '냉각탑 형태의 원통형 탑'으로 소개하면서 천변(天變)을 관측하기 위한 것이라면 굳이 탑 위로 올라가서 관측할 필요가 없고, 한밤중에 천변을 재빨리 보고하기에는 탑 내부가 너무 어둡고 좁으며 발 딛는 곳도 불안하고 위험스럽다고 논평했다.[6] 첨성대가 세계 최고의 천문대라는 외침은 동굴 안에서만 울릴 뿐이다.

외국처럼 냉담하지는 않지만 국내의 반응도 썩 만족스럽지는 않다. 국내의 교과서, 대중서적, 학술서적에 거의 모두 천문대로 소개되고 있어서 국내 학자 대부분이 천문대설에 동의하고 있는 듯 보이지만 내면을 들여다보면 사실 그런 것도 아니다. 천문대설은 관련 전문가들로부터 오랫동안 많은 비판을 받아 왔다. 우리나라 역사학자들도 연구분야가 첨성대와 관련이

4) Song Sang-yong, 1984, "A Brief History of the Study of the Ch'ŏmsŏng-dae in Kyŏngju", *Korea Journal*, Vol.23 No.8, p.20; 송상용, 1984, 「첨성대」, 『이야기 한국과학사』, 서울신문사, 77쪽

5) 전상운, 1979, 「첨성대 연구 약사」, 『한국과학사학회지』 1-1, 78쪽

6) 나카야마 시게루 지음, 김향 옮김, 1995, 『하늘의 과학사』, 가람기획(中山茂, 1984, 『天の科學史』, 東京: 朝日新聞社), 36-37쪽

없는 사람들은 천문대라고 하니 그렇게 받아들일 뿐이다. 조선시대 경제사를 연구하는 한 동료 교수는 2009년에 대전 한국과학기술원에서 열린 제4차 첨성대토론회의 발표를 듣고 와서는 "난 첨성대가 천문대라고 하길래 그런 줄로만 알았는데 발표를 듣고 보니 천문대설이 그렇게 엉성한 줄 처음 알았다."라고 토로하였다.

첨성대를 관심을 갖고 꼼꼼히 살펴보면 천문대라 하기에는 구조나 형태에 이상한 부분이 한두 군데가 아니다. 첨성대를 천문대라고 주장하는 사람들은 그런 지적에 대해 종종 이렇게 답하기도 한다. 과거의 천문학은 지금과는 달리 종교적, 주술적인 점성술의 색채가 짙었기에 첨성대가 엄밀한 조건을 갖춘 천문대처럼 생기지 않았다고 해서 이상하게 생각할 것이 아니라고.

그러나 그것은 사실과는 거리가 먼 이야기이다. 물론 과거의 천문학이 점성술과 뗄 수 없는 관계에 있었던 것은 사실이며, 더 나아가 점성술에서 잉태되었다고 해도 과언이 아니다. 당(唐)의 『개원점경(開元占經)』이나 조선의 『천문류초(天文類抄)』는 천문학을 위한 책이 아니라 별점을 치기 위한 책으로 봐도 무방할 정도다.

서양이라고 다를 것이 없었다. 아이작 뉴턴이 만유인력을 떨어지는 사과에서 영감을 얻어 발견했다고는 하지만, 실제로는 케플러의 법칙을 수학과 물리학으로 풀어 알아낸 것이다. 그런데 요하네스 케플러는 '점성술은 천문학이라는 고도로 지적인 어머니를 먹여 살리는 모자란 어린 딸'이라면서 자신에게 호구지책이었던 점성술에 대해 연민의 애정을 드러냈다. 또한 케플러의 법칙에 활용된 자료는 그의 스승 튀코 브라헤의 관측 데이터였는데, 망원경이 나오기 전에 경이로울 정도의 시력과 관찰력으로 완벽하고 정밀한 데이터를 구축했던 브라헤도 점성술에 몰두했고 또 상당한 조예가 있었다.

점성술사라고 해서 대충 관측하는 것이 아니다. 하늘의 별을 관찰하는 행위 자체는 천문학이나 점성술이나 매한가지다. 다만 관찰한 사실을 어떻게 해석하고 어떠한 의미를 부여하느냐가 다를 뿐이다.

천문대설에 반기를 들고 자국의 문화재에 붙여진 세계 최고의 천문대라는 명성에 흠집을 내는 일은 썩 내키지 않는 일인 데다가 때로는 쏟아지는 비난을 감내해야 하는 일이기도 하다. 천문대설 찬반 논쟁에 중립적 입장을 견지하고 있는 송상용은 1981년에 경주에서 열린 제3차 첨성대토론회에서 논쟁이 있었던 사실이 신문에 보도된 후의 분위기에 대해 이렇게 말했다.

> "사학계 일각에서는 노골적인 불만이 튀어나왔다. 국보를 가지고 이러쿵저러쿵해서 국위를 손상한다는 얘기였다. 나는 좀 생각을 달리한다. 진실을 밝혀 보려는 역사가들의 노력이 어째서 국위를 실추시킨다는 것인가? 설사 첨성대가 천문대가 아니라는 것이 드러난다 해도 큰일날 것은 없다."[7]

이제 이 책에서 이야기하겠지만 경주의 유적들은 첨성대, 나정, 무열왕릉, 신라 종묘, 성부산, 망성산 그리고 나아가서는 박혁거세의 오릉까지 모두 하나의 서사(敍事) 구조로 연결된다. 인간과 제왕의 탄생, 우물과 별 그리고 알, 말과 닭, 죽음과 별. 이렇게 일관된 의미의 연결고리를 지닌 고대인의 스토리텔링 자원이 세계 어느 나라, 어느 도시에, 얼마나 있

7)   송상용, 1983, 앞의 글, 41쪽

을까? 첨성대는 천문대라는 집착으로 인해 첨성대뿐 아니라 경주의 여러 귀중한 자원이 문화재로서의 가치를 제대로 발현하지 못한 채 방치되고 있다.

막스 베버는 '인간은 자신이 자아낸 의미의 그물 안에 매달려 사는 동물'이라는 명언을 남겼다. 그런데 사실 거미는 한 그물에만 매달려 있는 것이 아니다. 거미에도 여러 종류가 있어서 자신이 짜놓은 그물이 쓸모가 없어졌다고 생각되면 놀랄 만한 거리를 점프하기도 하고, 기류를 타고 날기도 하여 다른 곳에 새 그물을 친다. 천문대라는 우리가 쳐놓은 그물에 이렇게까지 오래 매달려 있을 필요는 없다고 본다. 이 그물에서 벗어나면 우리 앞에 새로운 문이 열릴 것이다.

1910년에 와다 유지가 첨성대를 천문대로 규정한 이래로 110여 년의 세월이 흐르는 동안 첨성대의 성격에 관해서는 여러 주장이 있었다. 그렇지만 거의 전부가 첨성대가 전적으로 천문대이거나 부분적으로라도 천문대라고 생각해 왔다. 즉 매일 천체를 관측하는 상설 천문대가 아니라 특별한 때에만 관측하는 비상설 천문대 할지언정, 때로는 천문대로 쓰이기도 했다는 사실을 부정하지는 않았다. 왜냐하면 이름이 '별을 쳐다보는 대'이니까.

그러나 잘라 말하건대 첨성대는 천문관측과 아무런 연관이 없다고 생각한다.

첨성대의 성격을 한마디로 규정하기에는 여러 가지 의심스러운 부분들이 있었다. 그것은 천문대설만이 아니라 나머지 학설들도 마찬가지였다. 그 부분에 대해 새로운 학설들이 의혹을 제기하고, 기존의 학설들은 해명을 했고, 해명이 미진하다 하여 논쟁은 되풀이되었다.

그 의혹에는 다음과 같은 것들이 있다. ①천문대라면 왜 계단을 설치하지 않았을까? ②출입구로 보이는 창구를 왜 저렇게 높은 곳에 내었을까? ③출입구를 왜 저렇게 작게 만들었을까? ④왜 꼭대기 관측공간을 비좁게 만들어 놓았을까? ⑤기단석, 정자석, 창구는 왜 모두 정남을 향하지 않았을까? ⑥월성 앞에서도 비교적 해발고도가 높은 동쪽을 놔두고 왜 서쪽에 치우쳐 세웠을까? ⑦왜 묘한 곡선 형태를 이루면서 아래쪽이 부풀어 있을까?

이 7가지 의혹은 기본적으로는 천문대설에 제기된 의혹이었다. 그러나 다른 학설들도 7가지 의혹에서 자유로울 수가 없었다. 근래에 참신한 주장으로 관심을 끌었던 우물설도 천문대로서의 기능을 완전히 부정하지는 못했으므로 기존 천문대설의 의혹을 떠안은 채 새로운 의혹에 맞닥뜨리게 되었다. 특히 ⑦의 아래가 부푼 형태는 천문대설에는 사소한 문제였지만 우물설에는 중대한 문젯거리였다. 우물이 밑으로 내려갈수록 넓어지다니? 또한 ⑧우물이라면 중간 높이에 왜 작은 구멍을 뚫어 놓았을까 하는 새로운 의혹이 덧붙여졌다. 그것은 천문대설에 제기된 ②의 의혹과 겹치지 않냐고 하겠지만 그렇지 않다. 천문대설에서는 출입구가 높게 뚫린 것이 문제였지만 우물설에서는 '구멍 뚫린 기이한 우물'이라는 새로운 문제가 발생한다. 그리고 천문대설을 부인하는 학자들의 발목을 잡아 왔던 가장 무거운 질문이 남았다. ⑨첨성대가 천문대가 아니라면, 또 우물이라면 왜 '별을 쳐다보는 대'라고 불렀을까?

지금까지의 천문대설이나 그 대안으로 제시된 학설들은 대개 7가지 의문 또는 9가지 의문 가운데 한두 가지에만 답변했을 뿐, 나머지는 언급조차 하지 않고 넘어갔다. 필자는 이 책에서 9가지 의문 모두에 해답을 제시하려 한다.

더 나아가서 ⑩『세종실록』에서는 첨성대 건립 연도를 633년이라 했고

『증보문헌비고』에서는 647년이라 했는데, 어느 것이 옳으며 틀린 기록은 왜 남게 되었을까? ⑪『삼국유사』왕력(王曆)에는 첨성대(瞻星臺)가 점성대(占星臺)로 기록되어 있는데 왜 그런 별명이 생겨났을까? 이 두 질문에도 답을 내어놓을 것이다.

Ⅰ. 첨성대 연구의 지나온 길

1. 다섯 첨성대

우리나라에는 첨성대라는 이름의 건축물이 다섯이 있었다. 신라의 경주 첨성대, 고구려의 평양 첨성대, 고려의 개성 첨성대와 함께, 첨성대라는 별명으로 부르기도 한 조선 관상감(觀象監)의 관천대(觀天臺) 둘이 창덕궁 서쪽과 경덕궁(경희궁) 남쪽에 있었다. 그 다섯 가운데 둘은 사라지고 현재 셋이 남아 있다.

고구려의 평양 첨성대는 『세종실록』(1454)에 평양성 안에 별이 날아든 사당에 못이 있고 못 가에 첨성대가 있다는 짤막한 기록이 있었다. 그러나 30년쯤 지나서 편찬된 『동국여지승람』(1481)에서는 이미 터만 남았다고 한다. 그래서 현재는 형태를 전혀 알 수가 없고 위치도 정확하게는 모른다. 다만 여러 관련 자료를 모아서 보면 현재 평양시 중구역 창광거리에 있는 고려호텔 근처에 있지 않았나 짐작해 볼 뿐이다.

2009년에는 북한에서 평양 대성산 기슭에서 첨성대 유구를 발굴했다는

〈그림1-1〉 개성 첨성대

■ 남북역사학자협의회, 2010, 『개성 만월대 남북공동발굴조사』, 20쪽

보도가 있었다. 그러나 그 유구를 첨성대 유구로 인정한다 하더라도 『세종실록』에서 말한 첨성대가 아닌 것은 분명했다. 위치가 너무도 동떨어져 있기 때문이다.

고려의 개성 첨성대는 지금까지도 예전 자리에 그대로 남아 있다(<그림1-1>). 지금도 개성의 만월대에서, 잘 보이지는 않지만 대강 어느 쪽에 있는지 알고 유심히 살펴보면 아주 작은 모습으로 보인다. 그렇지만 관련 기록이라고는 18세기에 편찬된 『송도지(松都誌)』에 만월대 서쪽에 첨성대가 있다는 기록이 있을 뿐이다.[1] 경주 첨성대와는 달리 연구도 거의 이루어지지 않아서 1990년대 중반에 북한학계에서 간략한 연구 검토 후에 천문대로 규정한 글이 있을 뿐이다.[2]

〈그림1-2〉 광화방 관천대

■ 朝鮮總督府觀測所, 1913, 『日用便覽(第5次)』, 東京: 東京國文社 ‘京城昌德宮外ノ 瞻星臺’

조선의 첨성대(관천대) 둘 가운데 광화방 관천대는 돈화문 서쪽의 야트막한 언덕에 있었다. 그 후로 그 자리에 휘문의숙이 들어서서 그 안에 남아 있다가(<그림1-2>), 언제인지 모르겠으나 계단이 사라진 채 대만 남게 되었고, 아주 약간 자리를 옮겨 지금은 현대건설 본사의 현대빌딩 앞에 서 있다. 그곳에는 특별히 높은 담장도 없어 율곡

---

1)　『松都誌』 권4, 古跡 瞻星臺 “瞻星臺在滿月臺西”. 『松都誌』는 1782년(정조 6)에 송도 유수 鄭昌順이 편찬하였다.

2)　조선기술발전사편찬위원회 편, 1994, 『조선 기술 발전사 3 (고려편)』, 평양: 과학백과사전종합출판사

로를 지나다 보면 얼마든지 볼 수 있다(<그림1-3>).

경희궁 쪽에 있었던 첨성대는 18세기 숙종 때 지은 것으로 경희궁 남쪽의 새문 안길[新門路] 쪽에 두었던 관상감 안에 있었다. 정확한 위치는 알 수 없지만 아마도 지금의 경희궁 흥화문 서쪽 돈의문역사관 자리쯤에 있었을 것으로 짐작된다. 그러나 고종 초에 경복궁이 중건되면서 경

〈그림1-3〉 현대빌딩 앞의 광화방 관천대

희궁은 쓸모가 없어져 방치된 채 피폐해지기 시작했고, 1910년을 전후한 시기에는 일본인 자녀들을 위한 총독부중학교가 그 자리에 들어서면서 경희궁이 본격적으로 파괴되었는데,[3] 관상감 관천대도 그때를 즈음하여 사라지지 않았나 짐작할 뿐이다.

현재 관천대라는 석대(石臺)로는 창경궁 안에 또 하나가 있는 것으로 알려져 있는데, 그것은 소간의(小簡儀)를 올려놓고 천체를 관측하는 관천대가 아니라, 낮에는 해그림자로, 밤에는 별을 보아 시간을 알아내는 일성정시의(日星定時儀)를 올려놓았던 일영대(日影臺)인데, 지금까지 잘못 알려져 온 것이다.[4] 그러므로 그것은 첨성대라 할 수 없다.

그리고 충북 괴산의 화양구곡에도 첨성대가 있지만 건축물이 아니라 자연적으로 쌓인 바위에 그럴듯한 의미를 붙여 첨성대로 불렀을 따름이다.

다섯 첨성대 가운데 조선의 첨성대 둘은 소간의를 올려놓고 천체를 관

---

3)   홍순민, 2017, 『홍순민의 한양 읽기 궁궐 (하)』, 눌와, 431-438쪽
4)   창경궁 일영대에 관해서는 뒤의 [보론 1]에서 다룬다.

측하던 시설이었으므로 천문대임이 명백하다. 그러나 나머지 셋은 모두 어떤 의미 또는 용도를 지닌 건축물인지 모호했다. 관련 기록이 없거나 아주 소략했기 때문이다. 하지만 그 셋 중에서도 경주 첨성대는 실물도 있고, 너무도 미미하기는 하지만 관련 기록이 꽤 이른 시기 『삼국유사』에도 남았으며, 조선시대 문인들의 글도 여럿이 전해져 온다. 그리고 인상적인 독특한 형태는 일반인들에게도 많은 관심을 불러일으켰다. 그래서 비교적 일찍부터 연구가 시작되어 지금까지 꽤 많은 연구가 축적되었다. 그런데도 경주 첨성대가 어떤 건축물인지에 관해서는 100여 년이 지난 지금까지도 의견이 합일되지 않고 있다.

2. 조선시대의 첨성대 인식

경주 첨성대에 관해서는 『삼국사기』에는 관련 기록이 아예 없고, 첨성대가 건립된 지 약 650년이 지나서 13세기에 편찬된 『삼국유사』에 아주 짤막하게 "별기(別記)에 이르기를 이 왕(선덕여왕) 때에 돌을 다듬어 첨성대를 쌓았다고 한다."라고 언급한 것이 전부였다.[5]

『삼국유사』 이후로 첨성대에 관해 어느 정도 구체적인 기록을 처음으로 남긴 것은 『세종실록』이었다.[6] 1454년에 편찬된 『세종실록』의 지리지에는 다음과 같이 기록되었다.

<hr />

5)　『三國遺事』卷1, 紀異1 善德王知幾三事 "別記云 是王代 鍊石築瞻星臺"
6)　『세종실록』보다 3년 전에 간행된 『고려사』에도 첨성대에 관한 기록이 있으나 『삼국유사』의 기록에 추가된 것은 없었다(『고려사』 권57, 지리지2 東京留守官慶州 "【瞻星臺】新羅善德女主所築").

【첨성대】경주부 성(城)의 남쪽 모퉁이에 있다. 당 태종 정관(貞觀) 7년 계
사년(633)에 신라 선덕여왕이 쌓았다. 돌을 쌓아 만들었는데, 위는 네모
나고 아래는 둥글며, 높이가 19척 5촌이고, 위 둘레는 21척 6촌, 아래 둘
레는 35척 7촌이다. 그 안을 통하게 하여, 사람이 안으로 오른다."[7]

『세종실록』에서는 첨성대의 건립연도, 형태, 크기와 구조에 대해 말하고
사람이 그 안으로 오른다고 했을 뿐 첨성대가 어떤 용도의 건축물이었는지
꼭 집어 언급하지는 않았다.

그리고 약 30년이 지난 뒤에 드디어 『동국여지승람(東國輿地勝覽)』(1481)
에서 처음으로 첨성대에서 천문을 살폈다는 기록을 남겼다.

【첨성대】경주부의 동남 3리에 있다. 선덕여왕 때 돌을 다듬어 대를 지었
다. 돌을 쌓아 만들었는데 위는 네모나고 아래는 둥글다. 높이가 19척으
로 안을 통하게 하여 사람이 그 안으로 오르내려 천문을 살폈다.[8]

그리고 이 뒤에 바로 안축(安軸: 1287~1348), 정몽주(鄭夢周: 1337~1392), 조위
(曹偉: 1454~1503)가 첨성대에 관해 읊은 시를 함께 수록하였는데, 대체로 첨
성대를 천문대로 인식하고 쓴 시였다. '별을 쳐다보는 대'라는 이름의 첨성
대를 천문대로 인식한 것은 지극히 자연스러운 일이었다.

---

7) 『世宗實錄』 권150, 地理志 慶尙道 慶州府 "【瞻星臺】在府城南隅 唐太宗貞觀七年癸巳 新羅善
德女主所築 累石爲之 上方下圓 高十九尺五寸 上周圍二十一尺六寸 下周圍三十五尺七寸 通
其中 人由中而上". 이 기록의 자는 46.6cm의 布帛尺으로 보인다.

8) 『東國輿地勝覽』 권21, 慶尙道 慶州府 "【瞻星臺】在府東南三里 善德女主時 鍊石築臺 累石爲
之 上方下圓 高十九尺 通其中 人由中而上下 以候天文"

첨성대에서 천문을 관측했다는 『동국여지승람』의 기록은 『동경잡기(東京雜記)』(1670), 『여지도서(輿地圖書)』(1765)와 『증보문헌비고(增補文獻備考)』(1908)에 그대로 옮겨졌다.[9]

하지만 첨성대가 천문대라는 『동국여지승람』의 설명은 첨성대가 세워진 지 약 850년이나 지나서 추측해서 쓴 것이므로 천문대라는 주장의 근거로 삼을 만한 것은 아니었다. 하지만 '별을 쳐다보는 대'라는 이름으로 보건대 그런 생각이 크게 흠잡을 것도 없어 보였기에 그러한 인식은 근현대에도 계속 이어졌다.

3. 근현대 학문에서의 천문대설

첨성대가 근대적인 학문의 관심거리로 등장한 것은 20세기 초 대한제국 시절이었다. 1902년에 도쿄제국대학 공과대학 조교수 세키노 다다시(關野貞: 1868~1935)는 한국의 고건축에 관해 조사해 오라는 일본 정부의 위탁을 받고 7월 초에 한국을 방문했다. 그는 서울, 개성 등을 돌아다니며 조사 업무를 수행하다가 8월 중순에 경주에 도착하여 첨성대를 실측하고는 대구, 마산, 부산 등지를 거쳐 9월 초에 일본으로 돌아갔다. 두 달 남짓 한국을 돌아다니며 조사한 결과는 2년 후 1904년에 『한국건축조사보고(韓國建築調査報告)』라는 책으로 출간되었고 그 책에서 첨성대도 간략하게 소개되었다. 세키노는 건축사학자답게 첨성대의 건축공학적 측면에 대해 언급하면서

---

9) 『增補文獻備考』권2, 象緯考2 儀象1 "[補]新羅 善德王十六年 作瞻星臺 鍊石築臺 上方下圓 高十九尺 通其中 人由其中而上下 以候天文 在慶州府東南三里". 『증보문헌비고』에서는 첨성대 축조연도를 647년(선덕여왕 16)이라 하였다.

구조적으로 잘 짜여 있는 것을 보면 신라가 문화적으로 진보해 있었고 석조건축도 꽤 발달해 있었다는 것을 알 수 있다고 했다.[10] 그리고 사람들이 가운데 빈 공간을 통해 오르내리며 천문을 살폈다는 『동경잡기』의 글을 소개하기도 하였다. 그러나 정작 첨성대가 천문대인지 아닌지에 대해서는 아무런 말이 없었다.

〈그림1-4〉
와다 유지

그 후 1910년에 이르러 당시 통감부 관측소장으로 있던 와다 유지(和田雄治: 1859~1918)가 처음으로 천문대설을 제기했다(〈그림1-4〉).

그는 도쿄대학 물리학과를 졸업한 뒤, 프랑스에서 기상학을 공부하고 돌아와 기상관측 업무에 종사하다가 1904년 2월에 러일전쟁이 발발하자 전쟁에 필요한 기상관측망 정비를 위해 3월에 한국에 파견되어 인천에 있던 중앙기상대 제3임시관측소 소장으로 활동했다. 그 후 통감부 관측소장을 거쳐 1908년 4월에는 대한제국 농상공부 관측소장에 임명되었고 1년 후 경주를 방문할 기회를 얻었다. 1909년 4월에 농상공부 관측소장 와다는 소네 아라스케(曾禰荒助) 부통감(副統監)과 함께 대한제국의 군함 광제호(光濟號)를 타고 포항에 도착하여 경주를 방문했다. 와다는 경주에 도착하여 말을 타고 첨성대로 가서 간단한 실측을 했다(〈그림1-5〉). 그러고는 1910년 2월 말에

〈그림1-5〉 첨성대 앞의 와다 유지 일행

■ 和田雄治, 1917, 『朝鮮古代觀測記錄調査報告』, 朝鮮總督府觀測所, 152쪽

---

10)   關野貞, 1904, 『韓國建築調査報告—東京帝國大學 工科學術報告 第6號—』, 58-59쪽

출간된 『한국관측소학술보문(韓國觀測所學術報文)』 제1호에 측우기, 누각(漏刻: 물시계)에 관한 글과 함께 「경주 첨성대의 설(說)」을 실었다. 그 책에서 측우기에 관한 글은 프랑스어로, 첨성대와 물시계에 관한 글은 영어로 짤막하게 번역한 글을 첨부하여 첨성대를 전 세계에 유례를 볼 수 없는 귀중한 천문자료라고 소개했다.[11]

그는 첨성대를 위가 가늘고 아래가 굵은 도쿠리(德利) 모양에 네모난 이게타(井桁: 우물난간)를 얹은 형태로 소개했다.[12] 그리고 애초에는 지금과는 달리 남쪽 창구에 계단이 설치되어 있었고, 내부에는 사다리가 있었으며, 우물난간 네 모퉁이에는 기둥을 세운 것 같은 흔적이 있으므로 그곳에 눈비를 가릴 수 있게 지붕이 설치되어 있을 것이라고 했다. 그리고 정자석 내부의 바닥 반쪽이 돌판[石盤]으로 덮여 있는 것으로 보아 그곳에 혼천의를 설치하여 하늘을 관측했을 것으로 추정했다(<그림1-6>).

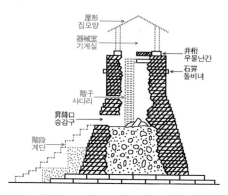

屋形
집모양

器械室
기계실

井桁
우물난간

石笋
돌비녀

階子
사다리

昇降口
승강구

階段
계단

〈그림1-6〉 와다 유지가 그린 첨성대 상상도
* 붉은색 부분은 처음에는 있었을 것으로 추정한 부분
■ 『朝鮮古代觀測記錄調査報告』, 154쪽

와다는 『한국관측소학술보문』의 글을 그 이후에 발표

11) 和田雄治, 1910, 「慶州瞻星臺ノ說」, 『韓國觀測所學術報文』 第1卷, 農商工部觀測所; 전영신, 2001, 「선각 기상인-와다(和田)의 첫 작품, 한국관측소학술보문(1권, 2권)」, 『대기』 11-4, 9-10쪽
12) 일본에서는 청주를 데워서 담아 마시는 작은 술병을 도쿠리(德利)라 하고, 우물의 지상부에 네모나게 짠 난간을 이게타(井桁)로 부른다.

한 다른 글들과 함께 엮어 1917년에 『조선고대관측기록조사보고(朝鮮古代觀測記錄調査報告)』라는 책으로 출간했다.

그는 프랑스에서 기상학을 공부하고 돌아와 일본에 폭풍경보와 기상예보를 창시했고, 약 11년간 한국 기상관측 기구의 수장 자리에 있던 인물로서 한국의 고대 과학기술에 호의를 지니고 접근했고, 또 그 결과를 세계에 알리려 노력했다. 다만 아쉽게도 그는 당시 일본과 조선에서는 최고의 기상학자이며 해양학자였지만,[13] 천문학에 관해 깊은 지식을 갖고 있던 것은 아니었다. 그래서 몇 가지 오류를 범했다.

예컨대 첨성대에 천문관측 기구로 혼상의(渾象儀)가 설치되었을 것이라고 했는데 혼상(渾象)은 둥그런 구면(球面) 위에 항성과 별자리의 위치를 표시한 것으로서 입체적인 별자리 지도이지 관측기구가 아니다. 혼천의(渾天儀)라고 해야 했는데 잘못 알고 있었던 것이다. 그는 또한 당시에 망원경은 없었지만 분황사 석탑에서 바둑알 모양의 수정 화주(火珠)가 발견된 것으로 보아 렌즈를 사용했을 것으로 짐작되며 나무판 중앙에 구멍을 뚫고 그곳에 가는 침을 세워 그 구멍으로 렌즈를 이용하여 천체의 방위각과 고도를 측정했을 것이라고 하였다. 하지만 그것도 상식적으로 받아들이기 어려운 과도한 억측이었다.[14] 게다가 꼭대기에 눈비를 막는 지붕이 있었을 것이라고 했는데 하늘을 관측하는 천문대에 지붕을 덮었을 것이라는 주장은 난센스

---

13) 와다 유지는 1910년 10월에 조선총독부 관측소장에 임명되어 활동하다가 1915년에 병으로 퇴임하여 일본으로 귀국 후 1918년에 사망하였다. 그의 공을 기려 1931년에 조선총독부관측소(현 인천기상대) 안에 흉상을 건립했으나 현재는 남아있지 않다(전영신, 2001, 「선각 기상인·와다(和田)의 삶」, 『대기』 11-2, 13-14쪽).

14) 와다는 구멍에 침을 세운 '피뉴-루 스라이도(ピニュール スライド)' 같은 것으로 관측했을 것이라고 했는데 바늘구멍사진기 원리의 핀홀 슬라이드(pinlole slide)를 말한 것이 아닌가 한다.

였다.[15)]

와다의 『한국관측소학술보문』에는 「경주 첨성대의 설」의 영어 요약문이 함께 실려 있어 서양에 알려지게 되었고, 그의 측우기, 물시계, 첨성대에 관한 글은 이듬해 1911년에 유명한 학술지『네이처(Nature)』의 뉴스난에 짤막하게 소개되기도 하였다. 그러나『네이처』 편집자는 측우기에 대해서는 비교적 상세하게 소개하면서 높이 평가하기도 하고, 물시계는 간단하게 내용을 소개하였지만, 첨성대에 대해서는 아주 짤막하게 다루면서 사진으로 보면 '타워 같은 모양의 건축물(tower-like structure)'이 천문대라는 점을 시사할 만한 것은 아무것도 없다고 냉정하게 평가하였다.[16)]

와다의 『조선고대관측기록조사보고』가 간행된 그해에 연희전문학교 수물과(數物科) 교수로 천문학을 가르치고 있었던 미국인 천문학자 루퍼스(W. C. Rufus: 1876~1946)가 천문대설의 첫 동참자가 되었다. 그는 1917년에 미국의 아마추어 천문가들이 중심이 되어 간행하는 『대중 천문학(Popular Astronomy)』이라는 잡지에 「신라의 천문대(The Observatory of Silla)」라는 글을 실어 첨성대를 해외에 소개했다. 그리고 1934년에는 「신라의 첨성대(Silla's Star Tower)」라는 글을『한국선교현장(The Korea Mission Field)』에 실었다. 1936년에는 영국 왕립 아시아학회 한국지부의 회지에 「한국의 천문학(Korean Astronomy)」이라는 글을 올려 한국에 있는 외국인들에게 알렸

||||||||||||||||||||||||||||||||||||||

15) 1962년에 경주박물관장 홍사준이 첨성대를 실측, 조사하던 중에 살펴본 바로는 정자석 위에 건축물이 있었던 흔적은 없었다고 한다.

16) "Korean Meteorology—Old and New", *Nature*, Vol.85, 1911, pp.341-342. "It is supposed to have been used for the making of observations to correct the calendar, but there is nothing in the picture to suggest that it ever formed part of an observatory, It is simply a tower-like structure."

고,[17] 그 글은 그해에 책으로 출간되기
도 하였다(<그림1-7>).[18]

〈그림1-7〉 루퍼스 저서의 첨성대 사진
■ *Korean Astronomy*, p.62

그는 첨성대를 현존하는 건축물로는
세계에서 가장 오래된 천문대라고 했
다. 그리고 첨성대에서 밤낮으로 하늘
을 관찰했고 하늘에 중요한 변화가 있
을 때에는 첨성대 위에서 관측한 내용
을 적어 밑으로 떨어뜨리면 밑에 있던
사람이 이를 받아서 왕에게 보고했을
것이라고 했다.[19] 물론 그것은 그저 개
인적인 상상일 뿐이었다.

1944년에는 연희전문학교를 졸업하고 서울 기독교청년회학교 교사로
있던 홍이섭(洪以燮: 1914~1974)이 1942년 6월부터 이듬해 3월까지 잡지 『조
광(朝光)』에 연재하였던 「조선과학사」 글들을 모아 1944년에 도쿄에서 일
본어판 『조선과학사(朝鮮科學史)』로 출간하고, 해방된 이듬해에 다시 한글
번역판을 내었다. 홍이섭은 그 책에서 신라는 당의 역법(曆法)을 수입하기
전에 이미 첨성대 꼭대기에 관측기기를 설치하여 독자적인 천문관측을 행
했을 것이라고 하면서, 첨성대를 동양 최고의 천문대라 하였다.[20] 하지만
그는 기존의 학설을 따랐을 뿐 자신의 새로운 주장을 덧붙이지는 않았다.

17) 나일성 편, 2004, 『서양 과학의 도입과 연희전문학교』, 연세대학교출판부, 216쪽
18) W. C. Rufus, 1936, *Korean Astronomy*, Seoul: The Literary Dept., Chosen Christian
     College
19) Ibid., p.13
20) 洪以燮, 1944, 『朝鮮科學史』, 東京: 三省堂出版株式會社, 106-107쪽

그 후로 꽤 오랫동안 첨성대에 관한 연구는 진행되지 않았다. 그러다가 1958년에 일본의 천문기상학자 다무라 센노스케(田村專之助)가 『삼국사기』에 실린 혜성 관측 기록을 중국, 일본, 서양의 기록과 비교, 분석하여 첨성대가 천문대라는 것을 입증하고자 했다.

일찍이 1926년에 이지마 다다오(飯島忠夫)는 『삼국사기』에 수록된 일식(日蝕) 기록은 독자적인 관측 결과가 아니라 중국의 기록을 옮겨 적은 것이라고 주장했었다.[21] 그런데 다무라는 744년(경덕왕 3)에 요성(妖星)이 다섯 말 그릇만 한 크기로 중천에 떠서 열흘쯤 있다가 사그라졌다는 기록과 875년(경문왕 7)에 살별이 동쪽에 20일 동안 보이다가 사라졌다는 기록에 주목하였다. 두 혜성 관측기록은 일본과 서양의 기록에도 보이므로 가공된 것이 아니라 실제 있었던 사건을 기록한 것이 확실한데 그것이 중국의 기록에는 보이지 않는 것이다. 따라서 『삼국사기』의 일식 기록은 중국의 것을 베낀 것이 아니라 신라에서 독자적으로 관측한 결과를 기록한 것이라고 주장했다. 그리고 그 기록은 첨성대 건립 이후의 사건 기록이므로 첨성대에서 관측한 결과를 기록한 것이라고 하였다.[22] 그는 관측 대상이 일식과 혜성으로 다르기는 하지만 『삼국사기』 천문기록 가운데 적어도 일부는 한반도에서 독자적으로 관측한 결과라는 것을 입증하였다. 그런데 다무라는 중국과 별개의 독자적인 관측기록이 있다는 것을 입증했을 뿐이었다. 그 관측이 첨성대에서 이루어진 것인지 아닌지는 사실상 증명할 길이 없었다.

1959년에는 영국의 조지프 니덤(J. Needham: 1900~1995)이 『중국의 과학과 문명』 시리즈 가운데 수학과 천문학 분야를 다룬 제3권을 출간하면서

21) 飯島忠夫, 1926, 「三國史記の日食記事について」, 『東洋學報』 15
22) 田村專之助, 1958, 「新羅瞻星臺の彗星觀測」, 『東洋人の科學と技術』, 東京: 淡路書房新社, 141-142쪽

첨성대를 천문대로 소개하였다(<그림 1-8>). 그는 30피트 높이의 첨성대 꼭대기에는 나무 널을 깔아놓고 그 위에 혼천의(armillary sphere)를 두고 밤에 관측했을 것이라 했다. 그리고 첨성대의 형태는 723년에 허난성(河南省)의 등봉(登封) 고성진(告成鎭)에 세운 당(唐)의 주공측경대(周公測景臺)와 비슷하다는 지적을 하였다.[23]

〈그림1-8〉 니덤 저서의 첨성대

■ *Science and Civilisation in China*, Vol. Ⅲ, p.298

중국과학사 연구로 세계적 명성을 떨치고 있던 니덤의 저서에 첨성대가 소개된 것은 매우 의미 있는 일이었다. 그러나 주공측경대를 설명하는 과정에서 7줄 정도로 짧게 소개하고 넘어갔을 뿐이었다. 게다가 오류도 있었다. 그는 경주 첨성대에 관해 구체적이고 정확한 지식을 갖고 있지는 않았다. 예컨대 첨성대의 창이 북극성을 향해 있다고 하였는데 사실은 남쪽을 향해 있다. 니덤은 단지 첨성대를 소개했을 뿐 학술적으로 의미 있는 정보를 제공하거나 주장을 펼친 것은 아니었다. 그리고 그 책은 중국과학기술사 연구의 초기 협력자였던 연구조수 왕링(王鈴: 1917~1994)의 협력으로 저술한 것인데, 첨성대에 관한 견해가 기본적으로 니덤의 것이었는지 아니면 왕링의 것이었는지는 확인되지 않는다.[24]

---

23) J. Needham, 1959, *Science and Civilisation in China*, Vol. Ⅲ, Cambridge: Cambridge University Press, p.298

24) 왕링은 니덤 프로젝트의 초기 협력자로서 1948년부터 1958년까지 케임브리지대학에서 연구조교로 참여하였다.

한편 1963년 1월에 한국아마튜어천문가회 회장인 덕성여대 교수 박동현이 동아일보에 첨성대가 개방식 돔(dome) 형태의 천문대였을 것이라는 글을 실었고,[25] 1970년에는 성균관대 교수 심운택이 한국아마튜어천문가회의 회보인 『천문월보』에서 같은 주장을 펼쳤다.[26] 개방형 돔 구조라는 것은 첨성대 꼭대기에 지붕을 갖춘 구조물이 있었을 것이라는 와다 유지의 주장을 부정한 것이다.

4. 천문대설에 대한 도전과 논쟁

1) 1964년 전상운의 규표설

첨성대는 초기에는 아무런 의심 없이 천문대로 알려졌다. 이름이 '별을 쳐다보는 대'였으니 자연스러운 일이었다. 그래서 논리적인 타당성이나 현실적인 가능성 여부는 제쳐둔 채, 첨성대에 관한 모든 형태, 구조 등이 첨성대가 별을 보는 관측시설이라는 가설에 어긋나지 않는다고 생각하였다.

그러나 차츰 갖가지 의문이 하나둘씩 머리를 들기 시작했다. 천문대라고 하기에는 석연치 않은 점이 한두 가지가 아니었던 것이다. 1964년에 당시 33세의 소장학자였던 전상운(全相運: 1932~2018)이 첨성대를 규표(圭表)라고 주장하여 처음으로 천문대설에 반기를 들었다.[27]

---

25) 박동현, 1963, 「天文臺의 어제와 오늘」, 동아일보 1963년 1월 29일

26) 전상운, 1979, 「첨성대 연구 약사」, 『한국과학사학회지』 1-1, 78쪽

27) 전상운, 1964, 「삼국 및 통일신라시대의 天文儀器」, 『고문화』 3. 전상운은 공식적인 프로필에 1928년생으로 되어 있지만 실제로는 1932년생이라고 스스로 밝힌 바 있다(전상운, 2016,

규표란 절기를 관측하는 시설물로서 땅바닥에 수직의 기둥 표(表)를 세우고 바닥에는 눈금이 그려진 규(圭)를 두어 해가 남중했을 때 규에 맺히는 표의 그림자 길이를 재어서 24절기를 알아내는 것이다(<그림1-9>). 물론 그림자 길이는 1년을 주기로 길어졌다 짧아졌다 하며 가장 길 때가 동지이고, 가장 짧을 때가 하지가 된다.

그가 천문대설에 의혹을 품은 것은 다음과 같은 이유에서다. 첨성대가 겉은 매끈하게 다듬어져 우아한 곡선을 그리고 있는데 내부는 자연석 상태 그대로 울퉁불퉁하여 매우 조잡해서[28] 수시로 내부를 드나들며 활동을 하기 위해 만든 건축물이 아니라고 생각했다. 오르내리는 계단도 없고, 다만 창구 아래에 사다리를 걸

〈그림1-9〉 토규(土圭)와
표간(表竿)
■ 『흠정서경도설(欽定書經圖說)』(1905)의
하지치일도(夏至致日圖)

어놓는 자리로 짐작되는 홈이 좌우로 패어있는데 그것도 이상했다. 매일 오르내리며 관측하는 시설이었다면 그토록 불편하게 만들었을지 의문이었다. 위쪽 관측공간에는 난간도 설치되어 있지 않다. 첨성대 우물난간 안쪽에 고정시설을 둘 만한 자리로는 바닥을 반쯤 덮은 판석뿐인데 판석이 너무 작아서 그 자리에 혼천의를 고정해 놓고 관찰할 수는 없다. 그리고 와

||||||||||||||||||||||||||||||||||||||||||
『우리 과학문화재의 한길에 서서』, 사이언스북스, 614쪽).

28) 1904년에 세키노 다다시도 첨성대를 살펴보면서 내면이 너무 우툴두툴한 것을 의아하게 여겨 안쪽을 무언가로 가린 것이 아닐까 생각했다(關野貞, 1904, 앞의 책, 59쪽).

〈그림1-10〉 주공측경대

* 높이 약 4m

다 유지는 첨성대 꼭대기에 목조 건물이 세워졌을 것으로 추정했지만 꼭대기 정자석에는 그런 흔적이 발견되지 않았다. 그러므로 그는 첨성대가 정자석 공간 바닥에 관측기구를 고정해 놓고 늘 오르내리면서 관측하던 상설 천문대가 아니라는 결론에 도달했다.

그리고 첨성대는 그보다 90년 뒤인 723년에 허난성(河南省)의 고성진(告成鎭)에 세운 당(唐)의 규표 주공측경대(周公測景臺)와 비슷한 구조를 지니고 있어서 첨성대의 곡선 형태를 직선으로 바꾸면 주공측경대와 같은 모양이 된다고 하였다(<그림1-10>).[29]

그래서 평상시에는 춘분, 동지, 하지 등의 절기를 정확히 측정하기 위한 규표로 사용하다가, 하늘에 일식, 월식이나 혜성 출현 따위의 이변이 일어났을 때는 혼천의를 갖고 올라가 하늘을 관측하기도 했던 '다목적용 관측대'이며 '비상설 천문대'라고 결론지었다.

결국 그의 규표설은 천문대설을 비판하기는 하였지만 전면적으로 부정한 것은 아니었다.[30]

---

[29]   주공측경대가 첨성대를 닮았다는 견해는 앞서 밝혔듯이 니덤의 저서에서 언급된 바 있다.

[30]   전상운은 자신의 결론이 "한때 생각하였던 부정적인 가정도 아니고, 종래의 모든 설들을 완전히 부정하는 것도 아니었다."라고 스스로 밝혔다(전상운, 1977, 『한국의 과학사』, 세종대왕기념사업회, 63쪽).

2) 1967년 홍사준의 천문관상대설

　조선시대 이후로 첨성대에 대해 여러 가지 말이 있었으나 첨성대의 형태나 구조와 관련된 세부적인 사항에 대해서는 구체적으로 알려진 바가 없었다. 그러다가 1962년 말에 이르러서야 경주박물관장 홍사준(洪思俊: 1905~1980)에 의해 처음으로 실측이 이루어졌다. 홍사준의 주도하에 유문룡, 정명호 등이 12월 25일에 조사를 시작하여 한 달 넘게 치밀한 실측을 진행한 끝에 첨성대 도면 10여 장이 완성되었다.[31] 개략적인 실측 경위와 결과는 1963년 5월에 발행된 『고고미술』 34호의 「자료」 난에 반 페이지 정도로 간단하게 소개되었고, 1965년에는 첨성대 각 부분의 치수, 석재의 숫자, 전체적인 구조 등을 담은, 두 페이지 반 정도 분량의 「경주 첨성대 실측조서」가 공개되었다.[32]

　홍사준은 그동안 조사한 바를 토대로 1967년에 첨성대의 성격에 대해 자신의 견해를 발표하였다.[33] 예전에 신문지상과 실측조서에 조금씩 공개된 그의 견해는 이 글에서 총괄되었다. 그 요지는 다음과 같다.

　첨성대 건립의 목적은 '천체성신(天體星辰)의 운행을 보고 지상에서 일어나는 여러 사건들을 예측하고 이를 방비하는' 것이라고 했다. 첨성대의 구조는 천문관측과 연관된 상징성을 내포하고 있는데, 원통형 몸통을 사각형 기단에 받친 것은 하늘은 둥글고 땅은 네모나다는 천원지방(天圓地方) 사상

---

31)　조사 마감일이 실측조서에는 1월 31일, 『연재고고논집』에는 2월 2일로 되어 있다.

32)　한국미술사학회 편집실, 1963, 「첨성대 실측」, 『고고미술』 4-5, 395쪽; 홍사준, 1965, 「경주 첨성대 실측조서」, 『고고미술』 6-3·4, 63-65쪽

33)　홍사준, 1967, 「瞻星臺」, 『然齋考古論集』(謄寫本), 考古美術同人會. 연재(然齋)는 홍사준의 호이며 책자는 철필로 등사원지를 긁어 인쇄한, 이른바 가리방 인쇄본 형태로 출간되었다.

을 표현한 것이라 했다. 그는 첨성대 위에 건물이 있었을 것으로 추정해 왔지만 그런 흔적은 발견되지 않는다고 하여,[34] 사실상 와다 유지의 주장을 부정했다. 한국일보 지면에서 밝힌 바로는, 신라인들이 첨성대 꼭대기에 올라가 반듯이 드러누워 하늘을 관측했을 것이라고 했는데, 그것은 첨성대가 개방형 돔 형태의 천문대였다는 주장과 닿는 말이었다.[35]

그리고 천문관측보다 더 중요한 목적은 '국가의 안위와 국왕의 안태 내지 국민생활 면에 직접 영향을 주는 풍우강설(風雨降雪) 등을 조기에 알고 농경에 적용하는 것'이라고 했다.[36] 첨성대가 27단인 것은 역리(易理)에 1년을 36궁으로 나누는데 농사를 짓지 않는 겨울철 9궁(宮)을 제외한 봄, 여름, 가을의 27궁을 표현한 것이라고 해석했다. 즉 천체 관측과 농업과 관련된 기상현상 관측을 겸한 천문관상대로 이해한 것이다.

한편, 경주의 지명(地名)을 조사하던 중에 경주에 오래 살았다는 67세 최씨 노인에게서 첨성대를 그곳 사람들이 '비두'라고 불러서 비두골, 비두거리라는 지명도 있었다는 말을 듣고는, 비두란 '比斗'로서 다른 별들을 북두칠성에 비교하여 국가의 안위, 길흉과 함께 농사의 풍흉을 점친다는 뜻으로 해석했다.[37]

홍사준의 주장 가운데 특기할 만한 것은 첨성대가 수학적 토대 위에 구성되었다고 한 것이다. 즉 몸통부 제1층단의 직경과 정자석 변의 길이의 비가 대략 5:3을 이루고 몸통 높이와 기단 대각선의 길이의 비가 5:4를 이

---

34) 위의 글, 131쪽
35) 경주 신라역사과학관에서 발행한 리플렛에는 첨성대 위에 누워서 관찰하는 상상도가 실려 있었다. 그런데 정자석 바닥은 좁고 턱이 져 있어서 성인 남자가 편히 드러누울 만한 공간이 아니다.
36) 홍사준, 1967, 앞의 글, 110쪽
37) 위의 글, 107-108쪽

룬다는 것을 지적하였다.[38] 이 내용은 몇 년 뒤에 수학자 김용운에 의해 주비산경설로 확대되었다.

3) 1970년대 수미산설, 주비산경설과 논쟁

1970년대 초중반에는 첨성대와 관련하여 지자기이동설, 수미산설, 주비산경설 등 다양한 주장이 제기되었고 논쟁도 첨예하게 벌어졌다. 가장 먼저 대두된 것은 천문대설에 입각한 지자기이동설이었다. 1973년 5월 5일 자 한국일보 문화면에는 지자기이동설에 관한 박흥수의 견해가 소개되었다(<그림1-11>). 그는 첨성대의 기단, 창구, 정자석의 방향이 정확히 남북을 가리키고 있지 않은 것에 대해 의문이 있는데 그것은 당시의 지구 자기 방향이 지금과 달랐기 때문이며 7세기에는 지금의 기단 방향이 정확하게 자기의 남북을 가리켰다고 하였다. 따라서 첨성대는 오히려 지구의 지자기 변화를 증명하는 세계 유일의 천문대라고 하였다.

1973년 12월 15일에는 서울대학교 사범대학 건물에서 한국과학사학회 주최로 최초의 첨성대토론회가 열려서 박흥수, 유경로, 이용범, 전상운이 발표를 했다. 유경로는 천문대설을 지지하는 입장이었고, 박흥수는 예전의 지자기이동설을 주장했는데, 이 토론회에

<그림1-11> 한국일보(1973.5.5.)에 소개된
박흥수의 지자기이동설

38) 위의 글, 121쪽

첨성대를 빨가 벗긴다

金容雲 (한양대 도서관장)

1. 周髀算經의 宇
宙觀과 첨성대

〈그림1-12〉『자유교양』(1974.7)에 실린 김용운의 주비산경설

서 이용범(1921~1989)이 최초로 수미산설을 제시했다.[39] 그는 천문대설과 전상운의 규표설의 문제점을 동시에 지적하면서, 첨성대가 불교의 우주관에서 이 세계의 중심에 있다는 수미산을 형상화하여 별에 제사를 지내던 곳이었고, 첨성대 꼭대기에는 종교적인 상징물이 안치되어 있었을 가능성도 있다고 보았다.

수미산설이 발표된 지 반 년쯤 지나서 김용운(1927~2020)은 월간잡지 『자유교양』 1974년 7월호에 글을 실어 주비산경설이라는 새로운 학설을 내어놓았다(<그림1·12>).[40] 그는 첨성대는 천문대가 아니라, 천문학 계산에 사용된 수학적 원리를 구현한 건축물이며 천문대는 그 근처에 따로 있었을 것이라고 주장했다. 고대 중국의 개천설(蓋天說)에 따르면 우주는 네모난 땅 위에 돔 모양의 둥근 하늘이 덮여 있는 형태라고 한다. 그리고 해는 원

---

39) 이용범의 발표는 내용을 보완하여 1974년에 『진단학보』에 게재되었다(이용범, 1974, 「瞻星臺存疑」, 『진단학보』 38).

40) 김용운, 1974, 「첨성대를 빨가 벗긴다」, 『자유교양』 1974년 7월호, 한국자유교양추진위원회. 김용운은 9월에는 Korea Journal에, 12월에는 『역사학보』에 비슷한 내용의 글을 발표했다(Kim Yong-woon, 1974, "Structure of Ch'ŏmsŏngdae in the Light of the Choupei Suanchin", *Korea Journal*, Vol.14 No.9, Korean National Commission for UNESCO; 김용운, 1974, 「瞻星臺小考」, 『역사학보』 64).

궤도를 도는데 계절에 따라 궤도가 달라져서 추운 동지에는 먼 하늘을 돌고 더운 하지에는 가까운 하늘을 돈다고 한다. 그래서 주(周)나라에서는 땅 위에 막대 비(髀)를 세워놓고 그림자 길이를 재어 하늘의 높이와 해가 도는 궤도의 길이를 계산했는데, 그 천문학 계산의 원리를 적은 책이 『주비산경(周髀算經)』이다. 그런데 첨성대에는 정자석 한 변의 길이와 제1단 원통 지름의 비, 몸통 높이와 기단 대각선 길이의 비가 5:3, 5:4의 비를 이루고 있어 직각삼각형의 변의 길이를 계산하는 공식을 구현하고 있고, 제27단 원통 지름과 창구 1면의 길이의 비는 약 3:1로서 원주율을 표현하고 있다는 것이다. 즉 첨성대에는 『주비산경』의 고대 천문수학이 구현되어 있다는 것이었다.

이용범과 김용운은 각자 자신의 생각을 역설하는 과정에서 상대방의 학설을 공격했고, 1974년 12월에 서울대에서 열린 역사학회 월례발표회에서는 발표자 이용범과 토론자 김용운 사이에 험악한 분위기가 조성되어 주먹다짐 일보 직전까지 상황이 악화되었다고 한다.[41]

그때 이 논쟁에 천문대설을 고수하는 남천우가 뛰어들어 삼파전이 벌어졌다. 남천우는 이용범의 수미산설과 김용운의 주비산경설을 강하게 비판했고, 김용운은 다시 『자유교양』에 이에 대해 반박문을 내어놓았다.[42]

남천우는 첨성대는 특별한 때에만 관측했던 비상설 천문대가 아니라, 꼭대기에 혼천의를 놓고 늘 관측했던 상설 천문대였을 것이라고 했다.[43] 그러면서 첨성대는 중간에 가로, 세로 1m의 출입구를 두어 오히려 구조적으

41) 송상용, 1983, 「첨성대 시비」, 『과학과 기술』 16-2
42) 김용운, 1975, 「첨성대의 뒷 이야기」, 『자유교양』 1975년 4월호
43) 남천우, 1974, 「첨성대에 관한 諸說의 검토―김용운, 이용범, 兩氏說을 중심으로―」, 『역사학보』 64

로 아주 안정되어 있고 출입에도 전혀 불편함이 없으며, 꼭대기에도 관측 활동에 충분한 공간이 확보되어 있다고 하면서, '안쾌(安快)하지는 않지만' 실용적인 면에서는 전혀 불편함이 없는 완벽한 천문대라고 주장하였다.[44]

전상운의 규표설 이후로 대부분의 연구자는, 비록 천문대설을 주장하더라도 첨성대가 완벽한 천문대라고 보기에는 뭔가 문제가 있다고 생각했다. 그러나 남천우는 첨성대가 조금도 문제가 없는, 완벽한 천문대라는 강경 입장을 고수하며 와다 유지, 전상운, 홍사준, 박흥수, 이용범을 모조리 공격했다.

1978년 9월에는 충북 단양 소백산 제2연화봉에 소백산천체관측소(현 소백산천문대)가 준공되었고 그곳에는 첨성대 모양의 첨성관이라는 건물이 지어졌다. 1979년 8월 3일에 국립천문대와 한국과학사학회는 공동 주최로 소백산 천체관측소에서 '첨성대 재론' 토론회를 열었다. 이 제2차 첨성대토론회에는 30여 명이 합숙하여 밤늦게까지 열띤 토론이 이어졌다. 이 자리에 수미산설을 주장하던 이용범은 건강 문제로 참석하지 못했으나 박성래는 이용범의 수미산설을 받아들여 새로운 수미산설을 제시했다. 즉 첨성대는 수미산을 형상화한 제단이며, 신라의 중요한 천문제사로는 영성제(靈星祭), 일월제(日月祭), 오월제(五星祭)가 있는데 첨성대에서 농업과 관련된 별 영성(靈星)에 제사를 지내 풍요를 빌었다는 것이다.[45] 당시 집중적인 공격을 받고 고립무원의 처지에 놓여 있던 이용범은 그 소식을 듣고는 "만군의 원병을 얻은 것 같았다."라고 하였다.

---

44)   위의 논문, 131-135쪽
45)   박성래, 1980, 「첨성대에 대하여」, 『한국과학사학회지』 2-1, 137쪽; 1982, 「고대 천문학과 첨성대」, 『(KBS TV 공개대학시리즈⑤) 한국과학사』, 한국방송사업단, 52-53쪽

4) 1980년대 천문대설의 재등장

1981년 6월에는 한국과학사학회 주최로 제3차 첨성대토론회가 열렸다. 6일에 서울에서 열린 한일과학사세미나가 끝난 후 참가자들은 모두 경주로 내려가 현지를 답사한 후에 이튿날 동국대학교 경주분교에서 열린 발표와 토론에도 참석했다. 이 모임의 30명 가까운 학자 중에는 한일과학사세미나에 참석했던 일본의 학자들도 있었다(<그림1-13>).

6월 7일의 발표에는 나일성과 송민구 그리고 유복모가 발표를 했다.[46] 나일성은 첨성대의 방위가 정남북을 향해 있지 않더라도 방위의 설정은 관

〈그림1-13〉 1981년 제3차 첨성대토론회의 한·일 학자들
- 송상용, 1983, 「첨성대 시비」, 『과학과 기술』 16-2, 41쪽

||||||||||||||||||||||||||||||||||||||||||

46)　유복모, 강인준, 양인태의 공동연구는 주로 첨성대의 실측에 관한 것이었다.

측기기와 연관된 것이지 관측시설과는 무관하므로 첨성대의 방위는 전혀 문제 되지 않는다고 하였다. 또한 『증보문헌비고』의 상위고(象緯考)의 기록을 보면 삼국의 천문기록 중 신라의 기록이 월등히 많으며 특히 첨성대가 건립된 647년 이후의 기록 빈도가 매우 높다는 것을 증거로 첨성대가 천문대라고 주장했다.[47]

한편 송민구는 천문대설의 견지에서 매우 특이하고 다양한 견해를 제시했는데 특히 주목할 것은 첨성대의 좌향과 관련하여 동지일출방향설을 제시한 것이다. 그는 정자석 중심에서 기단의 모서리를 향한 방향이 동지 일출선과 일치한다는 견해를 발표했다.[48]

이때의 제3차 토론회에서는 역사학자, 천문학자, 공학자, 정신병리학자, 문화재학자 등 관계자들 여럿이 참여하여 다양한 토론이 이루어졌고 토론문은 그해의 『한국과학사학회지』에 수록되었다.[49] 주목할 만한 것은 이 토론회에서 천문대설이 재기할 발판을 마련했다는 점이다. 첨성대 건립 이후 천문관측 기록이 뚜렷이 증가했다는 나일성의 주장이나 첨성대의 모서리 방향이 동지 일출 방향과 일치한다는 송민구의 주장은 지속적으로 공격을 받고 시들어가던 천문대설에 생기를 불어넣어 훗날 이를 지지하는 유사한 후속 연구들이 나오기도 했다.

그러나 3차 토론회 이후로 천문대설이 크게 활기를 띤 것은 아니었다. 첨성대 연구는 오랫동안 소강상태에 접어들었고 첨성대는 여전히 수수께끼로 남게 되었다. 한참 뒤 1987년에 이용범이 천문대설을 비판하면서 다

47) 나일성, 1981, 「첨성대의 사각기초석의 방향결정과 천문대로서의 기능」, 『한국과학사학회지』 3-1

48) 송민구, 1981, 「「경주 첨성대 실측 及 복원도」에 의한 비례분석」, 『한국과학사학회지』 3-1

49) 한국과학사학회, 1981, 「제3차 첨성대 토론회 발표요지」, 『한국과학사학회지』 3-1

시 수미산설을 상기시키자[50] 이에 대해 남천우가 즉각 반박을 가하여[51] 논쟁이 재연되는 듯했으나 갑론을박은 일회성으로 그치고 가라앉았다.

천문대설은 여기저기서 비판을 받고는 조금씩 목소리를 낮추었다. 첨성대는 과학적인 관측을 위한 상설 천문대라는 주장은 뒷전으로 밀려나고 그 대신에 하늘에 이변이 일어났을 때 정치적, 종교적 의미의 간단한 관측을 하기 위한 시설이라는 주장이 점점 확산되었다. 관측기구 없이 맨눈으로 하늘을 관찰하던 시설이라는 견해도 늘어났다.

하지만 천문대설을 비판하던 사람들도 첨성대에서 천문관측이 전혀 이루어지지 않았다고는 쉽사리 말하지 못했다. 결국 부분적으로는 천문관측이 시행되었음을 인정할 수밖에 없었다. 아무리 천문대설을 부인하려 해도 '별을 바라보는 대'라는 뜻의 '첨성대'라는 이름이 주는 압박감에서 헤어날 수 없었기 때문이다. 애초에 천문관상대설은 첨성대의 주요 기능 중 하나가 천문관측임을 인정한 학설이었다. 그리고 천문대설을 부분적으로 수긍한 규표설은 오랫동안 소강상태에 있었다. 주비산경설도 독특한 수학적 비례에 관한 해석은 비판을 받았으나 첨성대 축조에 쓰인 돌의 숫자, 단의 숫자에 관한 해석은 오히려 천문대설을 보강하는 데 활용되었다. 한편 수미산설에 대해서는 첨성대가 제단이라는 주장에는 동조하지 않으면서도 수미산 모양으로 만들어졌다는 주장에는 동감하는 학자들이 늘어나면서 수미산설은 기능이 아니라 형태와 관련된 학설로 변하여 천문대설과 불화하지 않아도 되었다. 1980년대 초부터 천문대설은 힘은 예전보다 약해졌지

---

50) 이용범, 1987, 「續〈瞻星臺存疑〉—신라의 佛敎占星과 첨성대—」, 『불교와 諸科學』, 동국대학교출판부

51) 남천우, 1987, 「첨성대 異說의 원인—이용범 씨의 瞻星臺存疑 再論을 보고—」, 『한국과학사학회지』 9-1

만 생명력을 계속 유지하고 있었다.

5) 1990년대 우물설의 대두

그러던 중 20세기의 막바지에 첨성대 연구의 일대 전환점이 마련되었다. 우물설이 등장한 것이다.

1998년에 조세환은 첨성대가 여성과 관련된 생명의 근원이며 풍요의 상징으로서 농사의 풍요를 기원하여 정치적 안정을 도모하기 위해 세운 우물이라는 파격적인 주장을 내어놓았다.[52] 이어서 2000년에는 김기흥이 첨성대를 수평 공간에 펼쳐진 불교의 33천 도리천을 수직으로 세워놓은 구조물로서 지상과 하늘을 연결하는 우주목(宇宙木)과 같은 의미의 우주우물로 해석했다.[53] 새로운 아이디어를 먼저 내어놓은 것은 조세환이었으나 그의 글은 널리 알려지지 않았고, 역사학계에 큰 울림을 남긴 것은 김기흥의 글이었다.

둥글게 쌓아 올린 몸통과 그 위에 올린 네모난 2단의 정자석은 땅 위로 솟아오른 우물을 연상하기에 충분했다. 연구자들은 "아니, 이렇게 빤한 우물을 왜 진작 알아차리지 못했을까?" 하며 자책하기도 했다.

우물설은 첨성대 연구에 새로운 돌파구를 열었다. 이제 기나긴 어두운 터널 속에서 한 줄기 빛을 보는 듯했다. 그러나 궁금증은 해결된 것이 아니라 오히려 하나 더 늘어났다. 왜 우물에 첨성대라는 이름이 붙었을까? 우물이 별하고 도대체 무슨 관련이 있는 것인지 설명할 길이 막막했다. 첨성

52)   조세환, 1998, 「첨성대의 경관인식론적 해석」, 『한국조경학회지』 26-3
53)   김기흥, 2000, 『천년의 왕국 신라』, 창작과 비평사

대라는 이름은 천문대설을 주장하는 학자들에게는 든든한 버팀목이었지만 첨성대를 다른 시각에서 보려는 학자들에게는 앞을 가로막는, 넘어야 할 암울한 벽이었다.

그런데 우물설에도 해결해야 할 문제들이 적잖이 있었다. 그중에는 왜 우물이 아래가 불룩하고 중간에 구멍이 나 있는가 하는 문제가 있었다. 대부분의 학자는 이를 대수롭지 않게 여겼다. 이른바 병 모양은 수미산 모양이나 신라인 특유의 심미안에 기인한 것이려니 했고,[54] 창구는 그저 단순하게 출입구로 간주했다. 하지만 그것으로 궁금증이 속 시원히 해결된 것은 아니었다.

6) 2009년 마야부인우물설

2009년 9월 24일에는 '인문학과 과학으로 풀어보는 첨성대의 비밀'이라는 타이틀로 제4차 첨성대토론회가 대전 KAIST에서 열렸다. 송상용의 첨성대 논쟁에 대한 기조 강연 후에 다섯 사람의 발표가 있었다. 그 자리에서 박창범은 첨성대 건립 이후에 천문관측기록이 증가하였고, 정자석 중심에서 모서리를 향한 방향이 동지 일출방향과 일치한다고 주장했다. 한편 김일권은 첨성대를 고대 중국에서 일월성기(日月星氣)를 측후하고 운물(雲物)을 망기(望氣)하던 영대(靈臺)의 성격을 지닌 건축물로 규정하였다.

그런데 대전에서 제4차 토론회가 열리기 이틀 전에 정연식은 한국역사연구회 분과발표에서 첨성대가 천문대가 아닌, 선덕여왕의 신성성을 과시

---

54) 남천우는 첨성대 곡선의 아름다움은 '순수한 古新羅的인 美'로 이해되어야 한다고 했다(남천우, 1974, 앞의 논문, 135쪽).

하기 위한 조형물이라고 주장했다. 즉 첨성대는 신라 시조 박혁거세가 태어난 우물에 성골의 시조 석가모니를 낳은 마야부인의 몸을 합친 건축물이라는 주장이다. 우물이 왜 아래가 불룩한지, 왜 중간에 구멍이 나 있는지 해답을 제시한 것이다. 발표문은 3개월 후 3편의 논문으로 완성되어 2009년 12월에 동시에 공개되었다. 그중 하나는 기존 학설에 대한 비판이었고, 또 하나는 첨성대를 분황사, 영묘사, 황룡사 9층탑과 같이 선덕여왕의 이미지 메이킹을 위한 건축물로 본 것이었다.[55]

---

55) 정연식, 2009, 「선덕여왕과 성조(聖祖)의 탄생, 첨성대」, 『역사와 현실』 74; 「선덕여왕의 이미지 창조」, 『한국사연구』 147; 「첨성대의 기능과 형태에 관한 여러 학설 비판」, 『역사학보』 204

II. 탄생의 우물

1. 우물을 형상화한 첨성대

1998년에 첨성대가 우물을 형상화한 것이라는 주장이 조경학자 조세환에 의해 처음 제기되었다. 신라 김유신 생가의 우물로 전하는 재매정(財買井)이나 고구려, 백제의 우물도 땅속의 원통형 축조물 위에 지표 위로 정(井) 자 모양의 네모난 틀을 짜놓았는데, 그것이 첨성대 꼭대기 모양과 같다는 것이다. 그래서 첨성대를 지상에 올려놓은 우물이라 하였다. 조세환은 우물이 생산, 풍요, 신성한 생명의 근원을 상징하며, 여성으로서의 의미를 함께 지닌 것으로 생각했다.[56] 세부 내용은 하나하나 짚어보아야 하겠지만 첨성대가 우물이라는 전체적인 논지는 주목할 만한 참신한 견해였다.

한편 2000년에 김기흥도 첨성대가 재매정과 유사한 구조의 우물이라고 했다. 샤머니즘이 널리 퍼져있던 동아시아에는 단군신화의 신단수(神壇樹)처럼 세상의 중심에 있으면서 지상과 하늘, 인간세계와 신의 세계를 연결하는 우주목(cosmic tree)들이 있었고, 진평왕 때 지은 천주사(天柱寺)도 하늘기둥[天柱] 우주목에서 온 이름이며, 천주사의 내제석궁(內帝釋宮)이라는 별명은 우주목이 불교 도리천의 제석에 대한 믿음과 연결되고 있음을 보여

---

56)　조세환, 1998, 「첨성대의 景觀인식론적 해석」, 『한국조경학회지』 26-3

〈그림2-1〉 정읍 김동수 가옥 우물

준다고 하였다. 그래서 첨성대를 우주목의 한 형태인 우주우물이라 생각했다.[57]

우물설은 첨성대 연구에 새로운 활로를 텄다. 우물 정(井) 자가 바로 우물의 난간 모양을 본떠서 만든 글자이다. 돌을 차곡차곡 원통 모양으로 쌓아 올리고 지상에 우물 정 자 모양의 난간부를 설치하는 전통은 아무리 늦게 잡아도 삼국시대 이후 최근까지 이어져 왔다. 1784년에 지었다는 전라도 정읍의 김동수 가옥 우물에도 목재로 만든 2단의 우물 정(井)자 난간이 있다(<그림2-1>).

첨성대를 우물로 생각할 만한 단서는 실은 미약하나마 오래전부터 있었다. 1910년에 와다 유지(和田雄治)는 첨성대 위에 2층으로 쌓아 올린 네모난 틀을 우물난간 '이게타(井桁)'라고 했다. 그러나 와다가 첨성대 전체를 우물로 인식했던 것은 아니다. 오히려 첨성대의 몸통 부분이 술병 같다고

57)   김기흥, 2000, 『천년의 왕국 신라』, 창작과 비평사, 257-258쪽

했다. 다만 윗부분만 떼어놓고 보면 그것이 우물
난간과 비슷하여 이게타라고 했던 것이다. 학계
에서 꼭대기의 네모난 2층틀을 정자석(井字石)이
라고 부르는 이유도 마찬가지다. 네모난 틀이 우
물 정 자 모양으로 짜였기에 정자석이라고 한 것
이지 첨성대를 우물로 생각해서 그렇게 부른것은
아니었다.

　1973년에는 정호승이 대한일보 신춘문예에
「첨성대」라는 시를 발표하여 시인으로 데뷔했는
데, 그 시에 '싸락눈 같은 별들이 싸락싸락 내려
와, 첨성대 우물 속에 풍당풍당 빠지고'라는 표현
이 있었다. 하지만 정호승이 우물이라는 말에 엄
밀한 의미를 부여한 것은 아니었다. 단지 시인의
감성적인 눈에 첨성대가 우물로 비쳤음을 표현했
을 뿐이다.

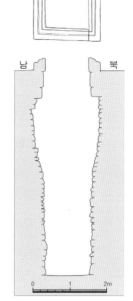

〈그림2-2〉 재매정
■국립경주문화재연구소,
1996, 『재매정지 발굴조사
보고서』

　그 이듬해 1974년에 이용범이 학술논문에서 첨
성대가 우물이라는 언급을 하였다. 이용범의 주된 주장은 첨성대가 수미산
모양을 본떠서 만든 제단이라는 것이었는데, 그 주장을 펼치는 가운데 첨
성대가 우물, 특히 김유신의 집에 있었다는 재매정(財買井)과 모양이 비슷
하다는 말을 하였다. 다만 우물이라면 아래가 좁고 위가 넓은 모양이어야
하는데, 아래가 불룩하다는 점에서 재매정을 거꾸로 형상화하였다고 생각
했다(<그림2-2>).[58] 정자석을 제외한 몸통 부분만을 거꾸로 선 우물로 이해

58)　이용범, 1974, 「瞻星臺存疑」, 『진단학보』 38, 44쪽

한 것이다. 하지만 첨성대는 꼭대기에 우물난간을 얹은, 바로 선 우물 모양을 갖추고 있다.

첨성대가 왜 아랫부분이 더 넓은 우물 모양이 되었는지는 뒤로 미루고, 신라인들이 왜 우물을 세웠는지부터 이야기하기로 한다.

2. 다산, 풍요의 우물과 복숭아씨

왜 첨성대는 우물 모양일까? 우물에는 다산, 풍요의 의미가 부여되는 경우가 적지 않은데 조세환도 우물을 생명, 생산, 풍요의 상징물로 해석했다.

고대 우물 유적에서는 종종 복숭아씨가 발견된다. 복숭아씨는 국립경주박물관부지의 우물에서 여럿이 나왔고, 삼국시대 대구 시지(時地) 지구의 한 우물 유구에서는 100여 개가 발견되었으며, 또 다른 유구에서는 완전한 형태로 발견된 항아리 안에 가득 담겨 있기도 했다.[59] 2016년에는 월성 내부를 발굴하는 과정에서 '井桃(정도)'라는 글자가 새겨진 기와조각이 나오기도 했다. 그만큼 우물과 복숭아는 관련이 깊다.

서울 풍납토성 외곽 지구의 방형(方形) 목제 우물 유구에서도 복숭아씨가 여럿이 수습되었다. 그리고 우물 안에서 발견된 토기들 중 여러 점이 목에 새끼줄이 감긴 채로 출토되었다. 그것들은 물긷다 빠뜨린 두레박용 토기로 판단되며, 함께 발견된 Y자형, T자형 목기는 빠뜨린 토기를 건지기

---

59) 김창억, 2004, 「우물에 대한 祭儀와 그 의미」, 『영남문화재연구』 17, 104-105쪽. 복숭아씨는 한꺼번에 넣은 것인지, 아니면 제의 때마다 하나씩 던져진 것인지 불확실하다. 하지만 대구 시지 지구의 사례로 볼 때에 적어도 일부의 사례는 한꺼번에 넣은 것이 분명하다. 김창억은 이를 물이 계속 끊이지 않고 나와서 안정적으로 식수를 공급받으려는 기원으로 해석했다.

〈그림2-3〉 풍납토성 외곽의 우물과 그 내부

* 대진·동산연립주택부지 출토 우물(높이 2.5m)과 출토 유물, 우물 내부.
■ 국립문화재연구소, 2007, 『풍납토성 Ⅷ』, 태양정보출판

위한 도구로 보인다(<그림2-3>).[60] 결국 풍납토성 외곽의 우물은 식수원으로 쓰는 우물이었다. 우물을 식수원으로 쓰는 것은 당연한 일인데 이렇게 말하는 것은 그렇지 않은 우물도 있었기 때문이다.

마실 물을 긷던 우물에서 왜 복숭아씨가 자주 보이는가? 복숭아는 형태, 색상 등으로 인해 예전부터 여성의 성기 또는 젖가슴을 상징했다.[61] 일본의 유명한 모모타로(桃太郎) 설화에서는 냇가에서 빨래를 하던 노파가 냇물에

---

60) 국립문화재연구소, 2007, 『풍납토성 Ⅷ』, 태양정보출판, 303-304쪽
61) 이상희, 2006, 『꽃으로 보는 한국문화 3』, 넥서스BOOKS, 99-100쪽

떠내려 오는 커다란 복숭아를 보고는 그것을 건져서 집에 가져와 먹으려고 쪼개보았더니 그 안에서 어린아이가 나왔다고 한다. 물과 복숭아가 탄생과 연관되며, 여성의 성기가 복숭아로 표현되었음을 알 수 있다.

결국 복숭아는 출산과 관련이 있다. 그리고 우물에서 발견되는 여러 개의 복숭아씨는 다산과 풍요를 기원하는 상징물로서, 우물물이 마르지 않고 풍부하게 나오기를 바라는 뜻에서 일부러 넣은 것으로 볼 수 있다.

복숭아씨는 우물 외에 철을 제련하는 단야로(鍛冶爐)에서도 나왔다. 2010년에 경기도 연천군 중면 삼곶리의 임진강 군남댐 수몰예정지를 조사하던 중에 1,800년 전의 대장간 유적이 확인되었는데 그곳에서 단야로 벽에 금줄처럼 줄지어 박혀있었던 것으로 추정되는 복숭아씨 10여 개가 발견되었다.[62] 그 복숭아씨도 철이 풍부하게 생산되기를 기원하는 의미를 담고 있었을 것이다.

3. 우물에서의 탄생

이제까지 언급한 것처럼 우물은 다산, 풍요를 상징한다. 그런데 탄생을 뜻하는 상징물이기도 하다. 첨성대 우물은 후자에 해당된다.

신라의 시조 혁거세는 나정(蘿井)이라는 우물가에서 알로 발견되었다. 그리고 혁거세의 비 알영부인도 알영정(閼英井) 가에 나타난 계룡(雞龍)의 옆구리에서 나왔다. 『후한서(後漢書)』에는 북옥저(北沃沮) 바다의 여자들만 사는 여인국에 있는 신정(神井)이라는 우물은 들여다보기만 해도 아이를 잉

62) 연합뉴스 2010년 7월 9일

태하게 했다고 전한다.[63] 이러한 설화들은 우물이 탄생과 연관되어 있음을 여실히 보여 준다.

우물이 탄생과 연결된 사례는 가까운 일본에도 있다. 역사적으로 큰 자취를 남긴 인물들이 태어난 곳에는 '단조이(誕生井)'라 부르는 탄생 우물이 몇 군데 남아 있다. 『일본서기』의 전설적인 인물 다케우치노스쿠네(武內宿禰), 12세기 가마쿠라(鎌倉) 막부(幕府)의 건립자 미나모토 요리토모(源賴朝)의 이복동생 미나모토 요시쓰네(源義經)와 아울러 16세기 도요토미 히데요시(豊臣秀吉)의 단조이도 있다.[64]

백제 무령왕(武寧王)의 단조이, 즉 탄생정(誕生井)도 일본에 있다. 『일본서기』에는 동성왕이 아우 곤기[昆支]를 일본에 사신으로 보낼 때 곤기의 간청에 따라 자신의 부인을 곤기의 아내로 삼아 함께 가게 했다 한다. 그 아내가 일본으로 가던 도중에 북규슈의 가카라시마(加唐島) 섬에서 무령왕을 낳았고, 무령왕은 섬에서 태어났다 해서 시마[斯摩, 斯麻]라 했다는데 그의 탄생정이 현재 오비야우라 해안 동굴에서 조금 떨어진 곳에 있다.[65]

탄생정은 산탕정(産湯井: 우부유이)으로도 부른다. 탄생정으로 부르는 것

<hr>

63) 『後漢書』 권85, 東夷列傳75 東沃沮 "又有北沃沮…又說海中有女國 無男人 或傳其國有神井 闚之輒生子云"

64) 武內宿禰의 것은 와카야마현(和歌山縣) 마쓰바라(松原)에 있고, 源義經의 것은 그의 兒名을 따서 우시와카마루(牛若丸) 단조이란 이름으로 교토(京都) 시치쿠우시와카초(紫竹牛若町)에 있으며, 豊臣秀吉의 것은 나고야(名古屋) 나카무라공원(中村公園)에 있다.

65) 『日本書紀』 권16, 武烈天皇 4年 "百済新撰云 末多王無道暴虐百姓 國人共除 武寧立 諱斯麻王 是混支王子之子 則末多王異母兄也 混支向倭時 至筑紫嶋生斯麻王 自嶋還送 不至於京産於嶋 故因名焉 今各羅海中有主嶋 王所産嶋 故百濟人號爲主嶋 今案嶋王是蓋鹵王之子也 末多王是混支王之子也 此日異母兄未詳也". 『일본서기』에는 곤기[昆支]가 混支로, 사가현(佐賀縣)의 加唐島는 各羅島로 기록되어 있다(『日本書紀』 권14, 雄略天皇 5년 6월). 斯는 '사(ㅅ)'가 아니라 '시'로 읽는다. 백제, 신라의 한자음은 북방 中原音을 쓰지 않고 중국 남부의 江東方音을 썼기 때문이다. 일본의 吳音도 중국 남조의 음을 썼다. 昆支도 '곤기'로 읽는 것이 옳으며, 『新撰姓氏錄』에도 곤기(琨伎)로 기록되었다.

이 옳겠으나, 혁거세나 알영부인과는 달리, 부모가 분명한 인물까지 우물에서 태어났다고 말하기가 어색하다고 생각하여 갓 태어난 아기를 처음 씻긴 우물이라는 뜻으로 산탕정으로 바꿔 부른 것으로 짐작된다.

우물이 물, 샘, 못과 약간 다른 것은 출산, 탄생의 의미가 훨씬 뚜렷이 드러난다는 것이다. 왜 우물이 출산과 탄생인가? 우물은 어머니의 산도(産道)를 닮았기 때문이다. 우물은 유감주술(類感呪術)로 얽힌 탄생과 출산의 상징물이었다.

III. 별빛을 받아 잉태한 우물

1. 별빛을 받아 위인을 낳은 여인들

천문대설에 반론을 제기한 모든 학설이 해결해야 했던 가장 큰 문제는, 천문대가 아니라면 왜 '첨성대(瞻星臺)'라고 불렀을까 하는 문제였다. 1980년대에 여러 차례 토론회와 논쟁이 있었지만 끝내 결론은 나지 않았다. 그 과정에서 천문대설은 많은 상처를 입었고, 수미산설이나 규표설은 더 이상 힘을 쓰지 못하고 사실상 소멸되어 갔다. 누구나 이해하고 인정할 만한 압도적인 학설은 여전히 나오지 않았다. 그러던 중에 1990년대 막바지에 우물설이 등장했다. 사람들은 첨성대가 우물이라는 말에 첨성대를 다시 보게 되었다. 정체를 알 수 없는 이 건축물과 비슷해 보이는 형체를 찾아 규표, 수미산 등으로 헤매던 끝에 마침내 가장 그럴싸한 대상을 찾아냈다고 생각했다.

그런데 우물이라는 말을 듣고 보니 정말로 우물 같은데 왜 우물인지 알수가 없었다. 우물설을 제창한 연구자들이 이 부분을 길게 설명했지만 그다지 만족스럽지 않았다. 우물이라면 왜 우물에 '별을 쳐다보는 대'라는 이름이 붙었는지 설명해야 했는데 그러지 못했다. '첨성대'라는 이름의 높은 장벽이 우물설의 앞길을 가로막았던 것이다.

왜 '첨성대'일까? 이제 우물과 별의 관계를 밝히는 일이 남았다.

별은 오래전부터 큰 인물의 탄생을 예고했다. 고려 강감찬(姜邯贊:

948~1031)은 밤중에 별이 인가에 떨어진 순간 그 집에서 태어났고 그 별이 떨어진 곳이 현재의 낙성대(落星垈)로 알려져 있다.[66] 그리고 조서(趙瑞: ?~1313)도 그의 아버지 조인규(趙仁規)가 꿈에 자기 집에 큰 별이 떨어지는 꿈을 꾼 후에 태어나서, 어릴 때 자(字)를 성래(星來)라고 했다 한다.[67]

이런 사례는 신라 역사에도 꽤 있었다. 유례이사금(儒禮尼師今: ?~289)은 밤길을 걷던 어머니 박씨의 입으로 별빛이 들어가 잉태되었다.[68] 선덕여왕의 아버지 진평왕 때에 접어들어 위대한 인물들이 다시 별에 의해 태어났다. 당시 불교계의 최고지도자였던 자장(慈藏: 610~654)의 어머니는 별 하나가 떨어져서 품 안으로 날아드는 꿈을 꾼 뒤에 임신이 되었고, 석존(釋尊)이 탄생한 날에 자장을 낳았다고 한다.[69] 그리고 7년 뒤에 원효(元曉: 617~686)의 어머니는 유성(流星)이 품에 들어오는 꿈을 꾼 뒤로 태기가 있었는데 원효를 낳을 때에는 오색구름이 어머니가 있는 땅 위를 덮었다고 한다.[70] 그 후로도 별에 의한 탄생은 계속되었다. 혜거국사(惠居國師: 899~974)와 정진대사(靜眞大師: 878~956)도 원효처럼 어머니가 별이 품속으로 떨어지는 꿈을 꾼 후에 잉태되었고, 진관선사(眞觀禪師: 912~964)의 어머니는 일곱 별의 서기(瑞氣)가 입에 들어오는 태몽을 꾸었다고 한다.[71]

우리말에 '하늘을 봐야 별을 따지'라는 말이 있는데, 이것도 하늘의 별이

---

66) 『고려사』 권94, 列傳7 姜邯贊. 이 설화는 『世宗實錄』 권148, 地理志 京畿道 衿川, 『新增東國輿地勝覽』 京畿道 衿川 人物條 등 여러 곳에 전한다.

67) 『고려사』 권105, 列傳18 趙仁規

68) 『삼국사기』 권2, 신라본기2 儒禮尼師今

69) 『삼국유사』 권4, 義解5 慈藏定律

70) 「慶州高仙寺誓幢和尙塔碑文」 "母初得夢 星流□入懷 便□有□ 待其月滿 分解之時 忽有五色□□ 特覆母居"; 『삼국유사』 권4, 義解5 元曉不羈

71) 추만호, 1992, 「나말여초 선사들의 태몽과 민중생활」, 『伽山李智冠스님화갑기념논총 한국불교문화사상사』 상, 가산불교문화진흥원

여인의 잉태와 연관이 있다는 사고방식을 드러낸 말일 수 있다.

2. 햇빛을 받아 알을 낳은 여인들

우물을 말하기 전에 우선 여인이 하늘의 해에 감응하여 알을 잉태한 탄생설화에 관해 말하고자 한다. 그 대표적인 설화가 주몽 탄생설화이다. 그런데 그와 비슷한 이야기가 중국, 일본에도 퍼져 있었다.

> (가) 북부여 왕 해부루(解夫婁)가 동부여로 땅을 옮기고 난 후 부루가 죽고 금와(金蛙)가 왕위를 이었다. 그때 금와가 태백산(太伯山) 남쪽 우발수(優渤水)에서 한 여자를 발견하여 물으니 "저는 하백(河伯)의 딸로 이름은 유화(柳花)라고 합니다. 아우들과 함께 놀러 나갔는데 천제(天帝)의 아들을 자칭하는 해모수(解慕漱)라는 한 남자가 나를 웅신산(熊神山) 아래 압록강(鴨綠江) 가의 방 안으로 꾀어 정을 통하고는 떠나서 돌아오지 않자, 부모님은 중매인도 없이 다른 사람을 따랐다고 나를 꾸짖고는 이곳으로 내쫓았습니다." 하였다. 금와가 기이하게 여겨 방안에 가둬 두었더니 햇빛이 비추었고, 몸을 피하면 다시 해그림자가 따라와 비추었다. 그로 인해 임신하여 닷 되만 한 알 하나를 낳았다. …어머니(유화)가 물건으로 싸서 따뜻한 곳에 두었더니 한 아이가 껍질을 깨고 나왔는데 뼈대와 겉모습이 아름답고 기이했다.[72]

....
72)   『삼국유사』권1, 紀異2 高句麗 "北扶餘王解夫婁 旣避地于東扶餘 及夫婁薨 金蛙嗣位 于時得

(나) 은(殷)의 시조 설(契)의 어머니는 간적(簡狄)이다. …세 사람이 함께 목
  욕을 하다가 검은 새가 알을 떨어뜨리는 것을 보고는 간적이 이를 받
  아 삼켰다. 그로 인해 임신하여 설을 낳았다.[73]

(다) 옛날에 아메노히보코(天之日矛)라는 신라국 왕자가 있었다. …신라국
  에 아구누마(阿具奴摩)라는 늪이 있는데, 이 늪 가에서 한 천한 여인
  이 낮잠을 자니 무지개 같은 햇빛이 여자의 음부 위를 가리켰다. …
  이 여인이 낮잠을 잔 후로 임신이 되어 붉은 구슬[赤玉]을 낳았다. …
  (아메노히보코가) 구슬을 가져와서 마루 한편에 두었더니 곧 아름다운
  낭자로 변했기에 그 여자와 결혼하여 적처(嫡妻)로 삼았다.[74]

  (가)는 『삼국유사』에 실린, 고구려 시조 주몽(朱蒙)의 탄생설화이고, (나)
는 『사기』에 수록된, 은(殷)의 시조 설(契)의 탄생설화이며, (다)는 『고사기
(古事記)』에 기록된, 신라왕자 아메노히보코의 아내 아가루히메(阿加流比賣)
의 탄생설화이다.
  이 설화들은 공통점이 있다. 첫째로, 여인이 알을 잉태했다는 점이다.
(나)에서는 알을 삼켰다고 했으나 그것은 알을 잉태한 것이나 마찬가지이

:::

一女子於太伯山南優渤水 問之 云 我是河伯之女 名柳花 與諸弟出遊 時有一男子 自言天帝子
解慕漱 誘我於熊神山下鴨涤邊室中私之 而往不返 父母責我無媒而從人 遂謫居于此 金蛙異
之 幽閉於室中 爲日光所照 引身避之 日影又逐而照之 因而有孕 生一卵 大五升許…母以物裹
之 置於暖處 有一兒破殼而出 骨表英奇"

73) 『史記』 권3, 殷本紀3 "殷契 母曰簡狄 有娀氏之女 爲帝嚳次妃 三人行浴 見玄鳥墮其卵 簡狄取
    呑之 因孕生契"

74) 『古事記』 中卷, 應神天皇段9 "昔有新羅國王之子 名謂天之日矛…新羅國有一沼 名謂阿具奴摩
    此沼之邊 一賤女晝寢 於是日耀如虹 指其陰上…故是女人自其晝寢時妊身 生赤玉…故將來其
    玉 置於床邊 卽化美麗孃子 仍婚爲嫡妻"

며, (다)에서는 알이 아니라 구슬로 나타났으나 그것도 별반 차이가 없다.

둘째로, 여인이 알을 잉태한 것은 해에 감응되었기 때문이다. (가)의 유화가 알을 잉태한 것이 해모수와의 관계 때문으로 오해될 수도 있지만 자세히 보면 유화의 임신은 해모수와의 관계가 아니라 햇빛의 감응에 의한 것으로 기술되어 있다. 그리고 유화와 해모수의 이야기는 최초의 설화에는 없던, 나중에 덧붙여진 이야기로 보인다. 그것은 1세기에 간행된 『논형(論衡)』의 설화로 확인할 수 있다. 『논형』에는 (가)와 비슷한 이야기가 다음과 같이 기록되었다.

> (라) 북이(北夷) 탁리국(橐離國)의 왕을 모시는 계집종이 임신하여 왕이 죽이려 하니 계집종이 말하기를 "하늘에서 달걀[雞子]만 한 기운이 저에게 내려와 임신하게 되었습니다." 하였다. 후에 아들을 낳아…동명(東明)이라 이름 지었다.[75]

여기서 탁리국(橐離國)은 고구려를 뜻하는 고리국(藁離國)이 잘못 기록된 것이다. 이 『논형』의 설화는 『위략(魏略)』과 『후한서(後漢書)』에도 거의 같은 내용으로 전하는데,[76] 여기서 '하늘의 달걀만 한 기운'은 해를 말하는 것으로 보인다. 그리고 『논형』이나 『위략』, 『후한서』에는 (가)의 『삼국유사』설

---

75) 『論衡』권2, 吉驗篇 "北夷橐離国王侍婢有娠 王欲殺之 婢對曰 有氣大如雞子 從天而下我 故有娠 後産子…名東明"

76) 탁리국왕의 시비(侍婢)는 『삼국지』의 주석에 인용된 『위략』에서는 고리국(高離國) 왕의 侍婢로, 『후한서』에서는 색리국(索離國) 왕의 侍兒로 나타나는데, 橐離國이나 索離國은 고구려를 뜻하는 藁離國(고리국)이 잘못 기록된 것으로 보인다. 7세기 『法苑珠林』에는 영품리왕(寧稟離王)의 侍婢가 하늘에서 내려온 이상한 기운에 감응하여 임신하였다고 하였고(『法苑珠林』 권11, 歸信篇 述意部), 그것은 『삼국유사』에도 소개되어 있다(『삼국유사』 권1, 기이2 고구려).

화 앞부분에 보이는 해부루, 해모수 이야기가 없다. 따라서 여자가 해에 감응하여 임신한 것이 명백히 드러난다.[77]

한편 (나)에서는 해가 아니라 검은 새가 나타난다. 간적은 목욕을 하던 중에 검은 새가 떨어뜨린 알을 삼키고 은(殷)의 시조 설(契)을 낳았다. 설뿐이 아니라 진(秦)의 시조 대업(大業)도 어머니 여수(女脩)가 옷감을 짜다가 검은 새가 떨어뜨린 알을 삼켜서 임신이 되어 태어났다.[78]

검은 새는 해를 상징한다. 이미 오래전부터 『산해경(山海經)』, 『회남자(淮南子)』에는 해 안에 까마귀가 있는 것으로 묘사되었고, 화상묘(畵像墓), 칠화(漆畵), 청동기물(靑銅器物) 등에도 일중삼족오(日中三足烏)가 보이며, 한반도에서도 무용총, 각저총 등의 고분벽화나 금동관식에 삼족오가 등장한다.[79] 일본의 『일본서기』, 『고사기』에서도 해는 머리 크기가 여덟 뼘이나 되는 커다란 까마귀 '야타카라스(頭八咫烏, 八咫烏)'로 나타났다.[80]

그리고 (다)의 아가루히메 탄생설화에서는 여자를 임신시킨 주체를 햇빛으로 분명히 드러내었고, 붉은 구슬로 붉은 해를 상징하였다.

결국 (가), (나), (다)의 세 설화는 모두 여인이 해에 감응되어 알을 잉태한 이야기이다.

그런데 (가)의 주몽 탄생설화는 특히 (다)의 아가루히메 탄생설화와 아주

77) 일반적으로 부여 東明의 아들이 고구려를 건국한 朱蒙이라고 보지만, 동명이 주몽과 동일인이라고 보기도 한다. 아마도 부여와 고구려의 건국설화에 모방 또는 혼란이 있었던 듯한데 여기서는 주된 논점이 아니므로 복잡한 논쟁을 생략한다.

78) 『史記』 권5, 秦本紀5 "女脩織 玄鳥陨卵 女脩吞之 生子大業"

79) 이형구, 1994, 「고구려의 삼족오 신앙에 대하여」, 『동방학지』 86; 신용하, 2001, 「고조선문명권의 삼족오태양 상징과 조양 원대자벽화묘의 삼족오태양」, 『한국학보』 105; 손환일, 2006, 「삼족도(三足圖) 문양의 시대별 변천」, 『한국사상과 문화』 33

80) 『日本書紀』에는 頭八咫烏로, 『古事記』에는 八咫烏로 기록되었다(『日本書紀』 권3, 神武紀 卽位前紀 무오년 6월 23일 정사, 11월 7일 기사, 임술년 2월 2일 을사; 『古事記』 中卷, 神武天皇段 東征).

비슷한 이야기이다.

첫째로, 남자의 이름이 해와 관계되어 있다. 해부루(解夫婁)와 해모수(解慕漱)의 '解'는 중세국어에서 '히'로 읽었는데 '해[日]'의 옛말도 '히'이다.[81] 그리고 주몽은 「모두루묘지(牟頭婁墓誌)」에서는 '해와 달의 아들[日月之子]'로 기록되었고 『위서(魏書)』에서는 '해의 아들[日子]'이라 하였다.[82]

아메노히보코의 이름도 해와 관련되어 있다. 아메노히보코의 한자 이름 '천지일모(天之日矛)'는 『일본서기(日本書紀)』에서는 '천일창(天日槍)'으로 나타나며, 『풍토기(風土記)』에서는 신라국이 아니라 고려(高麗: 고구려)에서 온 '천일모(天日鉾)'로 나타난다.

모(鉾)는 모(矛)와 사실상 같은 글자이고, 모(矛)와 창(槍)은 모두 창의 일종이다. 따라서 과감한 추리를 시도해 본다면 鉾와 槍은 본래 矛였는데, '矛'는 '子'를 잘못 옮겨 쓴 것으로 보인다. 즉 '天之日矛'는 '天之日子'의 '子'가 '矛'로 잘못 기록된 것이다.[83] 신라 왕자나 고구려 왕자의 이름에 특별히 창이 들어갈 이유를 찾기 어렵기 때문이다. 추측대로라면 『고사기』에서 '子'가 '矛'로 바뀌었고, 『풍토기』에서는 '鉾'로 표기되었을 것이며, 『일본서기』에서는 비슷한 뜻의 '槍'으로 썼을 것이다. 『위서』에서 주몽을 일컬은 '일자(日子)'는 아메노히보코의 본래 이름으로 추정되는 '천지일자(天之日子)'와 서로 통한다.

둘째로, 알을 낳거나 받은 여자의 처지가 유사하다. 주몽을 낳은 유화는 아버지에게 '쫓겨난 여자'였고, 아가루히메를 낳은 어머니는 '천한 여자'

---

81) 『龍飛御天歌』 50 "흰 므지게 히예 뻬니이다(白虹橫貫于日)"; 『新增類合』 下46a, "解 그를 히"

82) 『魏書』 권100, 列傳88 高句麗

83) '日子'가 '日矛'가 된 것은 신라(고려)의 왕자를 '태양의 아들'로 칭하는 것을 꺼려 의도적으로 바꿔 쓴 것일 수도 있다.

였다. 『논형』에서는 동명을 왕의 '계집종'이 낳은 것으로 나타나는데 '천한 여자'와 일맥상통한다.

한편 주몽의 탄생설화를 설의 탄생설화와 비교하면 간적은 내에서 목욕 하던 세 여자 가운데 하나였는데, 이규보가 『구삼국사(舊三國史)』를 토대로 지었다는 「동명왕편」이나 이승휴의 「제왕운기」에서도 유화는 압록강 근처 의 웅심연에서 두 아우와 함께 셋이서 놀다가 해모수를 만났다.[84]

결국 (가), (나), (다) 세 이야기는 모두 여인이 해에 감응하여 알을 잉태 한 이야기이다. 이를 편의상 태양감응설화로 부르기로 한다.

태양감응설화를 자세히 보면 또 다른 공통점도 있다. 물이 관여하고 있 다는 것이다. 주몽 탄생설화의 배경으로는 우발수, 압록강과 웅심연이 있 다. 설을 낳은 간적은 냇물에서 목욕하다가 알을 삼켰다.[85] 아가루히메를 낳은 천한 여자가 낮잠을 자다 햇빛에 감응된 장소는 아구누마 늪이다. 내, 우발수, 웅심연, 늪 등으로 표현된 물은 혁거세 탄생설화에서 우물로 등장 한다.

3. 별빛을 받아 알을 낳은 우물

우리나라 민속에는 정월 대보름날 닭이 우는 첫새벽에 우물을 가장 먼저 길어오면 그 해 농사가 잘된다는 믿음이 있었다. 대보름 밤에 하늘에서 용

━━━━━━━━━━━━━━━━━━━━━━

84) 『삼국유사』에서는 맏딸 유화와 그 아우들로 표현하였으나, 「제왕운기」에서는 하백의 세 딸로
      표현했고, 「동명왕편」에서는 柳花, 萱花, 葦花로 세 딸의 이름까지 밝혔다.
85) 목욕을 하려면 당연히 물이 있어야 한다. 唐 司馬貞의 『索隱』에서는 簡狄이 내[川]에서 목욕
      했다고 하였다.

이 내려와 우물에 알을 낳는데 그 물을 뜨면 용알이 섞여 들어간다고 하여 그것을 '용알뜨기'라 하였다. 용알뜨기는 우물이 '다산, 풍요'를 가져온다는 믿음과 연관되어 있다.

아기를 갖기 바라는 여자들이 정월 대보름에 우물에 비친 달그림자를 바가지로 떠서 마시면 임신이 된다는 풍습도 있었다.[86] 알처럼 생긴 보름달 그림자를 떠 마시는 것은 임신을 상징하는 행위다. 비록 해가 달로 바뀌기는 하였지만, 여기서도 천체가 빛을 우물에 비추어 분신인 알을 잉태시킨다는 사고체계를 확인할 수 있다.

그리고 달 대신에 별이 등장하는 이야기가 혁거세 탄생설화이다. 혁거세 탄생설화는 고구려의 주몽 탄생설화와 깊은 관련이 있다. 그 둘이 어떻게 연결되는지 하나하나 살펴본다. 『삼국유사』에는 혁거세의 탄생이 이렇게 기록되어 있다.

　(마) 6부의 조상들이 자제들을 거느리고 알천(閼川) 둑 위에 모두 모여 의
　　　논하기를 "우리에게는 백성들을 보살피고 다스릴 군주가 없어서 모
　　　두 방종하여 제멋대로 행동하니 덕이 있는 사람을 찾아서 군주로 삼
　　　아 나라를 세우고 도읍을 정합시다." 하였다. 그러고는 높은 곳에 올
　　　라 남쪽을 바라보니 양산(楊山) 아래 나정(蘿井) 옆에 벼락빛[電光] 같
　　　은 이상한 기운[異氣]이 땅에 드리워 있고[垂地] 흰말 한 마리가 꿇어
　　　절하는 모양을 하고 있기에 가까이 가서 살펴보니 보랏빛 알 하나가
　　　있었다. 말은 사람을 보자 길게 울고는 하늘로 올라가 버렸다. 알을 깨
　　　어 어린 사내아이를 얻었는데 모양이 단정하고 아름다워 경이롭게 생

86)　　김열규, 1985, 『한국의 신화』, 일조각, 14쪽

각했다.[87]

이 설화에는 주몽 탄생설화처럼 알이 등장한다. 그런데 그 알이 있게 한
것은 벼락빛이었다. '벼락빛 같은 이상한 기운이 땅에 내리뻗쳐 있고[異氣
如電光垂地]'라는 구절을 유심히 들여다볼 필요가 있다.

벼락빛[電光]의 '전(電)'이란 우리말의 '번개'와 같은 말로서, 대기 가운
데 있는 전기가 번쩍이며 방전하는 현상을 말한다.[88] 하늘 위에서, 또는 하
늘과 땅 사이에 일어나는 방전현상을 모두 가리켜 '번개'라 하지만, 하늘과
땅 사이의 방전현상은 특별히 '벼락'이라 부른다.[89] 그런데 설화에서는 전
광(電光)이 땅으로 드리웠다[垂地]고 했으므로 번갯빛보다는 벼락빛으로 번
역하는 것이 더 적절하다.

'벼락'은 한자어 벽력(霹靂)에서 온 말로 많이들 오해하고 있으나, 그 뿌
리는 벼락을 뜻하는 원시알타이어 *p^{h}jalk^{h}i에 있다. 그 변형으로 퉁구
스 고어의 *pialki-와 튀르키에 고어의 *jAlki-가 있는데, 우리말 고어의
'벼락'과 '별악'은[90] 퉁구스 고어에 가깝다. 그리고 '별'의 원시알타이어
p^{h}jŏlo에서 고대 한국어의 *pjǝr와 고대 일본어의 *pǝsi가 생겨났다고 한
다.[91]

87) 『三國遺事』卷1, 紀異2 新羅始祖赫居世王 "六部祖各率子弟 俱會於閼川岸上 議曰 我輩上無
君主臨理蒸民 民皆放逸 自從所欲 欲覓有德人 爲之君主 立邦設都乎 於是乘高南望 楊山下蘿
井傍 異氣如電光垂地 有一白馬跪拜之狀 尋檢之 有一紫卵 馬見人長嘶上天 剖其卵得童男 形
儀端美 驚異之"

88) 『說文解字』11下, 雨部【電】陰陽激燿也;『大廣益會玉篇』中卷, 雨部 297【電】陰陽激燿也

89) 한글학회, 1992, 『우리말 큰사전』, 어문각, 1726쪽, 1762쪽

90) 『訓蒙字會』(1527) 上1 "霹 벼락 벽 靂 벼락 력";『新增類合』(1576) 上4 "霹 벼락 벽 靂 벼락
력";『譯語類解』(1690) 上2 "霹靂火閃 별악"

91) Sergei Starostin, Anna Dybo, Oleg Mudrak, 2003, *Etymological Dictionary of the*

뒤에서 다시 언급하겠으나 고대국어에서 유기음의 존재 여부는 불확실하여 아직도 논쟁 중이지만 근래에는 그 논쟁은 치음 ts^h(ㅊ)과 설음 t^h(ㅌ)에 국한한 것이고 적어도 통일신라 말까지는 유기음 중에서도 순음 p^h(ㅍ)과 아음 k^h(ㅋ)은 존재하지 않았다는 것이 일반적인 견해이다. 더군다나 삼국시대 초기라면 더 말할 나위도 없다. 따라서 알타이어의 p^{h}와 k^{h}는 우리말에서 p(ㅂ)와 k(ㄱ)로 실현되었을 것이다. 유음도 l, r의 구별이 없이 r 하나였던 것으로 추정된다.[92] 그러므로 벼락의 원시알타이어 *p^{h}jalk^{h}i는 고대국어에서 *pjarki(뱌르기)로 실현된다. 그리고 별의 고어는 앞서 밝혔듯이 *pjər(벼르)이다. 결국 벼락 '뱌르기'와 별 '벼르'는 모두 하늘과 연관된 사물이고, 소리로도 아주 가깝다.

따라서 초기 설화에서는 별빛이었으나 낮의 별빛이 어색하여 벼락빛으로 변형된 것이 아닌가 추정해 볼 수 있다.

그렇다면 우물에 별빛이 내려와 알이 잉태된 것이다. 주몽 탄생설화의 해와 여인, 금와왕 탄생설화의 해와 못, 용알뜨기의 달과 우물, 유례이사금, 원효, 자장 탄생설화의 별과 여인이 혁거세 탄생설화에서는 별과 우물로 나타났다. 뒤에서 다시 상세히 언급하겠지만 우물에 왜 첨성대라는 이름이 붙었는지 어렴풋이 확인된다. 즉 우물이 별빛을 내려받아 위대한 인물을 탄생시킨 것이다. 첨성대라는 이름은 사람이 위에 올라가 별을 쳐다본다는 것이 아니라 우물이 별을 쳐다본다는 뜻에서 붙여진 이름이다.

Altaic Languages, Leiden: Brill, pp.1149-1150, pp.1155-1156

92) 김동소, 2011, 『한국어의 역사(수정판)』, 정림사, 77-79쪽. 고대국어의 유음에 대해서는 대체로 r과 l이 존재했다고 보는 견해와 r 하나만이 존재했다고 보는 견해가 있다.

4. 보랏빛 알과 자미원(紫微垣) 안의 북극오성

(마)의 혁거세 탄생설화에서는 앞의 (가), (나), (다) 설화에서와는 달리 알이 단순한 알이 아니라 자란(紫卵), 즉 보랏빛 알이라 했다.[93] 보라색은 김알지 탄생설화와 수로왕 탄생설화에도 등장한다.

(바) 호공(瓠公)이 밤에 월성 서쪽 마을에 가다가 시림(始林)에 밝은 빛이 보이기에 (가 보니) 보라색 구름이 하늘에서 땅으로 드리운 가운데 구름 속 나뭇가지에 걸려 있는 황금궤(黃金櫃)에서 빛이 나오고 흰 닭이 나무 아래에서 울고 있었다. 그대로 왕에게 보고하자 왕이 그 숲에 행차하여 궤를 열어보니 어린 사내아이가 있는데 누워 있다가 곧바로 일어났다.[94]

(사) 사는 곳 북쪽 구지(龜旨)에서 무언가 수상한 소리로 부르는 기척이 있어 무리 2,3백 명이 이곳에 모였다. 사람 소리 같은 것이 들리는데 모습은 숨긴 채 소리내어 이르기를 "여기에 누가 있느냐?" 하기에 구간(九干)이 "우리들이 있습니다." 하니 또 "내가 있는 곳이 어디냐?" 하여 "구지입니다."라고 대답했다. 또 "황천(皇天)께서 내게 이곳에 임

---

93) 紫를 번역할 때 자주색으로 해야 할지 보라색으로 해야 할지 난감하다. 『論語』陽貨篇에는 "惡紫之奪朱也"라 하여 "間色, 잡색인 紫色이 正色, 원색인 朱色을 빼앗는 것을 미워한다."라고 하였다. 자주는 붉은빛이 진한 색으로 대체로 purple(#800080)에 해당되며, 보라는 빨간색과 파란색이 1:1로 섞인 잡색 blue violet(#8A2BE2)에 해당되는데, 紫色은 잡색이라 하였으므로 보라색으로 옮기는 것이 무난하다.

94) 『三國遺事』권1, 紀異2 金閼智脫解王代 "瓠公夜行月城西里 見大光明於始林中 有紫雲從天垂地 雲中有黃金櫃 掛於樹枝 光自櫃出 亦有白雞鳴於樹下 以狀聞於王 駕幸其林 開櫃有童男 臥而卽起"

하여 나라를 새로 세우고 임금이 되라고 하셨기에 내려왔다. 너희들은 산꼭대기 흙을 파면서 '거북아, 거북아, 머리를 내밀어라, 내밀지 않으면 구워 먹으리!' 하며 노래를 부르고 발을 구르며 춤을 추어라. 그러면 대왕을 맞이하여 뛸 듯이 기뻐하게 될 것이다." 하였다. 9간은 그 말대로 모두 기뻐 노래하며 춤을 추었다. 얼마 후 우러러 쳐다보니 다만 보라색 줄이 하늘에서 내려와 땅에 닿았다. 줄 끝을 찾아가니 붉은 보자기에 싸인 금합[金合子]이 보이기에 열어보니 해처럼 둥근 황금알 여섯 개가 들어있었다. 여럿이 모두 놀라고 기뻐서 함께 굽실굽실 백 번 절하였다. 얼마 후 (금합을) 싸서 안고 아도간(我刀干)의 집에 돌아와 탑상[榻] 위에 둔 후 무리는 흩어졌다. 12일이 지난 다음날 날이 밝아 무리가 다시 모여 합을 여니 여섯 알이 어린아이로 변해 있었는데 용모가 매우 훌륭하였다. 곧 탑상 위에 앉자 무리가 절하며 공경을 다하였다.[95]

(마)의 혁거세 탄생설화에서는 하늘에서 땅으로 벼락빛 같은 이상한 기운이 내려온 곳에 보라색 알이 있었다고 하였고, (바)의 김알지 탄생설화에서는 하늘에서 땅으로 보랏빛 구름이 드리웠다 하였고, (사)의 수로왕 탄생설화에서는 보라색 줄이 하늘에서 내려왔다고 하였다. 세 설화는 세부적인

---

95) 『三國遺事』권2, 紀異2 駕洛國記 "所居北龜旨 有殊常聲氣呼喚 衆庶二三百人 集會於此 有如人音 隱其形 而發其音曰 此有人否 九干等云 吾徒在 又曰 吾所在爲何 對云 龜旨也 又曰 皇天所以命我者 御是處 惟新家邦 爲君后 爲玆故降矣 爾等須掘峯頂撮土 歌之云 龜何龜何 首其現也 若不現也 燔灼而喫也 以之蹈舞 則是迎大王 歡喜踴躍之也 九干等如其言 咸忻而歌舞 未幾 仰而觀之 唯紫繩自天垂而着地 尋繩之下 乃見紅幅裹金合子 開而視之 有黃金卵六圓如日者 衆人悉皆驚喜 俱伸百拜 尋還裹著 抱持而歸乃我刀家 寘榻上 其衆各散 過浹辰翌日平明 衆庶復相聚集開合 而六卵化爲童子 容貌甚偉 仍坐於床 衆庶拜賀 盡恭敬止"

표현은 다르지만 모두 하늘에 근원을 둔 보라색이 땅에 내려온 것에 관해 말하고 있다.

보라색이 이렇게 자주 언급되는 이유는 무엇인가? 〈그림3-1〉의 천상열차분야지도는 7세기 고구려에 있었다는 천문도를 조선 초에 그대로 돌에 새긴 것이다. 그 천문도에서 하늘의 중심을 이루는 북극성은 다섯으로 구성되어 북극오성이라 부른다. 그리고 제왕인 북극오성이 거주하는 자미궁(紫微宮)의 담장 자미원(紫微垣)은 8개의 별로 이루어진 왼쪽 좌원장(左垣墻)

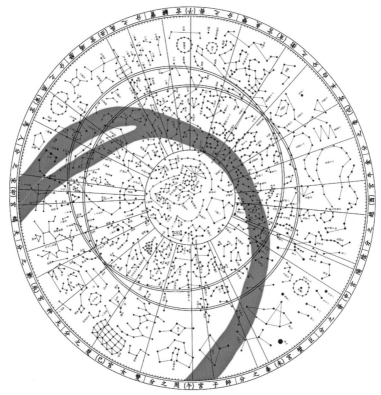

〈그림3-1〉 천상열차분야지도의 자미원과 북극오성
* 붉은 별과 연결선은 자미원과 북극오성. 푸른 띠는 은하수.

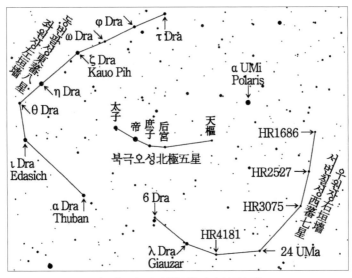

〈그림3-2〉 자미원(紫微垣)과 북극오성

■ 정연식, 2012, 「천상열차분야지도 별자리의 서방7수를 중심으로 한 부분적 복원」, 『인문
  논총』 24, 서울여대 인문과학연구소, 340쪽

동번팔성(東蕃八星)과 7개의 별로 이루어진 오른쪽 우원장(右垣墻) 서번칠성
(西蕃七星)으로 구성된다(<그림3-2>). 중국 베이징의 '자금성(紫禁城)'도 하늘
의 자미궁에서 유래한 것이다. 보라색은 제왕의 색이며 하늘의 제왕 북극
성은 보라색 담장의 자미궁 안에 있다.

　알을 잉태시킨 천체가 태양에서 북극성으로 바뀐 데는 이유가 있다.

　해는 크기와 밝기와 열기에서 다른 천체를 압도하는 엄청난 존재였다.
그래서 사람들은 여러 천체 가운데 해를 최고의 권능을 지닌 천체로 여겼
고, 태양신에 대한 숭배가 전 세계적으로 행해졌다. 그래서 서양에서는 16
세기까지 태양을 중심으로 한 황도좌표를 사용하고[96] 태양이 지나는 길에

96)　나카야마 시게루 지음, 김향 옮김, 1995, 『하늘의 과학사』, 가람기획(中山茂, 1984, 『天の科

있는 별자리들을 황도 12궁이라 하였다.

그러나 중국을 중심으로 한 동양 문화권에서는 아주 일찍부터 다른 생각을 갖고 있었다. 해와 달을 포함하여 모든 천체는 날마다 동쪽에서 떠서 서쪽으로 지거나 하늘에서 원을 그리며 도는데, 그 중심에 자리잡은 북극성만이 회전축 역할을 하여 움직이지 않기에 가장 존귀한 천체로 여겼다.[97] 그래서 중국 천문학에서는 태양 중심의 황도좌표가 아니라 북극성 중심의 적도좌표를 사용했다.

이 사고체계에서는 해와 달도 5행성처럼 일종의 별로 취급되어 일태양성(日太陽星), 월태음성(月太陰星)으로 표현되기도 한다.[98] 불교에서도 북극성은 가장 존귀한 치성광여래(熾盛光如來)로 표현되고, 해와 달은 일광변조보살(日光遍照菩薩), 월광변조보살(月光遍照菩薩)이라는 이름으로, 여래를 좌우에서 모시는 협시보살(脇侍菩薩)일 뿐이다. 도교에서도 북극성은 하늘을 지배하는 최고의 권능을 지닌 자미대제(紫微大帝)로 불렀다.

보라색은 제왕의 궁성 또는 제왕 자체를 상징하는 색이다. 김알지의 보랏빛 구름, 김수로의 보라색 줄은 모두 제왕의 별의 빛이 땅에 드리운 것을 뜻하며, 혁거세가 태어난 보라색 알을 만들어낸 하늘에서 내린 빛기둥도 같은 뜻이다.

결국 박혁거세, 김알지, 김수로는 모두 하늘의 북극성의 정기를 받아 태

||||||||||||||||||||||||||||||||||||||||||||||

学史』, 東京: 朝日新聞), 67쪽

97) 『논어』에서도 북극성을 가장 중요한 천체로 생각했다(『論語』爲政篇 "子曰 爲政以德 譬如北辰 居其所而衆星共之"). 탕평정치의 '建皇極'이란 개념도 북극성으로 상징되는 왕권을 바로 세우는 것을 말한다.

98) 일반적인 별들처럼 북극성을 중심으로 원운동을 하지 않고 다른 궤적을 그리며 돌아다니는 7개의 별을 칠요(七曜) 또는 칠정(七政)이라 했는데 그것이 해, 달, 화성[熒惑], 수성[辰星], 목성[歲星], 금성[太白·鎭星], 토성[鎭星]이다.

어난 제왕들이다. 이들의 탄생설화를 북극성감응설화로 부르기로 한다.

앞의 태양감응설화와 북극성감응설화에는 위대한 인물이 하늘의 천체에 감응되어 태어난다는 공통점이 있는데 그 밖의 다른 공통점도 있다. 북극성감응설화에도 태양감응설화와 마찬가지로 알이 등장한다. 박혁거세 탄생설화에서는 보라색 알로 나타났다.

그런데 (바)의 김알지 탄생설화에서는 알이 아니라 황금궤(黃金櫃)에서 사내아이가 나왔고, (사)의 수로왕 탄생설화에서는 금합[金合子]에 담긴 황금알 6개가 사내아이들로 변했다.[99]

수로왕 탄생설화의 좋은 비교 대상이 석탈해 탄생설화이다. 용성국(龍城國) 왕비가 큰 알을 낳자 불길하게 여긴 왕이 알을 궤(櫃)에 넣어 배에 실어서 바다에 띄웠더니 배가 계림 동쪽 아돌개[阿珍浦]에 이르렀는데 고기 잡는 노파가 이를 발견하여 궤를 열어보니 안에 사내아이가 있었다고 한다.[100] 사내아이 석탈해가 궤 안의 알에서 나왔으니 그것 또한 난생설화의 일종이다.[101]

김수로는 금합(金盒) 안의 알에서, 석탈해는 궤 안의 알에서, 김알지는 황금궤에서 나와 모두 비슷하게 태어났고, 김알지 탄생설화의 황금궤는 그 자체를 알로 해석해도 무리가 없다.

99)   合, 合子, 盒, 盒子는 뚜껑이 있는 그릇을 가리킨다.

100) 『三國遺事』 권1, 紀異2 第四脫解王

101) 설화들은 여기저기서 서로 얽혀 있다. 『古事記』에서 마루 한편에 두었던 붉은 알이 아가루히메로 변한 것과 『駕洛國記』에서 榻에 놓아두었던 황금알이 수로왕으로 변한 것이 그러하고, 「東明王篇」에서 낯선 남자와 관계했다는 이유로 아버지 河伯의 벌을 받아 입이 석 자나 되게 늘어났던 柳花가 왼쪽 겨드랑이로 알을 낳은 것과, 『삼국유사』에서 알영이 입이 닭 부리처럼 생긴 상태로 雞龍의 왼쪽 옆구리에서 나온 것도 그러하다.

5. 남성 말과 여성 닭

『삼국유사』의 혁거세 탄생설화를 다시 소개한다.

(아) 높은 곳에 올라 남쪽을 바라보니 양산(楊山) 아래 나정(蘿井) 옆에 벼
락빛 같은 이상한 기운이 땅에 드리워 있고 흰말 한 마리가 꿇어 절
하는 모양을 하고 있기에 가까이 가서 살펴보니 보랏빛 알 하나가 있
었다. 말은 사람을 보자 길게 울고는 하늘로 올라가 버렸다.[102]

혁거세 탄생설화의 말은 무슨 의미일까? 그 의미를 간접적으로 알려주
는 것이 금와왕 탄생설화이다. 『삼국유사』에는 금와왕의 탄생에 관한 다음
과 같은 기록이 남아 있다.

(자) (북부여왕 해)부루가 늙도록 아들이 없었다. 하루는 후사를 얻기 위해
산천에 제사를 지내러 가는데 왕이 탄 말이 곤연(鯤淵)에 이르러 큰
돌을 마주 보고 눈물을 흘렸다. 왕이 괴이하게 여겨 사람을 시켜 돌
을 치우게 하니 금빛 개구리 모양의 어린아이가 있었다. 왕이 기뻐하
며 "이는 바로 하늘이 내게 후손을 주신 것이 아닌가!" 하였다. (그 아
이를) 데려다 기르고 이름을 금와(金蛙)라고 하였다.[103]

---

102) 『三國遺事』卷1, 紀異2 新羅始祖赫居世王 "於是乘高南望 楊山下蘿井傍 異氣如電光垂地 有
一白馬跪拜之狀 尋檢之 有一紫卵 馬見人長嘶上天"

103) 『三國遺事』권1, 紀異2 東扶餘 "(北扶餘王解)夫婁老無子 一日祭山川求嗣 所乘馬至鯤淵 見大
石 相對淚流 王怪之 使人轉其石 有小兒 金色蛙形 王喜曰 此乃天賚我令胤乎 乃收而養之 名
曰金蛙"

우선 앞에서도 말했듯이 이 설화에서 해부루(解夫婁)의 '히(解)'는 '히[日]'이다. 그리고 곤연(鯤淵)의 '곤(鯤)'은 물고기 알을 뜻하므로 곤연은 단순한 못이 아니라 알을 낳는 '알못'이다.[104] 아이가 개구리 모양으로 묘사된 것은 개구리가 물에서 알로 태어나는 동물이기 때문이다. 금와는 곤연에서 알로 잉태되어 개구리로 나온 것이다. 한편 곤연이라는 알못 가에 있었던 돌은 알을 달리 표현한 것이다. 돌을 치웠더니[轉石] 개구리 모양의 아이가 나타났다는 것은 돌에서 개구리 모양의 아이가 나왔다는 것과 같은 말이며, 이는 혁거세 탄생설화에서 알을 깨뜨리니[剖卵] 아이가 나왔다는 것과 같은 말이다.

이러한 설화들은 모두 남성과 여성의 성적 결합을 기본 구조로 만들어졌다. 앞의 (가)에서 간적은 냇물에 벌거벗은 몸으로 목욕하고 있었고 (나)에서 여인은 늪 가에서 잠을 자고 있었다. 냇물이나 늪은 여인의 상징적 표현이며, 벌거벗은 것과 잠을 잔 것은 성행위를 연상시킨다. 더구나 (다)에서 햇빛이 음부에 비추었다는 것은 성적 결합을 직설적으로 드러내고 있다. 그리고 (가)의 간적이 알을 삼킨 것도 수정을 한 것으로 이해할 수 있다. 입으로 수정하여 임신이 된 예는 고려 태조의 비 장화왕후(莊和王后) 오씨의 사례가 『고려사』에 기록되어 있다.[105]

동서양을 막론하고 19세기에 난자가 관찰되기 전까지는 사람들은 남자의 아기 씨알이 여자의 몸 안에 들어가서 그곳에서 자라나 아이로 태어난

104) 鯤을 『莊子』逍遙游에도 등장하는 大魚로 해석하여 곤연에 위대한 못이라는 의미를 함께 부여할 수도 있지만 주된 의미는 역시 알못이라고 해석하는 것이 옳을 듯하다.
105) 『高麗史』卷88, 列傳1 后妃1 莊和王后吳氏 "太祖以水軍將軍 出鎮羅州 泊舟木浦 望見川上 有五色雲氣 至則后浣布 太祖召幸之 以側微不欲有娠 宣于寢席 后卽吸之 逡有娠生子 是爲惠宗 面有席紋 世謂之橶主"

다고 생각했다. 아버지가 낳고 어머니가 길렀다는 『시경』의 표현도 그러한 의식의 소산이다.[106] 설화에서 해는 여인의 몸에 아기 씨알을 넣은 것이다.

그런데 (자)의 금와왕 탄생설화는 이상하다. 왕의 죽음이 아니라 탄생을 이야기하는 설화에서 말이 눈물을 흘렸다는 것이다. 하지만 이것도 성과 관련된 이야기로 이해하면 자연스럽게 풀린다. 말을 타고 있는 해부루의 가랑이 사이에 뻗은 말의 머리는 해부루의 성기를 상징하며 눈물을 흘린 것은 사정 행위를 뜻한다. 곤연이라는 알못에 말의 눈물이 뿌려져 수정됨으로써 돌알이 생겨났고 그 돌알에서 금와가 태어난 것이다.

그렇다면 (아)의 혁거세 탄생설화에 등장하는 말의 의미도 이해할 수 있다. 말이 '무릎 꿇어 절하는 모습[跪拜之狀]'을 하고 있었다고 한 것은 절을 하는 것과 같은 모습으로 다른 어떠한 행위를 하고 있었다는 것을 표현한 것이다. 말이 고개를 끄덕이며 절을 하는 모습은 해부루의 말이 눈물을 흘린 것과 유사한 정황을 묘사한 것으로 이해된다. 19세기에 신재효(申在孝)가 정리한 판소리 여섯 마당 가운데 하나인 「가루지기타령」에서 옹녀는 변강쇠의 성기가 눈물을 흘리며 절을 한다고 희롱하고 있다.[107] 말이 혁거세 탄생설화에서 절한 행위는 금와왕 탄생설화에서 눈물 흘린 행위와 같은 의미를 지닌다. 더구나 말이 다리를 접고 꿇어앉은 형상을 하고 있었다고 했는데 그 형상은 남성의 생식기를 연상케 한다.

이제까지의 논리를 따르면 혁거세 탄생설화에서 빛이 우물 속으로 들어

---

106) 『詩經』 小雅 谷風之什 蓼莪 "父兮生我 母兮鞠我". 이 구절은 『明心寶鑑』 孝行篇에도 등장하며 정철의 시조에도 '아버님 날 낳으시고, 어머님 날 기르시니'라는 구절이 있다.

107) 강한영 校注, 1971, 『申在孝판소리사설집』, 민중서관, 539쪽. "저 여인 살짝 웃으며 갚음을 하느라고 강쇠 기물 가리키며, 이상히도 생겼네, 맹랑히도 생겼네…성정도 혹독하다, 화 곧 나면 눈물 난다…소년인사 다 배웠다, 꼬박꼬박 절을 하네."

가야 하는데 하늘의 빛이 왜 나정 우물 속으로 들어가지 않고 나정 옆을 비추었는지 이해할 수 있다. 북극성은 우물 옆에 빛을 내려 남성의 화신인 말을 내려보낸 것이다.

그렇다면 (사)의 수로왕 탄생설화에서 거북이에게 머리를 내밀라고 했던 것도 저절로 이해된다. 거북이 머리는 남성의 성기를 가리키는 말이다. 거북이가 머리를 내민다는 것은 성기가 흥분한 상태를 가리킨다.

일본의 우물에서는 흙을 말 모양으로 빚어 구운 토마(土馬)가 발견되는 경우가 많다.[108] 그리고 물가에서의 제사에 말뼈가 발견되는 경우도 있는데 때로는 말의 전신 뼈가 아니라 머리뼈만 발견되기도 한다.[109]

그리고 우물의 의미는 당연히 여성의 생식기이며 아기가 태어나는 산도(産道)이다. 그렇게 해서 우물은 탄생의 의미를 지니게 된다.

혁거세 탄생설화는 북극성감응설화이지만 태양감응설화와 비슷한 요소를 갖고 있다. 태양감응설화에는 우발수, 웅심연, 내, 늪 등의 물과 관련된 것들이 있었는데 혁거세 탄생설화에는 우물이 등장하기 때문이다.

그런데 태양감응설화와 북극성감응설화에는 뚜렷한 차이점도 있다. 태양감응설화에서는 유화, 계집종, 천한 여자 등으로 알을 잉태한 여인이 등장했다. 그런데 북극성감응설화에서는 여인에 관한 언급이 없다. 그 대신에 동물이 등장한다. 박혁거세 탄생설화에서는 말, 김알지 탄생설화에서는 닭, 김수로 탄생설화에서는 거북이가 등장한다.

김알지 탄생설화의 닭은 알영부인 탄생설화에도 등장한다. 박혁거세의

---

108) 北田裕行, 2000, 「古代都城における井戸祭祀」, 『考古學研究』 47-1, 54-58쪽
109) 풍납토성 경당지구에서도 말 머리뼈가 발견되었는데 발굴 당시에는 머리의 살가죽이 완전히 썩지 않고 일부 붙어 있는 채로 발견되어 말의 목을 잘라 묻은 것이 확실시된다. 하지만 경당지구의 말머리가 남성의 상징인지는 불확실하다.

비 알영부인은 계룡(雞龍)의 왼쪽 옆구리에서 태어났고, 처음에는 입이 닭의 부리 모양으로 생겼었다고 했다. 또한 사족을 달자면, 『삼국유사』 '신라시조혁거세왕'에서는 혁거세가 나정(蘿井) 옆의 알에서 나왔다고도 하고, 계정(雞井)에서 태어나서 국호를 계림국(雞林國)이라 했다고도 하였다.[110] '羅(나)'와 '雞(계)'는 모양이 아주 비슷하다. 나정은 '알을 낳는 닭의 우물'일지도 모른다. 그리고 『논형』의 동명 탄생설화에서도 달걀[雞子] 같은 기운이 계집종에게 들어가 잉태되었다고 했는데 역시 닭과 관련되어 있다. 닭은 여인의 의미를 지닌 동물이다. 알을 낳는 동물이기 때문이다.

---

110) 『三國遺事』 권1, 紀異2 新羅始祖赫居世王

IV. 우물 안 항아리와 알, 그리고 별

1. 백제 풍납토성 우물의 항아리

우물에서는 복숭아씨가 종종 발견된다고 하였다. 풍요와 다산을 의미하는 복숭아씨가 들어 있는 우물은 실제로 물을 길어 마시는 우물이다. 그런데 그와 다른 종류의 독특한 우물들이 있다. 바닥에 항아리가 무더기로 묻혀 있는 우물이다.

우물 유적에서는 바닥에서 토기가 출토되는 일이 꽤 있는데, 그것이 한두 개일 경우는 두레박으로 쓰던 옹기가 끈이 끊어지거나 풀어져 깊은 바닥에 떨어져서 건져내지 못하고 그대로 남은 것으로 추정된다. 실제로 좁은 목이나 넓은 아가리 부분에 끊어진 새끼줄이 묶인 채로 발견되는 경우도 적지 않다.

항아리는 한두 개가 아니라 여러 개가 발견되기도 한다. 때로는 수십 개, 수백 개가 발견된 경우도 있다. 이는 토기를 실수로 우물에 빠뜨린 것이 아니라 일부러 우물에 넣은 것으로 해석할 수밖에 없다.

이런 우물들은 단순히 물을 긷기 위해서가 아니라 특별한 뜻으로 조성된 것으로 짐작된다. 예컨대 경주박물관 미술관 부지 안의 통일신라시대 우물 유구의 바닥 개흙층에서는 토기가 140점이 넘게 나왔는데 그중에는 완형(完形)으로 복원이 가능한 토기가 꽤 많았다. 그와 함께 철기, 청동기 등의 금속류 230점과 기와 등 모두 450여 점의 유물이 발견되었다. 그런데 금속

〈그림4-1〉 풍납토성 안팎의 우물
* 짙은 녹색 부분이 현재 성벽이 남아 있는 곳
■ 서울역사박물관·한신대학교박물관, 2008, 「풍납
토성 경당지구 재발굴조사보고서」, 9쪽

류 가운데는 가랑비녀, 대금구(帶金具), 동완(銅盌) 따위의 고분 부장품으로 사용될 만한 고급 유물들이 많았다. 이는 우물에서 모종의 화려한 의식이 행해졌다는 것을 시사한다.[111]

항아리가 가장 큰 규모로 묻혀 있는 우물은 백제의 왕성(王城)으로 확실시되는 백제 풍납토성 안에서 발견되었다(<그림4-1>). 한성시대 풍납토성의 중심부 경당지구 206호 유구에서는 대형 건축물의 흔적으로 보이는, 한 변이 11m에 깊이 3m에 이르는 네모난 축기부(築基部)가 있고, 그 한복판에 돌이 직경 2.5m, 깊이 1m의 원통형으로 쌓여 있었으며, 더 파내려 가니 원통형 돌무더기 밑에서 돌로 벽을 쌓은 깊이 3m의 우물이 모습을 드러내었다. 그리고 그 우물 바닥에는 병, 항아리와 일부 장군을 포함한 토기 215점이 5층으로 빽빽하게 쌓아 올려져 있었다(<그림4-2>).

206호 유구의 대형 건축물이 있었던 흔적으로 보이는 축기부와 그 한가운데 우물은 동시에 만들어진 것으로 보인다. 즉 우물을 중심으로 가로, 세로 11m의 대형 건축물을 세우고 토기 215점을 우물 바닥에 넣은 뒤 꽤 오랜 기간이 지난 후에 돌무더기를 1m 깊이로 채워 우물을 폐기한 것으로 추

111) 권오영, 2008, 「성스러운 우물의 제사」, 『지방사와 지방문화』 11-2, 219-220쪽

<그림4-2> 풍납토성 경당지구 우물에 5층으로 묻은 항아리들
■ 서울역사박물관·한신대학교박물관, 2008, 『풍납토성 경당지구 재발굴조사 보고서』, 15쪽

정된다. 그곳은 종교, 제의 시설이 집중된 곳이었다.

주목되는 것은 우물에서 발견된 토기들은 모두 한꺼번에 묻은 것인데 그 가운데 상당수는 무늬, 형태 등으로 보아 분명히 전라도, 충청도 지역에서 제작된 토기들이었다는 점이다.

이러한 사실들로 보건대 대형 건축물 안에 만들어진 특이한 구조의 우물은 단순히 식수를 얻으려는 우물이 아니었을 것이다. 그 우물을 만들 때에 백제의 중앙세력과 지방세력이 함께 참여하여 바닥에 일부러 토기를 묻고 어떤 성대한 의례를 치렀음을 짐작게 한다.[112]

더욱 주목되는 점은 토기 215점 모두를 일부러 아가리 부분을 깨뜨리거나 뜯어내어 우물 바닥에 묻었다는 사실이다. 무슨 이유에서일까?

||||||||||||||||||||||||||||||||||||||

112) 서울역사박물관·한신대학교박물관, 2008, 『풍납토성 경당지구 재발굴조사 보고서』, 한신대학교박물관, 13쪽, 16쪽, 58쪽

2. 일본 노노가미 유적 우물의 항아리 알

한반도와 일본열도의 고대 우물 유적에서는 바닥에서 토기가 발견되는 경우가 많은데, 두레박으로 쓰다가 빠뜨린 토기가 몇 개 발견되기도 하지만, 일부러 묻은 토기들이 대량으로 발견되기도 한다. 우물 바닥에 대량으로 묻혀 있는 토기는 복숭아씨와는 다른 의미를 갖는다. 즉 다산, 풍요가 아니라 탄생이다, 어째서 그런가?

그 토기들은 온전한 형태로 넣은 것도 있지만 아가리 부분을 고의로 떼어내어 넣은 것들도 많다. 앞에서 말했듯이 풍납토성의 경당지구 우물에 5층으로 쌓인 215점의 토기는 모두 아가리 부분이 깨진 상태로 묻혀 있었다 (<그림4-3>).

그런데 토기 아가리를 깨뜨려 묻은 우물은 일본 오사카부(大阪府) 하비키

〈그림4-3〉 경당지구 206호 우물의 아가리 깨뜨린 토기들
■ 한성백제박물관·한신대학교박물관, 2015, 『風納土城 ⅩⅦ』, ⅵ쪽

노시(羽曳野市) 노노가미(野野
上) 유적에도 있다(<그림4-4>).

노노가미의 2401호 우물 바
닥에는 아가리 일부 또는 전
부를 일부러 떼어낸 8세기 중
엽의 스에키(須惠器: 회색 경질토
기) 호(壺)가 발견되었는데, 토
기를 묻은 시기나 규모에 차

<그림4-4> 노노가미 2401호 우물의 스에키 토기
■ 狹山池博物館, 2006, 『水にうつる願い』, 31쪽

이가 있기는 하지만, 아가리를 깨뜨려 묻었다는 점에서 풍납토성 경당지구
우물과 같은 형식의 것이다.

도대체 왜 토기 여러 개를 우물 바닥에 넣은 것일까? 그리고 또 왜 일부
우물에서는 토기 아가리를 손상하여 넣은 것일까?

일반적으로는 토기는 우물에서의 제사와 관련이 있으며, 우물의 신에게
봉헌한 것으로 해석한다. 아가리를 깨뜨려 넣은 의미는 난해하여 주목할
만한 견해가 제시된 바는 없으나, 제사에 사용된 토기를 두 번 사용되지 않
게 하기 위한 것이라는 해석도 있었다.[113]

아가리를 깨뜨린 토기의 의미는 오사카부 히가시오사카시(東大阪市) 니
시이와타(西岩田) 유적의 우물과 노노가미 유적의 2901호 우물이 실마리를
제공해 주고 있다.

8세기 초 나라시대(奈良時代)에 형성된, 노노가미 유적 2901호 우물은 벽
체를 네모난 형태로 나무로 짠 우물로서, 주변 건물 유구로 보건대 일반 백
성들이 사용하던 우물이 아니라 관리나 승려들이 사용했던 우물로 추정된

113) 鐘方正樹, 2003, 『井戸の考古學』, 東京: 同成社, 160-65쪽

다. 그 우물에는 하지키(土師器: 적갈색 연질토기) 옹(甕)의 몸통 윗부분을 잘라낸 것을 두 겹으로 포갠 위에 완형 하지키 하나를 얹은 것을 한 세트로 하여, 모두 17세트를 바닥에 빈틈없이 세워 놓았다.[114] 그리고 그 위에 다시 의도적으로 아가리를 깨뜨린 스에키 호(壺) 9점을 올려놓았다(<그림4-5>).[115]

이러한 예는 히가시오사카시의 5세기 말 고훈시대(古墳時代)의 니시이와타 유적에서도 똑같은 형태로 발견되었다. 노노가미 2901호 우물에서처럼 하지키의 아랫부분만 남긴 둥그런 조각 둘을 겹친 위에 하지키 옹을 얹고 그 위에 목부분을 떼어낸 스에키 하소(甁)를 올려놓은 것이다.[116] 단, 이때의 토기는 우물을 메우는 도중에 매납된 것으로 파악

<그림4-5> 노노가미 2901호 우물의 스에키(상), 하지키(중)와 우물의 발굴상태(하)
■ 狹山池博物館, 2006, 『水にうつる願い』, 28-29쪽

---

114) 甕(옹)은 일반적으로 독으로 번역하고 壺(호)는 항아리로 번역한다. 항아리 壺는 아가리가 비교적 넓고 허리가 둥글게 부푼 것을 말하며, 독 甕은 대개 대형 壺를 지칭하며, 甁(병)은 항아리 모양에서 아가리가 좁고, 목이 뚜렷하며 어깨가 발달한 것을 말한다. 여기서 말하는 甕은 전체적으로 모양이 둥근 것, 壺는 위가 넓고 아래가 좁은 것, 甁은 목이 뚜렷이 발달한 壺를 가리킨다.

115) 狹山池博物館, 2006, 『水にうつる願い』(平成18年度特別展圖錄), 大阪: 大阪府立狹山池博物館, 28-29쪽. 상층 須惠器가 하층 土師器와 같은 시기에 매납된 것인지, 나중에 매납된 것인지는 분명치 않다.

116) 하소(甁)는 주둥이가 넓고 몸통 부분에 작은 구멍이 뚫린 壺이다.

된다.[117]

앞서 혁거세 탄생설화에서 우물은 알을 잉태했고 알을 깨고 아이가 나왔다. 토기의 아가리를 깨뜨린 것은 알을 깨고 나오는 탄생을 상징하는 것이다. 그리고 그것을 더욱 세밀하게 재현한 것이 둥근 토기를 반쪽으로 쪼갠 조각 두 개를 겹쳐 하지키 옹을 받치고 있는 모양이다. 형태가 둥그런 하지키 옹은 알을 연상시키며, 밑바닥의 쪼개진 조각 둘은 둘로 쪼개긴 알껍질을 상상하기에 충분하다. 그리고 하지키 옹 세트 위에 올려놓은, 아가리가 깨진 스에키 호는 그것 자체로 깨진 알을 상징한다.

우물은 어머니의 산도이다. 그리고 우물 안의 토기는 알이다. 토기 하나가 아니라 십수 개, 수십 개 또는 수백 개를 한 우물 바닥에 묻은 것은, 각각의 알에서 탄생한 수많은 사람이 모두 한 우물에서 태어난 한 핏줄임을 상징한다. 그 우물에서는 여러 귀족이 모여 강한 공동체의식을 표현하는 의례를 행하였을 것으로 추정된다.

백제 풍납토성의 경당지구 우물도 그렇게 이해된다. 경당지구 우물은 왕성인 풍납토성 안에 있다. 그리고 왕성 안에서도 제의 시설이 집중된 중심지의 대형 건축물 안에 자리 잡고 있었다. 그 안에는 백제 전국 각지에서 모은 215개의 토기가 모두 아가리가 깨진 상태로 묻혔다. 그것은 백제의 위대한 인물들, 즉 중앙의 귀족과 지방의 우두머리들이 공동운명체임을 확인하고 서로 결속을 다짐했던 의례의 흔적으로 보인다.

신라 나정이 시조묘가 되었듯이, 백제 풍납토성의 우물도 시조묘였을 것이다. 풍납토성 우물은 5세기 초의 것이다. 백제 왕실의 시조라면 온조(溫祚)인데 왜 이때 가서야 우물을 조성하여 시조묘를 만들고 제사를 지냈

---

117) 狹山池博物館, 2006, 앞의 책, 29쪽

을까?

　건국 설화에 따르면 백제와 고구려는 모두 부여에서 갈라져 나왔기에 동일한 시조 전승을 갖고 있었다. 그래서 백제는 초기에 시조를 동명으로 설정하고 한강 유역에서 건국할 때에 온조의 즉위와 더불어 동명묘(東明廟)를 세우고 제사를 지내왔다.[118] 그러나 『삼국사기』에서 백제의 동명묘에 대한 제사가 406년(전지왕 2)을 끝으로 더 이상 나타나지 않는 것으로 보아 5세기 초쯤에는 동명묘 제사를 폐지한 것으로 보인다. 4세기 후반부터 백제와 고구려의 전투가 잦아졌고, 급기야 고구려 고국원왕이 전사하는 사태까지 빚어진 후 공방전이 더욱 치열해지면서 양국 사이에 극도로 적대적인 관계가 형성되었기 때문이다. 그 결과 백제의 시조로 동명을 대신하여 온조가 등장했다.[119]

　경당지구 206호 우물과 우물을 둘러싼 커다란 건물은 온조묘(溫祚廟)로 보인다. 우물의 고고학적 편년은 5세기 전반기로 추정되는데 이는 『삼국사기』의 동명묘 제사가 폐지된 시기와 일치한다.[120] 아마도 206호 우물은 백제 왕실의 시조를 동명에서 온조로 바꾼 뒤, 온조에 대한 제의를 시작하면서 그 사당으로 조성되었을 것으로 추측된다. 그 온조묘를 처음으로 조성할 때에 지방세력이 대거 참여하여 그들이 각지에서 제작한 항아리를 모두

---

118)　『삼국사기』 권23, 백제본기1 온조왕 원년

119)　문동석, 2007, 『백제 지배세력 연구』, 혜안, 124-128쪽

120)　문동석은 백제 시조가 동명에서 온조로 바뀐 시기를 개로왕(재위 455~474) 때로 보고 있다. 그는 개로왕 때에 북위(北魏)에 보낸 표문(表文)에서 백제가 고구려와 함께 부여에서 나왔다고 밝힌 것과 『일본서기』 472년 기사에 백제가 '나라를 세운 신[東明]'을 모시지 않아서 위기에 처했다는 신탁을 받은 사실을 증거로 들고 있다(위의 책, 125-127쪽). 그러나 그 증거들은 시조를 동명에서 온조로 바꾼 사건이 개로왕 때에 일어났다기보다는 개로왕 때에는 이미 바뀐 상태에 있었다는 것을 말하는 것으로 볼 수도 있다. 그러므로 백제 시조가 바뀐 시기는 더 올려 잡아도 무방할 것이다.

모아 우물 바닥에 묻고 백제 왕실의 신성함을 기리면서 왕실에 대한 충성과 상호 결속을 다짐하였을 것으로 짐작된다.

3. 신라 종묘에 묻은 별 항아리

우리는 현재 별을 표시하는 기호로 일명 펜타그램(Pentagram)이라고 하는 '☆'을 사용한다. 기원전 6세기에 그리스의 수학자 피타고라스가 처음 만들어낸 별의 기호

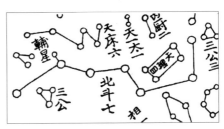

〈그림4-6〉 『천문류초』의 별들

☆는 현재 거의 전 세계에서 사용하고 있다.

그러나 서양문물이 들어오기 전에는 한국, 중국, 일본 모두 별을 'O'로 표시했다. 천상열차분야지도를 비롯하여 『천문류초(天文類抄)』, 『성경(星鏡)』 등에는 모두 예외 없이 별을 ○로 표현했다(〈그림4-6〉).

한반도에 살았던 고대인들은 별을 연상시키는 상징물로 둥그런 항아리를 선택했다. 그 한 예가 경주 성부산(星浮山) 이야기이다.

『삼국사기』에는 661년(보장왕 20)에 고구려 장군 뇌음신(惱音信)이 신라 북한산성을 공격하여 열흘이나 포위하고 있어 성안의 사람들이 두려워하였는데, 갑자기 큰 별이 고구려 군영에 떨어지고 천둥 번개에 벼락이 치고 비가 내려 고구려 군이 이상하게 여겨 물러났다고 한다.[121]

|||||||||||||||||||||||||||||||||||||||||||||||||
121) 『삼국사기』 권22, 고구려본기10 보장왕 20년 5월

〈그림4-7〉 성부산 기슭의 고인돌
■ 성림문화재연구원, 2008, 『경주 화곡리 제단 유적』, 49쪽

이 이야기는 『삼국유사』에 더 상세하게 전한다. 660년에 부여 사비성이 함락되어 백제 왕실은 멸망하였지만 지방의 백제부흥군은 여전히 활동하고 있었다. 신라군은 백제군을 추격하여 공격하다가 한산성(漢山城)에서 오히려 고구려, 말갈의 군사에 포위되어 위기에 빠져 있었다. 그때 김유신이 산에 단(壇)을 쌓고 신술(神術)을 쓰니 제단에서 나온 '큰 독만 한 빛이 별이 되어' 북쪽으로 날아가서 한산성의 고구려, 말갈의 군대를 쳐부순 덕에 신라군이 포위를 뚫고 무사히 돌아왔다고 한다. 그래서 그 제단을 쌓아 별을 날려 보낸 산을 성부산(星浮山)이라고 했다 한다. 한산성 설화의 제단은 아마도 성부산 기슭에 있던 고인돌이었을 것이다(<그림4-7>).[122]

이 설화에서 별은 큰 독[大瓮]으로 묘사되었다. 독이나 항아리가 별을 상징한다는 고고학적 증거는 첨성대에서 150미터밖에 떨어지지 않은 곳에 있다.

월성 앞 계림의 북쪽에는 통일신라의 건물터가 있다. 그것은 신문왕 때 건립된 종묘 터로 추정된다. 그곳에서 구덩이 6개를 파고 항아리 5개를 묻

---

122) 『삼국유사』 권1, 紀異 太宗春秋公. 성부산 기슭에는 설화에 언급된 제단 돌로 추정되는 고인돌이 있는데, 화곡저수지를 조성할 때에 저수지 밖으로 옮겨 놓았다(정연식, 2012, 「제왕의 별 북극오성을 형상화한 무열왕릉」, 『역사문화연구』 41, 25-26쪽).

은 자리가 발견되었다. 그 항아리들은 별을 상징한 다(<그림4-8>).[123]

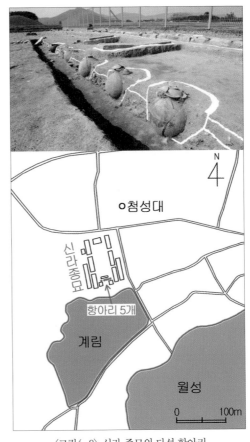

<그림4-8> 신라 종묘의 다섯 항아리
■ 윗부분은 국립경주문화재연구소·경주시, 2009, 『경주 황남 동 대형건물지』, 뒷표지

무열왕의 즉위로 진골 이 왕위에 오른 뒤로 불교 는 약해지고 유교로 무장 한 국가체제가 건립되었 고 진덕여왕 이후로 중국 식 제도가 신라에 대거 수 용되었다. 이때에는 제왕 의 탄생에 관한 서사(敍事) 가 바뀌어, 우물, 말 등의 이야기가 사라지고 그 대 신에 하늘의 별자리 설화 가 생겨났다. 앞서 밝혔듯 이 북극오성은 제왕의 별 이다. 그 제왕을 낳는 어 머니는 용처럼 생긴 거대 한 별자리 헌원(軒轅)이고

제왕을 잉태한 용의 태(胎)는 큰곰자리(UMa)의 요타(ι), 카파(κ), 람다(λ), 뮤 (μ), 뉴(ν), 크사이(ξ)로 이루어진 삼태육성(三台六星)으로 설정되었다(<그림

123) 정연식, 2011, 「통일신라의 종묘 건축과 종묘제의 변화」, 『한국사연구』 153

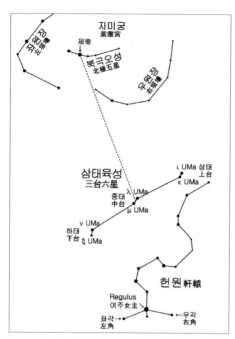

〈그림4-9〉 북극오성, 삼태육성과 헌원

■ 정연식, 2014, 『천문류초』의 중궁, 헌원, 『조선시대사
학보』 69, 124쪽

4-9>).[124] 신라 종묘의 항아리는 그 서사를 충실히 구현한 것이다.

여섯 구덩이는 제왕을 잉태한 태, 삼태육성이고 그 안에 묻은 다섯 항아리는 북극오성이다. 항아리의 배열 형태도 북극오성의 배열과 유사하다. 북극오성은 태자, 제, 서자, 후궁은 거의 비슷한 간격으로 떨어져 있지만 천추는 후궁에서 멀리 떨어져 있다. 그래서 다섯 항아리도 1호, 2호, 3호, 4호 구덩이에 묻고 5호 구덩이는 비우고 6호 구덩이에 다시 항아리를 묻어 항아리의 배열을 북극오성과 같게 하였다(<그림4-10>).

둥근 별은 우물에 빛을 내려 둥근 알을 잉태하게 하였다. 알은 별이 만들어낸 것이므로 모양이 서로 닮을 수밖에 없다. 그래서 신라인들은 별도 항아리로 표현하고, 알도 항아리로 표현했다. 그러한 해석의 타당성은 우물에서 발견된 토기들이 입증하고 있다.

124) 정연식, 2013, 「천상열차분야지도의 남방7수와 태미원의 복원」, 『인문논총』 27, 서울여자대 인문과학연구소; 정연식, 2014, 『천문류초』의 중궁, 헌원, 『조선시대사학보』 69

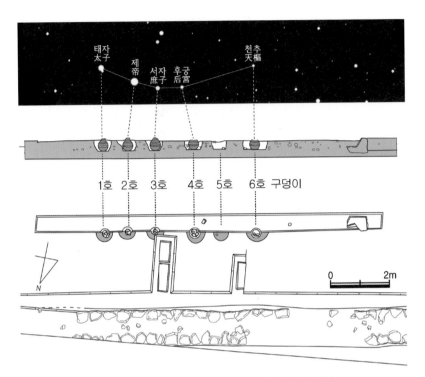

〈그림4-10〉 북극오성의 배열과 종묘 다섯 항아리의 배치

■ 아래: 『경주 황남동 대형건물지』, 55쪽

우물 바닥에서는 아가리를 깨뜨린 항아리가 아니라 온전한 형태의 항아리들도 발견된다. 경주국립박물관 우물에서도 그러했고 일본에도 그런 사례의 우물은 많다.[125)]

이 경우에는 처음에는 알의 의미가 뚜렷했으나 오랜 시간이 흐르면서 사람이 알에서 태어났다는 설화가 점점 신비성과 설득력을 잃게 되면서 항아리에서 알의 의미는 차츰 탈색된 채, 탄생의 의미는 그대로 남아 별 또는

125) 駒見和夫, 1992, 「井戸をめぐる祭祀―地域的事例の檢討から―」 『考古學雜誌』 77-4, 97쪽

태(胎)의 상징으로 남은 것으로 여겨진다.

경남 하동 쌍계사의 진감선사대공탑비(眞鑑禪師大空塔碑: 887)의 비문에는 태몽에 항아리가 등장한다. 최치원이 쓴 비문에는 진감선사 혜소(慧昭: 774~850)의 어머니 고씨(顧氏)가 낮에 설핏 잠이 들었는데 꿈에 한 인도 승려가 나타나 "저는 아미(어미)의 아들이 되기를 원합니다." 하며 유리항아리[琉璃甖]를 주기에 받았더니 얼마 지나지 않아 선사를 잉태하였다고 한다.[126)]

이때의 항아리도 별로 해석된다. '유리(琉璃)'는 광택이 있는 돌, 빛나는 돌 또는 둥근 구슬이나 공을 가리키는 말이다.[127)] 빛나는 둥근 항아리는 별이다.

126) 「雙溪寺眞鑑禪師大空塔碑」"母顧氏 嘗晝假寐夢 一梵僧謂之曰 吾願爲阿㜷之子 因以瑠璃甖爲寄 未幾娠"
127) 『說文解字』1上 "【㺿】石之有光 璧㺿也";『博雅』 "【琉璃】球也";『廣韻』 下平聲 尤韻 "【瑠】瑠璃";『集韻』 平聲4, 尤韻 "【瑠琉】瑠璃 珠也 或作琉";『大廣益會玉篇』권1, 玉部7 "【㺿】石之有光 璧㺿也, 【瑠】上同, 【璃】瑠璃也". 㺿, 瑠, 琉는 같은 글자이다.

V. 평양 첨성대와 연개소문의 탄생

1. 구요(九曜) 별과 구지(九池) 못의 만남

고구려의 평양 첨성대는 실물이 남아 있지 않아 형체를 상상할 수도 없는 실정이다. 관련 기록으로는 1454년에 편찬된 『세종실록』 지리지의 짤막한 기록이 유일하다. 그런데 약 30년 뒤에 편찬된 『동국여지승람』(1481)에서는 평양 첨성대의 터가 평양부 남쪽 3리 되는 곳에 있다고 하였다.[128] 그 사이에 사라진 것이다. 『세종실록』에는 이렇게 적혀 있다.

> 성안에 구묘(九廟)와 구지(九池)가 있다. 구묘는 바로 구요(九曜)가 날아든 곳이고, 못 옆에는 첨성대가 있다.[129]

관련 자료가 너무 소략해서 막막하기는 하지만, 이 짧은 기록에서도 '첨성대'라는 이름이 어떤 의미를 갖는지 중요한 정보를 얻을 수 있다. 이는 평양 첨성대는 물론이고 경주 첨성대의 정체에 다가갈 수 있게 하는 소중

---

128) 『新增東國輿地勝覽』 권51, 平安道 平壤府 古跡 瞻星臺 "遺址在府南三里". 『東國輿地勝覽』은 1481년(성종 12)에 50권으로 완성되었으며, 그 후 기록을 보충하여 1530년(중종 25)에 『新增東國輿地勝覽』이라는 이름으로 55권으로 다시 간행하였다. 이때 증보된 부분에는 '增' 자를 덧붙여 원 기록과 구분하였다. 그런데 평양 첨성대는 기록에 '增' 자가 붙어 있지 않았으므로 『동국여지승람』 간행 시에 이미 사라져 터만 남았음을 알 수 있다.

129) 『世宗實錄』 권154, 地理志 平安道 平壤府 "城內有九廟九池 九廟乃九曜飛入處也 其池旁有瞻星臺"

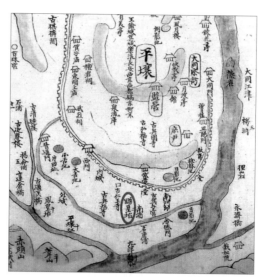

〈그림5−1〉 「평양전도」의 첨성대

■ 규장각한국학연구원 소장 「조선강역총도(朝鮮疆域總圖)」(奎古
軸 4709.53)의 부분

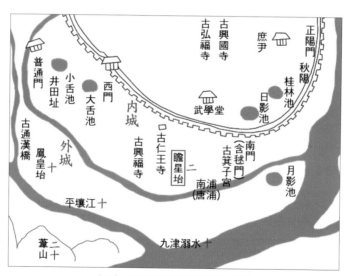

〈그림5−2〉 간략화한 「평양전도」 부분

* 붉은 숫자는 평양부에서의 거리를 리(里)로 표시한 것이다.

한 기록이다.

평양성 안에 있었다는 평양 첨성대는 15세기에 이미 사라져서 터만 남았지만 그 기억은 오래도록 전승되어, 18세기 중엽의 「평양전도(平壤全圖)」에도 첨성대 터가 '첨성대(瞻星坮)'로 표시되어 있다. 지도가 회화형 지도라서 축척과 방위에 맞추어 작성된 것이 아니므로 첨성대의 정확한 위치를 찾기는 어렵지만 대강은 알 수 있다(<그림5-1·2>).

「평양전도」에는 내성(內城)과 외성(外城)이 있는데 '내성'은 성곽 형태가 그려진 곳에 표시되어 있고, '외성'은 성곽 형태가 없는 보통강 지류에 표시되어 있다(<그림5-3>).

그것은 『동국여지승람』의 기록에 합치된다. 『동국여지승람』에는 내성은 돌로 쌓아 1406년(태종 6)에 개축하였다고 하였고, 외성은 당포(唐浦) 위에 석축(石築)과 토축(土築)으로 쌓았는데 모두 무너져 파괴되었다고 했다. 사라진 외성이 포(浦) 위에 있었다고 한 것은 강줄기를 따라 성을 쌓았음을 뜻한다. 따라서 외성은 대체로 동, 남, 서 방향으로 대동강,

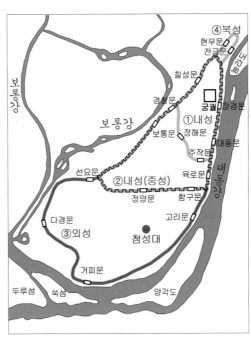

〈그림5-3〉 평양성과 첨성대의 위치

＊『동국여지승람』에는 ②내성(⨅⨅)과 ③외성(진한 선)이 있었고. 흐린 선의 ①, ④는 없었다. ＊『여지도서』에는 모두 있었고 ②를 중성으로 불렀다. ＊ ①내성은 1624년에 옛 성터에 쌓았고, 1714년에 쌓은 ④북성에도 옛 성터의 흔적이 있다.

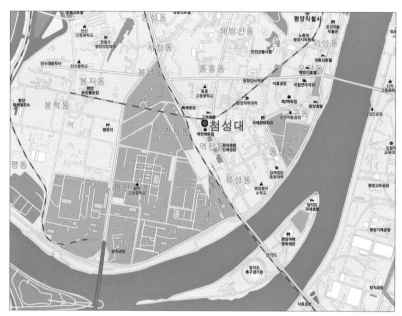

〈그림5-4〉 평양 첨성대의 위치 추정

■ Daum지도(2022)

보통강과 보통강 지류를 따라 쌓았던 것으로 생각되며 그것은 「평양전도」
에도 그대로 표시되어 있다.

　『동국여지승람』에서는 내성에는 동서남북으로 장경문(長慶門), 보통문
(普通門), 함구문(含毬門), 칠성문(七星門)이 있고 정동과 정남으로 대동문(大
東門)과 정양문(正陽門)이 있으며, 외성에는 남문 거피문(車避門)과 서문 다
경문(多景門)이 있다고 했다.

　예전에는 읍성의 정문이 거리 측정의 기준이 되는 도로원표의 기능을 했
다. 그리고 읍성의 정문은 대개 정남에 있는 남문이었다.[130] 평양성의 경우

<hr />

130)　정연식, 2016, 「신라 금성의 위치 고증」, 『한국사연구』 173, 67-68쪽

에는 그 문이 정양문이다. 그런데 「평양전도」에는 정양문이 남쪽이 아니라 동쪽에 그려져 있다. 그러나 위치를 바로잡으면 첨성대의 위치는 대략 파악할 수 있다.

「평양전도」에는 숫자로 평양부에서의 거리를 나타내었는데 첨성대는 2리로 표기되어 있다. 그리고 『동국여지승람』에서는 평양부에서 남쪽 3리에 첨성대 유지(遺址)가 있고, 5리에 당포가 있다고 했는데 당포까지의 거리는 외성까지의 거리라고 해도 무방하다. 그러므로 정양문과 당포 외성의 중간쯤에 첨성대가 있었던 것이 된다. 또한 조선시대의 10리는 약 4.5km였다.[131] 따라서 2리는 900m, 3리는 1,350m가 되므로 첨성대는 정양문에서 남쪽으로 대략 1km 되는 지점에 있었을 것으로 추정된다. 그곳은 불확실하지만 지금의 평양시 역전동의 평양역, 고려호텔이 있는 곳에서 그리 멀지 않은 곳으로 추정된다(<그림5-4>).

2. 평양 첨성대의 건립 시기와 형태

우물, 못, 샘, 늪 등으로 표현되는 물은 인물의 탄생과 관련되어 있다고 했다. 북옥저 여인국의 신정(神井), 동부여 금와왕의 곤연(鯤淵), 혁거세의 나정(蘿井), 알영부인의 알영정(閼英井), 일본의 단조이(誕生井)가 있으며 개소문(蓋蘇文)은 물에서 태어났다고 하여 연(淵)을 성씨로 삼았다. 그리고 별도 위대한 인물의 탄생과 연관되어 있다. 유례이사금(儒禮尼師今), 자장, 원

---

131) 조선시대에는 周尺 6척을 1步라 하고 360보를 1里로 하였는데(『태종실록』 권30, 태종 15년 12월 14일 정축), 주척을 20.795cm로 보면 1리는 대략 450m가 된다(박흥수, 1999, 『韓中度量衡制度史』, 성균관대학교출판부, 578쪽).

효, 강감찬의 탄생설화에는 별이 등장한다.

위인의 탄생에 한편으로는 우물, 못, 샘으로 표현된 물이, 또 한편으로는 별이 등장하는데, 평양 첨성대에는 두 가지가 모두 갖춰져 있다. 구지(九池) 못 가의 구묘에 9요(九曜) 별이 날아든 것이다. 그렇다면 못, 별과 연관된 평양 첨성대도 위대한 인물의 탄생을 상징하는 건축물이라 할 수 있을 것이다.

평양 첨성대에서는 구묘 안에 구요가 날아 들어갔다고 하였는데, 구요는 인도의 불교천문학에서 온 개념이다. 하늘의 별들은, 잠시 나타났다가 사라지는 유성을 제외하면, 모두 서로의 위치를 바꾸지 않은 채, 마치 둥근 판에 박혀 있는 것처럼 북극성을 중심으로 하루에 한 바퀴를 돈다. 물론 항성의 일주운동(日週運動)은 지구의 자전으로 인한 것이다. 그런데 항상 같은 자리에 있는 항성(恒星)과는 달리 다른 별들 사이를 제멋대로 돌아다니는 별들이 있다. 그런 별로는 태양(太陽: 日), 태음(太陰: 月)과 태양계의 행성 진성(辰星: 수성), 태백(太白: 금성), 형혹(熒惑: 화성), 세성(歲星: 목성), 진성(鎭星: 토성)을 합하여 모두 7개가 있어서 그것을 칠정(七政) 또는 칠요(七曜)라고 불렀다.[132] 그런데 인도의 불교천문학에서는 7요에 둘을 더해 9요(九曜)를 설정했다. 즉 일식과 월식이 해가 지나는 황도(黃道)와 달이 지나는 백도(白道)가 교차하는 두 곳에서 발생하므로 그곳에 일식과 월식을 일으키는 식신성(蝕神星)이 존재하는 것으로 이해하여 나후성(羅睺星)과 계도성(計都星)을 더한 것이다.[133]

평양 첨성대가 고구려의 것이라면 설치 장소로 보아 6세기 후반 이후의,

132) 천왕성, 해왕성 등은 망원경이 발명된 후에 발견되었다. 토성은 鎭星 외에 전성(塡星)이라고도 불렀다.
133) 陳遵嬀, 1985, 『中國天文學史』 제2책, 臺北: 明文書局, 151-153쪽. 羅睺와 計都는 산스크리트어 Rāhuḥ와 Ketuḥ의 음을 표기한 것이다.

이른바 후기 평양성 시기의 건축물로 짐작된다. 전기 평양성은 지금의 평양 동북쪽 안학궁 쪽에 있었고, 후기 평양성인 장안성은 552년(양원왕 8)에 축성을 시작하여 586년(평원왕 28)에 천도할 때에 완공하였다. 첨성대가 있었던 장안성 지역은 6세기 후반부터 수도였으므로 첨성대의 건립 시기는 아무리 올려 잡아도 6세기 후반을 넘어가기는 어렵다.

평양 첨성대의 건립 시기를 가늠할 수 있는 중요한 요소는 구요(九曜)이다. 9요를 설정한 인도의 불교천문학은 아마도 중국을 거쳐 고구려에 도입되었을 것이다. 중국에는 7세기에 불교천문학이 유입되어 있었는데, 그것은 600년경에 『바라문천문경(婆羅門天文經)』이 저술된 것으로도 알 수 있다.[134]

당나라에 도입된 불교천문학과 구요 신앙이 고구려에 전파되는 데는 그리 많은 시간이 소요된 것 같지 않다. 수(隋)와의 전쟁으로 오랫동안 시달려 왔던 고구려와, 중원을 통일한 지 얼마 안 되어 안정이 필요했던 당(唐)이 일시적으로 서로 전략적으로 우호적인 외교 관계를 맺고, 도교를 매개로 하여 활발하게 교류를 시작했기 때문이다.[135] 고구려에는 이미 도교의 한 갈래인 오두미교(五斗米敎)가 성행하여 624년(영류왕 7)에 고구려가 당에 책력(冊曆)을 요청했을 때 당 고조는 천존상(天尊像)과 함께 도사(道士)를 파견하였고 이러한 교류는 그 이듬해에도 이루어졌으며, 642년에 연개소문

134) Joseph Needham, 1959, *Science and Civilisation in China*, Vol. Ⅲ, Cambridge: Cambridge University Press, p.202. 인도에서 온 구담실달(瞿曇悉達: Gautama Siddhārtha)은 718년에 『구집력(九執曆)』을 번역하여 인도천문학을 전하고, 729년에는 『개원점경(開元占經)』을 간행하였으며, 759년에는 불공(不空: Amoghavajra)이 『수요경[宿曜經]』을 번역, 소개함으로써 인도천문학은 8세기에 중국의 천문학과 역법에 깊숙이 침투되었다.

135) 김수진, 2010, 「7세기 고구려의 도교 수용 배경」, 『한국고대사연구』 59

이 정변을 일으켜 실권을 장악한 뒤로도 계속되었다.[136]

고구려와 당의 활발한 교류에 힘입어 구요신앙과 연관된 인도천문학도 고구려에 도입되었을 것이다. 그리고 인도천문학은 중국에 7세기에 도입되었으므로 고구려 평양 첨성대의 건립도 아무리 일러도 7세기에서 더 거슬러 올라갈 수는 없다.

그런데 평양 첨성대에서는 구요가 떨어진 것도 아니고 빛을 내려 보낸 것도 아니며 구묘에 날아들었다는[飛] 독특한 표현을 썼다. 구묘에 날아 '들었다'는 것은 그것이 구묘 '안에 있다'는 뜻이다. 물론 별 자체가 있을 수는 없고 별을 신으로 형상화한 초상화나 소조상이 있었을 것으로 추정된다. 한 예로『삼국사기』와『고려사』에는 궁예와 관련하여 후삼국시대 동주(東州: 철원) 발삽사(教颯寺) 불당에 진성(鎭星)을 인격신으로 형상화하여 흙으로 빚은 상이 치성광여래(熾星光如來)상 앞에 있었다 한다.[137] 그곳에는 진성상만 있었던 것이 아니라 7요상이나 9요상이 갖춰져 있었을 것으로 생각된다. 그렇다면 9묘도 9개의 사당이 아니라 9요상을 봉안한 하나의 사당으로 보는 것이 적절하다. 그리고 9지 옆에 첨성대가 있었다고 하므로 9지는 하나의 못이든지, 아니면 9칸으로 구획지은 커다란 못이 아닐까 한다.[138]

따라서 전체적인 모습을 상상해 보면 구요상을 봉안한 구묘 앞에 구지가 있고 그 옆에 첨성대가 서 있는 모습이 그려진다.

136) 『三國遺事』 권3, 興法3 寶藏奉老普德移庵. 7세기 고구려에서의 도교 성행에 대해서는 정선여, 2005,「7세기대 고구려 불교정책의 변화와 普德」,『백제연구』 42 참조.

137) 『三國史記』, 권50 列傳10 弓裔;『高麗史』 권1, 世家1 太祖

138) 9지를 9개의 못으로 보고 〈그림5-1〉의「평양전도」에서 9개 가운데 6개를 찾은 연구도 있지만(나일성, 2000,『한국천문학사』, 서울대학교출판부, 18쪽), 9지 옆에 첨성대가 있다고 했으므로 9지가 평양성 곳곳에 분산되었다고 볼 수는 없다.

3. 평양 첨성대의 주인, 연개소문

이제까지의 추리에 따르면 평양 첨성대의 주인공은 7세기의 인물로 추정된다. 그 인물이 누구인지 추정할 수 있는 요소들을 하나씩 들어보기로 한다.

첫째, 첨성대의 위치이다. 첨성대가 만약 왕의 탄생을 상징한 건물이었다면 궁궐 가까이 세웠을 터인데, 첨성대는 내성의 궁궐터로 추정되는 만수대 일대에서 약 3㎞나 떨어진 곳에 있다. 개성 첨성대가 고려궁성 터에서 서쪽으로 약 100m 떨어진 곳에 있고, 경주 첨성대가 월성에서 약 300m 떨어진 곳에 있는 것과 비교하면 평양 첨성대는 왕의 탄생을 상징한 건물이라기에는 궁궐에서 너무 멀리 떨어져 있다(<그림5-3>). 따라서 평양 첨성대의 주인은 경주 첨성대나 개성 첨성대의 경우와는 달리 왕은 아니었던 것으로 판단된다. 신하가 아무리 강력한 권력을 장악하고 있더라도 의례(儀禮)에서 왕을 능가할 수는 없으므로 궁궐에서 떨어진 곳에 첨성대를 세웠을 것이다.

평양의 장안성은 6세기 말에 완공되었을 때에는 내성, 외성, 북성이 있었을 것으로 본다.[139] 그렇다면 첨성대는 내성 밖, 외성 안에 있었던 것이 되며, 궁궐이나 내성 안에 있었던 것이 아니므로 왕의 것일 가능성은 작고, 귀족의 것일 가능성이 크다. 다만 이렇게 독특한 건축물을 지은 귀족이라면 평범한 귀족이 아니라 상당한 권력을 지닌 귀족이라고 생각되며, 나아

---

139) 최무장, 1995, 『고구려 고고학 Ⅰ』, 민음사, 212-217쪽; 임기환, 2003, 「고구려 도성제의 변천」, 『한국의 도성』, 서울학연구소, 23-24쪽; 김희선, 2010, 『동아시아 도성제와 고구려 장안성』, 지식산업사, 59-63쪽. 중성은 고려시대의 것으로 보이는데 북한에서는 6세기 말에는 완공된 것으로 본다.

가서는 실질적으로는 왕과 어깨를 나란히 할 정도의 권력을 지닌 인물로 생각할 수도 있다.

둘째, 9요와 연관되어 있다는 점이다. 그것은 주인공이 왕은 아니며, 왕이 아니라고는 하지만 막강한 권력과 지위를 지닌 인물이라는 것을 알려준다. 만약 그것이 왕의 탄생을 상징한 것이라면 앞에서 말했듯이 북극성이나 해가 등장했을 것이다. 물론 9요 가운데에도 해가 포함되어 있지만, 해가 단독으로 등장하지 않고 북극성을 보좌하는 여러 별 가운데 하나로 존재하기 때문에 왕을 상정할 수 없다. 9요를 모두 거론한 것은 첨성대의 주인공이 9요의 정기를 한 몸에 받아 태어난 인물이라는 뜻이므로 제왕에 버금가는 막강한 권력을 지닌 존재였을 것으로 짐작된다. 비슷한 사례로 훗날 흥무대왕(興武大王)으로 추존된 김유신도 칠요(七曜)의 정기를 받고 태어나 등에 칠성 무늬가 있었다고 한다.[140]

셋째, 구묘(九廟)와 연관되어 있다는 점이다. 9묘는 황제의 사당이다. 천자의 사당은 본래 태조묘(太祖廟)에 3소묘(昭廟)와 3목묘(穆廟)를 더하여 7묘였다. 그런데 전한(前漢)의 왕망(王莽)이 황제 자리를 찬탈하고 신(新)을 건국하면서 건국 초기에 여러 가지 새로운 제도를 만들어서 황제의 사당을 조묘(祖廟) 다섯에 친묘(親廟) 넷을 더하여 9묘로 바꾸었다.[141] 이때부터 황제의 사당이 종종 9묘의 형식을 취했다. 그러나 첨성대의 9묘가 황제를 칭하기 위해 9묘를 만들었다고 보기는 어려울 듯하다. 기록이 남지 않은 탓일 수도 있지만 7세기의 고구려 왕이 황제를 칭한 사례가 발견되지 않고, 앞에서도 말했듯이 궁궐에서 멀리 떨어져 있기 때문이다. 그것은 5조(五祖)

---

140) 『三國遺事』권1, 紀異2 金庾信 "庾信公 以眞平王十七年乙卯生 稟精七曜 故背有七星文 又多神異"

141) 『漢書』권99中, 王莽傳69中 始建國元年

와 4친(四親)을 모신 9묘가 아니라 9요를 모신 9묘로 보는 것이 옳을 것이다. 또한 『세종실록』에서도 9묘에 9요가 날아들었다고 했기 때문이다.

그런데 9묘가 아무리 내용상으로는 5조묘와 4친묘를 합한 황제의 9묘가 아니라 9요의 묘라 하더라도 황제의 사당만이 칭할 수 있는 9묘라는 이름을 칭한다는 것은 왕권을 능가할 정도의 실권을 장악한 인물이 아니라면 감히 엄두도 낼 수 없는 일이다.

결국 첨성대의 주인은 7세기에 고구려에서 왕을 능가할 만한 권력을 장악했던 인물이라는 결론에 도달하게 된다. 그런 인물로는 연개소문(淵蓋蘇文)을 들지 않을 수 없다.

연개소문은 642년에 정변을 일으켜 영류왕을 살해하고 보장왕을 옹립한 뒤에 스스로 막리지(莫離支) 자리에 올라 실제로는 왕보다도 더 강력한 권력을 휘둘렀던 인물이다. 물론 연개소문 집안은 할아버지 자유(子遊)나 아버지 태조(太祚) 때에도 막리지를 지낸 최고 가문이었지만 도성 안에 이런 시설물을 세우려면 단순히 최고위 관직자라는 것만으로는 불가능하며 국왕을 능가할 만한 권력자일 경우에나 가능한 일이다.

연개소문은 과시욕이 대단한 인물이었다고 한다. 평소에도 칼을 다섯 자루나 차고 다녔고, 좌우의 사람들도 그를 감히 쳐다보지 못했으며, 말을 오르고 내릴 때에는 귀인이나 무장에게 땅에 엎드리게 하여 딛고 오르내렸다고 한다.[142] 그런 인물이 자신이 9요의 정기를 받고 태어났다고 주장하며 9묘를 세웠을 것이라고 상상하는 것은 그리 부자연스러운 일이 아니다.

첨성대의 주인이 연개소문으로 예상되는 증거는 또 있다. 연개소문은 본

---

142) 『삼국사기』 권49, 열전9 蓋蘇文

시 스스로 수중(水中)에서 태어났음을 자처했다고 한다.[143] 그래서 성도 못의 뜻을 지닌 '연(淵)'이라고 했다.[144] 1913년에 뤄양(洛陽)에서 발견된 개소문의 맏아들 남생(男生)의 묘지명(墓誌銘)에서도 조상이 샘에서 나와 성을 천(泉)이라 하였다고 기록되어 있다.[145] 『신당서(新唐書)』를 비롯한 중국측 기록에는 성이 천(泉)으로 기록되어 있고, 중국측 기록을 이용하여 편찬된 『삼국사기』에도 그러한데 이는 당 고조 이연(李淵)의 이름을 피한 것이다. '연(淵)'은 구지(九池)의 '지(池)'와 상통한다.

결국 평양 첨성대는 연개소문이 정변을 일으켜 실권을 장악한 642년(선덕왕 11)과 고구려가 멸망한 668년 사이 어느 때인가 연개소문의 위대한 탄생을 기리기 위해 세워졌을 것이다. 불확실한 추정이지만 더 범위를 좁혀본다면 연개소문이 생존해 있던 665년 이전에,[146] 그중에서도 집권 초기에 세워졌을 가능성이 크다. 그때는 경주 첨성대가 세워진 633년에서 그리 멀지 않은 시기이다.

첨성대가 연개소문의 집권 초기에 세워졌다고 보는 이유는 첨성대의 건립 목적과 관련되어 있다. 경주 첨성대는 선덕여왕의 즉위에 대한 반감을 불식시키고 성스러운 여왕의 이미지를 만들기 위해 지은 건축물이고, 개

<hr />

143) 위의 註

144) 연개소문은 『日本書紀』에 '이리가수미(伊梨加須彌)'로 표기되었는데, 『釋日本紀秘訓』에서는 그것을 '이리카스미(イリカスミ)'로 읽는다고 하였다. '카스미'는 '개소문'을 나타내고 '이리'는 못, 샘, 우물을 뜻하는 고어 '얼'을 나타낸다(이홍직, 1973, 『한국고대사의 신연구』, 신구문화사(1956, 「연개소문에 대한 약간의 存疑」, 『이병도박사화갑기념논총』), 288-294쪽).

145) 「泉男生墓誌銘」 "公 姓泉 諱男生 字元德 遼東郡平壤城人也 原夫遠系本出於泉 旣託神以隤祉 遂因生以命族"(이난영, 1979, 『韓國金石文追補』, 아세아문화사, 255쪽)

146) 연개소문의 사망연도는 『삼국사기』, 『구당서』, 『신당서』, 『자치통감』 등에는 666년, 『일본서기』에는 664년으로 기록되어 있고 「泉男生墓誌銘」의 기록으로는 665년으로 해석되는데 666년설은 타당성이 희박한 것으로 이해되고 있다(이홍직, 1973, 앞의 책, 298-301쪽).

성 첨성대도 고려 건국 초기에 불안정한 왕권을 공고히 하기 위해 세웠던 것으로 생각된다. 연개소문의 집권 초기에도 영류왕을 무자비하게 살해하고[147] 최고 권좌에 오른 그에게 반감을 품은 사람이 많았으리라는 것은 충분히 상상할 수 있다. 연개소문은 그러한 상황을 타개하고 자신의 위대함을 과시할 목적으로 첨성대를 세웠을 것이다.

4. 북한에서 발굴했다는 평양 첨성대

이제까지 소개한 첨성대 외에 또 하나가 첨성대 후보로 등장했다. 2009년 12월에 일본의 재일본 조선인총연합회 기관지인 「조선신보(朝鮮新報)」는 평양 대성산 기슭에 건설 중인 평양민속공원 부지 안에서 고구려 첨성대 유적을 발굴했다는 소식을 알렸고, 그 소식이 연합뉴스를 통해 국내에도 전해졌다.[148]

보도에 따르면 첨성대 유적은 대성산 소문봉 남쪽 기슭 안학궁터의 서문에서 서쪽으로 약 250m 떨어진 곳에 있으며, 총 부지면적은 약 380m² 라고 한다. 형태는 한 변의 길이가 9.1~9.2m인 7각형의 석조 건물로서, 남쪽면 중심점과 북쪽 꼭지점을 연결하는 직선을 기준으로 방향을 판정하면 자북(磁北)에서 동쪽으로 14°, 진북(眞北)에서 동쪽으로 6.5° 치우쳐 있다고 한다. 그 안쪽에는 돌과 석회를 다져서 쌓은 사각형 시설이 있는데 상단은 남북 7.5m, 동서 6.7m이고 아래 기초 부분은 남북 7.2m, 동서 6.7m, 폭

---

147) 연개소문은 영류왕을 살해한 뒤 시신을 토막 내어 구덩이에 버렸다고 한다(『삼국사기』 권49, 열전9 蓋蘇文).

148) 연합뉴스 2009년 12월 11일 보도

〈그림5-5〉 7각 보조시설과 4각 중심시설

■ 연합신문 2009년 12월 11일

2.1m라고 한다. 가운데 부분은 숯, 자갈, 회를 층층이 켜를 이루어 엇바꾸어 쌓았다고 한다. 그리고 중심부의 속이 빈 4각시설을 중심시설로, 외곽의 7각시설을 보조시설로 설정하였다(<그림5-5>). 조선신보의 보도대로 추정으로 그려본 평양 첨성대의 평면도는 〈그림5-6〉과 같다.[149]

이전까지 평양 첨성대는 『세종실록』의 기록이나 지도에서나 후기 평

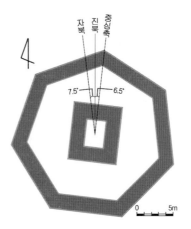

〈그림5-6〉 안학궁 옆 7각건물 평면도

양성인 장안성 쪽에 있었다. 그런데 발표된 첨성대 터는 기존의 첨성대 터에서 동북쪽으로 직선거리로 약 9㎞나 떨어진 전기 평양성 쪽에 있다(<그림5-7>).[150] 전기 평양성 쪽에서 발굴된 7각건물을 무슨 이유로 북한학계에서

---

149) 〈그림5-6〉에서 7각형 안의 장방형 구조는 어느 쪽을 향하고 있는지 보도되지 않아 단순히 상상으로 그린 것임을 밝혀둔다.

150) 427년에 국내성에서 평양으로 천도했을 때의 평양성을 이른바 전기 평양성이라 하고, 586년에 장안성으로 천도했을 때의 평양성을 후기 평양성이라 부르기로 한다.

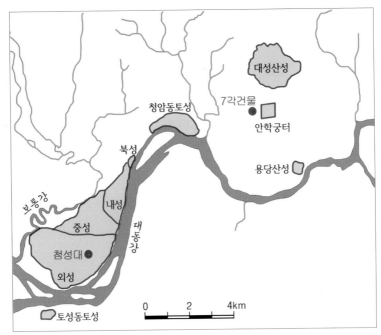

〈그림5-7〉 평양 첨성대와 최근 발굴된 7각건물의 위치

는 첨성대라고 주장하는지 의아스럽다.[151]

그 글에서는 북한 학계에서 이 시설물을 첨성대로 추정한 근거로 대체로 네 가지를 들고 있다.

첫째로 기초가 단단하고 중심부 시설 주변에 화강암 석재가 많이 흩어져 있는 것으로 보아 중심시설은 경주 첨성대와 같이 속이 빈 통 모양으로 높이 솟은 건축구조물이라는 것이다. 둘째로 유적의 위치가 대성산 소문봉의

151) 블라디보스톡에서 2010년 10월 4일부터 7일까지 나흘 동안 열린 '한·러수교20주년기념 국제고려학회 국제학술워크숍'에 김일성종합대학 력사학부 김경찬 강좌장이 첨성대 발굴결과에 관한 글을 일본측에 보내왔다. 당시 학술워크숍에 참석했던 서울대 송기호교수가 김경찬의 글을 필자에게 전해주어 읽어볼 수 있었다. 자료를 제공해 준 송기호교수에게 감사를 표한다.

남쪽 기슭에서 뻗어 내려온 작은 능선이 평지로 내려오면서 형성한 완만한 구릉 위에, 사방이 탁 트인 곳에 자리 잡고 있어 천체 관측에 유리한 지점에 있다는 점이다. 셋째로 궁성인 안학궁 서쪽 가까이에 있다는 점이다. 넷째로 보조시설인 7각형 시설의 7이라는 숫자는 일월오행성의 7정과 일치하며 별자리 28수도 방위별로 7개씩 존재했으므로 천문학과 밀접한 숫자라는 것이다.[152]

북한학계에서는 경주 첨성대가 신라 궁전 임해전 터 서쪽에 있고, 개성 첨성대가 만월대 서쪽에 있고, 조선 첨성대가 경복궁의 근정전, 교태전의 서쪽에 있는데 7각건물도 안학궁 서쪽에 있다는 사실에도 주목하고 있다. 그러나 궁성과 가까운 곳이라는 동질성은 동의할 수 있지만 그것을 서쪽으로까지 확대하는 것은 과도한 유추로 생각된다.[153] 그리고 설치지점이 관측에 유리한 지점이라는 것은 현재로서는 인정도 부인도 하기 어렵다.[154]

하지만 나머지 부분에 대해서는 북한학계의 주장에 귀 기울일 만한 요소가 있다고 생각한다. 우선 안학궁의 건축 시기에 대해서는 약간의 논란이 있으나 그것이 이른바 전기 평양성의 궁성이었다는 데 대해서는 크게 의심

||||||||||||||||||||||||||||||||||||||||||||||||||||

152) 김경찬, 2010, 「새로 발굴된 고구려 첨성대터에 대하여」

153) 개성 첨성대는 만월대 서쪽에 있지만 경복궁 첨성대(소간의대 또는 간의대)는 궁성 안에 있고, 경주 첨성대는 궁성 북서쪽에 있으며, 경희궁 첨성대는 궁성(경희궁) 남쪽에 있다. 그리고 광화방 첨성대(소간의대)는 궁성(창덕궁) 서쪽에 있지만 궁성이 첨성대보다 후에 건립되었으므로 정확히 말하면 첨성대를 궁성 서쪽에 세운 것이 아니라 궁성을 첨성대 동쪽에 지은 것이다(정연식, 2010, 「조선시대 관상감 觀天臺와 경주 瞻星臺의 입지조건 비교」, 『한국고대사연구』 60, 313-315쪽).

154) 첨성대의 위치를 안학궁 서문에서 250m 떨어진 지점이라 했는데, Google Earth를 이용하여 서문에서 서쪽으로 250m 반원을 그려 위치를 찾아보면 반원 위의 지점들이 사방이 탁 트인 곳은 맞는데 불룩 솟은 지점은 찾을 수 없었다. 민속공원 부지를 조성하는 과정에서 구릉 부분이 깎여서 지형이 변한 탓인지는 알 수 없으나 구릉 위 지점이라는 부분을 찾을 수 없었다.

할 필요가 없을 듯하다.[155] 고구려는 334년(고국원왕 4)에 평양성을 증축하여 평양 경영을 시작했다. 그리고 392년(광개토왕 2)에 평양에 9사(九寺)를 창건하고 427년(장수왕 15)에 마침내 안학궁터 자리의 평양으로 천도했다. 그 후 552년(양원왕 8)에 현재의 평양 중심부에 해당하는 지역에 장안성을 쌓기 시작했고 571년(평원왕 13)에 궁실을 중수하여 마침내 586년에 장안성으로 천도했다. 그러므로 안학궁과 아울러 7각건물도 427년 평양 천도부터 586년 장안성 천도까지의 기간에 건설된 것으로 볼 수 있다. 그래서 북한학계에서도 5세기 전반기부터 6세기 말엽 사이에 지은 것으로 보았다.

5세기 전반부터 6세기 말엽 사이에 궁성 가까이 높이 세운 속이 빈 7각건물은 무엇일까? 이 시기에는 9요를 상정한 인도천문학이 도입되기 전이었으므로 7요(七曜)만이 인식되었다. 7각형은 작도도 어려운 독특한 다각형인데 건물을 굳이 이런 형태로 지은 것은 7요의 보좌를 받는 북극성을 상정한 것으로 이해할 수도 있다. 즉 제왕의 상징물로 인정할 수 있다는 뜻이다. 그리고 도읍의 궁성 가까이에 있는 독특한 건물을 첨성대로 추정하는 것도 일리가 있다. 경주 첨성대나 개성 첨성대도 궁성 가까이 있는 아주 독특한 형태의 건축물이기 때문이다.

만약 안학궁 옆에 있는 7각건물이 첨성대라면 다른 첨성대가 그렇듯이 천문대라기보다는 어느 왕의 탄생을 상징한 건축물일 가능성이 크다. 하지만 그것이 과연 첨성대였는지는 근거자료가 많지 않기 때문에 현재로서는 무어라 말하기 어려운 실정이다. 다만 약간의 가능성을 열어 둘 뿐이다.

---

155) 안학궁의 축조 시기 논란에 대해서는 임기환과 노태돈·이인철의 논문 참조(임기환, 2003, 앞의 논문, 20-22쪽; 노태돈·이인철, 2006, 「안학궁의 역사적 배경과 기존의 연구성과」, 『고구려 안학궁 조사보고서 2006』, 고구려연구재단, 22-31쪽).

VI. 나정을 에워싸고 조성한 시조묘

1. 우물과 시조

우물은 왕실 시조와 밀접한 연관성을 지닌다. 경주 나정은 신라의 시조 혁거세가 탄생한 곳이고, 풍납토성 경당지구 우물은 백제의 시조 온조를 모신 사당이다.

또 다른 예도 있다. 『삼국사기』에는 서기 7년(온조왕 25)에 백제 왕궁의 물이 갑자기 넘치고 한성(漢城)의 민가에서 말이 머리는 하나에 몸뚱이가 둘인 소를 낳는 변고가 있었다 한다. 이에 대해 일관(日官)은 우물물이 갑자기 넘친 것은 온조대왕이 우뚝 일어설 징조요, 머리 하나에 몸이 둘인 소는 온조대왕이 이웃 나라를 아우를 징조라 해석하였다고 한다.[156] 여기서도 우물이 시조 온조와 연관되어 있다.

또한 『삼국유사』에는 후에 원성왕이 된 각간 김경신(金敬信)과 우물에 관한 이야기가 전한다. 김경신이 12줄 가야금을 들고 천관사(天官寺) 우물에 들어가는 꿈을 꾸고는 무슨 뜻인지 궁금했는데 옥에 갇힐 징조라는 꿈풀이를 듣고는 두문불출하고 걱정했다 한다. 그런데 아찬 여삼(餘三)이 천관정(天官井)에 들어간 것은 궁궐에 들어간다는 것이고 12줄 가야금은 내물왕의 12대손이 왕이 될 것이라는 상서로운 조짐이라고 알려주었다 한

---

156) 『삼국사기』 권23, 백제본기 온조왕 25년

다.[157]

　원성왕은 평범한 왕이 아니다. 김부식은 『삼국사기』에서 제29대 무열왕
부터 36대 혜공왕까지를 신라 중대라 하고 제37대 선덕왕 이후를 하대로
설정하였다. 그러나 〈그림6-1〉로도 알 수 있듯이 실질적인 하대 왕실은 선
덕왕이 아니라 원성왕에서 시작된다. 원성왕 이후로 신라가 멸망할 때까지
왕위에 오른 인물들은 모두 원성왕의 후손들이다. 53대 신덕왕, 54대 경명

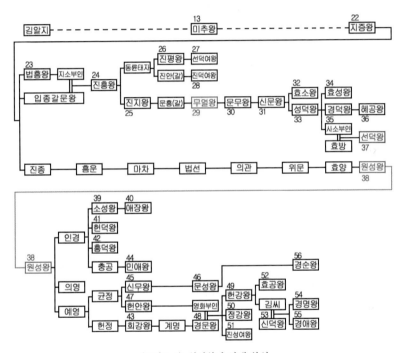

〈그림6-1〉 원성왕과 하대 왕실

■ 숫자는 제○○대 왕. '(갈)'은 갈문왕.

157)　『삼국유사』 권2, 紀異2 元聖大王

왕, 55대 경애왕은 박씨이지만 그들도 원성왕의 6세손인 헌강왕의 사위와 외손들이다. 따라서 원성왕은 하대 왕실의 시조이며 사실상 김씨 왕실의 중시조 격인 왕이다. 원성왕이 우물과 연관된 것은 앞의 사례에서처럼 그가 시조이기 때문이다.

한편 김유신 집터의 재매정(財買井)도 시조와 연관된다. 신라의 우물 가운데 천관사정(天官寺井), 분황사정(芬皇寺井), 금성정(金城井), 양산정(楊山井), 왕궁정(王宮井) 등은 모두 궁궐, 사찰이나 산기슭에 있는데 오직 재매정만 개인 집에 있다.[158] 개인 집의 우물로는 재매정의 이름만이 『삼국유사』에 기록될 만큼 신라 당대에 널리 알려져 지금까지도 실물과 함께 전해오는 이유가 무엇일까? 그것은 박·석·김씨 신라 왕들의 시조의 우물이 나정인 것처럼 재매정은 흥무대왕(興武大王)으로 추존된 신김씨(新金氏) 김유신의 집에 있는 우물이었기 때문일 가능성이 크다.[159] 『삼국유사』에서는 신라의 금입택(金入宅) 35집을 열거하는 가운데 재매정댁(財買井宅)을 '유신공조종(庾信公祖宗)'이라고 하였는데[160] 그 말은 김유신 집안의 조상을 모시는 종가라는 뜻으로 해석된다. 시조를 모시는 종가(宗家)의 이름을 그 집 우물 이름으로 붙인 것이다. 따라서 『삼국유사』에 등장하는 재매부인(財買夫人)이라는 칭호도 조선시대에 출가한 여인을 부를 때 쓰던 댁호(宅號)와 같은 것으로 짐작된다.[161]

<hr/>

158) 다만 추라정(鄒羅井)은 소재지가 확실치 않다.

159) 재매정이 김유신의 출생지인 만노군(萬弩郡: 충북 진천)이나 신김씨의 출생지인 김해가 아니라 경주에 있는 것에 대해 의문을 제기할 수 있다. 그러나 우물은 시조의 사당과 같은 것이므로 반드시 태어난 곳에 세울 필요는 없다. 풍납토성 안의 우물도 온조의 탄생지에 조성한 것은 아니다.

160) 『삼국유사』 권1, 紀異1 辰韓

161) 『삼국유사』의 재매부인을 김유신의 아내로 보기도 하나, 『신증동국여지승람』에서는 김유신

2. 나정과 시조묘

1) 나정에 조성한 시조묘

박혁거세가 태어난 나정은 시조묘, 신궁과 약간 묘하게 얽혀있어 학계에 오랜 논란이 있었다. 신궁에 모신 인물이 누구인가에 관한 논란이었다. 신궁에 모신 시조로 박혁거세를 비롯해서 김씨로는 김알지, 김성한, 나물왕, 미추왕 등 여러 인물이 거론되었다. 심지어 특정 혈족집단의 시조가 아니라 천신(天神)이라는 주장까지 나왔다.

그러나 신궁에 모신 시조가 박혁거세라면 이미 시조묘가 있는데 왜 탄생지에 신궁을 따로 세웠는지 의문이고, 김씨라면 왜 박씨 경애왕이 신궁에서 제사를 지냈는지 납득하기 어렵다.[162] 하지만 신궁의 시조가 박혁거세라는 것은 지극히 당연해 보인다.

『삼국사기』와 『삼국유사』에 실린 신라 건국에 관한 내용을 요약하면 기원전 69년에 6촌의 촌장들이 양산(楊山) 기슭의 나정에서 알을 발견했고 그 알에서 혁거세가 태어났으며, 혁거세가 13세 되던 기원전 57년에 혁거세를 거서간(居西干)으로 추대하고 서라벌이라는 나라를 세웠다고 한다.[163] 그리고 기원후 4년에 혁거세가 73세로 사망하여 남해차차웅이 왕위를 이었

집안의 종녀(宗女)로 보고 있다(『삼국유사』 권1, 紀異1 金庾信 "金氏宗財買夫人死 葬於青淵上谷 因名財買谷"; 『新增東國輿地勝覽』 권21, 慶州府 古跡 財買谷 "金庾信宗女財買夫人死 葬於青淵上谷 因名之"). 남귀여가혼(男歸女家婚)의 오랜 전통에 따라 여인의 댁호는 친정 이름을 사용하므로 후자의 해석이 옳은 것으로 보인다.

162) 시조의 정체에 관한 여러 견해에 대해서는 나희라, 2003, 『신라의 국가제사』, 지식산업사, 139-151쪽 참조.

163) 당시 혁거세의 나이가 13세였다고 하므로 혁거세는 기원전 69년에 태어난 것이 된다.

고, 2년 후 6년(남해차차웅 3) 정월에 시조묘(始祖廟)를 세웠다.[164] 그때부터 새로운 왕이 즉위하면 대개 이듬해 봄에 친히 시조묘를 배알하고 제사를 지냈다. 이때의 시조묘가 혁거세를 모신 사당임은 의심의 여지가 없다.[165]

그러다가 487년(소지마립간 9)에 시조가 '처음 태어난 곳', '탄강(誕降)한 곳' 나을(奈乙)에 신궁(神宮)을 두었고,[166] 그 후로는 새로 즉위한 왕들은 시조묘가 아니라 신궁에서 제사를 지냈다. 결국 신궁이 시조묘의 역할을 대신한 것이다(<그림6-2>).

그것은 신궁이 시조묘라는 사실의 지극히 단순하고 당연한 결과이다. 아마도 시조묘의 시설을 개축한 후 이름을 신궁으로 바꾼 것으로 보인다. 시조묘가 혁거세를 모신 곳이므로 신궁에 모신 인물도 당연히 혁거세이다. 신궁을 둔 곳 나을은 시조가 처음 태어난 곳이고, 탄강한 곳이라고 했으므로 나을이 바로 나정이다. 결국 6년에 나정에 시조묘를 조성하고 487년에 시조묘를 개축하여 이름을 신궁으로 바꾼 것이다.

그리고 '을(乙)'은 샘, 못, 우물의 옛말로, 나을과 나정은 같은 말이다.[167]

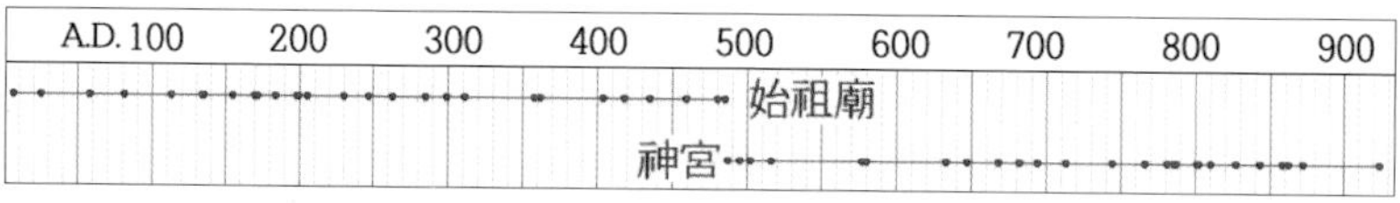

〈그림6-2〉 삼국사기 신라의 '시조묘'와 '신궁'

* 명칭이 출현한 기사의 연도를 점으로 표시했다.

---

164) 『삼국사기』 권1, 신라본기1 남해차차웅 3년 "春正月 立始祖廟"; 권32, 雜志1 祭祀1 "第二代 南解王三年春 始立始祖赫居世廟 四時祭之 以親妹阿老主祭"

165) '始祖廟'는 253년과 281년에는 '祖廟'로, 263년에는 '國祖廟'로 표기했다.

166) 『삼국사기』 권3, 신라본기3 소지마립간 9년 "春二月 置神宮於奈乙 奈乙始祖初生之處也"; 권32, 雜志1 祭祀 "第二十二代智證王 於始祖誕降之地奈乙 創立神宮 以享之"

167) 나희라, 2003, 앞의 책, 151쪽. 일본에서는 淵蓋蘇文을 '이리가스미(イリガスミ)'라 하였다. '淵'의 음이 '얼'과 유사했음을 알 수 있다.

또한 나을의 '나(奈)'와 나정의 '나(蘿)'는 '나다', '태어나다'를 뜻하는 같은 소리를 달리 표기한 것이다. 전라도 영암의 월출산은 조선시대에 월출산(月出山)으로 불렸고, 고려 때에는 월생산(月生山)으로 불렸으며, 신라 때에는 월나악(月奈岳)이라 했다.[168] 이를 보더라도 '奈'가 '出, 生'과 상통하는 출생, 탄생을 뜻하는 글자였음을 알 수 있다.

결국 나을과 나정은 모두 '태어난 우물'이다. 나정에서 '生' 자가 새겨진 기와가 대량으로 발견된 것은 아마도 나정의 완전한 한자 이름이 생정(生井)이었기 때문일 것이다(<그림6-3>). 일본의 탄생일 '단조비(誕生日)'를 우리는 생일(生日)이라 하듯이, 일본의 탄생정 단조이(誕生井)를 생정(生井)이라 하는 것은 자연스럽다. 즉 '生井'은 한자 이름이고 '나을'은 우리말 이름이다. 그리고 '나井'은 우리말과 한자를 혼용한 이름이다.

또 다른 증거도 있다. 『삼국사기』에는 516년(법흥왕 3)에 왕이 몸소 신궁에 제사를 지낼 때에 양산정(楊山井) 안에 용이 나타났다고 기록되어 있다.[169] 신궁과 양산정이 다른 곳에 있다고 생각하면, 이 기록은 완전히 잘못된 것이라고는 할 수 없으나 앞뒤 문맥이 닿지 않는 어색한 글이라는 느낌을 준다. 하지만 양산정이 신궁 안에 있다고 생각하면 전혀 이상할 것이 없다. 혁거세가 태어난 나

〈그림6-3〉 '生' 자 기와
* '生' 자 좌우가 반전되어 있다.
■ 중앙문화재연구원·경주시, 2008, 『경주 나정―사진―』, 213쪽

168) 『新增東國輿地勝覽』 권35, 靈巖郡 山川 "月出山 在郡南五里 新羅稱月奈岳 高麗稱月生山"
169) 『삼국사기』 권4, 신라본기4 법흥왕 3년 "春正月 親祀神宮 龍見楊山井中"

정이 양산 기슭에 있었으므로 양산정은 나정의 다른 이름일 것이다. 같은 우물을 '태어난 우물'이라 부를 때는 '나정' 또는 '나을'이라 했고 지명을 붙여 부를 때는 '양산정'이라 했던 것이다. 그러므로 법흥왕이 양산 기슭의 신궁에서 제사를 지낼 때 신궁 안의 양산정(나정) 우물에서 용이 나타난 것이다.[170]

결국 나정(나을)을 에워싸고 남해차차웅 때에 시조묘를 세웠고, 소지마립간 시절에 시조묘를 개축한 뒤 이름을 신궁으로 바꾼 것으로 이해된다. 그리고 신궁은 신라가 멸망할 때까지 존속했다.[171]

2) 종묘의 시조묘

시조묘라는 이름은 『삼국사기』 신라본기에서 485년(소지마립간 7)을 끝으로 오랫동안 보이지 않다가 300여 년이 지난 801년(애장왕 2)에 다시 등장했다. 애장왕은 삼국통일의 대업을 이룬 무열왕과 문무왕은 별도의 사당에 모셔두고, 자신의 아버지부터 고조까지 4대와 함께 시조대왕을 모신 오묘(五廟)를 시조묘라는 이름으로 별도로 두었다.[172] 이때의 시조대왕은 박혁거세가 아니라 김씨로서는 최초로 왕위에 오른 미추왕으로, 일명 성한왕(星漢王)이라 했다.[173] 결국 삼국시대 신라의 시조묘와 통일신라의 시조묘는 이

---

170) 楊山은 '버들 楊'자를 써서 '버든산'을 한자로 표기한 것이다. 경주 남산이 남북으로 길게 뻗어 있어 북쪽 끝부분을 '버든산'이라 한 것이다. 그러므로 나정이 남산의 북동쪽 기슭에 있는 것이다(정연식, 2015, 「역사음운학과 고고학으로 탐색한 閼川 楊山村」, 『한국고대사연구』80, 9쪽).

171) 시조묘가 신궁으로 바뀌게 된 경위는 'XII. 첨성대의 퇴조'에서 서술한다.

172) 『삼국사기』 권10, 신라본기 애장왕 2년 "春二月 謁始祖廟 別立太宗大王 · 文武大王二廟 以始祖大王及王高祖明德大王 · 曾祖元聖大王 · 皇祖惠忠大王 · 皇考昭聖大王爲五廟"

173) 정연식, 2011, 「신라의 태조 미추왕과 은하수 星漢」, 『한국고대사연구』 62

름만 같았을 뿐, 태어난 곳과 위패를 모신 곳으로 성격이 서로 달랐고, 건물도 달랐으며, 모시는 인물도 박혁거세와 미추왕으로 달랐다.

5묘에 시조묘라는 이름을 붙인 것에는 사정이 있었다. 신라는 687년(신문왕 7)에 계림과 첨성대 사이에 종묘를 지었다. 당시의 종묘는 7묘제로 하여 각각의 건물도 마련했지만 실제로는 미추왕을 태조로 하고 진지왕, 문흥갈문왕, 무열왕, 문무왕의 다섯 신위만을 모셨다. 문무왕의 아들 신문왕은 성골을 자처했던 동륜태자 계열의 진평왕, 선덕여왕, 진덕여왕을 종묘에서 제외하고 두 자리를 비워둔 것이다.[174] 신위 7자리가 모두 채워진 것은 효성왕(재위 737~742) 때에 이르러서였다.

그러다가 96각간(角干)의 난을 겪었던 혜공왕(재위 765~780) 때에 이르러 왕권이 위축되면서 7묘는 5묘로 바뀌었다. 그 5묘 다섯 자리 가운데 세 자리는 시조 미추왕과 삼국통일의 대업을 이룬 무열왕, 문무왕이 차지하고 있었으므로 신왕(新王)은 자신의 아버지와 할아버지만을 종묘에 모실 수 있었다.[175] 그래서 애장왕 때에 이르러 무열왕과 문무왕은 종묘에서 빼내어 별묘(別廟)에 따로 모시고, 시조 미추왕과 아울러 아버지부터 고조까지 4대를 종묘에 모실 수 있게 만들었다. 이 종묘를 별묘와 구분하여 시조묘(始祖廟)라 부른 것이다.

〈그림6-4〉의 위 칸에서 시조묘에 이어 나타난 신궁이 시조묘와 같은 성격의 것이듯이, 조묘·오묘에 이어 등장한 시조묘도 조묘·오묘와 같은 성격의 것이다.[176]

174) 정연식, 2011,「통일신라의 종묘 건축과 종묘제의 변화」,『한국사연구』153, 87-89쪽
175) 『삼국사기』권32, 志1 祭祀 "至第三十六代惠恭王 始定五廟 以味鄒王爲金姓始祖 以太宗大王 文武大王 平百濟高句麗 有大功德 並爲世世不毀之宗 兼親廟二爲五廟"
176) 253년(첨해이사금 7)의 '祖廟'는 석씨 사당을, 258년(미추이사금 20)의 '祖廟'와 668년(문무

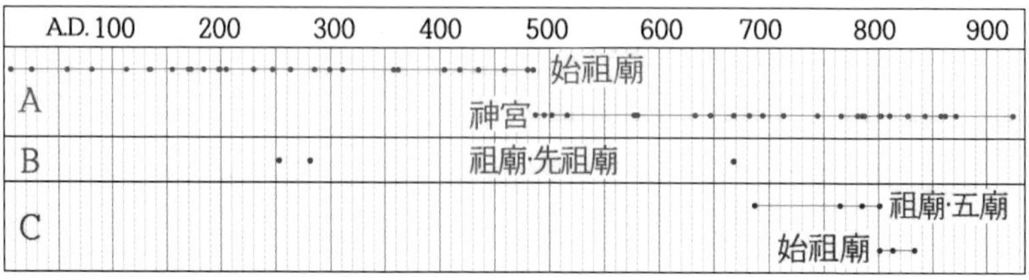
A.D. 100
200
300
400
500
600
700
800
900
A
始祖廟
神宮
B
祖廟·先祖廟
C
祖廟·五廟
始祖廟

〈그림6-4〉 삼국사기의 신라 시조묘·신궁, 조묘·시조묘 출현

* 명칭 출현기사 연도를 점으로 표시했다. *A는 박혁거세 나정 시설, B는 석씨·김씨 왕가의 사당, C는 신문왕 때 건립된 종묘이다.

그리고 삼국 시기 기록의 시조묘와 통일신라 시기 기록의 시조묘는 성격이 다른 것임을 알 수 있다. 〈그림6-4〉에 나타난 바를 종합하여 살펴보면 위 칸 A에는 신라 시조 박혁거세를 모신 시조묘·신궁 계열이 있고, 가운데 칸 B에는 박씨와 다른 석씨, 김씨 왕실의 사당이 조묘 또는 선조묘라는 이름으로 별도로 있으며, 아래 칸 C에는 미추왕과 김씨 계열 선왕들을 모신 조묘·시조묘 계열이 있음을 알 수 있다.

삼국시대 시조묘를 정확하게 인식하려면 시조를 모신 사당 시조묘(始祖廟)가 죽음과 연관된 의례시설이라는 고정관념을 깨야 한다. 우리나라에서는 고려시대 이후 조선 전기까지도 부모의 생일에 지내는 생휘일제(生諱日祭)라는 제사가 있었다. 이는 중국의 주자가례에 없는 우리나라 고유의 제사이다.[177]

삼국시대 신라의 시조묘는 탄생과 연관되어 있다. 신라뿐 아니라 중국의 사당제도가 도입되기 이전의 우리나라 삼국의 사당이 모두 그러했던 것으로 보인다. 백제의 경우 풍납토성 경당지구 206호 유구에서 동명묘가 폐지

왕 8)의 '先祖廟'는 김씨 사당을 가리키는 것으로 보인다.

177) 김경숙, 2000, 「16세기 사대부 집안의 제사설행과 그 성격」, 『한국학보』 98, 23-24쪽

되고 온조묘(溫祚廟)가 지하 우물 모양으로 조성된 것을 확인했고, 신라의 경우는 신궁에서 확인되며, 고구려의 경우는 앞에서 서술한 평양 첨성대가 증명한다.

3. 나정의 발굴로 드러난 우물

중앙문화재연구원은 경주시의 의뢰를 받아 2002년 5월부터 2005년 11월까지 네 차례에 걸쳐 나정 유구를 발굴, 조사하였다. 2005년 2월에 시작된 제4차 발굴조사에서는 발굴 도중 8월에 현장설명회가 있었고, 10월에는 학술대회를 열어 그동안의 조사 결과를 정리한 뒤에 11월에 발굴조사를 마감하였다. 그리고 3년 뒤 2008년 10월에 보고서가 발간되었다. 발굴조사 결과는 기록으로 남은 나정, 시조묘, 신궁의 구체적인 상황을 여실히 알려주고 있다.

나정 유구에서는 처음에는 대형 팔각건물의 흔적이 드러났다(<그림6-5>, <그림12-4>). 더 파내려 가니 둥글게 두른 도랑 한가운데에 구덩이가 있었던 흔적이 있었고, 도랑 외곽으로는 목책 기둥을 원형으로 늘어세운 흔적이 발견되었다(<그림6-5>의 1차시설). 나정은 우물이므로 주목되는 것은 당연히 1차시설의 한복판에 있는 구덩이였다.

구덩이는 길이 436cm, 너비 248cm, 깊이 170cm로서 남북으로 길쭉하게 한쪽으로 비탈진 모양을 하고 있었다.[178] 그 형태는 <그림6-6>에 보이듯이 수직 구덩이에 북쪽으로 비탈진 구덩이가 합쳐진 모양을 하고 있다. 수

178) 중앙문화재연구원·경주시, 2008, 『경주 나정』, 중앙문화재연구원, 45쪽

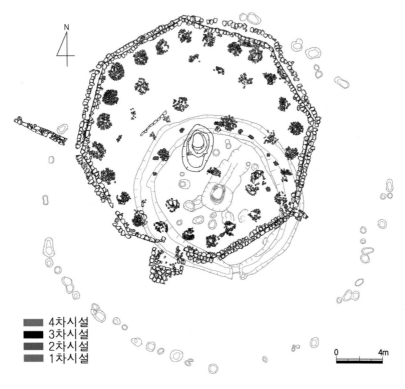

<그림6-5> 나정 유구

■ 중앙문화재연구원·경주시, 2008, 『경주 나정』, [별지 2] 도면의 자북에 자편각 7°21′을 적용하여 진
북을 표시하고, 39쪽의 <도면 11>을 참조하여 누락된 기둥 구멍과 목책 구멍을 보완하였다.

직 구덩이는 지표면 지름이 약 2.5m인데 아래로 내려갈수록 좁아져서 바
닥에서는 지름이 1.5m 정도가 되었다. 바닥에는 작은 천석(川石)들이 깔려
있었고 그 위에 최대 길이 110cm, 너비 87cm, 두께 14~20cm의 판석 하
나가 놓여 있었다(<그림6-7>).

지금까지 나정으로 알려져 온 유구의 중심부에서 구덩이가 발견되었으
니 그것을 우물로 이해하는 것은 지극히 당연하고 자연스러운 일이다. 그
러나 보고서에서는 우물이라 단정하지 않고 조심스럽게 '수혈유구(竪穴遺

構)'로 기록했다. 그에는 이유가 있다.

나정의 구덩이는 일반 우물 유구와는 다른 특이한 점들이 적지 않았다. 첫째로, 우물 벽을 이루는 돌이나 목재가 발견되지 않았다. 둘째로, 일반적인 우물은 바닥에 자갈이나 일부러 깨뜨려 작게 만든 할석(割石)을 깔아놓는데[179] 나정에서는 이에 그치지 않고 그 위에 넓적한 판석을 올려놓았다. 셋째로, 구덩이 형태가 단순한 수직 구덩이가 아니라 기다랗게 비탈진 구덩이가 붙어 있는 모양이다. 넷째로, 구덩이 중심부의 위쪽 점토층에는 불탄 판재와 불 먹은 돌조각들이 들어있었다.

이런 특이 사항으로 인해 나정이 과연 우물인가 하는 의혹이 생겨났다. 그래서 나정 유구 중심의

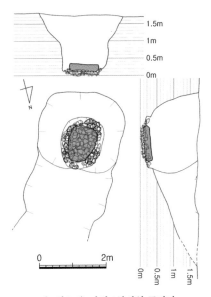

〈그림6-6〉 나정 1차시설 구덩이

＊ 표고 50.5m를 0m로 표시하고, 바닥의 판석은 붉은색으로 표시하였다.
■ 『경주 나정』, 44쪽

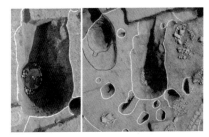

〈그림6-7〉 나정 우물의 구덩이와 판석

＊ 바닥의 판석이 있는 상태(좌)와 판석을 제거한 상태(우)
■ 『경주 나정—사진—』, 12쪽, 16쪽

179) 우물에는 불순물이 올라오지 않게 하고, 물을 뜰 때에 흙탕물이 일지 않도록 작은 자갈을 깔아놓는 경우가 많다.

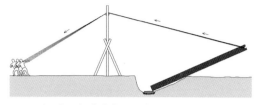

〈그림6-8〉 나정에 10m 기둥 세우기 가상도

구덩이를 중심부에 거대한 기둥을 세우기 위해 구덩이를 파고 바닥에 적심을 갖춘 초석을 둔 것으로 해석한 연구가 있었고[180] 보고서에서는 그 견해를 받아들여 굴립주(堀立柱) 건물의 거대한 기둥이 세워져 있던 자리로 추정했다.[181] 즉 바닥에 판석이 깔려 있고 한쪽이 완만한 경사를 이룬 것을 기둥을 세우기 위한 구조로 이해한 것이다(〈그림 6-8〉).

잔돌을 바닥에 깔고 그 위에 올려놓은 평평한 큰 돌은 건물 기둥을 받치는 초석(礎石)의 흔한 형태이다. 굴립주 건물에서는 땅을 파고 대개는 초석 없이 그대로 기둥을 박아 세우지만 바닥에 초석을 둔 굴립주도 종종 발견되기에 그것을 초석으로 보는 데는 논리적으로 문제가 없다. 그리고 구덩이에 붙어 있는 비탈진 굴착부는 굴립주 건물에서 땅을 파고 기둥을 묻을 때에 대형 기둥을 처음부터 수직으로 꽂아 세울 수 없으므로 비스듬히 뉘어 놓고 기둥 끝에 매어놓은 밧줄을 당겨서 세우기 위한 것으로 추정되는데 비슷한 모양의 유구가 부여 군수리사지와 금강사지에서 발견되었다.

그래서 나정 구덩이도 비슷한 형태로 이해한 것이다. 다만 군수리사지와 금강사지의 기둥 구덩이는 비스듬히 매끄럽게 판 것이 아니라 턱이 지게 파내려 가서 계단식으로 만들었다.[182]

---

180) 이은석, 2006, 「신라 왕경 발굴의 과제」, 『신라사학보』 5, 159-164쪽; 정자영, 2006, 「한국 고대 목탑지 기단 및 심초부 축조기법 연구」, 숭실대 석사학위논문, 54-56쪽
181) 중앙문화재연구원·경주시, 2008, 앞의 책, 444-445쪽
182) 정자영, 2006, 앞의 논문, 29쪽, 31쪽

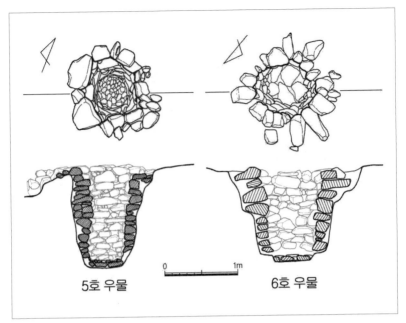

〈그림6-9〉 창원 반계동 유적 우물

■ 창원대학교박물관·한국수자원공사, 2000, 『창원 반계동유적 Ⅰ』, 164-165쪽

　　그런 이유로 구덩이 바닥에 깔린 넓은 판석은 건물 기둥의 주춧돌로는 어울리지만 우물에는 어울리지 않는다는 주장이 제기되었다. 그렇지만 바닥에 판석이 깔렸다고 해서 우물이 아니라고 할 수 없다. 창원 반계동 유적의 우물 가운데 3호, 6호 우물은 바닥에 얇고 넓은 판석 몇 개를 깔았다.[183] 그리고 5호 우물은 그 위에 잔돌을 깔았다(<그림6·9>). 나정 우물은 5호 우물과는 달리 잔돌 위에 얇고 넓은 판석 하나를 얹었지만 근본적으로 다른 형식의 것은 아니다. 반계리 3호, 5호, 6호 우물에서도 넓은 판석 하나를

183) 최헌섭, 1998, 「창원반계동 취락유적 조사예보」(영남문화재연구원 제8회 조사연구회발표문), 73-74쪽

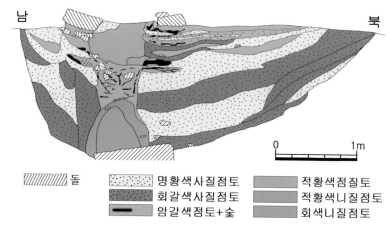

남　　　　　　　　　　　　　　　　　　　　　北

0　　　　　　　　　　1m

▨▨▨ 돌　　▧▧▧ 명황색사질점토　　⬛ 적황색점질토
　　　　　　■■■ 회갈색사질점토　　⬛ 적황색니질토
　　　　　　▬▬▬ 암갈색점토+숯　　⬛ 회색니질점토

〈그림6-10〉 나정 구덩이의 동쪽면 토층

* 그림에 표현된 토층의 색은 실제 색이 아니라 단지 토층 구분을 위한 색이다.
* 발굴보고서에서는 같은 토질의 밝은 흙과 어두운 흙을 경계선을 그어 구분하였다. 그러나 이 그림에
  서는 이해하기 쉽게 6개 토층으로 단순화하되 경계선은 그대로 두었다.
■ 『경주 나정』, 42쪽

쉽게 얻을 수 있었다면 나정처럼 했을 것이다. 바닥의 잔돌과 판석은 적심
구조로 이해할 것이 아니라 우물로 이해하는 것이 옳다.

　그 구덩이를 우물로 이해하지 않고 기둥이 놓였던 자리로 이해할 경우
심각한 모순이 생긴다. 구덩이의 토층 모양이 기둥을 세웠던 자리로는 너
무도 이상하기 때문이다. 토층의 중심부는 니질점토(泥質粘土)로 채워져 있
고, 중심부를 에워싼 주변부는 사질점토(沙質粘土)로 채워져 있었다. 그리고
주변부와 중심부 위쪽 부분의 토층은 대체로 평평한데, 중심부 아래쪽 부
분의, 판석 위에 놓인 니질점토층은 반구형으로 불룩하게 솟아 있었다(<그
림6-10>). 만약에 판석이 주춧돌이고 그 자리가 기둥을 세웠던 자리라면 기
둥의 무게로 인해 흙이 눌려서 바닥에 평평한 토층이 만들어져야 한다. 그
런데 오히려 반구형으로 불룩 솟은 것이다. 기둥을 제거하고 복토를 한 후
에 물의 상승작용이 있어 이런 모양이 된 것이 아닌가 하는 고민스러운 해

석도 있었지만[184] 지하에서 물이 용솟음쳐서 널따란 판석 위로 불룩 솟은 토층을 만드는 불가사의한 현상이 일어날 확률은 제로에 가까운 게 아니라 제로다.

그리고 판석 바로 위의 니질 점토는 중심부의 회색 니질점토와 그것을 감싸고 있는 적황색 니질점토로 이루어져 있는데 적황색 니질토는 산화망간토로서 수분에 의해 산화된 것으로 추정된다.[185] 이것을 어떻게 해석해야 합당할까?

반구형으로 불룩 솟은 토층은 본래는 속이 빈 원통형 물체 안에 원통형으로 쌓인 퇴적물이다. 그리고 그중에 산화망간토는 물이 있었던 흔적이다. 지하의 원통형 물체 안에 물이 담겨 있다면 그것이 무엇일까? 당연히 우물이다.

나정 유구가 우물인지 아닌지 논쟁이 있었지만 어느 누구도 그것이 벽체가 사라진 우물이라고 말하지는 않았다. 그러나 우물이 대개 그렇듯이 나정도 돌을 쌓아서 만든 벽체가 있었을 것이다. 나무로 벽체를 만든 우물도 있지만 그런 것들은 대개 방형 평면을 이루고 있는데 나정 유구를 보면 원형 평면을 이루고 있으므로 벽체를 돌로 쌓았을 것이다. 그리고 우물을 메울 때는 대개 벽체를 그대로 둔 채로 메우지만 나정은 여느 우물과는 달리 벽체를 제거하고 메웠다. 나정이 그렇게 폐기된 이유를 정확하게 알 수는 없지만, 아마도 신성하게 여기는 특별한 우물이라서 벽체를 그대로 방치할 수 없었던 것이 아닐까 하고 짐작할 따름이다. 그렇게 이해하면 모든 의문이 풀린다.

184) 이은석, 2006, 앞의 논문, 161쪽
185) 이문형, 2005, 「경주 나정(사적 제245호) 발굴조사 개요」, 『경주 나정─신화에서 역사로─』, 중앙문화재연구원, 23쪽; 중앙문화재연구원·경주시, 2008, 앞의 책, 448쪽

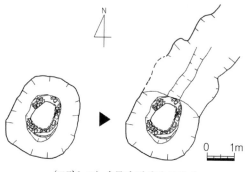

나정은 본래 북동쪽으로 길게 경사진 구덩이 형태로 조성된 우물이 아니라 수직으로 파서 만든 일반적인 우물이었을 것이다. 그런데 나정 해체 과정에서 조성된 경사진 구덩이가 유구로

〈그림6-11〉 우물과 경사진 구덩이

남은 것이다. 즉 나정은 신성한 우물이므로 마구 파낼 수 없어서 벽체 돌을 마구 뽑아내지 않고, 우물에서 어느 정도 떨어진 곳에서부터 우물 벽까지 조심조심 비탈지게 파내려 가서 벽체 돌을 제거했다. 따라서 원래 모습에는 경사진 구덩이가 없었다(〈그림6-11〉).

나정이 일반 우물이었다면 매일 물을 뜨느라고 내부를 휘저어서 내부에 퇴적물이 쌓이지 않았겠지만, 신성시하는 우물이었으므로 아무도 손을 대지 않은 상태로 수백 년이 흘렀다. 우물의 바닥과 옆에서 물이 스며들면서 미량의 불순물들이 함께 나와 조금씩 침전물이 생겼겠지만 그보다는 위에서 내려와 쌓인 것들이 적지 않았을 것이다. 계절에 따라 황사와 흙비[霾雨]가 내리고 꽃가루가 흩날리고 낙엽이 떨어지고 새똥이 떨어졌다. 흙먼지와 각종 유기물은 소량이지만 수백 년 동안 바닥에 가라앉아 차곡차곡 쌓이면서 안에 원통형 토층이 생겼다. 토층의 아래쪽 속 부분은 회색 니질점토가 되었고 위쪽 겉부분은 물과 접촉하면서 적황색 니질점토, 즉 산화망간토가 되었다.

그러다가 언젠가 우물을 메우게 되었다. 우물에서 약간 떨어진 곳에서 우물까지 비탈지게 파내려 가다가 벽체가 드러나자 돌을 조심스럽게 제거했다. 나정 안에 오랫동안 쌓여있던 흙무더기는 옆면을 지지하던 벽체가 제거되자 자체의 무게에 의해 아래로 무너져 내렸다. 내부의 흙은 아주 미세한 입자의 흙으로서, 다져져서 단단하게 굳어 있지도 않았고, 완전히 건조하여 벽을 제거하면 단번에 무너져 주저앉을 흙도 아니었다. 여전히 수분을 머금고 있던 진흙은 점성이 있어서 벽체를 제거하자 서서히 무너지면서 아래층의 회색 니질점토는 불룩한 모양이 되었고, 위층의 적황색 니질점토는 회색 니질점토 위로 서서히 미끄러져 내렸다. 그 결과 위쪽 토층이 아래쪽 토층을 감싼, 불룩한 반구형 토층이 만들어진 것이다(<그림6-12>).

그곳이 우물이라는 중요한 증거가 또 있다. 지표면에서 아래 40cm까지는 명황색 사질점토와 숯이 포함된 암갈색 점토가 번갈아 층층이 메워져 있었다. 그리고 숯은 일부가 판재 형태로 남았는데 판재의 중앙부가 함몰되어 단절되었으나 전체적으로 좌우로 연결된 층위를 형성하고 있었던 것으로 확인되었다. 또한 위쪽의 노출된 할석(割石) 가운데는 열로 달구어진

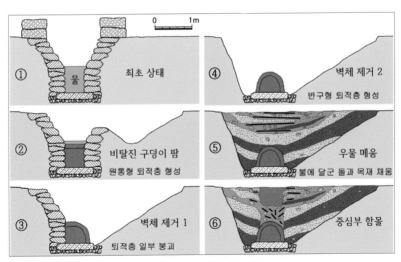

〈그림6-12〉 나정의 폐기 과정

불 먹은 돌도 있는데, 완전히 연소되지 않은 뜨거운 판재를 구덩이 안에 채우는 중에 달구어진 것으로 보인다. 숯 조각, 불 먹은 돌, 번갈아 층을 이룬 밝은색의 사질토와 어두운색의 점토는 구덩이가 일정한 절차에 따라 메워졌음을 알려준다. 발굴보고서에서도 불탄 판재와 열로 달구어진 할석들을 넣어 구덩이를 용도폐기한 것으로 여겨진다고 하였다.[186]

나정 구덩이에 왜 불탄 흔적이 남았을까? 아궁이 시설이 아닌가 하는 의혹도 있었으나 그것은 구덩이가 우물이라는 또 하나의 증거다.

일본에서는 고훈시대(古墳時代) 이후의 우물 유구에서 불탄 목재와 불 먹은 돌이 발견되는 경우가 많다. 그것은 우물을 메울 때에 우물의 신령을 위로하고 다독이는 진정제(鎭井祭)를 지내면서 넣은 것이다.[187] 그리고 메울 때에도 그냥 마구 메우지 않고 밝은색 점토와, 숯이 포함된 어두운색 점토를 번갈아 채워 넣었다.

이와 관련하여 주목할 만한 유적이 앞서 풍납토성 경당지구 우물과 관련하여 소개한 오사카 노노가미의 2901호 우물 유구이다. 2901호 우물을 메울 때에는 지표면에서 1.5m 깊이까지는, 나정이 그러했듯이 우물 벽체를 그대로 두지 않고 뽑아낸 후에 한 번에 묻었는데 그 층에서는 유물이 나오지 않았고 그 바로 위에서 8세기 후반의 토기가 출토되었다. 그중에는 불에 그을린 흔적이 있는 미니어처 화덕이 위에 옹(甕)을 얹은 상태로 출토되었고, 옹의 바닥에는 그을음이 잔뜩 묻어있었다(<그림6-13>). 이는 우물을 메울 때 우물의 신에게 제사를 지낸 흔적으로 알려져 있다.[188]

186) 중앙문화재연구원·경주시, 2008, 앞의 책, 45쪽

187) 駒見和夫, 1992, 「井戸をめぐる祭祀―地域的事例の檢討から―」, 『考古學雜誌』 77-4, 102-104쪽

188) 狹山池博物館, 2006, 『水にうつる願い』(平成18年度特別展圖錄), 大阪: 大阪府立狹山池博物

나정과 노노가미 2901
호 우물에서 불은 아마도
우물의 제의에서 정화의
의미로 사용되었을 것이
다. 나정 주변에서 발견
된 두형(豆形)토기 조각
들은 그곳이 제사를 지내
던 곳이었음을 다시 알려
주고 있다.

〈그림6-13〉 노노가미 2901호 우물의 미니어처 화덕
■ 狹山池博物館, 2006, 『水にうつる願い』, 大阪: 大阪府立狹
山池博物館, 29쪽

　그리고 나정을 중심으로 반경 6m의 원형 도랑이 너비 2m에 최고 1.5m
깊이로 파여 있었다. 도랑은 그곳이 신성한 제사를 지냈던 곳임을 알려주
는 의미 있는 시설이다. 신성한 제사시설 주변에 도랑을 두르는 전통은 아
주 오래전부터 있었다. 신석기시대의 영종도 는들 유적에서는 둥그렇게
쌓은 돌무더기 주변에 회(回) 자 모양으로 도랑을 파서 신성한 제사구역과

외부를 분리했다(<그림
6·14·15>).[189] 부천 고강
동 유적은 입지조건과 출
토유물로 보아 청동기시
대 제사시설로 판명되는
데, 가운데는 돌을 쌓아
놓고 이를 중심으로 반경

〈그림6-14〉 영종도 는들 유적
■ 임효재·양성혁, 1999, 『영종도 는들 신석기유적』 표지

館, 29-30쪽
189)　임효재·양성혁, 1999, 『영종도 는들 신석기유적─신공항고속도로건설지역 발굴조사보고서
　　 ─』, 서울대학교인문학연구소·(주)신공항고속도로, 28-29쪽

VI. 나정을 에워싸고 조성한 시조묘　**135**

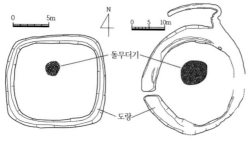

<그림6-15> 제사시설의 주구(周溝)

■ (좌)『영종도 는들 신석기유적』, 82쪽; (우)『부천 고강동 선사
유적 제4차 발굴조사보고서』, 44쪽

15m 둘레에 원형 도랑을 팠다(<그림6-15>).[190] 그리고 풍납토성 내 제의 시설이 집중되어 있는 경당지구의 44호 건물 유구에서 앞뒤로 여(呂) 자 형태로 있는 장방형 유구 둘 가운데 뒤쪽의 대형 건물은 폭 1.6m, 깊이 0.8m 정도의 도랑이 감싸고 있었다.

일본에서도 5세기 후반부터 6세기 중엽 사이의 오사카부(大阪府) 시조나와테시(四條畷市) 나라이(奈良井) 유적에서는 말을 희생으로 삼은 제사를 행했던 것으로 여겨지는 제장(祭場)에 한 변의 길이가 40m나 되는 네모 도랑을 둘렀다.[191]

그리고 나정 중심부에서 대략 반경 14.5m의 원을 그리며 늘어선, 깊이 최대 50cm 내외의 자그만 구덩이들은 보고서에서도 지적했듯이 접근을 차단하기 위해 목책(木柵)을 세웠던 흔적으로 보인다.[192]

2005년 10월의 토론회에서 나정 유구의 구덩이가 우물인지, 아니면 나무기둥을 세운 구덩이인지 논란은 있었으나, 구덩이와 그 주변이 신성한 제의 시설이 있던 곳이라는 점에는 의견이 하나로 모아졌다.

190) 배기동·강병학, 2000,『부천 고강동 선사유적 제4차 발굴조사보고서』부천시·한양대학교박
      물관·문화인류학과, 38-41쪽
191) 橿原考古學硏究所附屬博物館, 2003,『古墳時代の馬との出會い―馬と馬具の考古學―』(橿原
      考古學硏究所特別展圖錄), 奈良, 20쪽
192) 이문형, 2005, 앞의 글; 중앙문화재연구원·경주시, 2008, 앞의 책, 50쪽

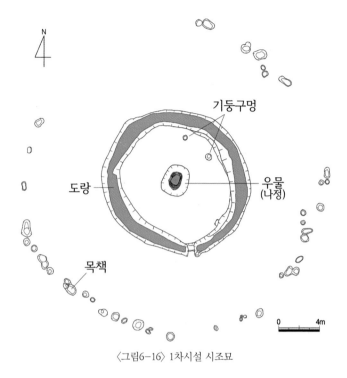

<그림6-16> 1차시설 시조묘

우물이 있는 신성한 제의시설이라면 결국은 다시 같은 결론에 이르게 된다. 그곳 1차시설 중심부의 구덩이는 나정이다. 나정을 에워싸고 주변에 원형 도랑을 파고, 목책을 두른 형태의 시조묘를 조성한 것이다. 그 전체 평면도를 재구성해 보면 <그림6-16>과 같다.

위의 그림에 제시한 1차시설 시조묘의 형태는 발굴보고서의 것과 차이가 있다. 그 이유는 뒤에서 밝힌다.

VII. 성부산과 탄생의 별 삼태성

1. 망성산(望星山)에서 바라보는 성부산(星浮山) 별

해발고도 327.3m의 성부산은 경주시 내남면 화곡리, 부지리, 덕천리에 걸쳐 있는 산이다. 성부산(星浮山)은 한자의 뜻 그대로 풀면 '별 뜬 산'이라는 말이다. 『삼국유사』에서는 성부산을 성손호산(星損乎山)이라고 부르기도 한다고 했는데[193] '損'은 '덜다'이고 '乎'는 이두에서 '온'으로 읽으므로 '損乎'는 '던' 또는 그와 가까운 음으로 읽는다.[194] 따라서 별 뜬 산이라는 의미가 다시 확인된다. 그런데 대체 그 산에 어떤 별이 뜬다는 것일까?

우선 별이 뜬다는 말의 뜻부터 생각해 보자. 해가 뜬다는 말은 해가 지평선이나 수평선 위로 올라와 모습을 드러낸다는 말이다. 하지만 달이나 별의 경우에는 그렇게 해석할 수 없다. 해는 날이 맑으면 동쪽에서 떠서 서쪽으로 질 때까지 모든 운행과정을 온전히 볼 수 있지만 달과 별은 그렇지 않기 때문이다. 즉, 달과 별은 해가 진 후나, 해가 뜨기 전에만 볼 수 있으므로 수평선이나 지평선에서 뜨는 장면과 지는 장면을 모두 볼 수 없는 경우가 많다. 그래서 일반적으로 달이나 별이 뜬다는 것은 수평선이나 지평선 위로 모습을 드러내기 시작했다는 말이 아니라 해가 사라지고 하늘이 캄캄

---

193) 『삼국유사』 권2, 紀異2 文虎王法敏
194) '던'과 '뜬'은 다른 듯하지만 고대국어에는 '뜬'과 같은 된소리가 없었다.

해져서 달이나 별이 허공에 떠 있는 상태로 보인다는 말이다.

　그런데 '별뜬산'이라는 말은 이상한 말이다. 별은 하늘 전체에 깔려 있어 밤에는 모든 산 위에 별이 떠있기 마련이라서 별이 떠 있는 특별한 산이란 있을 수 없기 때문이다.

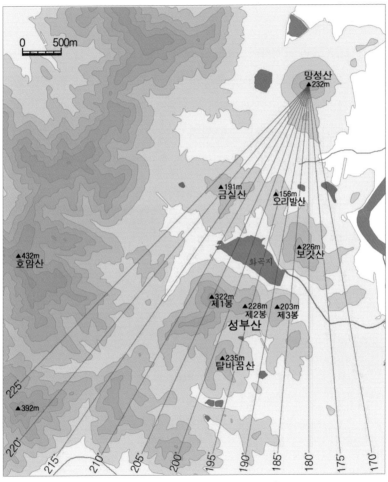

〈그림7-1〉 망성산에서 성부산 바라보기
■ 국토지리정보원, 2013, 1:25,000지형도 〈경주〉, 등고선간격 50m

그렇다면 어떤 특정한 별이 떠 있는 산으로 해석해야 한다. 하지만 그 해석도 옳지 않다. 별은 하늘에 고정되어 있지 않기 때문이다. 별은 지구의 자전으로 인해 하루에 한 바퀴씩, 1시간에 15°씩 북극성을 중심으로 회전하는 일주운동을 하므로 시간의 흐름에 따라 여러 별이 교대로 성부산 위의 하늘에 놓이기 때문이다. 또 길게 보면 계절에 따라서도 성부산 위에 보이는 별은 바뀐다.

그러므로 달리 생각해야 한다. 즉 성부산(星浮山)이란 '별뜬산'이란 말이 아니라 '별 뜬 모양의 산'으로 해석되어야 한다. 그리고 눈으로 별을 관찰하던 옛날에 별 하나는 개별적으로 특정한 형태를 지닐 수 없다. 모든 별은 크기(밝기)는 다르지만 같은 모양을 하고 있기 때문이다. 그러므로 여기서의 별은 별자리를 말하는 것으로 보인다. 즉 성부산은 어떤 별자리처럼 생긴 산이라는 뜻이다.

그런데 산의 모습은 보는 방향에 따라 다르게 보인다. 그러므로 성부산의 어떤 모습을 말하는 것인지 확인하려면 성부산을 바라보는 지점부터 찾아야 한다.

성부산을 바라보는 지점으로 생각해 볼 수 있는 곳으로는 성부산에서 북동쪽으로 3km쯤 떨어진 곳에 있는 망성산이 있다. 망성산(望星山)이라는 이름은 별을 바라보는

〈표7-1〉 망성산에서 바라본 산의 고도각

	방위각	거리 d	높이 h	고도각 α
연화산	174.5°	18.05km	532.5m	0.95°
준주봉	180.2°	8.30km	355.7m	0.84°
보갓산	183.5°	2.05km	226.1m	-0.22°
성부산3봉	188.3°	2.83km	202.9m	-0.63°
성부산2봉	196.4°	2.90km	228.3m	-0.11°
오리발산	197.2°	1.45km	156.1m	-3.07°
천마산	201.5°	11.94km	613.3m	1.82°
성부산1봉	205.2°	2.94km	321.6m	1.71°
고헌산	207.7°	19.27km	1034.1m	2.39°
백운산	209.1°	15.55km	892.7m	2.43°
선도산	219.6°	8.54km	510.1m	1.85°
금실산	221.5°	1.72km	191.4m	-1.41°

* 고도각 $\alpha = \mathrm{atan}((h-233.8)/(d \times 1000))$

산이라는 뜻인데,[195) 별은 어느 산에서도 볼 수 있다. 따라서 그 산에 망성산이라는 이름이 붙은 것은 그 산에 올라서서 성부산을 바라보면 성부산이 어떤 특정한 별(별자리)로 보인다는 뜻으로 해석된다.

망성산의 해발고도는 232.3m이다. 여기에 관측자의 눈높이 1.5m를 더한 233.8m를 관측점 고도로 하고, 망성산 정상에서 남동쪽 10°(방위각 170°)부터 남서쪽 45°(방위각 225°)까지 1° 간격으로 20km의 방사선을 그어(<그림 7-1>), 방사선과 10m 간격 등고선이 만나는 지점의 거리와 해발고도를 구했다. 그러고는 233.8m 눈높이에서 바라본 중요한 산들의 고도각은 〈표 7-1〉로 제시하고, 각 지점의 고도각 점을 연결하여 능선을 그렸다.[196)

그 결과 망성산에서 본 남쪽 방향 산들의 능선 모양은 〈그림7-2〉와 같이

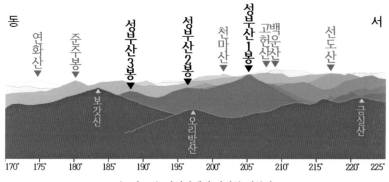

〈그림7-2〉 망성산에서 바라본 성부산

195) 望星山은 현재 望山이라고도 하는데, 望星里라는 이름은 1914년의 행정구역 개편 때에 생긴 이름이다. 당시 내남면의 新里 전체와 杜洞 일부를 합하여 만든 새로운 里의 이름을 망성산에서 따온 것이다(『戶口總數』 8책, 慶尙道 慶州 內南面; 越智唯七, 1917, 『(新舊對照)朝鮮全道府郡面里洞名稱一覽』, 京城府: 中央市場, 489쪽; 한글학회, 1979, 『한국지명총람 7(경북편 IV)』, 188쪽, 217쪽). 현재 망성산은 북서쪽은 栗洞에, 남동쪽은 望星里에 속해 있다.

196) 국토지리정보원, 2013-2015, 1:25,000지형도 〈건천·경주·대현·서하·상북·언양〉을 활용하여 경도, 위도, 해발고도를 확인했고, 해발고도가 확인되지 않는 부분은 국립경주박물관·경주시, 2008, 『문화재유적분포지도—경주시 1:10,000』에서 확인하였다.

나타난다.[197]

〈표7-1〉과 〈그림7-2〉에서 보듯이 망성산에서 북쪽을 등지고 남쪽의 성부산을 바라보면 203m 제3봉, 228m 제2봉, 322m 제1봉이 나란히 늘어서서 각각 -0.63°, -0.11°, +1.71°로 오른쪽(서쪽)으로 점점 높아진다.[198]

2. 오리온자리 삼태성(三太星)을 닮은 성부산

성부산처럼 오른쪽으로 점점 고도가 높아지는 세 별은 어디 있을까? 망성산에서 남쪽 하늘을 바라보면 실제로 비슷한 밝기의 밝은 별 셋이 나란히 동쪽에서 서쪽으로 점점 높아지면서 늘어서 있다. 오리온자리의 제타(ζ: Alnitak), 엡실론(ε: Alnilam), 델타(δ: Mintaka)이다(〈그림7-3〉).

오리온은 그리스신화의 사냥꾼인데 그 별자리는 한 손에 곤봉을, 다른 손에 털가죽을 들고 허리에는 칼

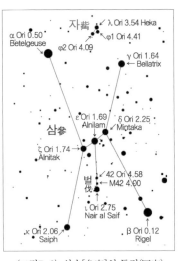

〈그림7-3〉 삼수[參宿]의 동정(同定)

을 찬 사냥꾼의 형상으로 묘사된다(〈그림7-4〉). 그 가운데 세 별 제타, 엡

197) 망성산에서 바라본 성부산의 모습을 사진 찍기 위해 2022년 5월 14일에 경주를 답사하여 망성산 정상에 올랐으나 나무와 숲이 앞을 가려 성부산을 촬영할 수 없었다.
198) 가장 동쪽에 있는 183.6도 방향의 제4봉 174m 봉우리는 보갓산 정상 226m 봉우리에 가려 보이지 않는다.

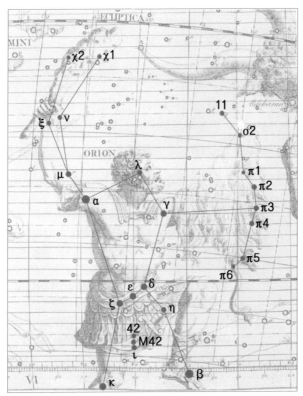

〈그림7-4〉 플램스티드(J. Flamsteed)
『천체도(Atlas Coelestis)』(1753)의 오리온

■ Eckhard Slawik·Uwe Reichert, 이광원 옮김, 2008, 『우주로 가는 별자리 지도』, 이치, 27쪽

실론, 델타는 허리 부분에 있어서 오리온의 허리띠(Orion's Belt)라고 부르며 아라비아 천문학에서 유래된 알니탁(Alnitak), 알닐람(Alnilam), 민타카(Mintaka)라는 이름이 붙어 있는데 알니탁은 허리띠라는 뜻을 갖고 있다.

서양의 오리온자리를 중국의 별자리에 대비하면 몸통과 팔다리와 허리에 찬 칼은 삼(參)에 해당되고, 이 가운데 칼은 특별히 벌(伐)로 따로 부른다(<그림7-4>). 그리고 머리는 자(觜), 손에 든 털가죽은 삼기(參旗)에 해당된다.[199] 이 가운데 주목되는 것은 삼이다.

　삼(參)은 열 개의 별로 이루어져 있다. 조선의 천상열차분야지도에 '삼십성(參十星)'으로 기록되어 있고, 기원전 4세기의 것으로 전해지는 『석씨성경(石氏星經)』에서도 마찬가지이다.[200] 그 가운데 일반적으로 가운데 일렬로 늘어선 별 셋을 삼삼성(參三星)이라 하고, 삼삼성 남쪽에 남북으로 늘어선 세 별에는 벌(伐)이라는 별도의 별자리 이름을 붙이고, 삼과 벌 주위에서 밝게 빛나는 네 별은 외사성(外四星)이라 불렀다.[201]

　이 별자리의 가장 핵심적인 별은 가운데 늘어선 삼성이었다. 그래서 주나라 때의 『시경』에는 '參'이 10성이 아니라 초기형태 그대로 '삼성(三星)'으로 등장한다. 신혼부부의 사랑을 노래한 민요 당풍(唐風) 주무(綢繆)에서는 "나뭇단을 묶다 보니, 삼성(三星)이 하늘에 떴네." 하였고,[202] 소아(小雅) 초지화(苕之華)에서도 물에 놓은 통발 안에 비쳐 보이는 삼성을 노래했다.[203] 여기서 삼성은 오리온자리의 제타, 엡실론, 델타, 즉 삼삼성(參三星)을 의미한다.[204]

---

199)　정연식, 2012, 「천상열차분야지도 별자리의 서방7수를 중심으로 한 부분적 복원」, 『인문논총』 24, 서울여대 인문과학연구소, 313-314쪽

200)　『開元占經』 권62, 西方七宿占三 參宿占七

201)　『(史記)正義』 "觜三星 參三星 外四星 爲實沈 於辰在申 魏之分野"

202)　『詩經』 唐風 綢繆 "綢繆束薪 三星在天 今夕何夕 見此良人 子兮子兮 如此良人何 綢繆束芻 三星在隅 今夕何夕 見此邂逅 子兮子兮 如此邂逅何 綢繆束楚 三星在戶 今夕何夕 見此粲者 子兮子兮 如此粲者何"

203)　『詩經』 小雅 魚藻之什 苕之華 "苕之華 芸其黃矣 心之憂矣 維其傷矣 苕之華 其葉靑靑 知我如此 不如無生 牂羊墳首 三星在罶 人可以食 鮮可以飽"

204)　예전의 『시경』 주석서에서는 三星을 參三星으로 보는 견해와 心三星으로 보는 견해가 있었으나 현재는 모두 參三星으로 본다(大崎正次, 1987, 『中國の星座の歷史』, 東京: 雄山閣出版社, 16쪽; 橋本敬造, 1993, 『中國占星術の世界』, 東京: 東方書店, 13쪽; 馮時, 2013, 『中國古代物質文化史: 天文曆法』, 北京: 開明出版社, 124쪽).

원래 '參' 자체가 초기에는 별 셋을 가리키는 글자였다. '參'이란 글자는 후베이성(湖北省) 수현(隨縣)에서 출토된 기원전 433년경 증후을묘(曾侯乙墓)의 칠기(漆器) 상자 뚜껑에는 '𣅊'으로, 소전(小篆)에는 '𣅊'으로,[205] 『설문해자』에는 '𣅊'으로 씌어 있었고,[206] 때로는 '𣅊'으로도 썼다.

이 삼삼성은 아주 쉽게 찾아낼 수 있다. 겉보기 등급이 평균 1.89인 2등성들로 매우 밝은 별이기 때문이다.

더군다나 주변에 엄청나게 밝은 별 넷이 네모꼴을 이룬 한가운데에 한 줄로 가지런히 늘어서 있어서 눈에 확 뜨인다. 0.12등급의 베타(β: Rigel)가 가까이 남서쪽에

〈표7-2〉 북두와 삼의 겉보기 등급

큰곰자리(UMa) 북두(北斗) 7성						
괴魁(국자)				표杓(자루)		
α	β	γ	δ	ε	ζ	η
1.79	2.37	2.44	3.31	1.77	2.27	1.86
오리온자리(Ori) 삼수[參宿] 7성						
외사성外四星				삼삼성參三星		
α	β	γ	κ	δ	ε	ζ
0.50	0.12	1.64	2.06	2.25	1.69	1.74

있고, 북동쪽에는 알파(α: Betelgeuse), 북서쪽에는 감마(γ: Bellatrix), 남동쪽에는 카파(κ: Saiph)가 있는데 이 네 별은 평균 1.08등급으로 엄청나게 밝다. 그래서 삼삼성은 자체로도 밝지만 주변의 별들에 의해 선명하게 드러난다.

그래도 북반구의 사람들이 가장 많이 인지하고 있던 별자리는 북두칠성이다. 오리온자리 7성을 북두칠성과 비교하자면 별자리가 차지하고 있는 구역의 넓이는 별로 차이가 나지 않는다. 그런데 북두칠성은 주변에 밝은 별들이 적어 돋보이지만 오리온자리는 은하수에 가까이 있고 주변에 밝은

---

205) 潘鼐, 2009, 『中國恒星觀測史』(增訂版), 上海: 學林出版社, 4쪽; 漢典(http://www.zdic.net)
206) 『說文解字』 권7상, 晶部 【𣅊】 商星也 从晶㐱聲"

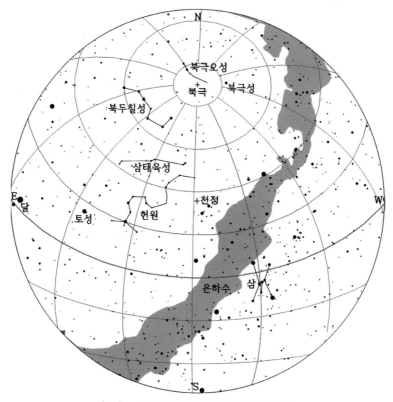

〈그림7-5〉 6년 2월 5일 21시 망성산 위의 하늘

* 삼과 북두의 크기를 공정하게 비교하기 위해 두 별자리의 천정(Zenith)에서의 거리가 비슷한 시간을 선택했다.
■ Cartes du Ciel

별들이 많아 그런 이점을 누리기 어렵다(<그림7-5>).

밝기로만 비교하면 오리온자리 7성이 훨씬 밝다. 삼삼성과 외사성 7개 별은 평균 1.48등급으로 북두칠성의 평균 2.33등급보다 2.2배나 밝다(<표 7-2>).[207] 그러므로 사실상 오리온은 북두칠성보다 더 잘 보이는 별자리이다.

―――――――――――――――――――――――――

207) 1등성의 밝기는 6등성의 100배로 정해져 있으며, 로그값으로 정의된 등급의 1등급 차이는

다만 오리온이 북두칠성보다 인지도가 낮은 것은, 북두칠성은 1년 내내 볼 수 있는 주극성(周極星)인 데 반해 오리온은 천구의 북극에서 비교적 멀리 떨어져 있어서 우리나라에서 여름에는 볼 수 없는 출몰성(出沒星)이기 때문이다 (<그림7-5>).

편의상 시조묘가 조성된 기원후 6년 정월과 가까운 5년 12월 19일(양력 6년 2월 5일) 입춘 날에 겨울철 별자리인 오리온자리가 어떤 모습으로 보이는지 알아보기로 한다.

기원후 6년 2월 5일에 동경 129°11′13.6″(129.1871°), 북위 35°47′39.5″(35.7943°) 지점의 망성산에서 보면 삼태성의 중앙 별 엡실론은 오후 1시 16분쯤 떠오르지만 한낮이기 때문에 보이지 않는다.[208] 망성산 지점에서 일몰은 17시 32분 45초(LMT)에 있었고, 엡실론은 19시 4분 29초에 49.5°의 고도로 남중했다.[209] 망성산 위에서 엡실론이 남중했을 때 각 별의 위치를 <표7-3>에 제시하고 그때의 남쪽 풍경을 <그림7-6>에 보였다.

〈표7-3〉 6년 2월 5일 19시 4분 29초에 망성산에서 본 별의 위치

	ζ: Alnitak	ε: Alnilam	δ: Mintaka	
삼삼성	178.09°-48.96°	180.00°-49.49°	181.87°-50.18°	
	κ: Saiph	α: Betelgeuse	β: Rigel	γ: Bellatrix
외사성	174.20°-41.52°	174.13°-58.69°	185.33°-41.48°	187.34°-56.22°
	ι: Nair al Saiph	M42: NGC1976	42 Ori	
벌삼성	179.06°-44.83°	179.24°-45.35°	179.33°-45.88°	

∗ 각도는 방위각-고도 ■ Cartes du Ciel

꼬꼬꼬꼬꼬꼬꼬꼬꼬꼬꼬꼬꼬꼬꼬꼬꼬

밝기 2.512배의 차이이다.

208) Cartes du Ciel 프로그램에 표시된 지방평균시(LMT)는 관측지점의 위치와 무관하게 그리니치천문대의 세계시(UT)에 8시간 27분 52초를 더한 동경 126.9667° 서울의 지방평균시(LMT)를 표시한 것이므로 관측지점의 지방평균시는 서울과의 경도 차이로 보정해야 한다.

209) 망성산은 동경 129.1871° 지점에 있으므로 한국표준시(KST)를 구하려면 지방평균시(LMT)

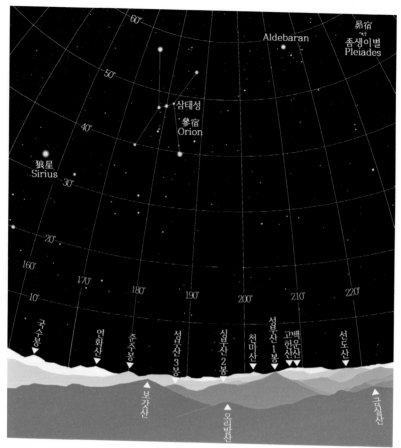

〈그림7-6〉 성부산 위의 삼태성

* 6년 2월 5일 19시 4분 29초(LMT)에 엡실론(ε Ori) 알닐람(Alnilam)이 남중했을 때 망성산 정상에서 성부산 제2봉 방향을 바라본 풍경.

〈그림7-6〉의 산 능선 모양을 보면 가지런히 오른쪽으로 올라가는 성부산 세 봉우리가 보갓산, 오리발산, 금실산 능선이 만든 우묵한 품 안에 안겨있는 것처럼 보인다.

꠰꠰꠰꠰꠰꠰꠰꠰꠰꠰꠰꠰꠰꠰꠰꠰꠰꠰꠰꠰꠰꠰꠰꠰꠰꠰꠰꠰꠰꠰꠰꠰

에 동경 135°와의 경도 차이 5.8129°에 해당하는 23분 15초를 더해야 한다.

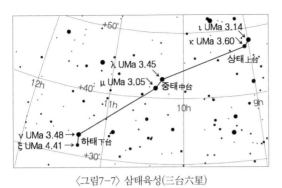

〈그림7-7〉 삼태육성(三台六星)

* 세로선은 적경, 가로선은 적위, 숫자는 밝기 등급이다.

그런데 왜 수많은 별자리 가운데 삼수를 선택하여 비슷한 형상의 산과 그 산을 바라보는 산에 특별한 이름을 붙였을까?

삼수가 특별한 별이기 때문이다. 삼삼성을 우리 조상들은 삼태성(三太星)이라 불렀다. 삼태성이란 이름의 다른 별도 있다. 일반적으로 천문학에서 말하는 삼태성(三台星)은 북두칠성의 국자 뒤쪽으로 북두칠성과 거의 같은 길이로 둘씩 짝을 지어 길게 뻗은 별자리로, 큰곰자리(UMa)의 요타(ι), 카파(κ), 람다(λ), 뮤(μ), 뉴(ν), 크사이(ξ) 여섯 별을 지칭하는 말이다(<그림7-5·7>). 그래서 오리온자리의 별 셋을 삼태성으로 부르는 것은 잘못이라고 지적하기도 한다. 하지만 그것은 천문학에서의 이야기이고, 민간에서는 오리온자리의 나란한 2등성 세 별을 삼태성이라 불러 왔다.[210]

3. 탄생의 별 삼태성(숨胎星)

우리말 고어에서 태(胎)를 '숨'이라 하여 탯줄을 '숨쭐'이라 했고 아기를

210) 이태형, 1989, 『재미있는 별자리여행』, 김영사, 294쪽

낳을 때에 바닥에 까는 자리를 '숨거적'이라 했다.[211] 아기의 잉태, 출산에 관계된 '삼신할머니'도 그와 연관된 말이다.[212] 그런데 '參'의 한자음도 '숨'이어서 '參星'을 '숨성'이라 불렀다.[213] 그러므로 삼성(參星)은 태성(胎星)이 될 조건을 갖추고 있었다.[214]

소리로만 그런 것이 아니라 별자리의 모양으로도 삼삼성은 태성이라 할 만하다. 삼의 외사성은 사냥꾼 오리온의 두 어깨와 두 발에 해당한다. 베타 리겔(Rigel)은 아랍어로 왼쪽 다리라는 뜻이며, 알파 베텔게우스(Betelgeuse)도 팔 또는 겨드랑이를 뜻하는 말로 알려져 있다. 중국에서도 마찬가지여서 전국시대의 『석씨성경(石氏星經)』에서는 베타 리겔을 왼쪽발[左足]이라 하였고, 『사기』 천관서(天官書)에서는 주위의 네 별을 좌우의 어깨[肩]와 넓적다리[股]라고 하였으며,[215] 『보천가』에서도 삼수의 외곽 네 별을 양 어깨[兩肩]와 두 발[雙足]로 묘사했다. 『보천가』에서는 삼삼성을 가장 중요하게 여겨 심장이라 하였지만[216] 외사성을 어깨와 다리로 본다면 가운데 삼삼성은 허리, 자궁, 태의 자리에 해당한다.

그것뿐이 아니다. 삼삼성의 아래(남쪽)에는 삼삼성보다 어둡기 때문에 작게 보여서 일명 소삼태성이라 부르는 벌삼성(伐三星)이 있다. 가장 남쪽 아래에 2.75등급의 3등성 오리온자리 요타(ι Ori)가 있고 그 위로 4.58등급의

---

211) 『譯語類解』(1690) 上37 "剪臍帶兒 숨쭐 베히다"; 『譯語類解補』(1775) 22 "褥草 숨거적"

212) 삼신할머니를 종종 '三神할머니'로 쓰기도 하는데 이는 잘못이다.

213) 『飜譯老乞大』(16세기초) 상57 "숨성 별도 놉거다 參兒高也"; 『老乞大諺解』(1795) 상52 "參兒高也 敢是半夜了 숨성이 놉파시니 밤쭝인돗 ᄒ다"

214) 중세국어 한자음은 三은 '삼', 參은 '숨'이었고, 太와 泰는 '태', 胎와 台는 '티'였다(伊藤智ゆき, 2007, 『朝鮮漢字音研究』(資料篇), 34쪽, 39쪽, 40쪽). 그러므로 三과 參, 泰·太와 胎·台는 넘나들기 어렵지 않았다. 자세한 내용은 뒤의 [보론 2]에서 다룬다.

215) 『史記』 권27, 天官書5 西宮 "參爲白虎…其外四星 左右肩股也"

216) 『步天歌』 參十星 "總有十星觜相侵 兩肩雙足三爲心 伐有三星腹裏深"

5등성 오리온자리 42(42 Ori)가 있고 그 중간에 맨눈으로 볼 수 있는, 몇 안되는 성운(Nebula) 가운데 하나인 M42(NGC1976) 발광성운이 있다. M42는 항성이 아니라 성운이지만 망원경이 발명되기 이전의 사람들은 별로 인식했던 4.00등급의 4등성이었다. 이 별삼성은 허리 위치의 삼삼성 아래에서 작게 빛나 갓 태어난 아기로 보인다. 게다가 M42성운은 붉은 색으로 빛나서 갓난아기 적자(赤子)를 연상하게 하는 별이다.

그래서 우리 민족은 삼수 중앙에 있는 삼삼성, 즉 오리온자리의 세 별을 오래전에 '숨티성(숨胎星)' 또는 '숨태성(숨太星)' 또는 '삼태성(三太星)'으로 불렀고, 아기를 탄생시키는 태(胎)로 생각했다. 세 별은 탄생의 상징이었다.

그 증거는 고려 말의 고분벽화에 남아 있다. 경기도 파주 서곡리 권준(權準: 1281~1352)의 묘 석실 천장에는 둥그런 테두리 안에 북두칠성과 함께 별 셋이 그려져 있다(<그림7-8>).[217] 세 별이 북극삼성 또는 삼태성(三台星)이라는 주장도 있으나 북극성은 북극오성이라는 5개 별로 이루어진 별자리이고 삼태성은 삼태육성이라는 6개 별로 이루어진 별자리이다. 이 별 셋은 삼성(三星), 즉 삼삼성(參三星)으로 보아야 할 것이다.

북두칠성은 우리 민족에게 죽음과 연관된 별이다. 그래서 시신을 묻을 때에는 염습한 시신을 7개의 작은 구멍이 북두칠성 모양으로 뚫린

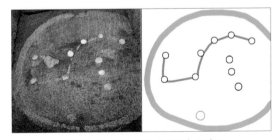

〈그림7-8〉 권준 묘의 성수도와 모사도
■ 문화재관리국, 1993, 『파주 서곡리 고려벽화묘(발굴조사보고서)』

217) 문화재관리국 문화재연구소, 1993, 『파주 서곡리 고려벽화묘(발굴조사보고서)』, 155쪽

얇은 널 위에 올려놓는데 이를 칠성판이라 부른다. 그래서 칠성판을 졌다는 말은 죽었다는 말의 은유적 표현이다.

권준 묘 천장에 죽음의 상징 북두칠성과 함께 그린 삼성은 탄생의 별이다. 피장자의 탄생과 죽음을 함께 그려 넣은 것이다.[218]

---

218) 자세한 내용은 뒤의 [보론 2]에서 다룬다.

VIII. 북극오성을 낳은 나정

1. 성부산 삼태성을 쳐다보는 나정

나정발굴조사보고서에서 제1차시설 시조묘의 도랑 안쪽을 보면 크고 작은 구덩이 15개가 나정 우물을 에워싸고 있다(<그림8-1>). 그 가운데 우물에서 멀고 크기가 작은 D군 5개와 우물에 근접해 있는 B군 2개는 용도를 전

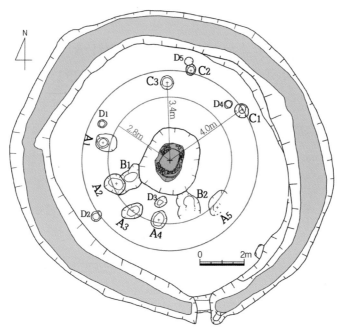

<그림8-1> 나정 주변 여러 구덩이의 배치

혀 짐작할 수가 없다. 그 나머지 A군 5개와 C군 3개를 합한 8개는 대체로 우물을 원형으로 에워싸고 있다. 그래서 발굴조사 보고서에서는 A군과 C군의 구덩이들을 기둥을 세웠던 흔적으로 보고 나정에는 기둥에 의해 지지되는 상부 시설물이 설치되었을 것으로 생각했다.[219] 상부 시설물이라면 지붕을 말한 것으로 짐작된다.

그러나 구덩이 8개는 지붕이 있었던 흔적으로 보기 어렵다. 구덩이가 일정한 간격으로 빙 둘러싸고 있는 것이 아니라 A군 5개는 대체로 남서쪽에 우물을 중심으로 150° 부채꼴 안에 모여 있고, C군 3개는 그와 정반대로 북동쪽에 몰려 있다. 지붕을 올리기 위한 기둥 자리라면 우물을 중심으로 일정한 간격으로 늘어서 있는 것이 당연한데 그렇지 않은 것이다. 또한 8개 안에서도 A군 구덩이와 C군 구덩이는 크기가 다르다. 게다가 A군 구덩이는 우물 중심에서 대체로 2.8m 떨어진 거리에 있는데 C군 구덩이는 약 4m나 떨어져 있다. 결국 A군과 C군은 성격이 다르다.

C군의 세 구덩이도 성격이 같지 않다. C1과 C2는 구덩이 바닥쪽 지름이 약 30cm로 같고 우물 중심에서의 거리도 C1이 4.0m, C2가 4.1m로 서로 비슷하다. 그러나 C3는 바닥 지름이 약 45cm가 되며 우물 중심에서의 거리도 3.4m로 C1, C2와 확연히 차이가 난다. 그러므로 C1, C2와 C3는 성격이 다른 것으로 보인다. C1, C2는 어떤 구덩이일까?

앞에서 우물에 이어진 경사진 구덩이는 우물을 해체할 때에 판 구덩이라고 말했다. 구덩이를 파내려 가는 방향은 아마도 시조묘에서 제사를 지낼 때에 나정 우물을 향한 방향과 같았을 것이다. 즉 제관이 서서 나정을 바라

219) 이문형, 2005, 「경주 나정(사적 제245호) 발굴조사 개요」, 『경주 나정—신화에서 역사로』(제1회 중앙문화재연구원 학술대회 발표문), 24쪽; 중앙문화재연구원·경주시, 2008, 『경주 나정』, 중앙문화재연구원, 46쪽

보는 방향이다.

그렇다면 C1, C2는 출입문 기둥일까? 그렇지는 않았던 것으로 보인다. 왜냐하면 C1, C2와 뒤의 도랑과의 사이는 겨우 1m 밖에 되지 않고 남쪽 출입구의 거의 반대 방향에 있기 때문이다. 짐작건대 C1, C2 두 구덩이는 이곳이 시조묘임을 알리는 현판을 걸었던 기둥 자리가 아닐까 한다.

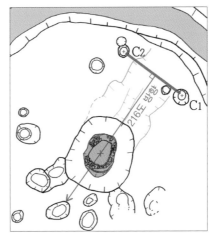

〈그림8-2〉 시조묘의 제사 방향

그렇다면 C1과 C2를 잇는 선을 직각으로 교차하는 선의 방향이 제사를 지내는 방향이 될 것이다. 그 방향은 나정을 해체할 때 팠던 비스듬히 경사진 구덩이의 방향과도 대체로 일치한다. 그 각도는 도면으로 볼 때에 방위각으로 대략 216°가 된다.

이 방향은 꽤 의미 있는 방향이다. 바로 성부산이 정면으로 보이기 때문이다. 나정에서 성부산 제1봉(322m)은 215.2° 방향에 있다.[220] 그렇다면 시조묘에서 제사를 지낼 때 나정 앞에서 성부산을 향해 지냈다고 보아도 무방하다.

혁거세가 태어난 나정에서 제사를 지낼 때에 탄생의 별 삼태성을 상징하는 산을 바라보고 제사를 지내는 것은 자연스러운 일이다. 그런데 특이한

---

220) 국토지리정보원의 1:50,000지형도 〈경주〉에 표시된 자편각은 1996년 7°08′이었고(2013년본), 2010년에 7°26′이었으므로(2015년본) 단순 계산으로 대략 1년에 1′이 증가한 것으로 보고 나정이 발굴된 2005년의 자편각을 7°21′, 즉 7.34°로 판단하여 나정 도면의 진북을 맞추고 그린 것이다.

〈그림8-3〉 나정에서 성부산 방향 바라보기
■ 국토지리정보원, 2013, 1:25,000지형도 〈경주〉, 등고선간격 50m.

것은 나정에서 성부산을 바라보면 오른쪽으로 점점 높아지는, 나란한 세 봉우리를 볼 수 있다는 점이다. 망성산에서 성부산을 바라볼 때와 같은 풍경이 펼쳐지는 것이다.

시조묘에서 나정을 앞에 두고 제사를 지낼 때에 앞에 보이는 풍경을 앞서 망성산에서 바라보았을 때의 능선모양을 그렸던 방법대로 그렸다. 등고선 간격 10m의 1:25,000지형도를 이용하여 나정을 중심으로 방위각 195°부터 235° 방향까지 1°간격의 20km 길이 방사선을 그어 등고선과 만나는 점을 찾아내고(<그림8-3>) 그 지점의 나정에서의 거리와 해발고도를 구했다.[221] 그리고 나정의 해발고도를 53.3m로 하고 눈높이를 1.5m로 하여 관측점 해발고도를 54.8m로 했을 경우 나정에서 바라본 각 지점의 고도각을 계산하였다. 그 가운데 중요지점의 고도각은 〈표8-1〉과 같다.

나정에서 성부산 방향을 바라보았을 때의 풍경을 그려보면 〈그림8-4〉와 같다. 그림의 작도가 정확했음은 〈그림8-5〉의 사진이 입증한다. 그림을 유심히 보면 나정에서 성부산 쪽을 바라볼 때에 나란히 늘어선 세 봉우리가 오른쪽으로 점점 높아지는 모습을 볼 수 있다. 망성산에서 바라보면 오리온자리의 제타, 엡실론, 델타에 해당되는 산은 성부산 제1봉, 제2봉, 제3봉이지만, 나정에서 보면 보갓산, 성부산, 망성산으로 바뀐다. 세 산의 고도가 1.24°, 2.46°, 3.04°

〈표8-1〉 나정에서 바라본 산의 고도각

	방위각	거리 d	높이 h	고도각 α
아미산	200.3°	16.45km	603.6m	1.91°
강정산	204.3°	4.18km	109.2m	0.75°
천마산	206.4°	15.07km	613.3m	2.12°
보갓산	**208.8°**	**4.67km**	**226.1m**	**1.24°**
고헌산	210.1°	22.35km	1034.1m	2.51°
백운산	211.7°	18.80km	892.7m	2.55°
성부산	**215.2°**	**6.20km**	**321.6m**	**2.46°**
망성산	**224.0°**	**3.34km**	**232.3m**	**3.04°**
매 봉	231.5°	8.98km	529.8m	3.03°
호암산	233.1°	7.58km	432.4m	2.85°

* 고도각 $\alpha = \mathrm{atan}((h-54.8)/(d \times 1000))$

221) 국토지리정보원, 2013-2015, 1:25,000지형도 〈건천·경주·대현·서하·상북·언양〉을 활용하여 경도, 위도, 해발고도를 확인했고, 해발고도가 확인되지 않는 부분은 국립경주박물관·경주시, 2008, 『문화재유적분포지도―경주시 1:10,000』에서 확인하였다.

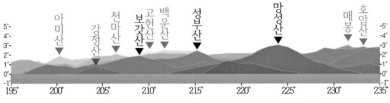

〈그림8-4〉 나정에서 바라본 성부산의 작도

〈그림8-5〉 나정에서 바라본 성부산의 사진

■ 2011년 5월 13일 촬영

의 차례로 점점 높아져 삼태성의 형상을 드러낸다.

　나정에서 제사 방향으로 삼태성 모양의 봉우리가 보이는 것이 우연의 일치였는지, 아니면 의도적인 위치 선정 때문인지는 알 수 없다.

2. 나정에서 태어난 북극오성의 구덩이

　〈그림8-1〉의 A군 구덩이는 지붕을 떠받치던 기둥 자리가 아니다. 일반적으로 기둥을 세운다면 일정한 간격으로 세우기 마련인데 다섯 구덩이 사이의 간격이 1,9m, 1.4m, 1.2m, 2.7m로 제각기 다르다(<그림8-6>). 건국의

시조를 모신 사당을 짓는
데 기둥 간격도 가지런하
지 않게 무성의하게 지을
리는 없다. 게다가 구덩이
크기도 제각각이다. 표면
직경으로나 바닥 직경으
로나 서로 딴판이라는 것
을 한눈에 알 수 있다. 이

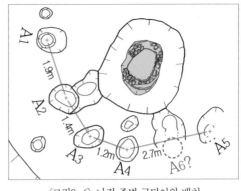

〈그림8-6〉 나정 주변 구덩이의 배치

구덩이에 기둥을 세웠다면 구덩이마다 기둥 굵기가 달랐다는 말인데, 있을
수 없는 일이다.

  기둥을 세웠던 자리가 아니라면 결국 무언가를 묻었던 구덩이다. 그런
데 앞에서 위인의 탄생에서 우물이 별과 연관되어 있다고 하였다. 그렇다
면 이 구덩이도 별을 상징하는 구덩이가 아닐까?

  앞에서 이와 관련된 사례가 있었다. 신라 종묘에 구덩이 여섯을 파고 항
아리 다섯을 묻은 것이다(<그림8-7>). 그 항아리 다섯은 제왕의 별 북극오성
을 가리키고, 구덩이 여섯은 통일신라 때에 제왕을 낳은 태(胎)로 설정되었

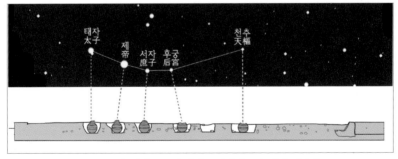

〈그림8-7〉 신라 종묘의 여섯 구덩이에 묻은 다섯 항아리

■ 아래: 국립경주문화재연구소·경주시, 2009, 『경주 황남동 대형건물지』, 55쪽

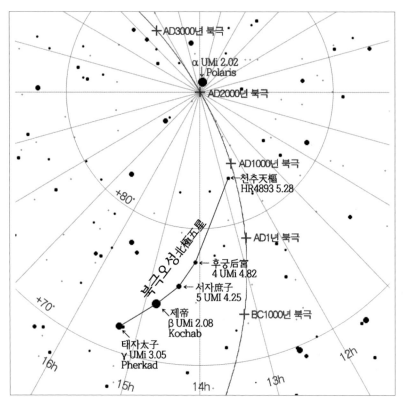

북극오성의 배열과 세차운동으로 인한 북극점의 이동

[이미지 내 텍스트]
+AD3000년 북극
α UMi 2.02
↓Polaris
+AD2000년 북극
+80°
+AD1000년 북극
천추天樞
HR4893 5.28
+AD1년 북극
후궁后宮
4 UMi 4.82
서자庶子
5 UMI 4.25
+BC1000년 북극
제帝
β UMi 2.08
Kochab
태자太子
γ UMi 3.05
Pherkad
+70°
16h
15h
14h
13h
12h
북극오성北極五星

〈그림8-8〉 북극오성의 배열과 세차운동으로 인한 북극점의 이동

던 삼태육성(三台六星)을 상징한다고 했다.[222]

이 구덩이의 배치는 제왕의 별 북극오성의 배치를 닮았다. 북극오성의 다섯 별의 배치는 〈그림8-8〉과 같다. 태자부터 천추까지 순서대로 번호를 붙여서 설명하면 1, 2번 사이는 약간 멀고, 2, 3번과 3, 4번 사이는 비슷하고, 4, 5번 사이는 아주 멀다.

||||||||||||||||||||||||||||||||||||||||||||||

222) 정연식, 2011, 「통일신라의 종묘 건축과 종묘제의 변화—계림 북쪽의 대형건물 유구와 관련하여—」, 『한국사연구』 153; Ⅳ. 3. 신라 종묘에 묻은 별 항아리 참조.

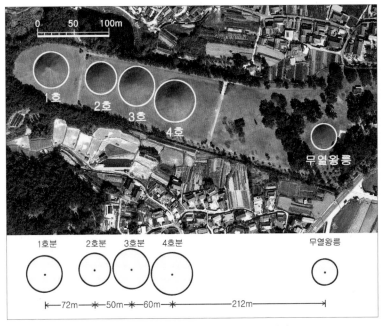

<그림8-9> 경주 서악동 무열왕릉의 봉분 배치

- Daum지도 스카이뷰(2009)

이 배열은 경주 서악동의 무열왕릉에도 똑같이 나타난다. 무열왕릉 위쪽의 봉분 넷은 19세기 순조 때에 김정희(金正喜)가 전하기를 그곳 마을 사람들이 왕릉이 아니라 조산(造山)이라고 했다 한다.[223] 그 다섯 봉분은 제왕의 별 북극오성을 늘어놓은 것이다. 1, 2번 사이가 약간 멀고, 2, 3번과 3, 4번 사이가 비슷하고, 4, 5번 사이가 아주 먼 것이 일치한다. 그리고 5번 별 천추성(天樞星)이 5등성으로 가장 어둡기 때문에 5번 봉분의 크기를 가장 작게 조성한 것도 일치한다. 하지만 모든 항성이 가장 끝에 있는 5번 별 천추성을 중심으로 회전운동을 하므로 5번 봉분을 중심 봉분으로 조성한 것이

||||||||||||||||||||||||||||||||||||||||||||||

223) 『阮堂全集』 권1, 新羅眞興王陵考

다(<그림8-9>).[224]

〈그림8-6〉에서 구덩이 사이의 거리가 별의 배열과 정확하게 일치하는 것은 아니지만 어느 정도 비례에 맞춰져 있다. A1과 A2의 거리가 약간 멀고 A3, A4, A5는 거의 같은 간격으로 떨어져 있고, A4와 A5의 거리가 가장 멀다. 이는 북극오성의 배열과 같다.

앞에서 제시한 〈그림8-1〉에서 A2, A3, A4는 나정 중심에서 2.8m 거리에 있는데 A1과 A5는 더 멀리 놓여 있다. 즉, 구덩이들은 나정을 중심으로 한 원호(圓弧) 위에 놓여 있는 것이 아니라, 완만하게 휜 기다란 선 위에 놓여 있다. 그 모습은 〈그림8-8〉이나 〈그림8-11〉에 보이는 북극오성의 배열과 같다.

그리고 A4와 A5 사이에 A2의 끝부분이 떨어져 나간 것과 같은 형태의 A6 구덩이를 상상해 볼 수 있다. 본래는 그 자리에도 A2와 같은 구덩이가 있었는데 어느 시점에 유구가 파괴된 결과로 이해하는 것이다. 그렇다면 신라 종묘의 여섯 구덩이에 다섯 항아리가 묻힌 모양과 일치한다. 그러나 조사된 결과만으로는 뭐라 말하기가 쉽지 않다.

그리고 구덩이에 무언가를 묻고 표면을 불룩하게 했을지 평평하게 하였는지도 알 수 없고, 항아리를 묻었을지, 아니면 커다란 둥근 돌을 묻었을지도 지금은 알 수 없는 실정이다.

북극오성 구덩이가 조성된 시조묘의 모습을 상상으로 그려보자면 〈그림8-10〉과 같다. 시조묘에서 제관이 방위각 216°의 남서쪽을 향해 나정에 제사를 지낼 경우 다섯 구덩이는 왼쪽 끝 HR4893부터 오른쪽 끝 감마까지 ⌒ 모양으로 놓이게 된다. 앞에서 말했던 완만하게 휜 기다란 선 모양의 북

---

224) 정연식, 2012, 「제왕의 별 북극오성을 형상화한 무열왕릉」, 『역사문화연구』 41

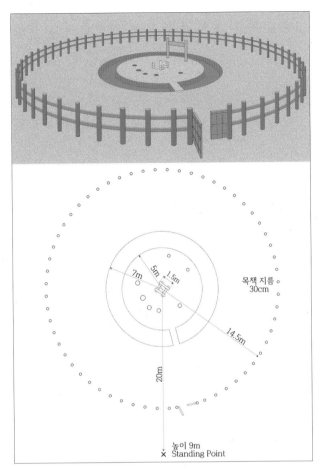

〈그림8-10〉 시조묘를 도형화한 평면도와, 나정에서 20m 떨어진 곳의
9m 높이에서 본 시조묘

＊ 높이: 정자석 2단 50cm, 동북쪽 기둥 2.5m, 목책(6°간격 60개) 2m

극오성 배치는 487년 3월 25일 21시 9분에 그대로 재현된다(〈그림8-11〉).

이 구덩이는 언제 생겼을까? 북극성은 초기에는 별 다섯이 아니라 넷으로 구성되어 있었다. 지구 자전축의 세차(歲差) 운동 때문이다.

지구 자전축은 대략 25,800년을 주기로 원운동을 하므로 천구의 북극점

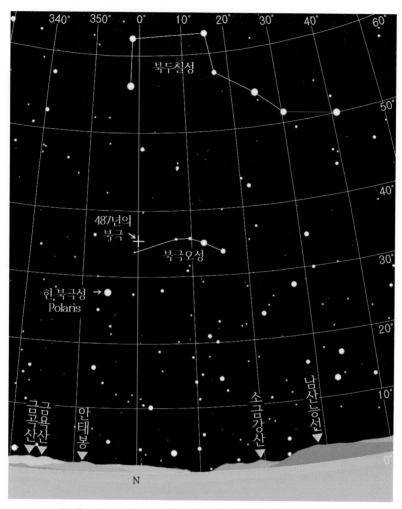

〈그림8-11〉 487년 3월 25일 21시 9분에 나정에서 바라본 북쪽 하늘

■ Cartes du Ciel과 국토지리정보원 1:25,000지형도 〈경주·불국·안강·연일〉(2013)을 토대로.

도 마찬가지로 움직인다. 〈그림8-8〉에 표시된 것처럼 기원전 1,000년경에
는 작은곰자리 베타 2등성 코카브에 접근해 있었다. 그래서 기원전 100년
경에 저술된 『사기(史記)』 천관서(天官書)에서는 코카브를 북극의 천극성(天

極星)이라 부르고, 그 곁에 있는 세 별은 삼공(三公) 또는 천극성의 아들들이
라고도 했다.[225] 따라서 굳이 표현하자면 '북극사성(北極四星)'이었다. 5등성
천추성은 당시에는 북극성 별자리에 포함되지 않았고 천추성이라는 이름
도 없었다. 그러나 그때도 북극점은 이미 코카브는 물론이고 맨 끝에 놓인
후궁성(4 UMi)에서도 점점 멀어지고 있었다.

그 후로 340년경에 동진(東晋)의 우희(虞喜: 281~356)가 동지점이 천구에
고정되어 있지 않고 아주 조금씩 움직인다는 사실을 발견했다.[226] 즉 천구
의 북극이 천구 상에서 일정한 방향으로 아주 느리게 회전운동을 하는 세
차운동을 이해한 것이다.

따라서 북극점이 바뀌고 북극성도 바뀐다는 사실을 확실히 인식할 수 있
게 되었다. 그리고 세차운동이 오래 진행되어 더 이상 별 넷만으로 북극성
이라고 하기 어려워지자 네 별에서 뚝 떨어진 북극점 주변에서 그나마 가
장 밝은 HR4893(HD112028)을 선택하여 '하늘의 지도리', 하늘의 중심축이
라는 뜻의 천추(天樞)라는 이름을 부여하고 이를 기존의 네 별과 엮어 북극
성 별자리를 재구성했다. 그 결과는 『진서(晋書)』 천문지(天文志)에 그대로
반영되어 '북극오성(北極五星)'이라는 이름이 처음으로 등장했다.[227] 물론
『진서』는 644년에 편찬되었지만 천문지의 기록은 서진(西晉: 256~316) 또는
동진(東晉: 317~420) 당시의 기록을 정리하여 옮긴 것이므로 아무리 늦게 잡
아도 5세기 초에는 이미 북극성이 오성으로 인식되고 있었다.[228] 그리고 그

225) 『史記』 권27, 天官書5

226) 陳遵嬀, 2016, 『中國天文學史(上)』, 上海: 上海人民出版社, 148-149쪽

227) 『晉書』 권11, 志1, 天文上 中宮

228) 당시에는 다섯 별 가운데 3등성, 2등성, 4등성은 太子, 帝, 庶子라고 불렀으나 5등성 두 별에
대해서는 이름을 明記하지 않았다. 그 후 1147년에 남송의 정초(鄭樵)가 지은 『통지(通志)』
천문략(天文略)에서는 제4성을 후궁(後宮), 제5성을 천추(天樞)라 하여 태자성, 제성, 서자

사실이 신라에 알려지기까지는 어느 정도의 시간이 필요했을 것이다.

따라서 기원후 6년(남해왕 3)에 시조묘가 처음 세워질 때부터 다섯 구덩이가 있지는 않았을 것이다. 아마도 487년에 시조묘를 개축하여 신궁으로 바꿀 때에 조성되었던 것이 아닐까 한다. 물론 그 이후일 수도 있고, 그 이전일 수도 있지만 이전으로 거슬러 올라가더라도 4세기까지 올라가기는 어렵다고 본다.

이제까지의 내용을 정리해본다. 시조묘에서 제사를 지낼 때에 나정을 앞에 두고 성부산을 향해 서면 보갓산, 성부산, 망성산 세 산봉우리가 오른쪽으로 갈수록 높아져서 삼태성의 형상으로 보였다. 나정 우물이 삼태성을 쳐다본 것이다. 그때 우물이 별빛을 받아 제왕이 탄생했고 그 별빛은 북극오성의 정기를 담고 있었다. 시조묘에서 나정 우물 남쪽으로 빙 둘러 펼쳐진 다섯 구덩이는 신라 종묘가 그러했듯이 북극오성을 묻었던 흔적인데, 북극성의 상징물로 항아리를 묻었는지 아니면 다른 것을 묻었는지는 알 수 없다.

『삼국유사』에서는 나정에서 태어난 혁거세의 죽음을 아래와 같이 서술하고 있다.

왕이 하늘로 올라갔다. 7일 후에 유체가 땅으로 흩어져 떨어졌다. 왕후도 사망하여 국인(國人)들이 합장하려 하였으나 커다란 뱀이 (지키고) 있어 (사람들을) 몰아내어 못하게 했다. 5체(五體)를 각각 매장하여 오릉(五陵)이라고 하였는데, 사릉(蛇陵)이라고도 한다.[229]

성, 후궁성, 천추성으로 북극오성의 명칭이 완성되었다(이문규, 2000, 『고대 중국인이 바라본 하늘의 세계』, 문학과 지성사, 86쪽).

229) 『삼국유사』 권1, 紀異2, 新羅始祖赫居世王 "王升于天 七日後 遺體散落于地 后亦云亡 國人欲

다섯 봉분으로 조성된 무열왕의 능처럼 혁거세의 오체로 만들어진 오릉도 북극오성과 연관된 것으로 보인다.

『삼국사기』에서는 혁거세의 능을 사릉(蛇陵)으로만 기록했는데『삼국유사』에서는 오릉(五陵)을 사릉(蛇陵)이라고도 한다고 했다. 왜 시조의 능에 두 가지 이름이 붙었는지 이런 과감한 추리를 해 볼 수도 있다.

초기에 북극성은 4성이었다. 그래서 혁거세의 능을 사릉(四陵)으로 조성했다. 그 후로 오랜 시간이 지나 천구의 북극이 많이 이동하여 북극성은 5성이 되었다. 그러자 북극성에서 연유된 혁거세의 능 이름에 '오릉(五陵)'이라는 새로운 이름을 추가했다. 그런데 5릉과 4릉은 공존할 수 없는 이름이다. 그래서 뱀과 관련된 설화를 만들어 '四陵(사릉)'을 '蛇陵(사릉)'으로 바꾸었다.

왕과 하늘의 북극성, 그리고 탄생과 죽음을 잇는 이야기는 아주 오랜 연원을 지닌 것일 수 있다. 하늘의 별빛의 정기가 우물로 내려와 북극오성을 낳고 제왕이 되었다. 그래서 제왕은 '탄강(誕降)'했다고 표현했다. 그리고 죽어서는 별의 정기가 만든 혼은 다시 하늘로 돌아가고 육신은 다섯으로 나뉘어 땅에 묻혔다.

우리말의 '돌아가시다'라는 말도 하늘의 별에서 내려와 태어나서 다시 하늘의 별로 돌아가는, 우리 민족의 아주 오래된 심성세계의 서사에서 나온 말이 아닌가 한다.

合而葬之 有大蛇逐禁 各葬五體爲五陵 亦名蛇陵"

IX. 첨성대(瞻星臺)라는 이름의 뜻

1. 첨성(瞻星)의 뜻

첨성대는 천체를 관측하기에는 불편하고 어려운 구조를 지니고 있어서 천문대라고 볼 수 없다는 주장이 줄기차게 제기되었다. 천문대설이 그런 비판에도 꿋꿋이 맞설 수 있었던 힘의 원천은 '첨성대(瞻星臺)'라는 이름이었다. 즉 '별을 쳐다보는 대'가 천문대가 아니면 무엇이겠냐는 것이었다.

'瞻(첨)'은 초기에는 그저 단순히 본다는 뜻의 '視(시)'와 구별 없이 쓰였다. 그러다가 이미 일찍부터, 『시경』의 '저 해와 달을 쳐다보니[瞻彼日月]'라는 구절에도 보이듯이,[230] '앙시(仰視)', 즉 올려다본다는 뜻으로 변했다.[231] 그러므로 '瞻'의 우리말 해석으로는 '위로 치켜 보다'라는 뜻의 '쳐다보다'가 가장 적절하다.[232] 첨성대는 '별을 쳐다보는 대'로 해석된다.

'瞻'은 유심히 관찰함을 뜻하는 것이 아니라 시선을 위로 하여 올려다보는 것을 뜻하고,[233] 올려다본다는 말에는 우러러본다는 의미가 배어 있을 수 있다. 그래서 도교에서 하늘의 별에 제사를 지내는 의식 가운데 북두칠

---

230) 『詩經』 國風3, 邶風 雄雉

231) 『說文解字注』4上, 目部 "【瞻】臨視也 釋詁毛傳皆曰 瞻 視也 許別之云臨視 今人謂仰視曰瞻 此古今義不同也"; 『說文解字注』8下, 見部 "【視】瞻也 (目部曰 瞻 臨視也 視不必皆臨 則瞻與 視小別矣 渾言不別也)"

232) 물론 지금은 '쳐다보다'라는 말에서 시선을 위로 하여 본다는 뜻은 거의 퇴색했다.

233) 諸橋轍次, 1985, 『大漢和辭典』, 東京: 大修館書店, 8권 258쪽

성에 절하는 배두(拜斗)나 별을 쳐다보는 첨성(瞻星)이 있듯이 '첨성'에는 어느 정도 별에 대한 숭모(崇慕)의 의미가 담겨 있다.

그러므로 첨성대가 순수한 관측 시설이었다면 '관성대(觀星臺)'라는 이름이 더 어울린다. '시(視)'는 그저 본다는 뜻이지만 '관(觀)'은 '체시(諦視)', 즉 유심히 살펴본다는 뜻이기 때문이다.[234] 13세기 원나라 곽수경(郭守敬)이 허난성(河南省)의 등봉현(登封縣)에 세운 대형 규표(圭表)나 명나라 북경성 안에 세운 천문대의 이름도 관성대(觀星臺)였고, 조선시대에 소간의(小簡儀)를 올려놓고 천문을 관측했던 대의 이름도 관천대(觀天臺)였다.

그런데 말과 글자는 사용하면서 그 뜻을 넓혀가는 일이 많다. '瞻'도 마찬가지여서 그저 쳐다본다는 뜻에서 나아가 유심히 살펴본다는 뜻으로 쓰이기도 하였다.

예전에 터를 잡고 건물을 지을 때에 하늘의 북극성과 땅에 세운 막대[臬]의 해그림자 궤적을 보아 방위를 판별하는 일을 '첨성규일(瞻星揆日)'이라 하였고, 때로는 '첨성규지(瞻星揆地)'라고도 하였다.[235] 이때의 첨성은 단순한 망견(望見)이 아니라 관측(觀測)에 가깝다.

따라서 천문대의 이름으로는 '첨성대'보다는 '관성대'나 '관천대'가 더 어울리기는 하지만 그것으로 천문대가 아니라고 반박할 수는 없다.[236] 즉 '첨성대'라는 이름이 천문대의 이름으로 부적절하다고 말하기는 어렵다.

하지만 첨성대라는 이름이 붙었다고 해서 무조건 천문대로 단정짓는 것

---

234) 『說文解字注』8下, 見部 '【觀】諦視也 (来諦之視也 穀梁傳曰 常事曰視 非常曰觀)"

235) 그 예를 하나씩만 들자면 '瞻星揆日'은 『수서(隋書)』582년의 기사에 등장하고, '瞻星揆地'는 『문선(文選)』에 수록된 508년의 「석궐명(石闕銘)」에 나온다(장활식, 2020, 「첨성대 이름의 의미 해석」, 『문화재』53-4, 14쪽, 16쪽).

236) 필자는 예전 글에서 첨성대라는 이름이 천문대로는 어울리지 않는다 하였으나(정연식, 2009, 「선덕여왕과 성조의 탄생, 첨성대」, 『역사와 현실』74, 356쪽) 이 자리를 빌려 수정한다.

도 위험한 일이다. 한 예로 충북 괴산군의 화양구곡에 있는 첨성대가 있다. 괴산군 청천면 화양리의 화양계곡 남쪽 가에 낙영산이 있고 낙영산의 해발 고도 200여 미터의 기슭에 가까운 중턱에 바위덩어리가 겹쳐져 쌓여 있는 부분이 있는데 그것을 첨성대라 부른다(<그림9-1>). 그런데 그 첨성대가 송 시열이 혼천의를 갖고 올라가 천문을 관측했던 곳이라는 주장이 나오고[237] 지역 신문에도 보도되자 이에 대해 곧 비판이 뒤따랐다.[238] 그 후로 더 이상 의 논란은 없었다. 그 첨성대는 인공물도 아니고 도저히 밤에 사람이 오르 내릴 수 있는 곳이 아니었기 때문이다.

〈그림9-1〉 화양구곡의 첨성대

■ 「화양구곡도」(1809)의 첨성대 부분. 송준호 소장; 김근수, 2016, 「한국 최고의 문화산수, 화양구곡」, 「예던길」 33, 29쪽

237) 이용삼, 2007, 「尤庵의 渾天儀와 華陽九曲 첨성대에 대한 고찰」, 『충북대학교 우암연구소 창 립기념학술발표대회 논문집』, 충북대학교 우암연구소
238) 이상주, 2008, 「우암(尤庵)의 화양구곡 '첨성대'에서의 '천문관측'설 및 선기옥형(璿璣玉衡) 의 용도에 대한 검증」, 『槐鄕文化』 16

2. 별을 쳐다보는 대(臺)와 '대[胎]'

이제까지 '瞻星臺'의 '瞻星'에 대해 이야기했다. 그런데 첨성대의 대(臺)라는 이름은 적절할까? '臺'는 경주 첨성대에 어울리는 글자가 아니다.

앞에서도 말했듯이 유심히 살펴보는 체시(諦視), 심시(宷視·審視)를 관(觀)이라 하는데 그런 용도로 쓰이는 시설물도 관이라 부른다. 그리고 관 중에서도 네모난 것을 대(臺)라고 하였다.[239] 『설문해자』에서는 '臺'를 네모나고 높은 '觀'이라 했다. 『대광익회옥편(大廣益會玉篇)』에서는 네모나고 높은 것이라 하였고, 『광운(廣韻)』에서는 흙으로 높고 네모나게 지은 것이라 했다.[240] 단옥재(段玉裁: 1735~1815)의 『설문해자주(說文解字注)』에서도 '臺'를 '네모나고 높은 觀'이라 규정하고, 『석명(釋名)』, 『모전(毛傳)』을 인용하여 대체로 높게 세워 위에서 관망하는 것을 '觀'이라 하며, 그중에서도 네모난 것을 '臺'라고 한다 했다.[241] 그래서 주나라 문왕이 세웠다는 영대(靈臺), 시대(時臺)도 모두 평면이 네모난 형태였다. 그러나 첨성대는 기단과 정자석 부분만 네모나고 대부분을 차지하는 몸체는 모두 둥근 모양을 이루고 있다. 따라서 첨성대는 대라고 하기에는 적절하지 않은 건축물이다.

우리가 일반적으로 상상하는 '대'는 어느 정도 높이가 있고, 꼭대기에는 몇 걸음 정도는 걸을 수 있을 만한 평평한 공간이 있는 시설이다. 그러나 첨성대는 바닥이 평평하지도 않고 정자석 안쪽의 공간도 비좁다. 그래

---

239) 『說文解字』 12上 "【臺】 觀 四方而高者 从至从之 从高省 與室屋同意"

240) 『廣韻』 卷1, 上平聲 咍16 臺小韻 "【臺】 土高四方曰臺"; 『大廣益會玉篇』 권26, 至部415 "【臺】 四方高也 閣也"

241) 『說文解字注』 12上 "【臺】 觀 四方而高者也…釋名曰 觀 觀也 於上觀望也 觀不必四方 其四方 獨出而高者 謂之臺…毛傳曰 四方而高曰臺 傳意高而不四方者 謂之觀 謂之闕也"

서 전체적인 모양을 보면 대보다는 차라리 탑에 가깝다. 실제로 15세기의 김종직(金宗直)은 「첨성대」라는 시에서 첨성대를 '우뚝한 석탑'으로 표현했고,[242] 1963년에 개방형돔설을 주장했던 박동현도 첨성대를 '우뚝 솟아오른 탑'으로 묘사했으며,[243] 일본의 천문학자 나카야마 시게루(中山茂)도 '원통형 탑'으로 표현했다.[244]

그런데 무슨 이유로 대(臺)라고 했을까?

한어음운학(漢語音韻學)에서는 주, 진, 한의 음을 상고음(上古音)이라 하고 남북조시대 이후 수, 당을 거쳐 송까지 이어진 음을 중고음(中古音)이라 부른다. 학자에 따라서는 중고음 중에서도 남북조(南北朝), 수(隋), 초당(初唐), 성당(盛唐)까지를 전기중고음(EMC)이라 하고, 중당(中唐), 만당(晚唐), 오대(五代), 송(宋)의 음은 후기중고음(LMC)으로 하여 둘로 나누기도 한다.[245]

현재 우리나라에서 쓰고 있는 한국한자음(Sino-Korean)은 대체로 800년을 전후하여 중당(中唐: 766~835) 시기에 편찬된 혜림(慧琳)의 『일체경음의(一切經音義)』의 음운체계 또는 그보다 약간 늦은 시기의 음을 반영한 것으로 알려져 있다.[246] 즉 현재의 한국한자음은 대체로 당 후기의 장안(長安)에서 상류층이 쓰고 있던 장안음(長安音), 이른바 당경아음(唐京雅音)에 뿌리를

242) 『佔畢齋集』 권2, 詩 瞻星臺 "半月城邊嵐霧開 亭亭石塔迎人來 新羅舊物山獨在 不意更有瞻星臺"

243) 박동현, 1963, 「천문대의 어제와 오늘」, 동아일보 1963년 1월 29일

244) 나카야마 시게루 지음, 김향 옮김, 1995, 『하늘의 과학사』, 가람기획(中山茂, 1984, 『天の科學史』, 東京: 朝日新聞社), 36-37쪽

245) E. G. Pulleyblank, 1984, *Middle Chinese: A Study in Historical Phonology*, Vancouver: University of British Columbia Press, p.3

246) 河野六郎, 1979, 『朝鮮漢字音の研究』, 『河野六郎著作集 2』, 東京: 平凡社, 509쪽; 伊藤智ゆき, 2007, 『朝鮮漢字音研究』, 東京: 汲古書院, 266-267쪽; 魏國峰, 2017, 『고대 한국어 음운 체계 연구』, 태학사, 61-64쪽

두고 있다. 즉 일본의 한음(漢音)이나 베트남한자음과 같이 후기중고음에 해당된다.

그러나 7세기 선덕여왕 당시는 아직 한국한자음이 정립되기 전이었다. 따라서 瞻, 星, 臺라는 한자를 읽을 때에는 중국의 전기중고음으로 읽고, 같은 중국어 발음이 우리말에 없다면 그와 비슷한 우리말 소리로 읽었을 것이다. 결론부터 말하자면 '瞻星臺(첨성대)'를 우리말로 읽으면 '瞻星胎(첨성태)'와 똑같은 뜻으로 들릴 수 있었다. 7세기 선덕여왕 당시에는 臺와 胎를 똑같은 음으로 읽었기 때문이다.

예전에는 한자의 음을 반절(反切)로 표시했다. 예컨대 堅(견)의 음은 반절로는 '고현절(古賢切)'로 표시하는데 이는 '견'을 고(古)의 'ㄱ'과 현(賢)의 'ㄴ'으로 나누어 나타낸 것이다. 이때 'ㄱ'을 성모(聲母: initial)라 하고 'ㄴ'을 운모(韻母: final)라 하며, 성모는 반절 두 글자 가운데 앞의 반절상자(反切上字)에 반영되어 있고, 운모와 성조는 뒤의 반절하자(反切下字)에 반영되어 있다.

그리고 견(堅)의 중고음은 kien인데[247] 이 가운데 k를 성모(聲母, I: initial)라 하고, i를 개음(介音, M: medial)이라 하고, e를 운복(韻腹), 핵모(核母) 또는 주요모음(V: main vowel)이라 하고, n을 운미(韻尾, E: ending, coda)라 하며, 음의 고저를 성조(聲調, T: tone)라 한다. 그래서 한자의 음은 IMVE/T로 구성되는데 이 가운데 일부는 없기도 하지만 주요모음(V)과 성조(T)는 반드시 있다.

〈표9-1〉은 음운학자 11명이 재구(再構: reconstruction)한 臺와 胎의 중고음이다. 그런데 '胎'와 三台星의 '台'는 음이 완전히 같으므로 台의 음을 함

---

247) B. Karlgren, 1957, *Grammata Serica Recensa*, Stockholm: The Museum of Far Eastern Antiquities, GSR No. 368c

<표9-1> 臺와 胎·台의 중고음 재구(再構)

	臺	胎, 台
중세국어	디	터
漢語 中古音	徒哀切 定母 咍韻 蟹攝 1等 開口 平聲	土來切 透母 咍韻 蟹攝 1等 開口 平聲
칼그렌(Karlgren)	dʰâi	tʰâi
둥퉁허(董同龢)	dʰâi	tʰâi
왕리(王力)	dɐi〉dɑi	tʰɐi〉tʰɑi
저우파가오(周法高)	dai	tʰai
리팡구이(李方桂)	dâi	tʰâi
리룽(李榮)	dᴇi	tʰᴇi
샤오룽펀(邵榮芬)	dɐi	tʰɐi
풀리블랭크(Pulleyblank)	dəj〉tʰaj	tʰəj〉tʰaj
백스터(Baxter)	doj	tʰoj
정장상팡(鄭張尙芳)	dʌi〉dai	tʰʌi〉tʰai
판우윈(潘悟雲)	dəi	tʰəi

＊ 왕리는 위진남북조〉수당, 풀리블랭크와 정장상팡은 전기중고음〉후기중고음 ＊ â는 ɑ와 같다. ＊ 이상은 뒤의 표에도 적용된다.

께 소개한다.[248] 臺와 胎·台의 성모는 정모(定母)와 투모(透母)로 다르지만 운모는 둘 다 똑같이 해섭(蟹攝) 해운(咍韻)의 평성이다.

||||||||||||||||||||||||||||||||||||||||||||||

248) B. Karlgren, 1957, op. cit., GSR No. 939a, 976hʹ, 976p; 董同龢, 1944,『上古音韻表稿』, 臺北: 台聯國風出版社, 123쪽; 王力, 1987,『漢語語音史: 王力文集10』, 濟南: 山東教育出版社, 610쪽, 615쪽; 周法高, 張日昇·林潔明(編), 1973,『周法高上古音韻表』, 臺北: 三民書局, 1쪽; 李方桂, 1980,『上古音研究』, 北京: 商務印書館, 37쪽; 李榮, 1973,『切韻音系』, 臺北: 鼎文書局, 24쪽, 128쪽, 142쪽; 邵榮芬, 1982,『切韻研究』, 北京: 中國社會科學出版社, 109쪽, 144쪽; E. G. Pulleyblank, 1991, Lexicon of Reconstructed Pronunciation in Early Middle Chinese, Late Middle Chinese, and Early Mandarin, Vancouver: UBC Press, pp.299-300; W. H. Baxter, 1992, A Handbook of Old Chinese Phonology, Berlin·New York: Mouton de Gruyter, p.465, p.791; 鄭張尙芳, 2013,『上古音系(第2版)』, 上海: 上海教育出版社, 244쪽, 247쪽; 鄭張尙芳, 2012,『鄭張尙芳語言學論文集(上)』, 北京: 中華書局, 182쪽; 潘悟雲, 2000,『漢語歷史音韻學』, 上海: 上海教育出版社, 59쪽, 86쪽

臺의 성모를 칼그렌(B. Karlgren)과 둥퉁허(董同龢)는 dʰ로 재구했으나 현재는 유성음에서 유기음의 존재를 인정하지 않으므로 dʰ는 d로 수정하는 것이 옳다. 나머지 9명의 재구음 성모는 모두 d로 일치한다. 그리고 胎의 경우에는 11명 모두 성모를 tʰ로 보았다. 결국 臺와 胎의 음은 운모와 성조가 모두 같고 다만 성모만 d와 tʰ로 차이가 날 뿐이다.

그런데 '臺'의 정모(定母) d는 우리말에서는 과거에도 없었고 현재도 변이음으로나 존재할 뿐으로 독립된 음소가 아니다. 따라서 선덕여왕 당시나 지금이나 t로 발음된다. 한편 '胎'의 유기음 투모(透母) tʰ도 7세기 고대국어에서는 아직 통용되지 않아서 그것 역시 t로 발음했다. 결국 당시에는 '臺'의 d나 '胎'의 tʰ나 똑같이 t로 발음했다.

유기음의 존재 여부에 대해서는 초기 연구에서부터 찬반의 대립이 있었다.[249] 현재는 고대국어에서 유기음의 존재에 소극적이며, 학자에 따라서는 12세기 고려 때까지도 유기음이 존재하지 않았다고 보기도 한다.[250] 최근의 일반적인 경향으로는 유기음 중의 일부가 미약하게 발생하였을 것으로 추정하고 있다.[251] 그리고 치음, 설음, 순음, 아음 유기음이 동시에 발생한 것이 아니라 계열에 따라 시차를 두고 발생한 것으로 보고 있다.[252] 대체로 치음 tsʰ(ㅊ)에 이어 설음 tʰ(ㅌ)이 발생하고, 오랜 시간이 흐른 후에 순음 pʰ(ㅍ)에 이어 아음 kʰ(ㅋ)이 발생했다고 본다.[253]

그런데 고대국어의 범주에 대해서도 국어학자들의 견해가 크게 둘로 갈

249) 이기문, 1998, 『(新訂版) 국어사개설』, 태학사, 82-88쪽; 박병채, 1971, 『고대국어의 연구』, 고려대학교출판부, 100쪽
250) 김동소, 2011, 『한국어의 역사(수정판)』, 정림사
251) 권인한, 1999, 「고대국어의 치음계열에 대한 연구」, 『애산학보』 23
252) 박창원, 2002, 『고대국어 음운 (1)』, 태학사, 165-167쪽
253) 魏國峰, 2017, 앞의 책, 239쪽

라져 있다. 초기에는 중세국어의 시작을 10세기 고려의 후삼국통일로 보았지만, 근래에는 13세기 원간섭기로 보는 견해가 늘고 있다. 어느 견해를 취하든 10세기 통일신라 말기까지는 고대국어 단계로 보는데, 고대국어에서는 tʰ 음소가 본격적으로 발달하지 않았다고 한다.[254] 10세기 tsʰ(ㅊ)의 존재조차 주장하기가 조심스러운데 하물며 7세기 tʰ(ㅌ)의 존재를 말하기는 어렵다. 따라서 'ㅌ'음이 존재하지 않았다고 보는 것이다.

그러므로 7세기에는 중국어의 정모(定母)의 전탁(全濁) d, 단모(端母)의 전청(全淸) t, 투모(透母)의 차청(次淸) tʰ가 우리말로는 모두 't(ㄷ)'로 실현되어 실질적인 차이가 없었다. 그리고 운모는 앞에서 보았듯이 똑같은 해운(咍韻)이었다. 결국 선덕여왕 당시에 한자 臺와 胎의 우리말 음은 같았고 당연히 '瞻星臺'와 '瞻星胎'도 똑같은 소리로 읽었다.

그러므로 瞻星臺는 한자음으로 들으면 '별을 쳐다보는 태(胎)'로 해석될 수 있다. 臺로 보기는 적절치 않은 건축물에 굳이 臺라는 글자를 쓴 것은 '첨성대'에 별을 쳐다보는 胎와 臺의 이중적 의미를 부여했기 때문이라고 생각해 볼 수 있다. 앞에서도 말했지만 둥그런 건축물에는 '臺(대)'보다는 '觀(관)'이 어울린다. 꼭대기에 비교적 운신이 자유로운 넓은 공간도 없었다. 탑 모양으로 본 사람도 적지 않았다. 더군다나 우물이라고 생각한다면 臺라는 이름이 더 어울리지 않는다. 그런데도 瞻星'臺'라고 한 것은 臺의 독음(讀音)이 지닌 중의적 포괄성을 고려한 것으로 생각된다.

첨성대의 첨성은 별을 쳐다본다는 뜻이다. 여기에 이의가 있을 수 없다. 그런데 여기서 별을 쳐다본다는 것은 사람이 쳐다본다는 뜻이 아니라 우물이 쳐다본다는 뜻이다. 그리고 그 우물은 아기를 잉태하는 태(胎)다.

‖‖‖‖‖‖‖‖‖‖‖‖‖‖‖‖‖‖‖‖‖‖‖‖‖‖‖‖‖‖‖‖‖

254) 권인한, 1999, 앞의 논문, 100-101쪽

3. '점성대[瞻星臺]'와 점성대(占星臺)

첨성대(瞻星臺)는 '점성대(占星臺)'로도 기록되었다. 『삼국유사』 왕력(王曆)에는 나물마립간[奈勿麻立干]의 능이 점성대(占星臺) 서남쪽에 있다고 했다.[255] 그 점성대가 첨성대를 지칭한다는 데에는 이견이 없다. 일본에서도 신라와 비슷한 시기에 점성대(占星臺)를 세웠다. 실물은 남아 있지 않지만 『일본서기(日本書紀)』에는 675년에 점성대를 처음으로 일으켰다는 기록이 남아 전한다.[256]

점성대라는 별칭으로 보아 첨성대에서 별을 관측한 목적 중의 하나가 점을 치는 것이었다는 견해도 적지 않다.[257] 고대사회에서는 과학의 영역과 종교, 주술의 영역이 완전히 분리되지 않았으므로 '점성(占星)'이 천문학적 관측을 포괄하는 말일 수 있다.

실제로 고대에 별을 관측하여 점을 치는 일은 흔한 일이었다. 조선시대의 『천문류초(天文類抄)』와 그 모태가 된 송대 정초(鄭樵)의 『통지(通志)』, 당대의 『개원점경(開元占經)』, 수·당대의 『보천가(步天歌)』, 그리고 은·주(殷·周)의 것으로 전해 오는 석신(石申), 감덕(甘德), 무함(巫咸)의 삼가성경(三家星經)에는 별의 움직임이나 별빛의 변화를 풍흉, 전쟁, 질병, 재난이나 왕의 안위와 연관 짓는 내용의 글이 무수히 남아 있다. 과거 서양에서도 과학으로서의 천문학(astronomy)은 점성술(astrology)과 완전히 분리되지 않고 동반자로 있다가 18세기에 가서야 각자의 길을 걷게 되었다.

―――――――――――――――――――――――

255) 첨성대 서남쪽, 계림 근처의 봉분이 현재 나물마립간의 능으로 지정되어 있지만 사실 여부는 불확실하다.

256) 『日本書紀』 권29, 天武天皇 4年 正月 庚戌 "始興占星臺"

257) 이은성, 1981, 「첨성대에 관한 소감」, 『한국과학사학회지』 3-1, 148쪽

따라서 첨성대에 점성대라는 별칭이 붙은 것도 과거의 천문학이 점성술의 성격을 띠고 있었기 때문에 자연스럽다고 생각하기 쉽다. 그렇다면 첨성대가 순수하고 완전한 천문관측대는 아니라고 하더라도 적어도 천문관측이 이루어졌다는 것은 부인할 수 없지 않나? 게다가 앞에서 '瞻星'의 주체가 사람이 아니라 우물이라고 했는데 '瞻星臺'가 '占星臺'로도 쓰였다면 우물이 별점을 친 것이 되므로 우물이 주체라는 말도 잘못된 것이 아닌가? 이런 의문이 제기될 것이다.

그러나 그렇지 않다. 점성대의 '占星'은 별을 보고 점을 쳤다는 뜻이 아니라 그냥 별을 쳐다보았다는 뜻이다. '瞻星'을 뜻과 소리가 같은 '占星'으로 바꿔 썼을 뿐이다. 그 한 예를 들어본다.

첨성대가 세워진 지 약 250년이 지나서 통일신라 말기에 최치원이 지은 「대숭복사비명(大嵩福寺碑銘)」에는 숭복사를 지을 때에 '점성규일(占星揆日)'하여 숭복사 터를 잡았다는 구절이 있다.[258] 여기서 '占星揆日'은 일반적으로 자주 쓰이는 '첨성규일(瞻星揆日)'의 다른 표현이다. 즉 여기서 '占星'은 방위를 판별하기 위해 북극성을 보았다는 뜻이다. '占星'은 별을 보았다는 '瞻星'과 똑같은 말이다. 통가자를 쓴 것이다.

한문에서는 한자를 발음이 똑같은 글자로 대체해 쓰기도 하는데 이를 통가자(通假字)라 한다. 예컨대 기원전 2세기의 마왕퇴(馬王堆)에서 출토된 백서(帛書)『전국책(戰國策)』에는 왕이 "어욕용소선(魚欲用所善)"이라고 말했다는 구절이 있다. 번역을 하자면 "나는 유능한 자를 쓰고 싶다."라는 뜻인데 난데없이 '어(魚)'가 등장한다. 그런데 이때의 '魚'는 물고기가 아니라 '나'를 뜻하는 '吾'를 대신한 글자이다. 魚(어)와 吾(오)가 한나라 때 상고음에서

258) 『孤雲集』 권3, 大嵩福寺碑銘(幷序) "選揍故材 就遷高壝 於是占星揆日 廣拓宏規…"

는 *ŋa로 완전히 일치했기 때문이다.[259]

　자주 있는 일은 아니지만 「대숭복사비명」에서 볼 수 있듯이 우리나라에서도 통가자가 쓰였다. 이문건(李文楗)이 쓴 『묵재일기(默齋日記)』 1556년 기록에는 밥 짓는 계집종 윤개가 밥의 쥐똥[鼠矢]을 골라내지 않아 회초리 10대를 때렸다고 했고, 1562년 기록에는 계집종 억금이가 토하고 설사를 하기에 말똥즙[馬矢汁]을 먹였더니 조금 차도가 있었다고 했다.[260] 쥐똥을 서시(鼠矢)라 하고, 말똥을 마시(馬矢)라 한 것은 똥 시(屎)를 음이 같은 화살 시(矢)로 대신한 것이다.[261]

　瞻과 占은 전기중고음을 수록한 『절운(切韻)』이나 후기중고음을 수록한 『광운(廣韻)』에서나 반절(反切)이 모두 職廉切(反)로서 음이 똑같았다.[262] 그때만 같았던 것이 아니라 지금도 북경표준어에서 모두 잔(zhān)으로 발음된다. 그리고 일본어에서도 똑같이 센(せん)으로 읽는다.

　瞻과 占은 성모는 장모(章母), 운모는 염운(鹽韻, 鹽A韻)으로 함섭(咸攝)에 속하며, 등호는 3등(等) 개구호(開口呼)에 성조는 평성(平聲)의 음으로서 소리가 완전히 같았다. 그러므로 占을 瞻의 통가자로 대신 쓸 수 있었다. 게다가 선덕여왕 시절에는 우리말 한자음까지 똑같았다.

　占과 瞻의 중고음을 음운학자들은 〈표9-2〉와 같이 재구했다.[263] 결과를

---

259) 唐作藩, 2013, 『音韻學教程(第4版)』, 北京: 北京大學出版社, 7쪽. 魚는 語居切로 疑母 魚韻 3
等 開口呼 平聲이다. 앞의 *는 漢語音韻學에서 상고음 표시로 붙이는 부호이다.

260) 『默齋日記』 嘉靖 35년 4월 1일 己丑 "炊婢尹介 於飯不去鼠矢 撻十楚"; 嘉靖 41년 8월 17일 己
巳 "婢億今 夜半後 出外呻疼 聞而駭 令玉春問之 則吐泄不已云云 乃令必伊 取塩湯 令飲之
使吐 又取馬矢汁 與之 服少止之 又煎治中湯 與服 向差"

261) 矢와 屎는 모두 式視切로서 書母 脂韻 3等 開口呼 上聲으로 음이 완전히 같다.

262) 『刊謬補缺切韻』 平聲 47鹽 詹小韻; 『廣韻』 下平聲 24鹽 詹小韻

263) B. Karlgren, 1957, op. cit., GSR No. 619c, 618a; 董同龢, 1944, 앞의 책, 273쪽, 239쪽;
王力, 1987, 앞의 책, 612·642쪽; 周法高, 張日昇·林潔明 編, 1973, 앞의 책, 267쪽; 李方桂,

보면 瞻, 占의 성모는 모두 tɕ-로 재구된다. 우리말에서 현재 tɕ로 발음하는 'ㅈ'음은 과거에는 혀끝을 윗니 뿌리 쪽으로 가까이 가져가는 ts로 발음했을 것으로 추정되나,[264] 우리말에서는 현대국어에서나 고대국어에서나 치상음(齒上音) tɕ, 치두음(齒頭音) ts, 정치음(正齒音) tʃ가 서로 대립하는 독립적인 음소로 존재하지 않았으므로 어느 것이든 모두 /ㅈ/으로 실현된다.[265] 따라서 瞻, 占의 한자음 초성은 'ts(ㅈ)'이 된다고 할 수 있다.

그런데 瞻과 占은 앞에서도 말했듯이 한국한자음에서만 음이 달라졌다. 瞻과 占의 음이 중국어로는 똑같았는데, 우리

〈표9-2〉 瞻과 占의 재구

중세국어	첨, 점
음운구성	職廉切 章母 鹽韻 咸攝 3等 開口 平聲
Karlgren	tśïäm
董同龢	tśïäm
王力	tɕïæm
周法高	tśïæm
李方桂	tśjäm
李榮	tśïäm
邵榮芬	tɕïæm
Pulleyblank	tɕiam〉tʂiam
Baxter	tsyem
鄭張尙方	tɕiɛm
潘悟雲	tɕiɛm

* i̯는 인쇄의 편의상 ï로 대체하였다.
* tś-와 백스터의 tsy-는 tɕ와 같다.
* 이상은 뒤의 표에도 적용된다.

말 한자음에서는 왜 달라졌는지 이유는 명확하지 않다.[266] 이미 16세기 『훈몽자회(訓蒙字會)』나 『신증유합(新增類合)』에서 '瞻'과 '占'은 '볼 쳠'과 '졈복 졈'으로 음이 서로 달랐다.[267]

1980, 앞의 책, 57쪽; 李榮, 1973, 앞의 책, 128·68·144쪽; 邵榮芬, 1982, 앞의 책, 109·167쪽; E. G. Pulleyblank, 1991, op. cit., p.396; W. H. Baxter, 1992, op. cit., p.808, p.541; 鄭張尙芳, 2013, 앞의 책, 245·251쪽; 潘悟雲, 2000, 앞의 책, 60·87쪽

264) 지금도 북한 사람들은 'ㅈ'을 'ts'에 가깝게 발음하는 경우가 많다.
265) 권인한, 1997, 「한자음의 변화」, 『국어사연구』, 태학사, 314쪽
266) 이토 지유키는 '檐쳠ᴸ, 簷쳠ᴸ'에 의한 유추로 瞻을 '쳠'으로 읽었을 수도 있지만, 중국어 평성이 한국어 성조에서 대개 L로 실현되므로 檐이 L 성조에서 음절제약에 따른 편향이 일어나 '쳠'으로 읽었을 가능성을 더 높게 보고 있다(伊藤智ゆき, 2007, 앞의 책, 85쪽).
267) 『訓蒙字會』下10a, 下12a; 『新增類合』하23a, 하40b

瞻과 占의 음이 16세기에도 '첨'과 '졈'으로 달랐으므로, 혹시 7세기 고대국어에서도 'ㅊ(tsʰ)'과 'ㅈ(ts)'으로 구분되지 않았을까 한다면 그랬을 가능성은 없다. 앞에서 밝혔듯이 통일신라 말기까지도 /ㅊ/은 미약하게 발달하기 시작하는 단계여서 7세기 한반도에는 /ㅊ/ 음이 없었을 가능성이 높기 때문이다.

그리고 치상음(齒上音) tɕ이나 치두음(齒頭音) ts에 유기음 /ㅊ/의 초기 형태가 발생하고 있었다고 설정하더라도, 본래 중국음 자체가 유기음이 아닌 章母(tɕ)를 굳이 유기음 淸母(tsʰ), 昌母(tɕʰ), 初母(tʃʰ)로 발음했을 가능성은 매우 희박하기 때문이다. 그러므로 瞻과 占의 초성은 모두 '/ㅈ/(ts)'이 된다.

그런데 630년대 신라에서 瞻의 음 초성이 ts가 아니라 tsʰ일 가능성이 '거의 없다'고 하지 않고 '없다'고 한 것은 100년쯤 뒤에 이를 ts로 읽은 증거가 있기 때문이다.

일본 동대사(東大寺) 도서관에는 신라에서 건너간 『대방광불화엄경(大方廣佛華嚴經)』 두루마리 권축(卷軸)이 소장되어 있는데 740년 전후의 것으로 추정된다.[268] 그 책에 신라 승려들이 어려운 한자의 음은 옆에 같은 음의 쉬운 한자를 써서 표시해 놓았는데, 붓으로 쓰면 경전이 오염되므로 종이를 끝이 뾰족한 물체로 꾹꾹 눌러가며 글자를 써서 빛을 비추면 눌린 부분에 어둡게 그림자가 져서 글자가 보이게 하였다. 그것이 각필(角筆)이다.

동대사 『화엄경』에는 보수보살(寶首菩薩)의 첨복화색세계(瞻蔔花色世界)가 묘사되어 있다. '첨복(瞻蔔)' 또는 '첨복화(瞻蔔花)'는 짙은 향내를 풍기는 꽃

---

268) 권인한, 2014, 「동대사도서관장 화엄경의 각필로 본 신라한자음」, 『구결연구』 33; 2022, 「고대 한국한자음의 연구(V)─동대사 화엄경의 한자음 관련 각필점들을 중심으로─」, 『구결연구』 49, 8-11쪽

참파카(Campaka)를 음역한 것이다. 그 꽃은 머리를 감을 때 쓰는 향료를 추출하는 데 쓰여서 샴푸(Shampoo)라는 말이 여기서 생겨났다. 그런데 '瞻蔔'이라는 복잡한 획의 글자 옆에 각필로 '占甫'라고 써놓았다. 이것은 신라에서 8세기 중엽에도 瞻과 占을 똑같은 음으로 읽었다는 뜻이다.[269] 그러므로 瞻星臺의 음에 관한 고대국어에서의 유기음 존재 논쟁이 사실상 필요가 없게 된다. 첨성대를 세우고 100년이 지났어도 瞻은 여전히 占과 같은 음으로 읽었다.

占과 瞻은 중국한자음이 같아서 통가자로 쓸 수 있다. 그런데 7세기의 우리말 한자음도 똑같았다. 게다가 뜻까지 같았다. 통가자로서 최적의 조건을 갖춘 것이다.

占은 본다는 뜻이다. 『광아(廣雅)』에서는 占을 瞻이라 했고, 『이아(爾雅)』에서는 瞻을 視(시)라 했다.[270] 양웅(揚雄)도 『방언(方言)』에서 占은 瞻과 같다고 했다.[271] 占, 瞻, 視가 모두 같은 뜻으로 통용된 것이다.

占은 본래 점친다는 뜻이었다. 고대 중국에서 거북이 껍데기에 열을 가해 갈라져 나가는 것을 유심히 보고 길흉을 미리 알아내는 행위를 占이라 하였는데, 그런 의미에서 유심히 보는 것도 占이라 썼다.[272] 결국 占은 瞻과 같은 뜻으로 쓰이기도 했던 글자이다.

그렇다면 선덕여왕 당시 신라인들은 '瞻星臺'를 어떻게 읽었을까? 답변하

---

269) 뒤의 글자 蔔(복)을 왜 운미가 없는 甫(보)로 읽었는가에 대해서는 아주 오랜 논쟁의 역사가 있으며 아직도 해결되지 않은 복잡한 난제이다.

270) 『廣雅』 권5, 釋言【占】瞻也;『爾雅』 上, 釋詁1【監·瞻·臨·涖·頻·相】視也(皆謂察視也)"

271) 『方言』第10, 四十四 "睽䁼·闚·貼·伺 視也 凡相竊視 南楚謂之闚 或謂之睽…或謂之占 占猶瞻也"

272) 華學誠 匯證, 王智群·謝榮娥·王彩琴 協編, 2006, 『揚雄方言校釋匯證』 上册, 北京: 中華書局, 705-706쪽

기 매우 힘든 질문이지만 가능한 한도 내에서 답하자면 '쳠셩디[tsjəmsəntej]' 와 비슷한 음으로 읽지 않았을까 한다.

우선 瞻의 경우에 자음은 앞에서 밝혔고, 모음은 〈표9-2〉에서 e, ɛ, ä, ɐ 등으로 나타나는데 이것들이 우리말에서는 어떻게 발음되었을까? 고대국 어에서 자음은 그래도 어느 정도 파악할 수 있으나 모음에 관해서는 밝혀 진 부분이 많지 않다. 우리말이 아닌 중국어 표기를 위해 만든 한자를 빌려 서 우리말을 표기한 것이고, 그것도 혼란이 없이 일관된 원칙에 따라 정밀 하게 이루어졌다고 장담하기 어려운 형편이므로 실체를 알아내기가 매우 어렵다.

연구자들은 대체로 'ㅏ, ㅗ, ㅜ, ㅣ'의 존재를 인정하며 그 밖에 1~3개의 모음이 더 있었을 것으로 생각하고 있다. 그리고 'ㅓ'와 'ㅔ'는 각각 독립된 음소로 존재하지 않고 대체로 /ㅓ/로 실현되었다고 본다.[273] 복잡한 논의를 생략하고 줄여 말하자면 대체로 a가 전설화(前舌化)한, 또는 ə가 저설화(低 舌化)한 모음 ä가 존재했다고 보며 그 소리는 지금의 'ㅓ'에 가까웠던 것으 로 이해하고 있다.[274] 더 덧붙이자면 중국의 한자음이 e라 하더라도 우리말 에서는 그것을 발음할 때에 중국어에서보다는 혀가 뒤에 위치하여 후설화 (後舌化)함으로써 ə에 가깝게 발음되었을 가능성이 짙다. 그러므로 통설에 따라 〈표9-2〉에 등장한 ɛ, e, ä, ɐ를 /ㅓ/로 보기로 하고 瞻과 星의 모음은 'ㅓ'로 한다.

그런데 瞻의 경우 모음 앞에 개음으로 i 또는 j가 있다. 그렇다면 쳠은 '졈'이 되어야 한다. 현재로서는 고대국어에서 앞에 음절부음이 붙은 이중

273) 박창원, 2002, 앞의 책, 124-139쪽; 김동소, 2011, 앞의 책, 정림사, 80-97쪽
274) 정연식, 2015, 「신라인들이 '喙(훼)'로 표현하고자 한 소릿값과 그 뜻」, 『역사와 현실』 95

모음이 있었는지 단정지어서 말할 수 없는 실정이다. 하지만 일반적인 견해에 따라 瞻, 占을 '졈'으로 읽는다.

그리고 星의 중고음은 최근의 연구자들은 모두 seŋ으로 재구한다(<표9·3>).[275] e는 바로 앞에서 /ㅓ/로 읽기로 했다. 그렇다면 '瞻星', '占星'은 '졈셩' 또는 그와 유사한 소리로 읽었을 것이다.

마지막으로 臺의 경우 15세기 중세국어에서 독음(讀音)은 '디'였다.[276] 한국한자음이 정립되기 전인 7세기 선덕여왕 시절에는 臺를 어떻게 읽었을까?

〈표9-3〉 星의 중고음 재구

중세국어	셩
음운구성	桑經切 心母 靑韻 梗攝 4等 開口 平聲
Karlgren	sieŋ
董同龢	sieŋ
王力	sieŋ>sɔiŋ
周法高	siɛŋ
李方桂	sieŋ
李榮	säŋ
邵榮芬	sɛŋ
Pulleyblank	sɛjŋ>siajŋ
Baxter	seŋ
鄭張尚方	seŋ
潘悟雲	seŋ

앞에서 臺의 성모는 d이고 그것이 고대국어에서는 t(ㄷ)로 표현되었다고 했다.

모음의 경우 칼그렌, 둥퉁허, 왕리, 저우파가오, 리팡구이는 -ɑi로, 리룽, 샤오룽펀은 -ei/-ɒi로, 풀리블랭크와 판우윈은 -əj로, 정장상팡은 -ʌj로, 백스터는 -oj로 보았다. 초기 연구에서는 i/j 앞에 ɑ가 있었으나 후에는 e, ʌ, ə, o로 다양하게 제시되어 있다. 그런데 e, ʌ, ə, o는 고대국어에서 무엇으로 실현될까? 지금으로서는 이 모음들에 가장 가까운 것은 'ㆍ(e/ʌ/ə/ɔ)'라

---

275) B. Karlgren, 1957, op. cit., GSR No. 812x; 董同龢, 1944, 앞의 책, 181쪽; 王力, 1987, 앞의 책, 609·635쪽; 周法高, 張日昇·林潔明 編, 1973, 앞의 책, 267쪽, 1쪽; 李方桂, 1980, 앞의 책, 70쪽; 李榮, 1973, 앞의 책, 128·57·138쪽; 邵榮芬, 1982, 앞의 책, 109·162쪽; E. G. Pulleyblank, 1991, op. cit., p.344; W. H. Baxter, 1992, op. cit., p.798; 鄭張尚芳, 2013, 앞의 책, 244·248쪽; 潘悟雲, 2000, 앞의 책, 60·88쪽

276) 『訓蒙字會』中3a "【臺】 딧 ᄃᆡ 亦作坮"; 『新增類合』 상22b "【臺】 ᄃᆡ ᄃᆡ"

고 할 수 있다.[277] 그래서 'ㆍ'에 'ㅣ(j/i)'가 결합한 'ㆎ'를 설정한다. 그렇다면 臺의 고대국어 음은 16세기 중세국어의 '디'로 돌아오게 된다. 다만 'ㆎ'는 지금의 'ㅐ, ㅔ, ㅚ' 등과는 달리 하나의 모음이 아니라 'ㆍ'에 이어 뒤에 붙은 음절부음 'ㅣ(j/i)'를 짧고 약하게 발음하는 이중모음으로 발음해야 한다. 그렇게 해서 '瞻星臺'의 음을 부분적인 오류를 무릅쓰고 IPA 발음부호로 표기하면 '졈셩디[tsjəmsəntej]'가 될 것이고 굳이 현대의 우리말로 표기하자면 '졈셩다ㅣ'에 가까운 음이 될 것으로 추정된다.

이제까지의 논의를 정리해 본다.

과거 중국에서는 어떤 한자를 음이 같은 통가자(通假字)로 대체해서 쓰기도 했다. 瞻과 占은 중국과 일본에서는 과거에도 음이 같았고, 지금도 같다. 그래서 占을 瞻의 통가자로 대신 쓸 수 있었다. 게다가 우리나라 한자음도 같았다. 어떤 이유에서인지 지금은 음이 '점'과 '첨'으로 달라졌지만 적어도 8세기까지는 음이 같았으므로 통가자로 쓰는 데 아무런 문제가 없었다. 그리고 占에는 본다는 뜻이 있어서 瞻과 같은 뜻의 글자로 쓰이기도 하였다. 그러므로 占은 瞻의 최적의 통가자였다.

『삼국유사』 왕력(王曆)의 '占星臺'는 점치는 행위와는 아무런 관련이 없다. 9세기 말에 최치원이 지은 「대숭복사비명(大崇福寺碑銘)」의 '점성규일(占星揆日)'도 마찬가지이며, 675년에 세웠다는 일본의 '占星臺'도 같은 사례로 짐작된다. '瞻星臺'에서 18획의 복잡한 '瞻'을 5획의 간단한 '占'으로 바꿔 썼을 뿐이다.

---

277) 이러한 추정에도 문제가 없는 것은 아니다. 고대국어에서 'ㆍ'의 존재를 인정하지 않는 반대 의견도 꽤 있기 때문이다. 그러나 한자음 재구에서 'ㆍ'의 존재는 상당히 편리한 점도 있다. 유기음의 존재는 조심스럽게 다루면서도 'ㆍ'의 존재는 적극적으로 받아들이는 연구자도 많다(김완진, 1980, 『향가해독법연구』, 서울대학교출판부; 박병채, 1989, 『국어발달사』, 세영사).

X. 성골 여왕을 낳은 마야부인의 몸

1. 아래가 부풀고 옆에 구멍이 난 우물

1) 여인의 몸을 닮은 우물

첨성대는 묘하게 생겼다. 측면의 윤곽선이 바닥에서부터 코사인 곡선처럼 올라가다가 제20단부터는 거의 수직으로 올라간다. 그래서 첨성대의 형태를 오래전부터 병 모양이라 불렀다. 17세기에 김수흥(金壽興)이 병 모양으로 언급했고,[278] 처음 천문대설을 주장한 와다 유지는 도쿠리(德利) 모양이라 했으며,[279] 루퍼스와 니덤도 병 모양(bottle-shaped)으로 소개했다.[280]

이제까지 첨성대는 우물을 형상화한 것이라고 이야기했다. 그런데 이 병 모양 건축물을 우물로 받아들이기에는 의아한 점이 없지 않다. 우선 가장 큰 의문은 우물이라면 원통형으로 만들면 우물의 형태에도 합당하고 쌓기

278) 金壽興『退憂堂集』卷10, 雜著 南征錄 "(庚子三月)初十日 留慶州…仍往見瞻星臺· 臺在月城之 西北 其體正圓 有若瓶形…"

279) 和田雄治, 1917,『朝鮮古代觀測記錄調査報告書』, 朝鮮總督府觀測所(1910,「慶州瞻星臺ノ 說」,『韓國觀測所學術報文』1, 農商工部觀測所), 153쪽

280) W. C. Rufus, 1936, *Korean Astronomy*, Seoul: The Literary Dept., Chosen Christian College, p.13; J. Needham, 1959, *Science and Civilisation in China*, Vol. Ⅲ, Cambridge: Cambridge Univ. Press, p.297

도 훨씬 쉬웠을 텐데 왜 아랫부분을 독특한 모양으로 부풀게 하여 힘들게 쌓았을까 하는 의문이다.[281]

우물은 일반적으로는 바닥면과 윗면의 넓이가 같거나, 바닥면이 윗면보다 좁다. 초기에 이용범이 첨성대를 우물로 보면서도 거꾸로 선 우물이라고 했던 것은 위보다 아래가 더 넓었기 때문이다.[282] 그런데 아래가 위보다 넓은 우물은 매우 드물기는 하지만 없지는 않다.[283] 하지만 아래가 더 넓다 하더라도 약간 넓을 뿐인데, 첨성대 몸통의 횡단면 원의 크기를 보면 제1단은 지름이 제27단의 1.7배이며, 면적은 2.9배나 된다. 첨성대는 우물로 보기에는 아랫부분이 과도하게 부풀어 있다.[284] 왜 이렇게 쌓았을까?

횡단면이 원형인 우물 모양의 구조물을 만든다면 가장 일반적으로 생각할 수 있는 형태는 〈그림10-1〉의 (가)와 같은 원통형을 생각할 수 있다. 그런데 원통형으로 쌓지 않고 (라)와 같은 형태로 쌓은 것은 구조적 안정성을 위한 것이라는 해석도 있었다. 즉 (가)와 같은 단순한 원통 모양은 불안

<hr>

281) 김기협, 1981, 「첨성대의 천변관측 기능」, 『한국과학사학회지』 3-1, 144쪽. "첨성대 측면의 독특한 곡선이 역학적으로도 훌륭한 구조라고 하는 견해가 있지만 같은 강도와 같은 기능만을 얻기 위해서는 단순한 단형(壇形)의 구조가 건조하기 훨씬 쉬웠을 것은 명백하다."

282) 이용범, 1974, 「瞻星臺存疑」, 『진단학보』 38, 44쪽

283) 영남지방의 삼국시대 우물 유구 57기를 조사해 본 결과로는 위가 넓고 아래가 좁은 것이 33기(58%), 위아래 지름이 같은 것이 20기(35%)로 두 유형의 우물이 대부분(93%)을 차지하고 있다. 하지만 위가 좁고 아래가 넓은 것도 아주 없는 것은 아니어서 4기(7%)가 발견되었다(양화영, 2003, 「삼국시대 영남지방 우물의 구조에 대한 연구」, 창원대 석사학위논문, 15-17쪽). 다만 대구 시지(時至) 취락 유구를 조사한 바로는 통일신라시대에는 위가 좁고 아래가 넓은 우물이 많아진다고 한다(김창억, 2000, 「삼국시대 時至聚落의 전개과정과 성격」, 『영남고고학』 27, 115쪽).

284) 김창억은 상협하광형(上狹下廣型)을 깊이 2m 미만에서는 바닥과 입구의 지름 차이가 5cm 이상인 경우를, 깊이 2m 이상에서는 10cm 이상인 경우로 설정하였다(김창억, 2000, 앞의 논문, 92쪽). 2009년에 국립문화재연구소에서 실측한 바로는 첨성대는 바닥 지름이 5.2m로 제27단 지름 3.1m보다 2.1m나 넓다.

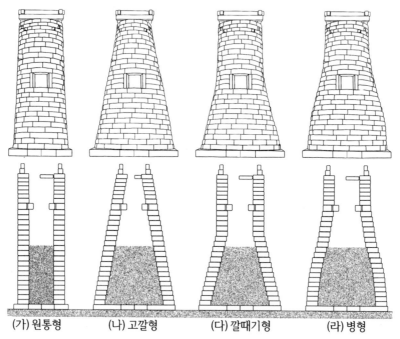

(가) 원통형   (나) 고깔형   (다) 깔때기형   (라) 병형

〈그림10-1〉 첨성대의 구조적 안정성과 관련된 여러 가상 형태

하므로 (라)처럼 안에 흙을 채우면서 점점 안쪽으로 들여 쌓는 퇴물림쌓기
(corbelling)를 하여 구조적으로 더 안정시키려 했다는 설명이다.[285]

　퇴물림쌓기를 한다면 (라)처럼 병 모양으로 쌓을 것이 아니라 (나)처럼
고깔 모양으로 쌓으면 될 터인데 왜 굳이 쌓기 힘든 병 모양으로 쌓았을까?
이에 대해 다시 고깔 모양은 활동 공간인 정자석 내부가 너무 좁아지고, 흙
이 채워져 있지 않은 상층부까지 계속 퇴물림쌓기를 하기에는 불안하므로
(라)와 같이 병 모양으로 쌓았다고 주장할 수 있다. 그렇다면 병 모양으로

285)　이동우, 1998, 「경주 첨성대의 축조에 관한 구조공학적 고찰」, 『한국전통과학기술학회지』
　　　4-1, 63쪽, 67쪽

쌓을 것이 아니라 (다)와 같이 깔때기 모양으로 쌓으면 된다. 구조적인 안정성을 위한 것이라면 그 편이 가장 안전해 보인다.

그런데 왜 깔때기 모양으로 쌓지 않고 굳이 복잡하게 (라)의 병 모양으로 쌓았을까? 이제까지 제시한 여러 설명으로는 해답을 얻을 수 없다. 순수한 고신라적(古新羅的)인 미로 이해해야 한다는 견해도 있지만[286] 그것이 논리적인 답이 되기는 어렵다.

이제까지 병 모양에 대해 어느 정도 인정받을 만한 설명을 제시한 학설로는 수미산설이 유일했다. 그러나 첨성대의 몸통이 평면적으로는 네모난 모양이 아니라 둥근 모양이고, 전체적으로 잘록한 중간 허리가 없이 그대로 위로 올라간다. 수미산과 첨성대는 평면 형태나 입면 형태 모두가 판이하다.[287] 그러므로 수미산을 모방한 것이라고 볼 수도 없다.

2) 의문의 창구

불룩한 아래만큼 묘한 것은 바로 중간에 뚫린 창구이다. 창구는 제13단부터 제15단까지의 한쪽에 가로 98cm, 세로 93cm의 사각형 모양으로 뚫려 있다. 남쪽으로 난 창구는 아주 독특해서 첨성대의 비밀이 바로 이 창구에 있지 않나 생각한 사람도 있다. 민영규는 1981년의 제3차 첨성대토론회에서 다음과 같이 말했다.

오늘날 첨성대에서 가장 불가사의한 것은 그 입구입니다. 전면 평지에서

286) 남천우, 1974, 「첨성대에 관한 諸說의 검토」, 『역사학보』 64, 135쪽
287) XIV. 3. 수미산설 비판에서 상세히 언급한다.

두 길도 넘을 높은 위치에 사각으로 뚫린 입구는, 어떤 특수한 보조수단의 도움이 없이 출입이 불가능하게 되어 있습니다. 출입이 거부되어 있는 것입니다. 이만큼 장대하고 완벽한, 그리고 독립된 규모의 석조건물에서 그 내부로 통하는 길이 이렇게 거부 또는 제한되어 있다는 것은, 처음부터 설계자의 의도가 바로 여기에 있었음을 생각하지 않을 수 없습니다.[288]

첨성대 창구에 대한 의문은 첨성대 아랫부분이 왜 묘한 곡선을 이루면서 과도하게 부풀었을까 하는 의문과 연결되어 있다. 그 의문을 풀기 전에 우선 이제까지는 창구에 대해 어떻게 해석했는지 검토해 보기로 한다.

창구에 대해서는 이제까지 세 가지 해석이 제시되었다. 첫째는 사람이 출입하기 위해 둔 출입구라는 설이고, 둘째로는 첨성대 바닥에 햇빛이 들어오는 정도를 측정하여 춘·추분이나 동·하지를 알아내기 위한 절기관측 창이었다는 설이고, 셋째로는 풍요를 빌기 위한 제의(祭儀)를 행할 때에 첨성대라는 우물에 조각된 남근(男根)을 던져 넣기 위해 설치한 남근투입구라는 설이다.

(가) 출입구설

우선 출입구설부터 검토해보기로 한다. 많은 연구자가 첨성대 축조 당시에 지금처럼 12단까지 내부에 흙이 채워져 있었으며 첨성대에 오를 때에는 창구에 사다리를 걸쳐놓고 내부의 흙바닥 위로 올라간 다음 내부 사다리를 통해 꼭대기로 올랐을 것이라고 생각했다. 처음 축조될 당시에도 아랫부분

---

288) 민영규, 1981, 「瞻星臺偶得」, 『한국과학사학회지』 3-1, 140쪽

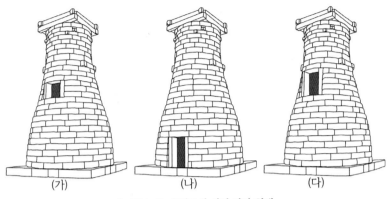

〈그림10-2〉 출입구의 여러 가상 형태

에 흙이 채워져 있었는지는 확인할 길이 없으나, 창구가 출입구로 사용되었을 것이라는 견해에 대해서는 별로 의심하지 않았다.

다만 출입구를 왜 〈그림10-2〉의 (나)처럼 지면에 만들지 않고 (가)처럼 중간에 만들었는가 하는 점은 의문이었다. 짐승의 출입 등을 우려한 것이라는 설명도 있었지만[289] 그렇다면 (나)의 출입구에 문을 만들어 달아두면 그만이다.

또 다른 설명으로는 9m 높이의 꼭대기를 한 번에 오르려면 힘들기도 하고 위험하기도 해서 중간에 한 번 쉬고 안정된 상태에서 다시 올라갈 수 있게 만든 것이라고 한다.[290] 즉 편의성과 안전성을 고려한 것이라는 주장이다. 첨성대를 오르내리는 과정을 생각할 때에 이러한 주장은 설득력이 있다. 하지만 그렇다면 (다)처럼 창구를 크게 하여 출입을 더 편하게 할 수도 있는데 왜 (가)처럼 창구를 좁게 했는지 설명해야 한다. 왜 이렇게 불편하게 만들었을까?

289) 나일성, 2000, 『한국천문학사』, 서울대학교출판부, 26-27쪽
290) 남천우, 1987, 「첨성대 異說의 원인—이용범씨의 瞻星臺存疑 재론을 보고—」, 『한국과학사학회지』 9-1, 99쪽

문제는 그것만이 아니다. 첨성대가 우물이라면 창구로 인해 첨성대가 지닌 신성한 우물로서의 중요한 의미가 손상을 입게 된다. 중간 벽에 구멍이 난 우물은 제대로 된 우물로 보기 어렵다. 그러므로 창구가 중간에 설정된 것은 단순한 편의성, 안전성을 위한 것이 아니라 나름대로 깊은 의미를 지니고 있다고 생각하는 것이 옳을 것이다.

(나) 절기관측창설

규표설(圭表說)을 주장한 전상운은 창구를 절기관측창으로 이해했다. 즉 춘분과 추분에 태양이 남중할 때에는 햇빛이 창구를 지나 첨성대 밑바닥까지 이르고 동지와 하지에는 창구 아래쪽에서 완전히 사라진다는 것이다.

하지만 처음에는 첨성대 내부가 흙으로 채워져 있지 않고 비어 있었다고 하더라도 이 주장은 사실과 동떨어진 이야기이다.

첫째로, 첨성대 창구는 정남을 향하지 않고 정남에서 반시계방향으로 16°가 틀어져 있어 절기관측창이 될 수 없다. 둘째로, 경주의 춘분, 추분, 동지, 하지의 태양 남중고도를 적용하여 창구에 햇빛을 비추어 보면 춘·추분에도 첨성대 안쪽 바닥에 햇빛이 닿을 수 없는 구조이다. 셋째로, 창구가 절기관측시설이라는 것도 이해하기 힘들다. 만약에 첨성대를 규표로 설치했다면 첨성대 자체가 표(表)가 되어 그림자 길이로 절기를 알아내면 그만인데, 굳이 다시 사다리를 타고 올라가 창구를 통해 첨성대 바닥을 들여다보도록 만들었다는 말은 매우 이상한 말이다.[291]

---

291) 자세한 내용은 XIV. 1. 규표설 비판에서 다룬다.

(다) 남근투입구설

남근투입구설은 우물설을 주장한 조세환에 의해 제기되었다. 우물 또는 물은 여성, 생산, 풍요를 상징하는 것으로서 고대사회에서는 우물이나 물에 나무나 돌로 만든 남근을 던져 넣어 생산과 풍요를 기원했다고 한다. 그 것은 안압지에서 발굴된 나무를 깎아 만든 남근이나, 경주의 배수시설에서 발견된 돌로 만든 남근이나, 일본 나라(奈良)의 우물 유구에서 발견된 나무로 조각된 남근으로 입증된다는 것이다. 그런데 첨성대의 경우에는 우물이 지상에 높게 솟아 있어서 남근 조각(彫刻)을 던져 넣기가 어려우므로 중간에 창구를 만들어 놓을 수밖에 없었다고 한다.[292] 즉 창구를 생산과 풍요를 기원하는 제의를 거행할 때에 남근 조각을 던져 넣는 통로이며 여성의 음부로 볼 수도 있다고 하였다.[293] 하지만 그러한 견해에는 과도한 비약이 있지 않나 생각된다.

2. 성조(聖祖) 석가모니의 후예, 선덕여왕

1) 성스러운 석가모니의 후예, 성골

널리 알려진 바와 같이 진흥왕은 거침없는 정복사업을 통해 신라의 영토를 크게 확장했다. 그 맏아들은 이름을 동륜(銅輪)으로, 그 아우 진지왕은 사륜(舍輪)으로 지었다는데 '사륜'은 쇠바퀴 '철륜(鐵輪)'을 뜻하는 것으로 이

---

292) 조세환, 1998, 「첨성대의 景觀인식론적 해석」, 『한국조경학회지』 26-3, 185-186쪽
293) 조세환, 2009, 「신라왕경의 공간구조 및 상징성과 첨성대」, 『인문학과 과학으로 풀어보는 첨성대의 비밀』(제4차 첨성대 대토론회 발표문), 33쪽, 35쪽

해된다.[294)]

인도신화와 불교, 힌두교, 자이나교에는 정법(正法)으로 세상을 교화하고 통치한다는 이상적인 군주 전륜성왕(轉輪聖王: cakravarti-rāja)이 있었다. 여러 나라로 나뉘어 다툼이 끊이지 않던 고대 인도에서 평화로운 방법으로 통일하는 정복왕으로 전륜성왕을 상정한 것이다. 바퀴를 굴리는 왕이라는 뜻의 전륜성왕에는 금륜(金輪), 은륜(銀輪), 동륜(銅輪), 철륜(鐵輪)의 네 가지가 있는데, 두 아들을 동륜과 철륜으로 설정함으로써 불법을 수호하고 국토를 통일하는 전륜성왕이 되기를 바란 것이다. 전륜성왕은 깨달은 사람 붓다(Buddha)에 미치지는 못하지만, 붓다와 마찬가지로 32상(相) 80종호(種好)의 신체적 특징을 갖춘 지상의 왕으로서 붓다에 버금가는 존재였다.

그런 가운데 왕권의 특별한 우월성에 대한 관념은 점점 고조되어 마침내 진흥왕의 손자 진평왕 때에 이르러서는 전륜성왕을 뛰어넘어 성스러운 석가모니의 혈통을 이어받은 종족을 자처하기에 이르렀다.[295)]

성골(聖骨)이란 바로 석가모니의 뼈를 이어받은 종족을 말한다. 지금은 친족관계를 핏줄이니, 혈연이니, 혈통이니 하며 피로 이어지는 것으로 이야기하지만, 고대 신라인은 죽어서도 가장 오래 남아 있는 뼈로 이어진다고 생각했다. 골품제는 골통(骨統)으로 인물의 등급을 결정짓는 제도이며, 성골은 성스러운 골통을 지칭하는 말이다.

---

294) 진지왕의 이름은 舍輪 또는 金輪이라고도 했다는데 金輪의 '金'은 '쇠'를 뜻하는 글자였을 것이다(이기백, 1975, 「신라 초기 불교와 귀족세력」, 『진단학보』 40, 29쪽).

295) 석가모니는 야쇼다라와 혼인하여 아들 라훌라를 두었지만 라훌라도 석가모니의 제자로 출가하여 석가모니의 직계 후손이 남아 있을 수 없다. 하지만 이 敍事에서 그런 것은 문제되지 않는다.

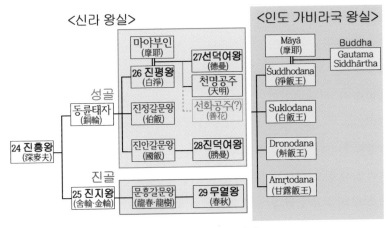

〈그림10-3〉 선덕여왕의 가계

* 천명공주는 마야부인의 소생인지 불분명하며, 선화공주는 실존 인물이 아닌 것으로 추정된다.

　성골의 의미와 발생 시기에 대해서는 여러 설이 있지만, 지금까지 연구
된 바로는 진흥왕의 맏아들 동륜태자(銅輪太子) 계열이 왕실의 다른 친족집
단에 대해 우월성을 표현한 개념이며, 그 우월성은 석가족을 표방하여 만
들어진 것으로 이해되고 있다(〈그림10-3〉).[296]

　진평왕이 석가족 성골을 자처한 사실은 이름에서 드러난다. 진평왕의
이름은 백정(白淨)이라 하고 왕비의 이름은 마야(摩耶)라 했다. 백정이란 석
가모니의 아버지 이름 슈도다나(Śuddhodana)를 뜻으로 한역(漢譯)한 것이
며,[297] 마야부인은 석가모니의 어머니 이름 마야(Māyā)를 소리 그대로 옮긴

296)　이기동, 1972,「신라 내물왕계의 혈연의식」,『역사학보』53, 35쪽; 신동하, 1979,「신라 골품
　　　제의 형성과정」,『한국사론』5, 서울대학교 국사학과, 40-42쪽; 김두진, 1987,「신라 진평왕대
　　　의 석가불신앙」,『한국학논총』10, 국민대학교 한국학연구소, 32-34쪽

297)　슈도다나王(Śuddhodana Rāja)의 śuddha는 '깨끗한, 순수한, 흰, 밝은'을 뜻하고 odana
　　　는 '밥'을 뜻한다(M. Monier-Williams, 1979, *A Sanskrit-English Dictionary*, London:
　　　Oxford University Press, p.235, p.1082). 따라서 Śuddhodana Rāja를 대개 정반왕(淨飯

것이다. 게다가 진평왕의 아우 진정갈문왕(眞正葛文王)과 진안갈문왕(眞安
葛文王)의 이름 백반(伯飯), 국반(國飯)도 석가모니의 숙부들 이름 백반(白飯:
Suklodana), 곡반(斛飯: Dronodana)에서 따온 것이다(<그림10-3>).

따라서 선덕여왕이 아들로 태어났다면 당연히 고타마 싯다르타
(Gautama Siddhārtha)를 가리키는 구담(瞿曇)이나 실달다(悉達多)로 이름을
지었을 것이다. 그러나 왕실의 기대와는 달리 마야부인은 딸을 낳았다.[298]
그런 상태로 오랜 시간이 흘러 진평왕과 마야부인은 노쇠해져서 더이상 자
식을 낳을 수가 없었다. 그래도 성골의 왕위를 포기할 수는 없어서 진평왕
은 말년에 맏딸 덕만(德曼)을 왕위계승자로 지명한 것으로 보인다.

2) 성스러운 조상의 후예, 성조황고(聖祖皇姑)

이런 상황에서 631년 8월에 이찬 칠숙(柒宿)과 아찬 석품(石品)이 반란을
일으켰다.[299] 반란의 이유가 무엇인지 기록으로 남아 있지 않으나 조용하
던 신라에 갑작스럽게 반란이 일어난 것은 여자의 왕위계승이라는 초유의
일과 연관이 있었을 것으로 추측된다.[300] 반란은 진압되어 주모자는 물론
그 친족들까지 모두 처형당했고, 그 이듬해 정월에 진평왕이 사망하자 맏

||||||||||||||||||||||||||||||||||||||||||||

　　王)으로 번역하는데 '白淨'은 Śuddha만을 漢譯하여 이름으로 삼은 것이다.

298)　『삼국유사』에서는 맏딸 덕만공주(선덕여왕), 둘째 딸 천명공주 외에 백제 무왕(武王)의 비가
　　된 셋째 딸 선화공주가 있었다고 하지만 선화공주는 설화에서만 존재했던 것으로 추정된다.
　　선화공주에 관한 서동(薯童)설화는 고대 인도의 설화가 불교의 전래와 함께 유입된 것으로
　　보인다(김기흥, 2010, 「서동설화의 역사적 진실」, 『역사학보』 205).

299)　『삼국사기』 권4, 신라본기4, 진평왕 53년 5월

300)　정중환, 1977, 「비담·염종란의 원인고」, 『동아논총』 14; 이종욱, 1980, 「신라 중고시대의 성
　　골」, 『진단학보』 50; 주보돈, 1994, 「비담의 난과 선덕왕대 정치운영」, 『이기백선생고희기념한
　　국사학논총—고대편·고려편』, 일조각

딸 덕만이 왕위에 올랐다.

선덕여왕 즉위 직전에 진평왕은 딸의 즉위를 반대하는 무리를 제거하였다. 그러나 그것으로 상황이 완벽하게 정리된 것은 아니었다. 선덕여왕은 귀족들의 반감을 가라앉히고 민심의 이반을 막아 왕권을 빠른 시기에 안정시킬 필요가 있었다. 그래서 여왕은 632년에 즉위하자마자 곧바로 2월에 대신(大臣) 을제(乙祭)를 상대등으로 임명하여 국사를 총괄하게 하였다. 그것은 귀족들을 달래기 위한 정치적 타협책이었던 것으로 짐작된다.[301]

뒤에서도 밝히겠지만 선덕여왕의 치세에 여왕의 이미지 만들기에 골몰했던 이유는 처음으로 여자가 왕위에 오르자 불만이 고조되어 여왕이 위엄이 없다는 둥, 미모가 없다는 둥 헐뜯는 사람들이 적지 않았기 때문으로 생각된다.

그러므로 덕만공주가 왕위에 오른 후에 그 무엇보다도 절박하고 시급했던 일은 왕위계승의 정당성을 널리 알려 왕권의 정통성을 확립하는 일이었다. 『삼국유사』 왕력(王曆)에서는 '성골에 남자가 끊겨서[聖骨男盡]' 여왕을 세웠다고 하였다. 즉 선덕여왕의 왕위계승의 명분과 정당성은 여왕이 성골이라는 데 있었다. 그러므로 선덕여왕이 즉위하자 곧바로 여왕이 성골임을 강조하는 신성화 작업에 착수하여 여왕에게 '성조황고(聖祖皇姑)'라는 존호를 올렸다.[302]

301) 주보돈, 1994, 앞의 논문, 226쪽; 정용숙, 1994, 「신라 선덕왕대의 정국동향과 비담의 난」, 『이기백선생고희기념한국사학논총—고대편·고려시대편』, 일조각, 245쪽

302) 『삼국사기』 권5, 신라본기5 선덕왕. 『신당서(新唐書)』 신라전(新羅傳)의 "(貞觀)九年 遣使者 冊善德襲父封 國人號聖祖皇姑"라는 기록을 근거로 聖祖皇姑 존호를 올린 때가 당으로부터 책봉 받은 선덕여왕 4년이라는 견해도 있으나(신종원, 1996, 「『삼국유사』 선덕왕지기삼사조의 몇 가지 문제」, 『신라문화제학술발표회논문집』 17, 44쪽) 선덕여왕의 즉위 시 또는 그 직후

7세기 전반기 신라에서 여왕의 즉위는 고구려, 백제에도 없었고 중국, 일본에도 없었던 초유의 일이었다. 쉽게 받아들이기 어려운 이 상황을 거부할 수 없게, 순조롭게 진행되게 하기 위해 여러 조치가 실행되었다.

신라왕실은 한편으로는 귀족들을 다독이면서 다른 한편으로는 여왕의 신성화 작업에 착수했다. 선덕여왕에게 올린 성조황고라는 존호(尊號)는 '성스러운 조상의 후손, 여황제'라는 의미를 지닌 극존칭이었다. 이는 아마도 대신 을제를 상대등으로 임명함과 거의 동시에 이루어진 것이 아닌가 생각된다.

신라보다 58년 뒤에 당에서도 측천무후(則天武后)가 여자로서는 최초로 황제로 등극하였다. 측천무후는 즉위하기 2년 전에 '성모신황(聖母神皇)'이라는 존호를 받았고 주(周)나라를 개창하고 초대 황제로 즉위해서는 '성신황제(聖神皇帝)'라는 존호를 받았다.[303] 선덕여왕과 측천무후의 존호는 '성(聖), 황(皇)'이라는 글자로 최고의 존칭을 표현했다는 점에서 동일하다. 그러나 측천무후는 성모(聖母), 성신(聖神)을 칭하여 스스로 성스러운 황제가 되었지만 선덕여왕은 '성스러운 조상을 둔' 황제를 칭했다는 점에서 차별화된다.

‖‖‖‖‖‖‖‖‖‖‖‖‖‖‖‖‖‖‖‖‖‖‖‖‖‖‖‖‖‖‖

로 보는 것이 타당하리라고 생각한다. 신라는 지증왕 때부터 국력이 신장되어 진흥왕 때에 영역을 크게 넓힌 후로는 황초령순수비나 마운령순수비에도 보이듯이 중국과 어깨를 나란히 하여 제왕(帝王)과 짐(朕)을 자칭하고 648년(진덕왕 2) 전까지는 독자적인 연호를 썼다. 따라서 당나라로부터 책봉 받은 것을 기념하여 선덕여왕을 성조황고로 불렀을 가능성은 매우 작다. 그리고 당에서 신라의 왕에게 성조황고라는 어마어마한 존호를 부여할 이유도 없다. 『신당서』의 기록은 635년에 신라에 온 중국 사신을 통해 신라에서 여왕을 성조황고로 부르고 있다는 것을 알고 그것을 기록으로 남긴 것으로 보인다. 삼국의 역사에 관해서는 중국측 기록보다 『삼국사기』가 더 신빙성이 있다고 보는 것이 적절하다. 선덕여왕은 공주 때에는 '덕만(德曼)'으로, 즉위 후에는 '성조황고(聖祖皇姑)'로, 죽은 뒤로는 '선덕왕(善德王)'으로 불렸을 것이다.

303) 정용숙, 1994, 앞의 논문, 241쪽

선덕여왕의 성스러운 조상, 성조(聖祖)는 누구일까? 성조는 하나가 아니라 둘이었다.

유럽에서는 절대왕정 시기에 왕은 인간으로서의 평범한 자연적 신체와 국왕으로서의 신성한 정치적 신체를 동시에 갖고 있다는 기이한 국왕이체론(國王二體論)이 교회와 정치이론가들에 의해 만들어져 왕권 강화에 봉사했고 이는 후에 왕권신수설로 확대되었다.[304] 그와 마찬가지로 선덕여왕은 시조가 정치적인 시조와 종교적인 시조가 일체화된 특별한 여왕으로 관념화되었다.[305]

선덕여왕의 성조 가운데 하나는 왕권의 정통성을 대표하는 박혁거세였다. 통상적으로 왕은 신성한 인물로 간주되며 특히 시조가 그러했다. 그래서 고구려의 시조 동명도 동명성제(東明聖帝)라 불렸고, 박혁거세와 그 비 알영은 이성(二聖)이라 하였다. 따라서 박혁거세는 당연히 성조가 될 수 있다.

또 하나는 왕권의 신성성을 대표하는 석가모니였다. 종교의 교주는 성스러운 존재로 인식되었기에 석가모니가 성조가 되는 것은 자연스러운 일이었다.

애초에 선덕여왕이 여자로서 왕위를 계승할 수 있었던 명분은 '성골 남자가 남지 않았다'는 것이었다. 즉 선덕여왕의 왕위계승의 정당성은 여왕이 석가족의 후예 성골이라는 것에 있었다. 그러므로 선덕여왕의 '성조황고'라는 칭호는 박혁거세의 후예보다는 석가모니의 후예라는 데에 더 역점을 두고 있었다.

632년에 왕권의 정통성과 신성성을 선포하는 성조황고 존호가 올려졌

304) 임승휘, 2004, 『절대왕정의 탄생』, 살림, 25-43쪽
305) 물론 이러한 관념은 진평왕 때부터 시작되었을 것이다.

다. 그리고 633년 정월에 선덕여왕은 몸소 신궁에서 제사를 지냈다.[306] 신궁은 바로 박혁거세의 탄생지 나정에 세운 건물로서 신궁의 친제(親祭)는 왕의 즉위를 완결하는 의례였다.[307] 그리고 그해에 첨성대가 세워졌다. 여왕의 두 몸 가운데 하나는 박혁거세의 정통성을 이어받은 몸이고 또 하나는 석가모니의 신성성을 이어받은 몸이었다. 그래서 그 상징물로 박혁거세가 태어난 우물과 석가모니가 태어난 마야부인의 몸을 하나로 합하여 첨성대를 세웠다.

3. 첨성대의 창구와 마야부인의 옆구리

1) 마야부인의 옆구리로 태어난 석가모니

첨성대는 박혁거세의 탄생과 석가모니의 탄생을 동시에 표현하도록 설계되었다. 그래서 박혁거세가 태어난 우물과 석가모니가 태어난 마야부인의 몸을 겹친 형상으로 지었다. 둥글게 부푼 아랫부분은 바로 마야부인의 엉덩이를, 중간에 있는 창구는 마야부인의 오른쪽 옆구리를 형상화한 것이다.

불전(佛傳)에 따르면 석가모니는 도솔천에 머물러 있다가 윤회하여 중유(中有)의 상태에서 마야부인의 태 안으로 들어갔는데 이때 오른쪽 옆구리를 통해 들어갔다고 한다. 그래서 마야부인은 흰 코끼리가 오른쪽 옆구리로

---

306) 『삼국사기』 권5, 신라본기5 선덕왕 2년 정월
307) 나희라, 2002, 「신라의 즉위의례」, 『한국사연구』 116, 18쪽

들어오는 태몽을 꾸었다고
한다(<그림10-4>).[308]

마야부인은 출산일이 가
까워지자 당시 풍습에 따라
출산을 위해 친정으로 가던
도중에 산기를 느끼고는 룸
비니 동산에 올랐다. 그곳에

〈그림10-4〉 마야부인의 태몽
■ 2~3세기 간다라. 런던 대영박물관 소장

서 마야부인은 무우수(無憂
樹: Aśoka tree) 가지를 오른손으로 잡고 서서 싯다르타 태자를 오른쪽 옆구
리로 낳았으며 이를 제석천(帝釋天: Indra)이 옷으로 받아내었다고 전한다(<
그림10-5>).[309]

본래 싯다르타 태자가 옆구리로 태어났다는 이야기는 크샤트리야족이
라는 것을 상징하는 베다의 설화에서 유래되었다. 고대 인도『리그베다
(Ṛgveda)』의 푸루샤 숙타(Puruṣa sūkta: 原人歌)에서는 원인(原人) 푸루샤가
신들에 의해 제물로 바쳐져 온 세계가 생겨났는데, 브라만(Brāhmana)은 그
의 입, 크샤트리야(Kṣatriya)는 두 팔, 바이샤(Vaiśya)는 두 넓적다리, 수드라
(Śūdra)는 두 발이었다고 한다.[310]

308) 『佛本行集經』권7, 俯降王宮品5. 오른쪽 옆구리로 흰 코끼리가 들어가는 꿈을 꾸면 삼계(三
界)에 지극히 높은 여래(如來)를 낳고, 해가 들어가는 꿈을 꾸면 전륜왕(轉輪王)을 낳으며,
달이 들어가는 꿈을 꾸면 모든 왕 가운데 가장 높은 왕을 낳는다고 한다(『法苑珠林』권14, 千
佛篇 5의2 降胎部 묘祥). 또한 『大藏一覽集』에 의하면 전륜성왕이나 독각(獨覺)의 중유(中
有)는 일반 중생들과 마찬가지로 생문(生門)으로 들어가고 오직 보살만이 오른쪽 옆구리로
들어간다고 한다.

309) 『法苑珠林』권14, 千佛篇 5의2 出胎部 誕孕

310) 정승석 편역, 1984,『리그베다』, 김영사, 231쪽; 길희성, 1984,『인도철학사』, 민음사, 27쪽;
라다크리슈난 지음, 이거룡 옮김, 1999,『인도철학사 1』, 한길사(S. Radhakrishnan, 1923,

〈그림10-5〉 싯다르타의 탄생
■ 3세기 간다라. 워싱턴 D.C. 프리어미술관 소장

『리그베다』의 설화는 훗날 『마누법전』에도 반영되었고,[311] 불교 경전에서는 약간 변형된 형태로 흡수되어 승려 브라만은 범천(梵天)의 정수리로 태어나고, 왕족 크샤트리야는 옆구리에서 태어난다고 하였다. 그래서 크샤트리야 집안에서 태어난 비바시불과 석가모니불은 도솔천에서 내려와 어머니의 태에 들어갈 때에 오른쪽 옆구리로 들어갔고, 어머니는 선 자세로 나뭇가지를 잡고 오른쪽 옆구리로 보살을 낳았다고 한다.[312] 또한 석가모니

　　　Indian Philosophy, Vol.1, Oxford: Oxford University Press Inc.), 164쪽

311)　J. H. 데이브 편, 이재숙·이광수 옮김, 1999, 『마누법전』, 한길사(J. H. Dave ed., 1972, *Manu-Smṛti*, Bombay: Bharatiya Vidya Bhavan), 60쪽

312)　『아함경(阿含經)』에 등장하는 과거칠불(過去七佛) 가운데 비바시불(毘婆尸佛: Vipaśyin), 시기불(尸棄佛: Śikhin), 비사부불(毘舍浮佛: Viśvabhū)은 크샤트리야 집안에서 태어났고, 구류손불(拘留孫佛: Krakucchanda), 구나함모니불(拘那含牟尼佛: Kanakamuni), 가섭불(迦葉佛: Kāśapa)은 브라만 집안에서 태어났으며(『佛說長阿含經』 권1, 第一分初 大本經), 다시 일곱 번째 석가모니불(釋迦牟尼佛 Śākyamuni)은 크샤트리야 집안에서 태어났고, 미

는 앞으로 56억 7천만 년 뒤에 이 땅에 강림할 미륵에게 먼 훗날 여래가 될 것을 수기(授記)하면서, 미륵은 브라만 집안에서 정수리로 태어날 것이라고 하였다.[313)

그렇다면 선덕여왕도 마야왕비의 오른쪽 옆구리로 나왔다고 했을까? 현재로서는 알 수 없는 일이다. 다만, 석가모니는 그렇다 하더라도 사람이 옆구리로 태어났다는 황당무계한 주장이 어떻게 통용될 수 있었겠나 할지 모르겠으나 고대인의 심성세계를 현대인의 사고체계로 재단할 수는 없다. 신라인들은 왕이 태어났다는 알의 우물에 제사를 지내던 사람들이었다. 얼마나 많은 사람이 믿었을지는 모르지만 그들은 적어도 그런 말을 스스럼없이 할 수 있는 세상에 살고 있었다.

선덕여왕보다 300여 년 뒤에 태어난 진관선사(眞觀禪師) 석초(釋超: 912~964)의 비에는 어머니 유씨가 일곱 별의 상서로운 기운이 입으로 날아들어온 꿈을 꾸고는 열 달 뒤에 옆구리로 진관선사를 낳았다고 새겨 있었다.[314)

앞서 밝혔듯이 첨성대의 형태를 오래전부터 병 모양으로 본 사람들이 많았다. 그러나 여성의 신체 모양으로 생각한 사람들도 있었다. 1970년대에 경주여고 교사로 재직 중이던 경주의 향토사학자 윤경렬(1916~1999)은 첨성대를 '우아한 여인의 통치마'에 비유하여 선덕여왕의 성덕을 기리는 상징이라 하였다 한다.[315) 그의 발언 때문인지는 모르겠으나 1980년대에 경

|||||||||||||||||||||||||||||||||||

  래불 미륵불(彌勒佛: Maitreya)은 브라만 집안에서 태어날 것이라고 한다.

313) 『菩薩從兜術天降神母胎說廣普經』 권2, 佛樹品4
314) 한국역사연구회 중세1분과 나말여초연구반, 1996, 『역주 나말여초금석문』, 혜안, 상권 329쪽, 하권 441쪽 "初母劉氏 夢感七星之瑞 飛入口中 孕符十月之胎 誕生脇下門"
315) 조선일보 1971년 5월 13일 「한국의 지혜―그 원점을 찾아」

주에 가면 첨성대 앞에서 해설하는 관광안내원이 첨성대의 곡선을 선덕여왕의 치마폭 모양이라고 설명했다고 한다.[316]

2) 옆구리 구멍이 보이도록 돌아선 마야부인

첨성대는 박혁거세의 우물과 마야부인의 몸을 겹친 형상으로 선덕여왕이 성스러운 혈통을 지닌 성골임을 상징했다. 첨성대가 선덕여왕의 성스러움을 여러 사람에게 알리기 위한 상징물이라면 궁성 안이 아니라 궁성 밖에 있어야 하며, 또한 궁성 앞쪽으로 가까이 있는 것이 적절하다.

월성(月城)은 당시 왕이 거처하는 궁성(宮城)이었고, 첨성대는 그 가까이 있다.[317] 또한 월성은 남천(南川)이 있고 하안단구가 형성되어 있는 남쪽으로는 정문을 낼 수 없으므로 북쪽에 정문을 내어 앞쪽으로 삼았다. 그러므로 첨성대의 위치는 궁성 밖, 궁성 앞쪽 가까운 곳이라는 원칙에 그대로 부합된다.

그런데 첨성대는 월성 앞 구역에서도 서쪽에 치우쳐 있고, 창구는 남쪽을 향해 있다. 왜 그럴까?

첨성대는 마야부인의 몸을 형상화한 것이다. 마야부인은 서역(西域) 인도에서 왔으므로 서쪽에 세우는 것이 적절하다. 그리고 마야부인이 서쪽에서 동쪽으로 왔으므로 동쪽을 향해 서면 오른쪽 옆구리는 저절로 남쪽이 된다.[318] 창구가 남쪽을 향한 것은 태양의 남중과 관계된 것이 아니라 마야

---

316) 송상용, 1983, 「첨성대 시비」, 『과학과 기술』 16-2, 41쪽

317) 대략 3·4세기부터 7세기 중반까지 국왕은 월성 안의 왕궁에 거처하였다(전덕재, 2006, 「신라 왕궁의 배치양상과 그 변화」, 『신라왕경의 구조와 체제』, 동국대학교 신라문화연구소).

318) 알영이 계룡(雞龍)의 왼쪽 옆구리(『삼국사기』에는 오른쪽 옆구리로 기록)에서 나왔다는 것은

부인이 서쪽에서 동쪽을 향해 왔기 때문이다.

이제 첨성대의 위치, 방향과 관련하여 마지막으로 살펴볼 것은 첨성대의 좌향이 왜 정남향이 아닌가 하는 편향성의 문제이다. 첨성대 기단은 반시계방향으로 약 19°, 창구는 약 16°, 정자석은 약 13° 돌아서 있다. 정자석은 꼭대기에 있으므로 방향을 돌려놓는 것은 비교적 쉬운 일이고, 지진으로 틀어진다면 가장 많이 틀어졌을 것이다. 하지만 기단과 창구는 그렇지 않다. 그러므로 기단과 창구의 편향도가 최초의 편향도에 가까울 것이다. 기단과 창구의 편향도는 처음에는 같았으나 지진, 보수 등으로 인해 달라진 것일 수도 있겠지만, 그보다는 기단도 창구처럼 반시계방향 16°로 설계했으나, 실제 축조 과정에서 반시계방향으로 3°의 작은 오차가 생긴 것으로 짐작된다. 정자석도 마찬가지로 3°의 오차가 있었는데 기단과는 달리 시계방향으로 오차가 발생한 것이다.

첨성대는 나중에 방향이 틀어진 것이 아니라 처음부터 정남을 향하지 않게 반시계방향으로 16°를 틀어 지은 것이다. 첨성대와 거의 같은 시기에 지은 분황사 모전석탑이나 황룡사 9층탑이 거의 정남향인 것과 비교해 보면 첨성대의 편향성은 어떤 의미를 담고 있다고 볼 수밖에 없다.

첨성대의 편향성은 천문대설을 수십 년간 괴롭혔던 문제였다. 천문대설을 주장하는 연구자들은 이를 설명하기 위해 지자기편각의 변동, 동지 일출방향 등의 석연치 않은 해명을 해야 했다. 하지만 첨성대를 마야부인의

불교적인 윤색이 더해진 것으로 보인다. 8세기 초 보리류지(菩提流支)가 지은 『대보적경(大寶積經)』의 불설입태장회(佛說入胎藏會)에 의하면 태 안의 사내아이는 어머니의 오른쪽 옆구리에서 얼굴을 두 손으로 가린 채 등을 향해 앉아 있고, 계집아이는 어머니의 왼쪽 옆구리에서 얼굴을 두 손으로 가린 채 배를 향해 앉아 있다고 하였다(『大寶積經』 권56, 佛說入胎藏會 14의 1). 4세기 초 축법호(竺法護)의 『불설포태경(佛說胞胎經)』이나 7세기에 현장(玄奘)이 한역(漢譯)한 『아비달마순정리론(阿毘達磨順正理論)』에도 유사한 내용이 실려 있다.

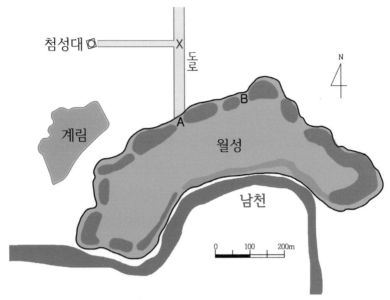

〈그림10-6〉 월성 정문의 도로와 첨성대

■ 국립경주문화재연구소, 2004, 『월성 지표조사보고서』, 47쪽

몸으로 이해하면 첨성대의 창구가 정남을 향하지 않고 왜 약간 틀어져 있는지 간단하게 설명된다.

월성 지표조사에 따른 〈그림10-6〉을 보면 토성(土城)인 월성의 성벽은 여러 군데 끊어져 있다. 월성의 문은 그 끊어진 곳 가운데 일부에 있었을 것이다.[319] 월성 남쪽으로는 남천이 흐르고 가파른 하안단구가 형성되어 있어 작은 샛문은 낼 수 있다 하더라도 규모가 큰 정문은 만들 수 없으므로 정문은 당연히 북쪽에 있었을 것이다. 그리고 대개의 궁궐이 그렇듯이 정문 밖으로는 넓고 곧은 길이 뻗어 있었을 것이다.

||||||||||||||||||||||||||||||||||||||||||||||||||

319) 국립경주문화재연구소, 2004, 『월성 지표조사보고서』, 47-56쪽

그런데 아직까지는 정문도 확실하지 않고 월성 북쪽으로 직선 대로의 뚜렷한 흔적도 발견되지 않았다. 지금까지 연구된 바로는 월성의 정문은 〈그림10-6〉에서 월성 서쪽 부분의 계림과 가까운 A지점, 또는 북쪽 부분의 석빙고가 있는 B지점에 있었을 것으로 추정되고 있다.[320] 그림에서는 정문이 A지점에 있을 경우에 북쪽으로 곧게 난 도로와 월성 앞 직선도로에서 첨성대에 이르는 도로를 설정하였다.

월성 앞의 행인들은 첨성대를 여러 지점에서 다양한 각도로 바라볼 수 있다. 하지만 대로에서의 시선을 고려한다면 당연히 첨성대와 가장 가까운 정동쪽 'X'지점을 첨성대를 바라보는 지점으로 설정하고 첨성대의 방향을 정했을 것이다. 그리고 사람들은 그 지점에서 첨성대로 향한 길을 걸었을 것이다. 그럴 경우 첨성대가 어떻게 보일까?

〈그림10-7〉은 첨성대를 최대한 축척 비례에 맞게 그린 뒤 정남향 창구와 정남향에서 반시계방향으로 16°를 회전시킨 첨성대의 창구를 비교한 것이다. 그리고 〈그림10-7〉의 (가)의 사진은 트랜싯(transit)을 이용하여 창구 앞쪽을 기준점으로 삼아 정동에서 16° 반시계방향으로 돌아선 지점에서 찍은 것이다. 따라서 (가)의 창구 모양은 창구를 정남향으로 내었을 경우에 정동에서 본 첨성대의 모습과 동일하다. (나)는 창구가 정남에서 반시계방향으로 16° 돌아선 현재의 상태를 정동쪽에서 찍은 사진이다.

마야부인은 서쪽에서 왔으므로 동쪽을 바라보고 서야 한다. 그리고 자신이 마야부인임을 알게 하려면 오른쪽 옆구리에 뚫린 구멍이 보이게 해야

---

320) 여호규는 〈그림10-6〉의 A지점을, 이경섭은 석빙고가 있는 B지점을 정문 자리로 보았다(여호규, 2003,「국가의례를 통해 본 신라 중대 도성의 공간구조」,『한국의 도성』, 서울시립대학교 서울학연구소, 97-98쪽; 이경섭, 2008,「신라 월성해자 목간의 출토상황과 월성 주변의 경관 변화」,『한국고대사연구』49, 173-176쪽).

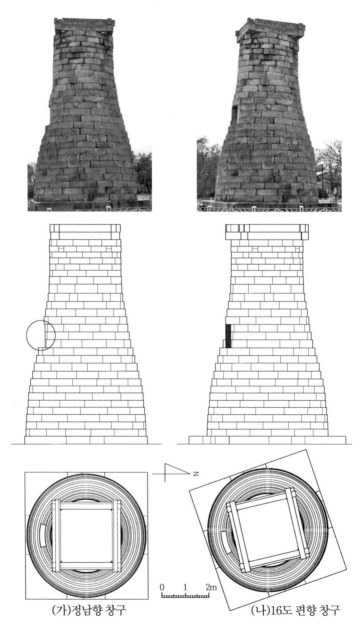

<〈그림10-7〉 정동쪽에서 바라본 첨성대

(가)정남향 창구

(나)16도 편향 창구

0 1 2m

한다. 작도된 그림과 사진으로도 알 수 있듯이 첨성대 마야부인이 오른쪽 옆구리의 구멍이 정남을 향한 상태에서 동쪽을 향해 서면, 사람들이 도로 X지점에 서서, 또는 X지점에서 첨성대를 향해 걸어가면서 마야부인의 오른쪽 옆구리 구멍을 인식하기 어렵다. 즉 (가)의 입면도나 사진처럼 마야부인의 옆구리 구멍이 잘 보이지 않는다. 자세히 살펴보면 첨성대의 중간 부분 왼쪽이 약간 이상하게 보이기는 하지만 창구로 인식하기는 어렵다. 따라서 월성 앞길을 향해 선 마야부인은 자신의 오른쪽 옆구리가 사람들 눈에 뜨이게 하려면 (나)처럼 왼쪽으로 돌아서야 한다. 그런데 너무 많이 돌아서면 옆구리가 아니라 배에 구멍이 난 것처럼 보이므로 조금만 살짝 돌아서야 한다. 그래서 첨성대는, 즉 마야부인은 반시계방향으로 16° 돌아서 있는 것이다. 마야부인은 살짝 돌아서서 옆구리를 보임으로써 자신이 마야부인임을 알리고 있는 것이다. 1981년의 제3차 첨성대토론회에서 민영규가 첨성대의 비밀이 바로 창구에 있는 것이 아닌가 하는 생각이 든다고 한 것은 정확한 지적이었다.

〈그림10-8〉 일제강점기의 첨성대 모습

■ (좌) 안드레아스 에카르트 지음, 권영필 옮김, 2003, 『에카르트의 조선미술사』, 열화당, 45쪽; (우) 朝鮮總督府, 1973, 『朝鮮古蹟圖譜 3』, 東京: 名著出版, 도판번호 960

첨성대가 천문대였다면 이렇게 높이 지을 필요가 없다. 계단이 설치된 조선시대의 광화방 관천대도 바닥 높이 4.6m에 난간을 합하여 5.5m였다. 첨성대가 9m 높이로 위용을 드러내고 서 있는 것은 선덕여왕의 신성함을 알리기 위한 것이다.

첨성대 창구가 드나들기 힘들게 왜 4m 높이에 있는지도 저절로 이해된다. 창구는 드나드는 곳이 아니라 사람들에게 보이기 위한 구멍이다. 구멍은 사람들 눈에 잘 뜨이게 높이 뚫었다. '두 길이 넘는' 창구는 주위에 다른 건물들이 있더라도 가려지지 않고 보일 만큼 충분히 높다. 일제강점기의 사진을 보면 첨성대 주위에 초가집들이 있었지만 첨성대의 위용을 드러내면서 창구의 존재를 알리는 데는 전혀 지장이 없었다(<그림10-8>).

XI. 선덕여왕의 이미지 만들기

1. 여왕의 즉위 초에 세운 첨성대

첨성대는 언제 건립되었을까? 『삼국유사』에는 단지 선덕여왕 때라고만 기록되어 있다. 그런데 첨성대가 세워진 지 800여 년이 지나 편찬된 『세종실록』 지리지에는 정관(貞觀) 7년 계사년(癸巳年), 즉 633년(선덕여왕 2)으로 기록되어 있고,[321] 그 뒤로 다시 약 450년이 지난 뒤에 편찬된 『증보문헌비고』에는 선덕여왕 16년, 즉 647년으로 기록되어 있다.[322]

그런데 당시 상황을 보면 633년과 647년 가운데 647년일 가능성은 거의 없다.

만약 647년이라면 선덕여왕이 정월 8일에 사망했으므로[323] 첨성대 건립은 정월 초하루부터 8일 사이의 일이 된다. 그런데 647년 정월 상반기는 굉장히 긴박한 시기였다. 정월 어느 날 상대등(上大等) 비담(毗曇)이 반란을 일으켰고, 그 후 8일에 선덕여왕이 사망하였고, 진덕여왕이 즉위한 뒤에 난이 진압되어 정월 17일에 비담이 처형되었다.[324] 비담의 난은 『삼국사기』 김유신 열전에 다음과 같이 기록되었다.

---

321) 『世宗實錄』 권150, 地理志 慶尙道 慶州府 瞻星臺 "唐太宗貞觀七年癸巳 新羅善德女主所築"
322) 『增補文獻備考』 권2, 象緯考2 儀象1 "[補]新羅善德王十六年作瞻星臺"
323) 『삼국사기』 권5, 신라본기5 선덕왕 16년 정월
324) 『삼국사기』 권5, 신라본기5 진덕왕 원년 정월 17일 "誅毗曇 坐死者三十人"

비담의 무리는 명활성에 주둔하고 왕의 군대는 월성에 있었다. 공방전이 열흘이 지나도 결말이 나지 않던 중, 한밤중에 큰 별이 월성에 떨어지자 비담 등이 군사들에게 "내가 듣기로는 별이 떨어진 아래에는 반드시 피흘림이 있다고 하니, 이는 분명히 여왕이 패할 징조다." 하였다. 반란군이 지르는 환호성이 천지를 진동시키자 대왕이 그 소리를 듣고 두려워 어쩔 줄을 몰랐다. 유신이 왕을 뵙고 "…별이 떨어진 이변은 두려워할 만한 일이 아니니 걱정하지 마십시오." 하고는 허수아비를 만들어 불을 붙인 뒤 연에 실려 띄워서 하늘로 올라가는 것처럼 보이게 하였다. 다음날 사람을 시켜 길거리에서 어젯밤에 떨어진 별이 다시 올라갔다는 소문을 퍼뜨려 반란군으로 하여금 의심을 품게 하였다. 그리고 흰말을 잡아 별이 떨어진 곳에서 제사를 지내고…여러 장수와 병졸을 독려하여 힘껏 치니 비담 등이 패하여 달아나자 추격하여 목을 베고 9족을 멸했다.[325]

위의 기사를 보건대, 비담이 난을 일으킨 날짜를 최대한 이르게 잡으면 정월 6일이 된다. 즉 허수아비 연을 날리고, 난을 진압하고, 비담을 처형한 일이 모두 정월 17일 하루 만에 이루어졌다고 가정하면, 별이 떨어진 날은 16일이고 그날이 반란이 일어난 지 열흘이 지난 날이기 때문이다. 그렇다면 비담의 난이 일어난 시점은 정월 초하루부터 6일 사이가 된다.

선덕여왕은 시해된 것이 아니라 병석에 누워있다가 647년 정월 8일에 병사했을 것이다. 비담은 '여왕은 잘 다스리지 못한다[女主不能善理]'라는 명분을 내걸고 반란을 일으켰다고 한다. 647년 정월에 위독한 상태에 놓인 선덕여왕이 사촌 여동생 승만(진덕여왕)을 후계자로 지목하자 오랫동안 여

325) 『삼국사기』 권41, 열전1 김유신(상)

왕의 통치를 못마땅하게 여겨오던 상대등 비담이 왕위가 또다시 여자로 이어지게 된 것에 불만을 품고 반란을 일으킨 것으로 보인다.[326] 선덕여왕의 위독, 진덕여왕의 왕위계승 결정, 비담의 반란, 선덕여왕의 사망이라는 어마어마한 사건들이 모두 정월 초하루부터 8일 사이에 일어났는데 이때 첨성대가 완공되었다는 것은 도저히 믿기 어렵다. 이렇게 나라가 어수선한 상황에서는 축조공사를 마무리하기도 어려웠을 것이고 준공식은 엄두도 못 냈을 것이다. 그러므로 첨성대가 647년에 완공되었을 가능성은 지극히 작다.

반면에, 『세종실록』은 그 당시까지 남아 있던 어떤 기록을 참고했음이 분명하다. 그 기록이 무엇인지는 알 수 없지만 633년은 상당한 타당성이 있다.

가장 먼저 지적할 것은 『세종실록』 지리지에서는 건립연도를 당 태종 '정관(貞觀) 7년'이라 하면서 '계사년(癸巳年)'이라는 것을 덧붙였다는 점이다. 지리지의 작성자가 '정관 7년 계사년'이라고 쓴 것은 옛 기록에 '정관 7년 계사년'으로 씌어 있었기에 그것을 그대로 옮겼을 것이다. 옛 기록에 '정관 7년'으로만 씌어 있고 간지는 씌어 있지 않았는데 지리지 편찬자가 정관 7년이 계사년이라는 것을 굳이 덧붙일 필요는 없다. 만일 그랬다면 정관 7년의 간지가 어떻게 되는지 번거롭게 이것저것 기록을 뒤져서 계사년을 찾아내어 덧붙였을 터인데 그랬을 가능성은 별로 없다. 따라서 그 옛 기록에도 계사년이라 씌어 있었을 것이다. 633년은 계사년이고, 647년은 정미년(丁未年)이다.

326) 주보돈, 1994, 「비담의 난과 선덕왕대 정치운영」, 『이기백선생고희기념한국사학논총(상)—고대편·고려시대편—』, 일조각, 212-215쪽

이제까지 밝힌 바대로 633년은 당시 정황에 적절히 부합하지만 647년의 가능성은 너무도 희박하다. 『세종실록』 지리지보다 450년이 지난 시점에서 『증보문헌비고』 편찬자는 왜 '善德王十六年(선덕왕 16년: 647년)'이라고 썼을까?

다음과 같이 추리해 볼 수 있다. 『증보문헌비고』에서는 삼국시대부터 조선시대까지 모든 기록에 연호를 쓰지 않고 재위년을 썼다. 그러므로 『증보문헌비고』의 편찬자는 원 기록에 '정관 21년'으로 기록되어 있는 것을 재위년 기록으로 고쳐서 '선덕왕 16년'으로 써넣었다. 하지만 『증보문헌비고』 편찬자가 본 정관 21년은 사실은 정관 7년이었다. 고대 우리나라에서는 '이십'을 '二十'으로 쓰지 않고 항상 '廿(입)' 또는 '卅(입)'으로 썼다.[327] 당시에는 한문을 세로쓰기로 썼으므로 '입일(21)'은 '廿' 또는 '卅' 모양이 된다. 『증보문헌비고』 편찬자도 『세종실록』 편찬자처럼 '七' 자를 보았으나 문서나 책자가 너무 오래되어 글자가 오손(汚損)되었거나, 글자를 주의깊게 보지 않아 '七'을 '廿' 또는 '卅'로 잘못 인식했을 것이다. 그래서 정관 7년이 정관 21년, 즉 선덕여왕 16년으로 바뀐 것이다.

첨성대의 건립연도는 옛 문헌 기록을 검토하더라도 그렇고, 선덕여왕 당시의 여러 가지 상황을 고려하더라도 언제나 633년, 즉 선덕여왕이 즉위한 이듬해로 귀결된다.

---

327) 고려 이후와는 달리, 통일신라 이전의 금석문에서는 '二十'을 대개 '廿'으로 썼고 9세기 흥덕왕릉비에서는 '卅'으로 새겼는데, 신라와 백제의 목간에도 두 글자가 모두 보인다.

2. 여왕의 덕목과 흠

1) 덕(德)과 지(智)를 겸비한 여왕

선덕여왕이 어떠한 왕이었는가에 대해서는 『삼국사기』의 즉위 기사에 '관인명민(寬仁明敏)' 네 글자로 소개되어 있다. 너그럽고 인자하고 명석하고 재치 있다는 말이다. 간략하게 말하자면 마음씨 곱고 총명했다, 즉 덕(德)과 지(智)를 두루 갖추었다는 뜻이다.

덕과 지는 누구에게나 중요한 가장 기본적인 덕목이다. 영국의 경제학자 마셜(A. Marshall)이 경제학자가 갖추어야 할 조건으로 '차가운 머리, 뜨거운 가슴'을 말한 것이나, 대웅전의 석가모니불을 지의 문수보살과 덕의 보현보살이 좌우에서 보좌하는 것도 지와 덕이 가장 기본적인 덕목임을 알려준다.

그런데 지와 덕 중에서도 왕으로서 갖추어야 할 가장 중요한 필요조건은 덕이었다. 신라인들은 '덕 있는 사람[有德人]'을 찾아서 박혁거세를 왕으로 받들었고, '덕 있는 왕비[有德女君]'를 구한 끝에 알영부인을 모셨으며,[328] '덕 있는 사람은 이가 많다[有德者多齒]'고 하여 유리이사금을 선출했다.[329]

선덕여왕이 덕 있는 왕이었음은 '선덕(善德)'이라는 시호가 대변하고 있다.[330] 선덕이라는 이름의 유래에 대해서는 도리천의 천자(天子), 제석(帝

---

328) 『삼국유사』 권1, 紀異2 新羅始祖赫居世王

329) 『삼국유사』 권1, 紀異2 新羅始祖赫居世王; 『삼국사기』 권1, 신라본기1 儒理尼師今; 『삼국유사』 권2, 紀異1 第三弩禮王

330) '善德'이라는 칭호를 『구당서(舊唐書)』에 김선덕(金善德)이라는 이름이 등장하는 것으로 보아 생전의 이름이었을 것으로 추측한 연구도 있다(남동신, 1992, 「자장의 불교사상과 불교치국책」, 『한국사연구』 76, 29쪽). 하지만 그것은 분명한 시호로 보인다. 첫째, 『삼국사기』나 『삼

釋), 『유마경(維摩經)』에 등장하는 장자(長者)의 아들, 부처 열반 시에 참석했던 남자 신도 등 여러 가지 견해가 있으며, 『대방등무상경(大方等無想經)』에 아쇼카왕의 전생으로 등장하는 선덕바라문(善德婆羅門)이라는 해석도 있다.[331]

하지만 신라에서 '백정(白淨), 승만(勝鬘)'처럼 왕의 이름을 불경의 인물로 정한 사례는 있지만 시호를 불경에 등장하는 인물로 정한 사례는 없다. 그리고 선덕여왕의 시호를 굳이 남자의 이름을 끌어들여 지을 필요가 있을지도 의문이다. 게다가 신라에는 잘 알려지지도 않았을 『대방등무상경』이라는 경전에서 굳이 브라만의 이름을 찾아내어 여왕의 이름으로 했을지도 의문이다. 선덕이라는 시호는 글자 그대로 여왕이 마음씨가 곱고 덕이 있었기 때문에 올린 것이라고 보는 것이 옳을 것이다.

여왕의 성품은 즉위 초반에 펼친 정책들이 대변하고 있다. 여왕은 즉위하자마자 백성들의 어려움을 보살피는 일에 진력했다. 즉위하던 해 632년에는 이른바 환과고독(鰥寡孤獨)이라 부르는, 혼자 힘으로는 살 수 없는 홀아비, 과부, 고아, 자식 없는 노인들을 진휼하고, 그 이듬해 정월에는 신궁(神宮)에 제사를 지낸 뒤 대사면을 내리고, 이어서 여러 고을의 세금과 부역을 1년간 면제해 주었다. 635년에는 이찬 수품(水品)과 용수(龍樹)에게 명하

국유사』나 모두 지증왕 때부터 시호를 썼다고 기록하고 있고, 둘째, 그 후의 왕들은 모두 시호와 이름을 따로 기록하고 있는데 선덕여왕에게는 덕만(德曼)이라는 이름이 따로 있었고, 셋째, 『삼국사기』에서 선덕여왕의 사망 기사에 시호를 선덕이라고 했다고 밝히고 있으며, 넷째, 『삼국유사』에서도 시호를 선덕여대왕이라고 했다고 명시하고 있다. 이 모든 증거를 『구당서』의 기록 하나로 뒤집는 것은 무리다. 중국의 입장에서 『구당서』를 편찬할 때 변방 여러 나라의 옛 기록을 모으는 과정에서 꼼꼼하게 살피지 않고 시호 선덕을 그대로 이름으로 썼던 결과로 볼 수밖에 없다(『삼국유사』 권1, 紀異2 智哲老王, 善德王知幾三事; 『삼국사기』 권4, 신라본기4 智證麻立干 15년; 권5, 신라본기5 善德王 16년).

331) 남동신, 1992, 앞의 논문, 29-30쪽

여 여러 고을을 돌아다니며 백성들의 형편을 보살피게 하였다.[332]

　선덕여왕 초반의 이 네 건의 기사에 기록된 일은 평범하고 통상적인 것으로 생각할 수도 있지만 선덕여왕 즉위 이전 100년간의 『삼국사기』 기사를 추적해 보면 결코 작은 일이 아니라는 것을 알 수 있다. 선덕여왕 즉위 전의 대사령은 540년(진흥왕 1), 555년(진흥왕 16), 577년(진지왕 2) 세 차례 있었다. 그러므로 선덕여왕의 대사령은 55년 만의 일이었다.[333] 그리고 주군(州郡)의 세금과 부역을 1년간 면제해 준 것은 약 80년 만의 일이었다. 그것도 555년에 진흥왕이 북한산을 순행하여 국경을 정할 때 왕이 거쳐 간 고을에만 베풀어진 혜택이었다.[334] 전국에 사람을 보내 환과고독을 보살피게 하거나 고위관료를 보내어 고을을 돌아다니며 백성들을 위무(慰撫)하게 한 일은 100년 내에 전혀 없었다. 이런 기록들이 선덕여왕 때에 집중적으로 나타난 것은 예전과는 다른 정치가 시작되고 있었다는 것을 짐작하기에 충분하다. 여왕은 백성들의 고달픈 삶을 이해하고 어루만지려 했던, 선하고 덕 있는 여왕이었다.

　그리고 『삼국유사』의 황룡사 9층탑 설화에서 자장(慈藏)이 중국에서 만난 신인(神人)이 여왕이 '덕은 있지만 위엄이 없어서[有德而無威]' 이웃나라들이 침범하는 것이라고 했고, 안홍(安弘)의 『동도성립기(東都成立記)』에도 '도는 있으나 위엄이 없어서[有道無威]' 구한(九韓)이 침노하는 것이라고 했는데,[335] 시각을 달리하여 이해하면 선덕여왕이 위엄은 없었지만 덕이 있었다

---

332)　『三國史記』 권5, 신라본기5, 선덕왕 원년 10월, 2년 정월, 4년 10월

333)　『三國史記』 권4, 신라본기4 진흥왕 원년 8월, 16년 11월, 진지왕 2년 2월. 대사령은 종종 신왕의 즉위를 기념하여 선정의 구체적 표현으로 시행된다. 진평왕의 즉위 때 대사령은 확인할 수 없는데 이는 기록의 누락일 수도 있다.

334)　『三國史記』 권4, 신라본기4 진흥왕 16년 11월

335)　『삼국유사』 권3, 塔像4 皇龍寺九層塔

는 것을 알려주고 있다.

또한 김유신의 여동생 문희와 김춘추의 혼인 설화도 선덕여왕이 인정이 많았음을 알려주고 있다. 문희가 혼인도 하기 전에 김춘추와 관계하여 임신하자 김유신이 짐짓 문희를 태워 죽이겠다고 장작불을 지폈더니 남산에 있던 선덕여왕이 연기를 보고는 옆에 있던 김춘추에게 어서 내려가 문희를 구하라고 하여 두 사람을 맺어주었다는 일화이다.[336] 이 설화는 구체적인 내용의 사실 여부를 떠나서[337] 김춘추와 김유신 집안의 정략결혼이 순조롭지 않았음을 알려주는 설화로 해석되는데[338] 한편으로는 선덕여왕의 성품을 알려주는 설화라고 볼 수 있다. 김유신이 한바탕 거짓 소란을 피운 것은 선덕여왕이라면 사람이 죽게 된 것을 보고는 절대로 그냥 내버려두지 않으리라는 것을 잘 알기 때문에 선덕여왕이 남산에 올랐을 때를 틈타 연기를 피워 올렸다는 뜻이다.

그렇다면 선덕여왕은 정말로 지혜 있는 총명한 왕이었을까? 선덕여왕이 총명했다는 것을 굳이 부정할 이유는 없다. 덕만공주가 왕이 된다면 중국에도 없었고 신라에도 없었던 여왕이 처음으로 즉위하게 된다. 진평왕으로서도 아무리 성골 남자가 끊어진 불가피한 상황이라고는 하지만 딸을 왕위에 앉히는 것은 상당한 모험이었을 것이다.[339] 이런 상황에서 그저 평범하거나 아둔한 딸을 후계자로 지목하지는 못했을 것이다. 『삼국유사』의 모란설화나 옥문지설화는 물론 과장된 측면은 있지만 왕이 총명하다는 사실에

---

336) 『삼국유사』권1, 紀異2 太宗春秋公

337) 이 설화는 사실 선덕여왕 때의 일이 아니라 덕만공주 때의 일이 되어야 한다. 김춘추와 문희 사이에서 문무왕이 태어나고 이어서 김인문이 태어났는데 김인문은 629년생이다. 따라서 문무왕의 출생연도는 늦게 잡아도 628년이 되는데 그때는 선덕여왕이 즉위하기 4년 전이었다.

338) 주보돈, 1994, 앞의 논문, 222쪽

339) 귀족들의 반발은 실제로 칠숙(柒宿)과 석품(石品)의 반란으로 나타났다.

대한 공통된 인식을 기반으로 하여 구성된 이야기였을 것이다.

선덕여왕은 덕과 지를 겸비한 왕이었고 특히 왕이 될 만한 가장 중요한 조건인 덕을 갖춘 왕이었다. 그러나 신라의 상당수 신민(臣民)들은 선덕여왕에게 그다지 우호적이지 않았을뿐더러 오히려 야박하게 굴었던 것으로 보인다.

2) 위엄 없는 여왕

선덕여왕은 제왕이 되기 위한 기본적인 덕목은 갖추었지만 충분한 덕목은 갖추지 못했다. 즉 위엄이 없었다. 선덕여왕 때에 신라는 고구려와 백제의 협공으로 어려운 지경에 빠졌다. 그렇게 된 이유는 앞에서도 말했듯이 선덕여왕이 '덕은 있으나 위엄이 없고', '도는 있으나 위엄이 없어' 이웃 나라들이 업신여기기 때문이라는 말을 들어야 했다.

선덕여왕에게는 왜 카리스마가 풍기지 않았을까? 위엄이란 종종 착한 마음씨와는 어울리기 어려운 것이다. 그리고 고대사회의 정치 영역에서 여인과는 어울리기 어려운 것이었다.

위엄이 있으려면 위압감을 풍기는 외모가 필요하다. 고대의 제왕은 외형적으로 신체가 커서 위엄이 드러나야 했다.[340] 예컨대 이스라엘 사람들이 첫 왕으로 선택한 사울은 생김새가 준수했고, 키가 모든 백성보다 어깨 위만큼 더 컸다고 구약성경에 묘사되어 있다.[341] 하지만 선덕여왕은 체구가 크지 않았던 듯하다. 『삼국사기』에서는 대개 왕의 즉위 기사에 왕의 성

---

[340] 제왕의 신체적 덕목에 관해서는 신형식, 1984, 『한국고대사의 신연구』, 일조각, 88쪽 참조.

[341] 『구약성경』 사무엘상 9:2 "그의 이름은 사울이요 준수한 소년이라. 이스라엘 자손 중에 그보다 더 준수한 자가 없고, 키는 모든 백성보다 어깨 위만큼 더 컸더라."

품과 덕목을 기재하는데 큰 체구를 덕목으로 든 기록이 적지 않다. 삼국의 왕들이 모두 그러했지만 신라만을 예로 들어보면 석탈해가 9척 장신이었고, 실성마립간은 7척 5촌이었으며, 아달라이사금, 법흥왕, 진덕여왕은 7척이었다고 한다. 이 밖에도 구체적인 수치는 밝혀져 있지 않지만 남해차차웅, 조분이사금, 지증왕, 진평왕이 모두 키가 컸다. 『삼국유사』에서 지증왕은 몸이 엄청나게 컸으며 음경이 거대해서 짝을 구하기 어려울 정도였다고 한다.[342] 진평왕은 키가 11척일 뿐 아니라 힘이 대단해서 내제석궁(內帝釋宮)에 행차했을 때에 계단 섬돌을 밟자 돌 셋이 한꺼번에 부러졌다 한다.[343]

왕들은 키가 커서 기품이 있어 보이기도 했지만 풍채, 용모도 기이하고 영특하고 웅위(雄偉)했다. 아달라이사금, 나해이사금, 조분이사금, 흘해이사금, 눌지마립간, 진평왕, 무열왕, 문무왕, 원성왕이 모두 이런 경우에 해당된다. 유리(儒理)이사금의 맏아들 일성(逸聖)은 적장자이면서도 위엄과 명석함이 파사(婆娑)에 미치지 못한다는 이유로 왕위를 아우 파사에게 양보해야 했다.

하지만 선덕여왕은 아무런 언급이 없는 것으로 보아 체구가 크지 않았던 듯하다. 그것은 신라의 다른 두 여왕과 비교해 보아도 그러하다. 진덕여왕(眞德女王)은 키가 7척 장신이었고 손을 아래로 늘어뜨리면 무릎을 넘어갔다고 한다.[344] 이 '수수과슬(垂手過膝)'은 여래(如來)와 전륜성왕(轉輪聖王)이 갖추었다는 32상(相) 가운데 하나에서 유래되어 불교와 관련된 것

---

342) 『삼국유사』 권1, 紀異2 智哲老王
343) 『삼국유사』 권1, 紀異2 天賜玉帶
344) 『삼국사기』 권5, 신라본기5 眞德王 "長七尺 垂手過膝"

으로 오인되기도 하나[345] 사실은 제왕의 신체적 특징이다. '수수과슬'은 중국에서는 불교적인 의미가 탈색되면서 영웅에게서 나타나는 특징으로 자주 소개되었으며, 특히 중국 사서(史書)에서 삼국시대와 남북조시대 여러 황제의 신체적 특징을 소개할 때에 장신(長身)과 긴 팔은 '身長○尺(○寸) 垂手過膝'로 하나의 상용구처럼 쓰였다.[346] 『삼국사기』의 즉위 기사는 결국 진덕여왕이 제왕의 신체적 특징을 갖추고 있었음을 드러낸 표현이다.

그리고 정강왕(定康王)의 누이동생 진성여왕(眞聖女王)이 후계자가 될 수 있었던 것은 총명하기도 했지만 체격이 컸기 때문이다. 진성여왕은 골법(骨法), 즉 뼈대와 체격이 장부 같았다고 한다.[347] 하지만 선덕여왕에 대해서는 그런 기록이 전혀 없다. 이는 선덕여왕이 평범하거나 또는 왜소한 체구를 지녔으며 범상치 않은 분위기를 드러내는 특징도 없었다는 뜻이다. 여

---

345) '수수과슬(垂手過膝)'을 근거로 진덕여왕이 즉신성불(卽身成佛)했다고 주장한 연구도 있으나(조경철, 2009, 「신라의 여왕과 여성성불론」, 『역사와 현실』 71) 오해라고 생각한다. 이제까지 수많은 불교 경전이 간행되었지만 여인이 바로 성불했다는 기록은 단 한 군데도 없다. 『불설무구현녀경(佛說無垢賢女經)』이나 『불설복중녀청경(腹中女聽慶)』에는 기사굴산에서 부처가 설법할 때에 여인이 깨달음을 이루는 장면이 묘사되어 있는데, 여자아이가 어머니 뱃속에서 설법을 듣다가 오른쪽 옆구리로 태어났고 설법을 마저 듣고는 곧바로 남자로 변하여 깨달음을 이루었다고 한다. 여인은 범천, 제석, 마왕, 전륜성왕, 여래가 될 수 없다는 여인오장설(女人五障說)에 따라 바로 성불할 수 없으며 깨달음에 이르는 마지막 순간에는 남자가 되어야 했다. 심지어 다음 생에 해탈이 예정되어 있는 극락세계도 남자만이 갈 수 있었다.

346) 삼국시대와 남북조시대 황제의 키는 촉한(蜀漢)의 초대 황제 유비(劉備; 재위 221~223)가 7척 5촌, 전조(前趙)의 초대 황제 유요(劉曜; 재위 318~329)가 9척 3촌으로, 북주(北周)의 초대 황제로 추존된 우문태(宇文泰; 505~556)가 8척, 진(陳)의 초대 황제 진패선(陳覇先; 재위 557~559)이 7척 5촌, 진의 4대 황제 진욱(陳頊; 재위 569~582)이 8척 3촌이었으며, 이들 모두가 손을 늘어뜨리면 무릎을 내려갔다 한다(『三國志』 권32, 蜀書2 先主傳2; 『晉書』 권103, 載記3 劉曜; 『北史』 권9, 周本紀上9; 『南史』 권9, 陳本紀上9; 『南史』 권10, 陳本紀下10). 유비의 경우에는 '垂手下膝'로 표현되었다.

347) 『삼국사기』 권11, 신라본기11 定康王 2년

왕의 몸에서 풍기는 인상은 왕으로서의 위엄을 채워주지 못했다.

3) 향기 없는 여왕

선덕여왕에게는 일반적인 왕의 덕목 외에 또 한 가지가 필요했다. 그것
은 여인에게 필요한 아름다운 자태였다. 그러나 선덕여왕에게는 아쉽게도
아름다운 자태가 없었다. 그러한 정황은 『삼국사기』의 선덕여왕 즉위기사
와 진덕여왕 즉위기사를 비교해 보면 확연히 드러난다. 『삼국사기』에는 선
덕여왕의 즉위에 대해 이렇게 말하고 있다.

> 선덕왕이 즉위했다. 이름은 덕만(德曼)이고 진평왕의 맏딸이며 어머니는
> 마야부인이다. 덕만은 성품이 관인명민(寬仁明敏)했다.[348]

여왕의 자태에 대해서는 일언반구의 언급도 없이 성품에 대해서만 말하
고 있다. 그러나 진덕여왕의 즉위기사는 정반대이다.

> 진덕왕이 즉위했다. 이름은 승만(勝曼)이고 진평왕의 친동생[母弟] 국반
> 갈문왕(國飯葛文王)의 딸이며 어머니는 박씨 월명부인이다. 승만은 자질
> (姿質)이 풍려(豊麗)했고, 키가 7척으로 손을 늘어뜨리면 무릎을 넘어갔
> 다.[349]

348) 『삼국사기』 권5, 신라본기5 善德王
349) 『삼국사기』 권5, 신라본기5 眞德王

진덕여왕이 자질이 풍려하고 키가 7척이었다는 것은 글래머 스타일에 늘씬한 미인이었다는 표현이다.[350] 앞뒤로 연이어 즉위한 두 여왕에 대한 평가는 매우 대조적이다. 행간에 감춰진 이야기를 들춰보자면 선덕여왕은 내면적인 덕목은 갖추었으나 외형적인 덕목은 갖추지 못했던 것으로 해석된다. 반면에 진덕여왕의 치세에는 왕에게 덕과 지혜가 별로 요구되는 상황이 아니었다. 왕은 그저 외형적인 덕목만 갖추면 되었다. 진덕여왕 당시에는 정치적 실권이 사실상 김춘추와 김유신에게 장악되어 있었기 때문이다.

이제까지는 선덕여왕의 자태에 대해 감춰진 이야기를 찾아냈지만 직접적으로 언급하고 있는 이야기도 있다. 그것은 유명한 모란설화이다.

모란설화는 현재 네 개가 남아 있다. 널리 알려진 『삼국사기』(1145), 『삼국유사』(1281)의 모란설화 외에도 『수이전(殊異傳)』에 전하는 설화가 둘이 있는데 하나는 『삼국사절요(三國史節要)』(1476)에 전하고, 또 하나는 권별(權鼈: 1589~1671)의 『해동잡록(海東雜錄)』(17세기)에 전한다.[351]

『수이전』은 신라시대의 기이한 설화를 모은 책으로서, 11세기 고려시대 박인량(朴寅亮: ?~1096)이 지었다고 하는데,[352] 그곳에 수록된 설화는 여러 설화의 모태가 되었다. 『삼국사기』와 『삼국유사』의 모란설화도 아마도 『수

350) 중국의 미인형이 남북조시대에는 가녀린 여인에서 당대(唐代)에 풍만한 여인으로 바뀌었고 그 대표 격이 양귀비라는 것은 이미 널리 알려져 있다. 우리나라 불상에서도 7세기부터는 점차 불상에 살이 붙어 8세기 석굴암 본존불에서는 당당한 체구에 이르게 된다. 진덕여왕이 豐麗했다는 표현은 그러한 미의 관념과 연관이 있는 듯하다.

351) 이후의 수이전 서술에서 『삼국사절요』에 전하는 것은 「절요수이전」으로, 『해동잡록』에 전하는 것은 「잡록수이전」으로 한다.

352) 『수이전』의 저자에 대해서는 최치원(崔致遠: 857~?), 박인량(朴寅亮: ?~1096), 김척명(金陟明: ?~?) 등 몇 가지 설이 전하는데, 대개는 11세기 박인량의 작품으로 보고 있다(이동근 엮음, 2008, 『수이전 일문』, 지만지, 22-25쪽).

이전』에서 가져왔을 가능성이 크다. 「절요수이전」과 「잡록수이전」의 모란
설화가 『수이전』의 것을 그대로 옮긴 것이라면 『삼국사기』와 『삼국유사』
의 설화보다 원형에 가까운 설화일 것이다. 그 가운데 「절요수이전」의 모
란설화는 다음과 같다.

당 태종이 모란 씨와 꽃그림을 보내왔다. 왕이 꽃을 보고 웃으며 좌우에
말하기를 "이 꽃은 비록 요염 부귀하여 화왕(花王)이라고 부르지만 꽃에
벌나비가 없으니 반드시 향기가 없을 것이다. 황제가 내게 이것을 보낸
것은 '어찌 짐이 여인으로 왕을 삼겠는가?' 하는 뜻이 숨어 있다." 하였
다. (꽃씨를) 심고 꽃이 피기를 기다려 보니 과연 향기가 없었다.[353]

「절요수이전」에서는 당 태종이 "짐이 어찌 여인으로 왕을 삼겠는가?" 하
였다지만, 뒤에 소개할 「잡록수이전」에서는 "짐이 어찌 짝 없는 여인으로
왕을 삼겠는가?" 하여 여왕이 짝이 없음을 구체적으로 밝히고 있다.[354] 이
는 『삼국유사』의 모란설화에서도 마찬가지이다. 설화가 뜻하는 것 가운데
한 가지는 명백하다. '여인은 꽃, 여왕은 화왕, 향기는 미모, 벌나비는 짝'
이라는 사실이다. 즉 향기 없는 화왕에 벌나비가 없는 것은 미모 없는 여왕
에 짝이 없는 것과 마찬가지라는 것이다. 설화의 사실 여부를 떠나서, 그

---

353) 『三國史節要』 권8 "殊異傳 唐太宗 以牧丹子并畵花遣之 王見花 笑謂左右曰 此花妖艶富貴 雖
號花王 畵無蜂蝶 必無香 帝遣此 豈朕以女人爲王耶 亦有微意 種待花發 果無香". 모란설화는
내용의 정확한 해석이 필요하므로 원문을 하나하나 각주에 소개한다.

354) 『삼국유사』 왕력(王曆)에는 선덕여왕의 배필로 음갈문왕(飮葛文王)이 명기되어 있어 여왕이
짝이 없었다는 모란설화와 모순된다. 선덕여왕의 혼인 여부에 대해서는 학계에서도 논란이
있어 어떻게 보든 막연한 추측일 수밖에 없다. 다만 선덕여왕이 왕위에 오른 후에 혼인했다
면 모란설화와 모순되지는 않는다.

속뜻은 결국 선덕여왕을 조롱한 것이다.

향기라는 것을 꼭 미모로 보아야 하나 하고 반론을 제기할 수도 있다. 예컨대 여인으로서의 독특한 개성, 매력으로 볼 수도 있다. 하지만 현대적인 표현으로 해석해도 여인의 향기는 대개 미모를 말하며 『삼국사기』에서도 향기를 미모로 표현하고 있다. 그 한 예로 792년(원성왕 8)에 신라에서 당나라에 사신을 보내면서 김정란(金井蘭)이라는 미인을 바쳤는데 그녀는 '국색신향(國色身香)'으로 묘사되었다.[355] 모란설화에 나왔던 '국색(國色)'이니 '향(香)'이니 하는 낱말이 여기에도 똑같이 등장한다. 향기는 바로 신향(身香), 즉 외면의 아름다움이다.

사실 선덕여왕에게서는 아름다운 자태를 기대하기는 어려웠다. 덕만공주가 왕위에 즉위했을 때에는 어리고 어여쁜 공주가 아니었다. 진평왕은 시조 박혁거세를 제외하면 가장 오래 재위했던 왕으로서 54년 동안이나 왕의 자리에 있어서 그가 사망하여 공주 덕만이 즉위했을 때에는 공주는 이미 상당히 나이가 들어 있었다. 선덕여왕의 출생연도가 밝혀져 있지 않기 때문에 즉위 당시의 정확한 나이는 알 수 없지만 조카인 무열왕 김춘추의 출생연도를 통해 어림짐작을 해보면 즉위 당시에 이미 50세 전후의 나이였을 것이다.[356] 조선시대의 남자들도 40대가 되면 '옹(翁)'을 써서 거의 노인 취급을 하기도 했는데,[357] 삼국시대 여자들은 그보다 더했으면 더했지 결코 덜하지 않았을 것이다. 쉰 살 전후의 나이는 여인으로서는 이미 음도(陰道)

---

355) 『삼국사기』 권10. 신라본기10 元聖王 八年 "秋七月 遣使入唐 獻美女金井蘭 其女國色身香"

356) 김춘추는 603년생이다. 어머니 천명부인이 만약 20세에 김춘추를 낳았다면 선덕여왕이 즉위한 632년에는 49세가 되고 그 언니 선덕여왕은 50세 이상이 된다. 정용숙은 52세 또는 53세에 즉위한 것으로 추정했다(정용숙, 1994, 「신라 선덕왕대의 정국동향과 비담의 난」, 『이기백선생고희기념한국사학논총―고대편·고려시대편』, 일조각, 255쪽).

357) 정조는 47세 때에 옹(翁)을 자처하여 「萬川明月主人翁自序」를 썼다.

가 끊겨 향기가 사라질 나이였다.[358]

하지만 선덕여왕의 미모는 세월과 함께 점차 사라진 것이 아니라 본시 젊었을 때부터 없었던 것으로 생각된다. 선덕여왕이 15년간 왕위에 있다가 죽고 난 뒤 647년에 사촌 동생 진덕여왕이 왕위에 올랐는데 그때 진덕여왕의 나이는 선덕여왕이 즉위했을 때보다 더 많아서 예순 가까이 되었다. 그렇지만 진덕여왕에 대해서는 앞에서도 밝혔듯이 『삼국사기』에 글래머형의 미인으로 소개되었다. 그리고 선덕여왕의 동생 선화공주는 『삼국유사』에서 미모라면 둘째가라면 서러워할 '미염무쌍(美艶無雙)'한 미인으로 소개되어 있다.[359] 설화의 내용은 아주 간단하고 이해하기 쉽다. 선덕여왕은 미모와는 거리가 있었던 것이다.

3. 향기로운 여왕 만들기

1) 향기로운 여왕의 절, 분황사(芬皇寺)

선덕여왕은 첨성대를 세운 이듬해 634년(선덕왕 3)에 분황사(芬皇寺)를 세웠다. 모란설화에도 보이듯이 선덕여왕은 향기 없는 여인이라는 말을 들으면서 심리적인 압박을 받았을 것이다. 그래서 지귀설화와 같은 맥락에서

---

358) 『황제내경(皇帝內經)』에 남자는 8×8=64세에 양도가 끊어지고, 여자는 7×7=49세에 음도가 끊어진다고 했듯이(男 八月生齒 八歲毁齒 二八十六陽道通 八八六十四陽道絶 女 七月生齒 七歲毁齒 二七十四陰道通 七七四十九陰道絶), 여왕은 이미 음도가 끊어졌거나 곧 끊어질 나이였다.

359) 『삼국유사』 권2, 紀異2 武王

여왕을 향기로운 여왕으로 만들기 위해 분황사(芬皇寺)가 설립되었다. '분황(芬皇)'은 말 그대로 '향기로운 황제'라는 뜻이다.[360] 분황사(芬皇寺)의 별칭 '왕분사(王芬寺)'도 왕은 향기롭다는 뜻을 담고 있다.[361] 그리고 분황사에는 바로 중고왕실의 권위를 성화(聖化)하고 여왕체제를 적극적으로 수호했던 자장이 머물렀다.[362] 분황사는 여왕의 미모에 대한 이미지를 만들어내기 위한 상징적 사찰이었다.

2) 지귀(志鬼)의 가슴에 불을 붙인 여왕

앞의 모란설화는 선덕여왕에게 미모가 없었다는 것을 말하고 있다. 그런데 그것과는 정반대로 선덕여왕이 상당한 미모의 소유자였다는 이야기도 있다. 그것이 지귀설화(志鬼說話)이다.

지귀설화도 본래 『수이전』에 실려 있던 이야기인데, 현재 『수이전』은 전하지 않고 『수이전』의 지귀설화가 두 책에 전해지고 있다. 하나는 조선시대 성임(成任: 1421~1484)의 『태평통재(太平通載)』에 「지귀(志鬼)」라는 제목으로, 또 하나는 권문해(權文海: 1534~1591)의 『대동운부군옥(大東韻府群玉)』에 「심화요탑(心火繞塔)」이라는 이름으로 거의 같은 내용으로 전해 온다.

---

360) 남동신, 1999, 「원효와 분황사 관계의 사적 추이」, 『분황사의 제조명』, 동국대학교 신라문화연구소, 79쪽

361) 『삼국유사』 권4, 義解5 圓光西學 "如芬皇作王芬寺之例也"; 慈藏定律 "命住芬皇寺(唐傳作王芬)". 당시에는 이름 가운데 '황(皇)' 자가 들어간 절이 여럿이 세워졌다. 그런데 후에 글자가 바뀌었다. 황룡사(皇龍寺)는 황룡사(黃龍寺)로 쓰기도 하고, 황복사터에서는 '황복(皇福)'이라고 쓴 기와와 '왕복(王福)'이라고 쓴 기와가 함께 발견된다. 이렇게 '皇'을 '王' 또는 '黃'으로 바꾼 것은 중국과의 관계를 염두에 둔 것으로 짐작된다(전덕재, 2006, 「신라 왕궁의 배치양상과 그 변화」, 『신라왕경의 구조와 체제』, 동국대학교 신라문화연구소, 174쪽).

362) 남동신, 1999, 앞의 논문, 84쪽

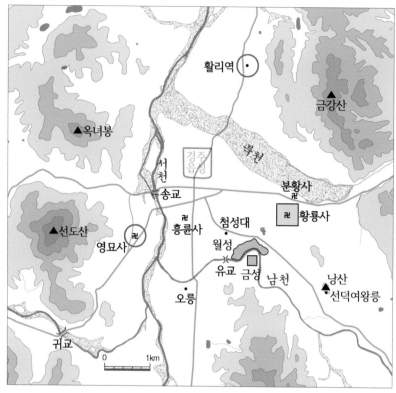

〈그림11-1〉 영묘사와 활리역

* 파란 점들로 넓게 표시된 하천은 우기에만 하천을 형성하는 건천(乾川)이다.

■ 정연식, 2016, 「모량(牟梁), 잠훼(岑喙)의 뜻과 귀교(鬼橋)의 위치」, 『인문논총』 30, 서울여대 인문과학연구소, 227쪽. 바탕지도는 조선총독부 육지측량부의 1:50,000지형도, 등고선간격 80m

『태평통재』에 실린 설화는 다음과 같다.

지귀는 신라 활리역(活里驛) 사람이다. 선덕여왕의 기품과 아름다움을 흠모하여 슬픔에 잠겨 눈물을 흘리다가 모습이 초췌해졌다. 왕이 소식을 듣고는 불러들여 "짐이 내일 영묘사에 향을 올리러 가니 너는 그 절에서 짐을 기다려라." 하였다. 지귀가 다음날 영묘사 탑 아래에서 왕의 행차를 기다리다 홀연히 깊은 잠에 빠졌다. 왕이 절에 도착하여 향을 올린 뒤 지귀가 깊이 잠든 것을 보고는 팔찌를 벗어 가슴에 올려놓고 곧 환궁하였다. 그런 후에 (지귀가) 바로 왕의 팔찌가 가슴에 있는 것을 보고는 왕을 기다리다 만나지 못한 것을 한스러워하여 한참을 낙담하다가 심장에서 일어난 불이 몸을 태워서 지귀는 화귀(火鬼)로 변했다.[363]

활리역은 사리역(沙里驛)이라는 이름으로 지금의 경주 소금강산 기슭의 용강동에 있었던 역이다(<그림11-1>).[364] 이 사건은 『대동운부군옥』에서는 그저 절에서 있던 사건으로 나오는데 『태평통재』에는 영묘사(靈廟寺)에서의 일로 기록되어 있다.

지귀설화의 흔적은 『삼국유사』에도 남아 있다. 하루는 혜공(惠空)이 새끼줄을 꼬아 가지고 영묘사에 들어가서 금당(金堂)과 좌우 경루(經樓)와 남문(南門)의 낭무(廊廡)를 빙 둘러 묶어 놓고 강사(剛司)에게 사흘 뒤에 새끼줄을 풀라고 하기에 그대로 따랐더니 사흘 뒤 선덕여왕이 절에 행차했을 때에 지귀의 심화가 일어나 탑이 불탔으나 새끼줄을 두른 곳은 화재를 면할 수 있었다는 것이다.[365]

이 설화는 역인(驛人) 지귀를 상사병에 들어 화귀(火鬼)가 되게 할 만큼 선덕여왕이 아름다웠다는 이야기를 하고 있다. 그러나 그것은 단지 설화일

---

363) 『太平通載』권73, 志鬼 "志鬼 新羅活里駰人 慕善德王之端嚴美麗 憂愁涕泣 形容憔悴 王聞之 召見日 朕明日行靈廟寺行香 汝於其寺待朕 志鬼翌日歸靈廟寺塔下 待駕幸 忽然睡酣 王到寺行香 見志鬼方睡著 王脫臂環 置諸胸 卽還宮 然後乃御環在胸 恨不得待御 悶絕良久 心火出燒其身 志鬼則變爲火鬼"

364) 정연식, 2018, 「신라 초기 습비부(習比部) 고라촌[高耶村]의 위치」, 『한국사연구』 183, 160쪽, 165쪽

365) 『삼국유사』권4, 義解5 二惠同塵

뿐 사실과는 동떨어진 이야기였다.

우선 이 설화는 용수(龍樹; Nagarjuna)의 『대지도론(大智度論)』과 석도세(釋道世)의 『법원주림(法苑珠林)』에 나오는 술파가(術波伽)설화와 구성이 똑같다. 어부 술파가 공주 구모두(拘牟頭)를 우연히 한 번 보고는 사모하여 상사병이 걸리자 그 어머니가 술수를 써서 아들이 공주를 천사(天祠)에서 만날 수 있도록 약속을 잡아놓았는데 약속시간에 술파가 그만 기둥 밑에서 잠이 들고 말았다. 공주는 술파가 깨어나지 않자 영락(瓔珞)을 남겨두고 떠났고 낙심한 술파가는 음화(婬火)가 속에서 일어나 불타 죽었다는 것이다.[366]

한편 이 이야기는 명나라 때 풍몽룡(馮夢龍: 1574~1646)이 편찬한 『정사유략(情史類略)』이라는 설화집에 「화화(化火)」라는 제목으로 거의 같은 내용이 전한다. 촉(蜀)나라 공주의 유모 진씨(陳氏)가 궁중에 드나들 때에 어린 아들을 데리고 들어가 살았는데 아들이 점점 자라면서 공주를 사모하게 되어 상사병이 걸렸다. 공주가 그 어머니가 얼굴에 수심이 가득한 것을 보고는 까닭을 묻자 어머니는 사실대로 이야기했고 공주는 천묘(祆廟)에서 진씨의 아들을 만날 것을 약속했다. 그러나 정작 공주와 만날 시간에 아들은 잠이 들었고 공주는 반지를 빼어놓고 떠났다. 나중에 깨어난 아들은 가슴에서 불이 일어나 천묘를 태우고 죽었고 후에 천묘의 호신(胡神)이 되었다는 이야기이다.[367]

앞의 두 설화를 살펴보면 지귀설화는 술파가설화나 진씨아들설화를 들여와 약간 개조한 설화이지, 신라에서의 사건을 토대로 만들어진 설화가

---

366) 인권환, 1968, 『心火繞塔』說話攷―인도 설화의 한국적 전개―, 『국어국문학』 41; 황패강, 1975, 「志鬼說話小考」, 『동양학』 5 참조.
367) 조용호, 1997, 「지귀설화고」, 『고전문학연구』 12

아니다. 지귀는 여왕이 그 전날 미리 불러서 여왕을 이미 만났는데 다음날 영묘사에서 못 만나서 원귀가 되어 죽었다는 것도 이상한데, 이는 다른 설화를 끌어들여 개작했기 때문이다.[368)

선덕여왕이 지귀를 상사병에 걸리게 할 정도로 아름다웠을지도 의문이다. 선덕여왕에게 미모가 없었음은 이미 앞에서 밝혔다. 그리고 영묘사가 635년(선덕왕 4)에 낙성되었으므로 선덕여왕이 50세에 즉위했다면 그 사건은 결국 53세 이후에 있었던 사건이어야 한다. 그때는 이미 남자를 상사병에 걸리게 할 나이는 아니었다.

지귀설화가 술파가설화나 진씨아들설화와 다른 점은 공주가 아니라 여왕이 등장한다는 것이다. 우리나라 고대의 사랑 이야기에는 호동왕자와 낙랑공주, 바보온달과 평강공주, 무왕과 선화공주처럼 공주가 등장하는데 유독 이 설화에는 철없는 어린 공주가 아니라 여왕이 직접 등장한다. 술파가설화나 진씨아들설화처럼, 또는 온달설화나 무왕설화처럼 공주와 천민의 사랑 이야기라면 모르되 여왕과 천민의 사랑 이야기는 적잖이 어색해 보인다.

선덕여왕이 역인을 만나려 했다는 상황설정도 어색하다. 역(驛)의 일은 아주 천하고 고된 일이었다. 조선시대에도 역인은 신분은 양인이리 하더라도 하는 일은 칠반천역(七般賤役) 가운데 하나였고, 중국이나 서양에서도 마찬가지로 아주 힘들고 천한 일이었다.

조선시대에 봉군(烽軍), 수군(水軍), 역졸(驛卒) 등은 하는 일이 아주 천하

---

368) 물론 지귀설화를 신분의 차이를 넘어선 사랑이야기로 해석할 수도 있고(이정원, 2008, 「애정 전기소설사 초기의 서사적 성격―『대동운부군옥』에 실린 『수이전』 일문을 중심으로―」, 『고소설연구』 25, 한국고소설학회) 또 술파가설화의 주제도 그랬을 수도 있지만, 지귀설화 단계에서는 내용이 약간 바뀌고 뒷부분이 첨가되어 사랑이야기와는 전혀 다른 방향으로 전개되었다.

고 고되어 특수신분으로 묶어두고 그 직역을 자손에게 세습시켰다. 역참(驛站)제도가 가장 발달했다는 원나라에서도 참호(站戶)의 생활은 비참하기 짝이 없어서 "참호의 뼈가 말뼈처럼 혹사당하고 꼴 한 묶음, 콩 한 말이 피땀에서 나온다."라고 한탄하였다.[369] 우편업무를 뜻하는 '포스트(post)'라는 말은 유럽에서 역민(驛民)의 신분을 고정, 세습시키고 거주이전의 자유를 박탈하여 역에 말뚝처럼 박아둔 데서 유래한 말이다. 경북 점촌 시가지에서 2킬로미터 떨어진 곳에 조선시대 찰방(察訪)을 두었던 역 자리의 유곡(幽谷) 마을 주민들은 최근까지도 이웃 마을 주민들과 혼사 맺기도 어려웠고, 교사들도 부임을 기피하여 학교 이름까지 바꾸었다고 한다.[370]

대상이 공주라면 혹시 모르겠지만 역인이 여왕을 흠모하여 여왕에게 접근했다면, 설화가 아닌 현실 세계에서 여왕이 기뻐했을까? 아마도 "아무리 내가 늙고 못생겼다고는 하지만 그래도 왕인데 어떻게 천한 역인 따위가 감히…" 하고 화를 낼 일이다.

인도의 구모두 공주나 중국의 촉나라 공주와는 달리 신라의 선덕여왕은 실제로 존재했던 인물이다. 선화공주 이야기처럼 가공의 공주를 만들어 이야기를 구성해도 되는데[371] 지귀설화에서는 공주를 제쳐두고 실제 인물인 선덕여왕이 직접 등장했다. 그것은 선덕여왕을 가공의 설화에 끼워 넣어 아름다운 여인으로 만들고 싶었기 때문이다. 굳이 공주가 아닌 여왕을 설화에 넣은 것은 선덕여왕을 초야에 묻힌 미천한 역인까지도 상사병에 걸려 죽게 할 만큼 아름다운 여왕, 향기로운 여왕으로 만들어내고, 기억하고자

---

369) 臧嶸, 1997, 『中國古代驛站與郵傳』, 北京: 商務印書館, 161-162쪽

370) 최영준, 2009, 「길과 문명」, 『우리 역사와의 소통과 교통로』, 부산대학교박물관, 10쪽

371) 선덕여왕의 친동생 선화공주와 백제 武王에 관한 설화가 있으나 선화공주는 존재 자체를 의심받고 있다(김기흥, 2010, 「서동설화의 역사적 진실」, 『역사학보』 205).

하는 염원의 소산이었다.

4. 영험하고 신묘한 여왕 만들기

1) 영묘사(靈妙寺)와 여왕의 신묘한 힘

지귀설화에는 여왕의 미모와 함께 또 다른 의미가 함축되어 있었다.

비록 진씨아들설화가 지귀설화보다 늦게 수록되었지만 두 설화를 술파가설화와 비교해 보면 진씨아들설화가 술파가설화에 훨씬 가깝다. 진씨아들설화에는 술파가설화에서처럼 공주가 등장하며 남자 주인공의 어머니가 아들과 공주의 만남을 주선한다. 그러므로 설화의 변화과정을 살펴보면 술파가설화가 진씨아들설화를 거쳐 지귀설화로 발전되었다고 보는 것이 타당하다.

그런데 설화가 전파되는 과정에서 지귀설화에서는 앞의 내용 일부가 바뀌기도 하고 없었던 내용이 첨가되기도 했다. 진씨아들설화를 원형인 술파가설화와 비교해 보면 술파가는 음화(婬火)가 일어나 스스로 불타 죽었다는 것에서 이야기가 끝나지만 진씨 아들은 천묘(祆廟)를 불태우고 호신(胡神)이 되었다. 이는 술파가설화에는 없던 부분이다. 또한 지귀설화를 그전 단계의 진씨아들설화와 비교해 보면 지귀가 화신(火神)이 된 것은 같지만 지귀설화에는 진씨아들설화에는 없던 새로운 이야기가 보태졌다. 지귀설화는 지귀가 화신(火神)이 되고 난 뒤의 일을 다음과 같이 전한다.

왕이 술사(術士)에게 명하여 주문글[呪詞]을 짓기를 "지귀 가슴에 일은 불

이 몸을 태워 화신(火神)이 되었네. 창해(蒼海) 밖으로 떠돌아다니니 볼 수
도 없고 서로 친할 수도 없네." 하였다. 당시 풍속에 이 주문을 문과 벽에
붙여두어 화재를 막았다.[372]

본래 지귀설화의 모체인 『대지도론』의 술파가설화가 던진 메시지는 여
인은 음욕(淫慾)으로 남자를 망치니 조심하라는 것이었다고 한다.[373] 그러
나 지귀설화의 메시지는 그것과는 전혀 다르다. 여기서 선덕여왕은 화귀
(火鬼)를 집에 얼씬거리지 못하게 저멀리 바다 밖으로 내모는 신령스러운
힘을 지닌 왕이 되었다. 결론적으로 말해서 지귀설화의 메시지는 두 가지
이다. 하나는 선덕여왕이 지귀라는 역인을 상사병에 걸려 죽게 만들 만큼
아름다웠다는 것이고, 또 하나는 선덕여왕이 화귀를 물리치는 신령한 힘을
지녔다는 것이다.[374]

지귀설화에 나타난, 선덕여왕의 영험하고 신묘한 능력을 상징하는 건
물이 분황사가 창건된 이듬해 635년에 지은 영묘사(靈妙寺)이다. 영묘사
는 『삼국유사』 안에서도 '靈妙寺'로도 표기되고 '靈廟寺'로 나타나기도 한
다.[375] 처음 절이 창건되었을 때의 이름은 여왕은 영험하고 신묘하다는 뜻

---

372) 『太平通載』 권73, 志鬼 "於是王命術士 作呪詞曰 志鬼心中火 燒身變火神 流移滄海外 不見不
相親 時俗 帖此詞於門壁 以鎭火災"
373) 그러나 『대지도론』의 해석은 매우 어색하다. 아마도 인도의 민간 설화를 용수가 자의적으로
해석한 듯하다.
374) 선덕여왕은 국왕의 신분으로 미천한 역인을 만나주려 했던 관인(寬仁)한 왕이었다는 메시
지도 덧붙일 수 있을 것이다. 하지만 그렇다 하더라도 그것은 중요한 메시지는 아니었던 것
으로 보인다.
375) 『삼국유사』 권1, 紀異2 善德王知幾三事; 권2, 紀異2 孝恭王; 권4, 義解5 二惠同塵에는 '靈廟
寺'로, 권3, 興法3 阿道基羅; 塔像4 靈妙寺丈六; 塔像4 彌勒仙花·未尸郎·眞慈師에는 '靈妙
寺'로 기록되어 있다.

의 '靈妙寺'였을 것이다. 그러나 선덕여왕이 죽은 후 영험하고 신묘하다는 '靈妙'의 뜻을 강조할 필요가 사라지고, 영묘사의 기능이 변하여 사당 역할을 하게 되면서 '靈廟寺'라는 새로운 이름이 덧붙여졌을 것이다. 그러나 초창기의 '靈妙寺'라 쓴 편액은 그대로 남았을 것이다. 그 후로 오랜 세월이 지나 다시 '靈廟寺'라는 이름은 잊히고 편액의 '靈妙寺'라는 글씨가 남아 조선시대 기록에 모두 '靈妙寺'로 남았을 것이다.[376)]

다른 해석도 가능하다. 처음에는 영험하고 신묘하다는 뜻의 '靈妙寺'였는데 술파가도 천사(天祠)에서 불타 죽고, 진씨 아들도 천묘(祆廟)에서 불타 죽어 모두 사당에서 죽었다. 따라서 영묘사도 사당이 되어야 설화가 완벽하게 뒷받침되므로 '靈廟寺'로 바꾸었을 수도 있다.

그리고 분황사의 '황(皇)'과 왕분사의 '왕(王)'은 의미가 비슷하지만 영묘사의 '묘(廟)'와 '묘(妙)'는 의미가 전혀 다르다. 그런데도 이름을 바꿀 수 있었던 것은 '묘(廟)'와 '묘(妙)'의 한자음이 같았기 때문이다.[377)] 영묘사의 이름이 둘인 것에는 충분한 이유가 있다.[378)]

---

376) 『世宗實錄』권150, 地理志 慶尚道 慶州 靈妙寺; 『續東文選』권3, 五言古詩 鷄林八觀 靈妙寺; 『東史綱目』3下 乙未年 新羅善德女主 4年; 成俔, 『虛白堂集』권5, 詩 靈妙寺; 曺偉, 『梅溪集』권1, 五言古詩 鷄林八觀 靈妙寺; 吳守盈, 『春塘集』권2, 詩 東都懷古. 다만 金時習의 시 「등영묘사부도(登靈廟寺浮堵)」에는 靈廟寺로 되어 있다(『梅月堂集』권12, 詩 遊金鰲錄 登靈廟寺浮圖). 이는 靈妙寺가 靈廟寺로 바뀐 뒤에 세워진 부도 또는 부도비문에 靈廟寺로 적혀 있었기 때문일 것이다. 또는 부도가 9세기 이후에 본격적으로 세워지고(현존 최고 부도는 844년의 염거화상부도이다.) 초기에는 절의 경내가 아닌 가까운 외곽에 주로 세워졌으므로(시에도 "영묘사 부도에 오르니 오직 나무 부도 하나만 남았다."라고 했는데 이는 영묘사 경내 풍경을 묘사한 것이 아니다.) 경내의 편액을 보지 않고 쓴 시일 수도 있다.

377) 周法高(主編), 1973, 『漢字古今音彙』, 香港: 香港中文大學, 59쪽, 88쪽; 藤堂明保·加納喜光, 2005, 『學研新漢和大字典』, 東京: 學習研究社, 430쪽, 568쪽

378) 경주시 사정동에서 발견된 기와조각에는 '令妙寺(영묘사)'라는 글자가 좌우 반전된 상태로 찍혀져 있다. 令妙寺는 靈妙寺의 또 다른 이름이 아니다. 令의 음은 郎丁切로 표시되는 來母, 靑韻, 平聲으로 靈과 음이 똑같아서 通假字로 쓸 수 있다. '靈' 자는 획수가 25획이나 되

왕의 위대한 능력을 돋보이게 하는 것이 초자연적인 신령스러운 능력이다.[379] 선덕여왕의 영험하고 신묘한 능력이 발휘되는 곳은 당연히 그 뜻대로 이름을 지은 靈妙寺여야 한다. 『삼국유사』에서 백제 군사의 침입을 알려준 개구리가 울던 곳이 영묘사 옥문지였고, 지귀가 심장에서 일어난 불로 죽은 곳도 영묘사였으며, 혜공이 새끼줄을 둘러서 안쪽으로는 불이 옮겨 붙지 않게 한 영험한 일이 일어난 곳도 영묘사였다. 그리고 자루를 걸어둔 석장(錫杖)을 날려 시주를 받았고, 온갖 신묘한 재주를 지녔던 양지(良志)가 선정(禪定)에 들어간 상태에서 흙을 주물러 거대한 장륙삼존상(丈六三尊像)을 만든 곳도 영묘사였다.[380]

2) 세 가지 사건을 예언한 여왕

가) 모란설화

「절요수이전」과 「잡록수이전」 그리고 『삼국사기』, 『삼국유사』의 모란설화가 조금씩 다른 것은 처음 만들어진 설화가 여러 형태로 전승되고 개작

는 복잡한 글자라서 질기와에 돋을새김으로 넣기도 어려워 음이 같은 글자 가운데 간단한 '영(令)' 자를 넣었던 것이다. 포석정(鮑石亭) 터에서 '砲石(포석)'이라 쓴 기와가 발견되듯이 기와에는 복잡한 정자를 쓰지 않고 약자를 쓰거나 음이 같은 간단한 글자로 쓴 사례가 간혹 있다. 단지 기와를 다른 곳에 빼돌리는 것을 방지하기 위해 글자를 넣는데 굳이 정확한 글자를 쓸 필요는 없다.

379) 신성로마제국에서는 황제의 몸에 손이 닿으면 풍성한 수확을 보장받게 된다고 믿어 하인리히 4세의 행차에 농민들이 몰려들었고, 잉글랜드에서는 헨리 1세(1100~1135) 때부터 왕의 손이 닿으면 몇 가지 병을 고칠 수 있다는 믿음이 있었다(마르크 블로크 著, 한정숙 譯, 1986, 『봉건사회 II—계급과 통치—』, 한길사(Marc Bloch, 1968, *La société féodale*, Paris: Albin Michel), 155-159쪽). 그래서 엘리자베스 1세는 악한 자에게 내리는 형벌로 인식되었던 연주창(連珠瘡)을 손을 대어 치료해 줌으로써 국왕권의 신성함을 널리 알리려 했다(이지원, 2004, 「춤추는 이미지: 엘리자베스 1세의 이미지 정치」, 『역사와 문화』 9, 229쪽).

380) 『삼국유사』 권4, 義解5 良志使錫

되어 『수이전』에 수록되고, 또 필사되어 전하면서 여러 이본(異本)이 나오고 그것이 다시 『삼국사기』와 『삼국유사』에 수록되었기 때문일 것이다.

모란설화는 일반적으로 『삼국유사』의 설화가 가장 널리 알려져 선덕여왕의 지혜를 칭송한 설화로 알려져 있는데 사실은 네 설화가 전하는 메시지는 약간씩 다르며, 크게 차이나는 점도 있다. 『삼국사기』의 모란설화는 앞에서 소개한 「절요수이전」의 것과 상당히 다르다.

전왕(진평왕) 때에 당나라에서 모란꽃 그림과 꽃씨를 얻어 와서 덕만에게 보였더니 덕만이 꽃은 비록 빼어나게 곱고 탐스럽지만 향기가 없을 것이라고 하였다. 왕이 웃으면서 어떻게 아느냐고 물었더니 "대개 여자가 국색(國色)이면 남자가 따르고 꽃에 향기가 있으면 벌나비가 따르기 때문입니다. 이 꽃은 빼어나게 곱고 탐스럽지만 그림에 벌나비가 없으니 틀림없이 향기 없는 꽃입니다." 하였다. 씨앗을 심으니 과연 말한 그대로였다. (덕만의) 미리 아는 것이 이와 같았다.[381]

우선 앞의 「절요수이전」에서는 꽃씨와 꽃그림을 당 태종이 의도적으로 보내온 것으로 되어 있었는데, 『삼국사기』에서는 당 태종이 보냈다는 언급이 없이 그저 '당나라에서 얻어온[得自唐來]' 것으로 되어 있다. 그리고 「절요수이전」에서는 덕만공주의 신통력에 대한 칭송은 없이 당 태종이 여자가 왕이 된 것을 못마땅하게 여겼다는 뜻을 전하고 있다. 하지만 『삼국사기』에

---

381) 『삼국사기』권5, 신라본기5 善德王 "前王時 得自唐來牡丹花圖并花子 以示德曼 德曼曰 此(花雖絶艶 而必無香)氣 王笑曰 爾何以(知之 對曰 圖花絶艶 而圖畵又無蜂蝶 故知)之 大抵女有國色 (男隨之 花有香氣 蜂蝶隨之)故也 此花絶艶 而圖畵又無蜂蝶 是必無香花 種植之 果如所言 其先識如此". 괄호 안의 글자는 缺字를 추정하여 넣은 것이다.

서는 그에 관한 이야기는 없이 다만 선덕여왕의 신통력을 칭송하고 있다. 『삼국유사』의 설화는 또 약간 달라진다.

예전에 당 태종이 붉은색, 자주색, 흰색 세 가지 색의 모란꽃 그림과 씨앗 3되를 보내왔다. 왕이 꽃그림을 보고 "이 꽃은 반드시 향기가 없을 것이다." 하고는 뜰에 심으라고 했는데 꽃이 피기를 기다려 보니 과연 말 그대로였다. …그때 신하들이 왕에게 어떻게 아셨느냐고 물으니 "꽃그림에 나비가 없어서 향기가 없는 것을 알았다. 이는 바로 당 황제가 과인이 짝이 없다고 업신여긴[欺][382] 것이다." 하였다. 이에 신하들이 성지(聖智)에 탄복했다. 3색 꽃을 보낸 것은 신라에 세 여왕이 있을 것을 알았기 때문이니 선덕, 진덕, 진성을 말한 것이다. 당나라 황제가 뛰어난 지혜가 있었음을 이로써 알 수 있다.[383]

『삼국유사』 설화에서는 3색(三色) 꽃, 3승(三升)의 씨와 같은 다른 요소가 덧붙여졌다. 그리고 당 태종의 신통력에 관한 부분은 오랜 세월이 지난 후에 사족으로 덧붙여진 것으로 보인다. 일반적으로 『삼국유사』가 고대 문화의 원형을 잘 보존하고 있다고 생각하지만 상당 부분은 원형 자체가 아니라 원형에 오랜 세월에 걸쳐 누적된 사고가 덧붙여진 결과물이라는 지적에

382) 이동환은 '欺' 자를 속인다는 뜻으로 보아 '나무라다, 헐뜯다'의 뜻을 지닌 '譏' 자가 잘못된 것이 아닌가 하였으나 '欺' 자에는 '깔보다, 업신여기다'의 뜻이 있어 그대로 두어도 아무런 문제가 없다(이동환 校勘, 1973, 『三國遺事』(영인본), 민족문화추진위원회, 82쪽).

383) 『삼국유사』 권1, 紀異2 善德王知幾三事 "初 唐太宗送畵牧丹 三色紅紫白 以其實三升 王見畵花日 此花定無香 仍命種於庭 待其開落 果如其言…當時群臣啓於王日 何知花蛙二事之然乎 王日 畵花而無蝶 知其無香 斯乃唐帝欺寡人之無耦也…於是群臣皆服其聖智 送花三色者 蓋知新羅有三女王而然耶 謂善德眞德眞聖是也 唐帝以有懸解之明"

유의할 필요가 있다.[384]

그런데 설화의 해석에 들어가기 전에 몇 가지 정리해야 할 문제가 있다. 첫째로, 당 태종이 꽃씨를 보내온 시점 문제이다. 이에 대해서는 예전부터 몇몇 연구자들이 관심을 두었는데 『삼국사기』와 「잡록수이전」에는 명백히 진평왕 때의 일로 기록되어 있고, 『삼국유사』와 「절요수이전」에서는 선덕여왕 때의 일로 기록되어 있다.[385] 공주 때의 일로 전하고 있는 「잡록수이전」의 모란설화는 다음과 같다.

> 진평왕 때에 당 태종이 모란씨 3되와 모란꽃 그림을 보내왔다. 왕이 덕만에게 보이니 덕만이 웃으면서 "이 꽃은 향기가 없을 것입니다." 하였다. 왕이 "어떻게 아느냐?" 하니 "이 꽃은 부귀하여 비록 화왕이라고 부르지만 벌나비가 없으니 (벌나비 없는 꽃을 화왕이라 부르는 것) 어찌 짐이 짝 없는 여인을 왕으로 삼는 것이 아니겠는가 하는 깊은 뜻이 있습니다." 하였다. 뜰에 심어놓고 꽃이 피기를 기다리니 과연 향기가 없었다.[386]

「잡록수이전」에서는 당 태종이 "짐이 짝 없는 공주를 왕으로 삼으면 벌나비 없는 꽃을 화왕으로 삼는 것과 마찬가지가 아니겠는가?"라는 뜻을 전했다고 한다. 그렇다면 진평왕이 공주 덕만을 왕으로 삼기 전에 당 태종의

---

384) 남동신, 2007, 「『삼국유사』의 사서로서의 특성」, 『불교학연구』 16
385) 『삼국유사』에서는 선덕여왕이 과인(寡人)을 자칭하고 있다.
386) 『海東雜錄』 권1, 善德女王 "眞平王時 唐太宗以牧丹子三升及牧丹花圖遣之 王以示德曼 德曼笑曰 此花無香氣 王曰 何以知之 曰 此花富貴 雖號花王 而無蜂蝶 豈不朕以女人無偶爲主耶 必有深意 命種於庭 待花發 果無香 (殊異傳)". 밑줄 그은 필사본 영인본에는 '豈不以朕'으로 써 있는데 다른 글자와 뭉개져 잘 보이지 않으나 자세히 살펴보면 '以朕' 글자에 글자 순서를 바꾸는 교정표시(ˊ ˋ)가 있다. '不'은 잘못 첨가된 글자로 보인다.

뜻을 물었다는 뜻이다. 하지만 「잡록수이전」의 설화는 사실성이 낮다. 신라가 진평왕 말년부터 당나라와 외교 관계를 맺고 책봉을 받았지만 다음 왕의 즉위까지 당 황제의 의사를 물을 정도로 당에 종속되었다는 것은 성립되기 어렵다.

여왕 때의 일로 전하고 있는 「절요수이전」에서는 당 태종이 "짐이 어찌 여인을 왕으로 삼겠는가?" 하였다. 이는 덕만공주가 여왕이 되고 나서 당나라의 책봉을 받으러 사신을 보냈을 때에 책봉을 거부하고 모란꽃과 씨앗을 보낸 것이 된다. 실제로 당 태종은 선덕여왕을 즉위한 지 3년 만에 책봉했다. 진덕여왕은 즉위한 해에 바로 책봉했고, 제29대 무열왕부터 제35대 경덕왕까지도 모두 즉위한 해나 그 이듬해에 당 황제로부터 책봉을 받았다. 그런 면에서 보자면 선덕여왕의 책봉은 상당히 늦은 셈이다. 설화로서의 사실성은 「절요수이전」이 월등히 높다.

하지만 중요한 것은 이야기의 내용이지 시점이 아니다. 어차피 설화는 사실이 아니라 허구이기 때문이다. 꽃씨를 받은 시점이나 꽃이 핀 시점은 어찌 되었든 이야기의 논리적인 전개에는 별로 무리가 없다.[387]

둘째로, 모란꽃이 과연 향기가 없을까 하는 문제와 모란꽃에 왜 벌나비를 그리지 않았는가 하는 문제이다. 모란꽃은 '천향국색(天香國色)'이라는 별명이 있을 정도로 향기와 아름다움을 겸비한 꽃으로 이름나 있다.[388] 그

---

387) 꽃씨를 보낸 것은 진평왕 때의 일이고 꽃이 핀 것은 선덕여왕 때의 일이라고 해석하는 방법도 있지만 설명이 궁색해 보이며, 만약 그랬다면 설화에서 시점의 차이를 분명히 밝혔을 것이다.

388) 설화의 '국색(國色)'이란 표현에는 후대에 윤색된 흔적이 보인다. 모란꽃을 '국색'이라 표현한 것은 당나라 유우석(劉禹錫: 772~842)의 「상모란(賞牡丹)」이 최초이고(『劉夢得先生文集』 권5, 雜體詩 賞牡丹) 이를 천향국색(天香國色)으로 표현하여 널리 퍼뜨린 것은 당 문종 태화(太和: 827~835) 연간의 이정봉(李正封)의 詩이다. 따라서 이 설화에는 적어도 200년 뒤 사람의 생각이 일부 묻어있다(『唐詩紀事』 권40, 13葉 李正封. 唐文皇은 唐太宗을 지칭하는데, 기사의 唐文皇은 이정봉의 생몰년을 고려하면 唐文宗의 誤記이다).

러므로 향기가 없을 리 없다. 또한 모란꽃 그림에는 원래 벌나비를 그리지 않는데 선덕여왕이 그런 해석을 내린 것은 당 태종을 오해한 것이라는 견해도 있다.[389] 하지만 가공의 설화에서 모란꽃에 향기가 있나 없나, 또는 그림에 벌나비를 그리나 안 그리나 하는 문제를 따지는 것은 이야기의 주제와 무관한 일로, 불필요하게 논점을 흐리는 사족일 뿐이다.

그러면 왜 이런 이야기가 만들어졌을까?

첫째로는, 앞에서 밝혔듯이 선덕여왕이 즉위하고부터 책봉 받기 전까지 신라와 당 사이에 알력이 있었거나 아니면 단순한 당 태종의 보수적 성향으로 인해 여왕의 책봉이 미루어져서 이를 빗대어 만들어진 설화일 가능성이 있다.

둘째로는, 643년에 당 태종이 여왕의 퇴위를 요구한 것 때문일 수 있다. 앞에서 밝혔듯이 신라가 백제와 고구려의 공격을 받고 위기에 빠져 당나라에 도움을 요청했을 때 당 태종은 '너희 나라가 부인(婦人)을 왕으로 삼아서 이웃 나라의 업신여김을 받는 것'이라고 하면서 자신의 친척을 보낼 터이니 당분간 왕으로 삼아 안정을 꾀하라는 뜻밖의 말을 했다.[390] 이는 내정 간섭을 넘어서 신라를 속국으로 삼겠다는 몰상식한 발언이었다. 당 태종의 발언은 신라 사회에 엄청난 충격을 안겨주었고 선덕여왕으로서는 더할 수 없는 치욕을 당했다. 그때 있었던 시중의 쑤군거림이 모란설화로 만들어졌을 가능성이 크다. 둘을 비교해 보면 전자보다는 후자의 가능성이 더 커 보인다.

원래 『수이전』의 설화는 당 태종이 여왕을 멸시했다는 것이 주된 내용이고 선덕여왕의 신통력은 부차적인 내용이었다. 다시 말해서 신통력 있는

---

389) 조용진, 1989, 『동양화 읽는 법』, 집문당, 92-97쪽
390) 『三國史記』 권5, 新羅本紀5 善德王 12년 9월

여왕이 멸시를 당했다는 것이다. 그것을 주된 내용과 부차적인 내용을 바꾸어 여왕이 멸시당하기는 했지만 신통력이 있었다고 만든 것이 『삼국유사』의 설화이다. 그리고 선덕여왕의 신통력만 다루고 선덕여왕이 멸시받은 사실은 아예 없애버린 것이 『삼국사기』의 설화이다. 이를 정리해서 〈표 11-1〉을 만들었다.

〈표11-1〉 모란설화의 여왕에 대한 평가

	절요수이전	잡록수이전	삼국사기	삼국유사
설화 시점 지위	왕	공주	공주	왕
여왕 폄하	여자	짝 없음	×	짝 없음
신통력 언급	×	×	○	○

* ○는 언급이 있고 ×는 언급이 없다는 뜻이다.

　『수이전』, 『삼국사기』, 『삼국유사』의 설화의 주된 줄거리는 각기 11세기, 12세기, 13세기에 만들어진 것이 아니라, 이미 선덕여왕 당대에 만들어진 후에 여러 가지로 변형되어 따로 전승되었을 것이다. 그리고 일부에서는 주된 줄거리에 다른 요소가 첨가되었다.

　그렇다면 이런 해석이 가장 적절할 듯하다. 신라가 백제와 고구려의 공격을 받아 위기에 처한 상황에서 설상가상으로 선덕여왕은 당 태종으로부터 퇴위를 권고받았다. 신통력 있다는 여왕은 나라를 위기에서 구하지 못하고 당나라에 구원을 요청했다가 오히려 멸시를 당하고 말았다. 그래서 『수이전』의 설화가 만들어져 떠돌았다. 그런데 신라 왕실과 관련된 사람들이나 선덕여왕의 어진 정치를 흠모하던 백성들은 『수이전』의 설화를 선덕여왕이 멸시당한 사실보다는 선덕여왕의 신통력을 강조하는 설화로 바꾸어 놓았다.

설화는 만든 주체가 있어야 하고 그것이 오래 남기 위해서는 수용할 토대가 있어야 한다. 선덕여왕은 집권 초기에 백성들의 어려운 삶을 보살피기 위해 많은 노력을 했다. 그러나 신라의 국력이 날로 위축되어 왕경(王京)이 위협받는 상황에까지 이르게 되자 여기저기서 불만이 분출되었다. 그런 가운데서도 끝까지 선덕여왕을 믿고 추종했던 사람들이 설화에 다른 요소를 첨가해서 긍정적인 이미지를 만들었을 것으로 짐작된다.

이와 관련하여 주목되는 설화가 「화왕계(花王戒)」이다. 설총이 지었다는 「화왕계」에는 화왕(花王)이라는 모란꽃과 요염하고 아름다운 장미꽃과 백두옹(白頭翁)이라는 이름의 할미꽃이 등장한다.[391] 이 설화는 신문왕(재위 681~692) 때 있었던 이야기로 전하므로 선덕여왕이 죽고 약 40년이 지난 일로서, 먼 훗날의 이야기가 아니다. 이 설화에 선덕여왕 설화에서도 등장했던 화왕 모란꽃이 등장하는 것과 수많은 꽃 가운데 굳이 백두옹이라 부르는 늙은 할미꽃을 등장시켜서 이를 아름다운 장미보다 더 귀하게 여기라고 한 것은 의미심장하다. 이 설화에 꽃의 왕과 머리가 허연 꽃이 등장하는 것은, 늙고 장미처럼 예쁘지도 않은 여왕을 소중히 여기라는 메시지의 이야기가 복잡하게 분해되고 뒤얽혀 재구성된 것이 아닌가 하는 생각이 든다.[392]

나) 옥문지설화와 도리천설화

『삼국유사』의 지기삼사에는 두 번째 설화로 옥문지설화가 등장한다. 내용은 다음과 같다.

---

391) 『三國史記』 권46, 列傳6 薛聰
392) 모란꽃의 단점 중의 하나는 꽃은 화려한데 열매를 맺지 못한다는 점이다. 늙은 여왕은 아이를 낳을 수 없었던 것이다. 이에 대해서는 김창룡, 2007, 「善德女王과 牡丹故事 攷」, 『어문연구』 35-4, 328-329쪽 참조.

영묘사(靈廟寺) 옥문지(玉門池)에 겨울인데도 개구리들이 많이 모여들어 3, 4일 동안 울어대니 나라 사람들이 괴상히 여겨 왕에게 물었다. 그러자 왕은 급히 각간(角干) 알천(閼川), 필탄(弼呑) 등에게 명하여 정예군사 2천 명을 뽑아서 속히 서교(西郊)로 가서 여근곡(女根谷)이 어딘지 찾아가면 반드시 적병(賊兵)이 있을 것이니 엄습해서 모두 죽이라고 했다. 두 각간이 명을 받고 각각 군사 1천 명을 거느리고 서교(西郊)에 가 보니 부산(富山) 아래 과연 여근곡이 있고 백제 군사 5백 명이 와서 그곳에 숨어 있었으므로 이들을 모두 죽였다. 백제 장군 우소(于召)가 남산 고개 바위 위에 숨어 있었으므로 포위하여 활로 쏘아 죽였다. 또 뒤에 군사 1,200명이 따라오고 있었는데, 모두 쳐서 한 사람도 남기지 않고 죽였다. …왕이 죽기 전에 신하들이 왕에게 아뢰었다. "어떻게 해서 개구리 우는 것으로 변이 있다는 것을 아셨습니까?" 왕이 대답했다. "…개구리가 성난 모양은 병사(兵士)의 형상이요, 옥문(玉門)이란 곧 여자의 음부(陰部)다. 여자는 음이고 그 빛은 흰데 흰빛은 서쪽을 뜻하므로 군사가 서쪽에 있다는 것을 알았다. 또 남근(男根)은 여근(女根)이 들어가면 죽는 법이니 그래서 잡기가 쉽다는 것을 알 수 있었다." 이에 신하들은 모두 왕의 성스러운 지혜에 탄복했다.

옥문지설화는 『삼국사기』에도 간략한 형태로 기록되어 있다. 그런데 『삼국사기』의 설화는 약간 다르다. 『삼국사기』에서는 사건의 시점이 5월이고 옥문지가 궁궐 서쪽에 있고, 전투지가 신라의 서남쪽 독산성(獨山城) 옥문곡이라 했다.[393] 그런데 『삼국유사』에서는 시점이 겨울이고, 옥문지는 영묘사

<hr />

[393] 『三國史記』 권5, 新羅本紀5 善德王 5년

에 있으며, 전투지는 경주 서쪽 부산(富山) 아래 여근곡으로 바뀌었다. 그리고 『삼국사기』에서는 5백 명을 죽였다고 하였는데 『삼국유사』에서는 따라오는 1,200명도 함께 죽였다고 하였다.

내용은 거의 같은데 시간과 장소가 모두 바뀌고 승전 규모도 바뀌었다. 『삼국유사』에서는 개구리가 겨울에 우는 신비한 일이 일어나고, 그 개구리가 모인 옥문지는 여왕의 영험하고 신묘한 능력을 상징하는 영묘사에 있었다. 결국 옥문지설화는 신라가 옥문곡 전투에서 승리한 원인을 선덕여왕의 신묘한 능력으로 돌림으로써 선덕여왕이 왕으로서의 신통력을 갖춘 인물이라는 것을 강조하려는 설화였다.[394]

모란설화가 미래의 일을 미리 알아낸 것이라고 한다면, 옥문지설화는 같은 시점의 다른 곳에서 일어나고 있는 일을 알아낸 것이다. 즉 모란설화가 시간의 한계를 넘어선 신통력이라면, 옥문지설화는 공간의 한계를 넘어선 신통력이 된다.

지기삼사의 마지막 도리천설화도 왕의 신통력에 관한 이야기이다.

왕이 멀쩡하던 때에 신하들에게 이르기를 "짐이 모년 모월 모일에 죽을 것이니 나를 도리천 가운데 묻어다오." 하였다. 신하들이 그곳을 몰라 어느 곳이냐고 물으니 낭산(狼山) 남쪽이라고 했다. 그달 그날에 이르러 과연 왕이 죽으니 신하들이 낭산의 양지바른 곳에 장사 지냈다. 10여 년 후에 문무대왕이 왕의 무덤 아래 사천왕사(四天王寺)를 지었다. 불경에 사천왕천 위에 도리천이 있다고 했으니 바로 왕의 신령스럽고 성스러움을 알

394) 신종원, 1996 『삼국유사』 선덕왕지기삼사조의 몇 가지 문제」, 『신라문화제학술발표회논문집』 17, 53쪽

게 되었다.

여왕은 자신이 죽을 날을 미리 예언했으며 자신이 묻힐 곳 밑에 훗날 사
천왕사가 지어질 것을 예언했고 그 예언은 모두 적중했다. 그런데 이 설화
는 모란설화나 옥문지설화와는 두 가지 점에서 크게 다르다.

첫째로, 앞의 두 설화는 『삼국사기』에 등장하지만 도리천설화는 그렇지
않다. 둘째로, 두 설화는 선덕여왕 생전에 입증된 이야기이지만 도리천설
화는 죽은 후에 증명된 이야기이다.

아마도 도리천설화는 선덕여왕의 신묘함에 관한 설화를 완성하기 위해
사천왕사가 창건된 이후에 추가된 설화였을 것이다. 모란설화, 옥문지설화
에 이어 도리천설화가 추가되어 세 가지 설화 '지기삼사'가 완비되었다. 앞
에서도 밝혔듯이 하나둘이 아니라 셋은 많다는 뜻이다.[395] 예컨대 되풀이
되는 세 번은 잦다는 것을 가리킨다. 나무꾼의 금도끼, 은도끼, 쇠도끼 이
야기, 늑대가 나타났다는 거짓말쟁이 양치기 소년이 거짓말한 이야기는 모
두 세 번 이루어진다.

이러한 과정을 거치면서 지기삼사 설화는 구성면에서도 완벽해진다. 모
란설화에서 시간을 넘어 미래의 일을 미리 알아내고, 옥문지설화에서 공간
을 넘어 궁성 밖의 일을 보지 않고도 알아내며, 도리천설화에서는 생전의
일 뿐만이 아니라 죽음의 시기와 사후의 일도 알아내는 여왕의 신통력을
완벽하게 증명한다.[396] 그러므로 도리천설화는 선덕여왕의 신통력을 완결

---

395) 강재철, 1991, 「'善德女王知幾三事'條 설화의 연구」, 『동양학』 21, 단국대학교 동양학연구소,
      25쪽

396) 모란설화가 기록에 따라 여왕 때의 일과 공주 때의 일로 나뉘어 나타나는 것은 본래 여왕 시
      절의 일이었는데 왕위에 오른 뒤에나 오르기 전에나 신통력이 있었던 것으로 만들기 위해

지은 설화이다. 그것은 사실을 토대로 한 것이 아니라 설화들의 연계된 구성을 완벽하게 만들기 위해 허구를 기반으로 창조된 설화로 보인다. 그래서 『삼국사기』에는 등장하지 않았던 것이다.

5. 위엄 있는 여왕의 황룡사 9층탑

선덕여왕은 즉위 전부터 반란에 휩싸이면서 어렵게 왕위에 올랐다. 그후로 여왕에 대한 호의적인 이미지를 조성하기 위한 설화가 만들어지고, 그러한 상징물로서 분황사, 영묘사가 지어졌다.

그러나 여왕의 앞길은 순탄치 않았다. 선덕여왕 통치기에 고구려와 백제의 협공으로 신라는 위기에 몰렸다. 642년(선덕왕 11)에 백제의 공격을 받아 서쪽 성 40여 개를 빼앗겼고, 이어서 고구려·백제 연합군에게 당과의 교통로인 당항성(黨項城: 화성)을 공격당했으며, 곧이어 다라성[大耶城: 합천]마저 빼앗겼다. 선덕여왕은 당나라에 유학 가 있던 자장(慈藏)을 급히 불러들이고 사신을 보내어 구원을 요청했다. 그런데 당 태종은 충격적인 제안을 하였다. 신라에서 여자를 왕으로 앉혀서 이웃 나라들이 업신여기고 공격하는 것이라고 하면서 자신의 친척을 보낼 터이니 임시로 왕으로 삼아 위기를 모면하라고 권하였다.[397] 당 태종의 제안이 신라에 어마어마한 충격을 주었을 것은 충분히 짐작된다. 신라가 위기에 빠지자 당연히 여왕에 대한 불만이 여기저기서 쏟아져 나오고 있었는데 여왕 퇴위까지 거론되니

공주 시절로 시점을 끌어올렸을 가능성이 크다.
397) 『삼국사기』 권5, 신라본기5 善德王 12년

불난 데 기름을 끼얹은 꼴이 되고 말았다. 여왕의 위신은 여지없이 추락하고 말았다.

이러한 상황에서 분위기를 반전시킬 만한 특단의 조치가 필요했다. 636년(선덕여왕 5)에 중국으로 유학 갔던 자장이 7년 만에 본국으로 불려왔다. 귀국한 자장은 중국 태화지(太和池)에서 신인(神人)을 만났는데, 여왕이 덕은 있으나 위엄이 없어서 주변국들이 업신여기고 침범하는 것이니 황룡사에 9층탑을 지을 것을 권했다고 전했다. 그렇게 해서 645년에 왕의 위엄을 살려 줄 상징물로 225척 높이의 거대한 황룡사 9층목탑이 세워졌다.[398]

398) 『삼국유사』 권3, 塔像4 皇龍寺九層塔

XII. 첨성대의 퇴조

1. 나정을 에워싼 폐쇄형 1차 신궁

나정에는 5세기 말에서 6세기 초 사이에 작지 않은 변화가 있었다. 시조
묘 유구의 원형 도랑 자리와 그 주변에서 40cm 내외의 평평한 자연석을

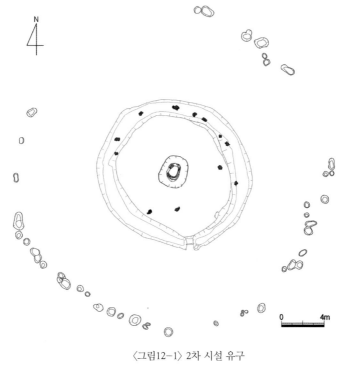

〈그림12-1〉 2차 시설 유구

* 붉은색으로 흐리게 표시된 것은 메워진 시조묘 도랑

이용한 주춧돌 12개가 나정 우물을 중심으로 둥글게 배치된 상태로 발견되었다(<그림12-1>). 훗날 그 위에 새로운 대형 8각건물을 짓는 과정에서 여러 주춧돌 가운데 12개가 남은 것으로 보인다.[399] 그래서 그것만으로는 어떤 변화가 있었는지 자세히는 알 수 없지만 어렴풋이 짐작은 해 볼 수 있다.

우선 주춧돌 12개 가운데 9개는 예전 도랑 자리에 있다. 그것은 도랑을 메우고 주춧돌을 놓은 뒤 기둥을 세웠다는 뜻이다. 주춧돌이 둥글게 사방에 퍼져 있었다는 것은 기둥이 우물을 에워싸고 빙 둘러섰음을 뜻하며 그것은 지붕을 올렸음을 짐작케 한다. 그리고 기둥의 존재만으로 기둥 사이에 벽체가 있었다고 단정짓기는 어렵지만 도랑을 메우고 기둥을 세웠는데 지붕만 올렸다고 보기는 어려울 것 같다. 왜냐하면 도랑을 메움으로써 신성한 공간을 외부와 차단하는 수단이 사라졌기 때문이다.

영종도 는들 유적이나 부천 고강동 유적과 같은 개방형 제장(祭場)에서는 신성한 구역을 표시하고 접근을 금지하기 위해 도랑을 두었고, 시조묘에서도 그러했다. 그런데 시조묘에서 도랑이 사라졌다면 외부와

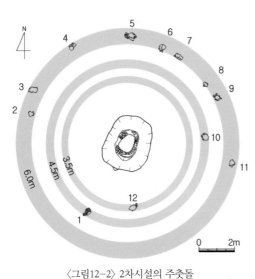

〈그림12-2〉 2차시설의 주춧돌
* 고리 안에 적어넣은 것은 중심부에서 고리 중심부까지의 거리

399) 중앙문화재연구원·경주시, 2008, 『경주 나정』, 447쪽

차단할 수단으로 벽체를 세우는 것이 당연하다.

그런데 주춧돌들이 놓인 위치만으로는 어떤 모양의 건물이 있었는지 가늠하기가 매우 어렵다. 중앙문화재연구원에서는 2005년의 현장설명회 자료에서 주춧돌 대부분이 원형 도랑 자리 위에 놓여 있어 원형건물이 있었을 것으로 추측했다.

하지만 구덩이를 중심으로 어떤 크기의 동그란 고리를 그려보아도 주춧돌을 모두 고리 안에 넣는 것은 불가능했다(<그림12-2>). 2008년의 발굴보고서에서는 〈그림12-2〉의 주춧돌 1번, 10번, 12번 3개가 고리에 들어가지 않자 고민 끝에 구덩이를 중심으로 이중의 고리를 그려 주춧돌들을 고리 안에 넣었다. 그래도 주춧돌 12번은 넣을 수 없었다. 그렇다면 훗날 그 위에 다른 건물을 짓는 과정에서 주춧돌이 교란되어 다른 곳으로 이동한 것이 아닐까 생각해 보려 해도 그럴 수가 없다. 왜냐하면 주춧돌들은, 아주 간단하기는 하지만 밑바닥에 잔돌을 깔아놓은 적심 구조를 갖추고 있었다(<그림12-3>). 주춧돌이 바닥의 잔돌들과 함께 굴러갔다고 할 수는 없는 일이다.

필자는 예전 글에서 원형건물이 아니라 8각 건물로 추정해 보았다. 그러나 그것도 무리라고 생각된다. 원형이든, 팔각형이든 그러한 추정이 틀렸다고 단언할 수는 없지만 옳다고 주장할 근거가 박약하기 때문이

〈그림12–3〉 1차 신궁의 주춧돌들
■ 『경주나정―사진―』, 33쪽

다. 그저 막연하게 원형 또는 다각형이라고 말할 수는 있을 것이다.

남은 주춧돌은 새로운 대형 8각건물을 짓는 과정에서 대부분 파괴되고 일부만 남아서[400) 그것만으로는 의미 있는 추론이 사실상 불가능해 보인다. 누구나 생각할 수 있는 일반적인 해석을 적용한다면 주춧돌 9개는 벽체 기둥들의 주춧돌이고 남은 주춧돌 셋은 벽체 기둥이 아니라 내부의 어떤 시설을 위한 기둥이라고 보는 것이 타당하리라 본다.

이러한 설정을 토대로 부분적인 결론은 이끌어낼 수 있다.

첫째는, 신궁 안의 나정이 폐쇄된 공간 안에 보호되었다는 것이다.

둘째는, 그것이 어떤 형태이든 시조묘 시설의 전면적인 증축이 아닌 부분적인 보완이었다는 점이다. 가운데 나정 우물은 그대로 유지되었고, 반경 14.5m 외곽에 둘러 있던 목책들도 그대로 남았던 것으로 추정된다. 목책 안의 시설들도 예전과 크게 달라진 것은 아니었다.

벽체를 구성한 기둥의 주춧돌은 일정한 크기로 잘 다듬어진 돌이 아니라 별로 크지도 않은 약 40cm 정도의 자연석을 그대로 사용하였고, 대체로 예전 시조묘의 도랑 자리에 있어서 내부 공간이 넓어진 것도 아니었다. 즉 거창한 공사를 벌여 나정을 크고 화려하게 꾸미려 한 것이라고는 볼 수 없다. 이 건물을 세운 목적은 간단한 시설 보완을 하여 나정을 폐쇄된 벽과 지붕 안에 두어 보호하고자 한 것이다.

그러한 사정은 『삼국사기』의 기록이 간접적으로 증명하고 있다. 소지마립간은, 다른 왕들이 대개 그랬듯이, 즉위한 이듬해 480년 봄에 시조묘를 배알했다. 그리고 나서 5년 뒤 485년에 다시 친히 시조묘에서 제사를 지내고는 시조묘를 지키는 수묘가(守廟家)를 20집을 늘렸다. 그리고 다시 2년

||||||||||||||||||||||||||||||||||||||||

400) 위의 註

뒤 487년에 나을(奈乙)에 신궁을 두었다.[401]

이러한 상황은 시조묘와 신궁이 사실상 같은 건축물이라고 한 앞의 주장을 뒷받침한다. 시조묘와 신궁이 별개의 것이라면 시조묘의 수묘가 20집을 늘리고 2년 뒤에 신궁을 지은 것이 자연스럽게 연결되지 않는다. 하지만 시조묘와 신궁을 같은 것이라 생각하고 나정의 발굴 결과를 해석해 보면 걸리는 것 없이 아주 잘 이해된다.

상황을 되짚어 보면 이렇다. 485년에 소지마립간은 시조묘에 제사를 지내러 갔다. 가서 보니 신성한 시조묘의 나정이 야외에 노출되어 있는데 경비도 허술한 상태로 있는 것이 마음에 걸렸다. 그래서 시조묘를 지키는 집을 20집을 더 두었다. 하지만 소지마립간은 그러고 나서도 내내 개운치 않았다. 그래서 2년 뒤에 도랑을 메우고 그 자리에 기둥을 세워 벽을 조성하고 지붕을 얹어 나정을 완전히 폐쇄된 공간에 감싸 넣은 것이다.

『삼국사기』 기록과 발굴 결과는 전혀 모순이 없고, 건물의 건립 시기에 관해서도 문헌과 발굴결과가 일치한다. 도랑을 메운 흙 속에서 발견된 토기 조각들은 6세기 전반 이전의 것으로 보는데, 더 구체적으로는 5세기 말부터 6세기 초 사이의 것으로 보기도 한다.[402] 『삼국사기』에서 나을에 신궁을 두었다는 487년은 바로 이 시기에 해당한다. 결국 시조묘의 도랑을 메우고 그 위에 주춧돌을 두어 기둥을 세운 시기와 『삼국사기』에서 신궁을 처음 세웠다는 시기가 일치하는 것이다. 2차시설은 시조묘의 시설을 보완한 신궁이었다.

---

401) 『삼국사기』 권3, 신라본기3 소지마립간 2년, 7년, 9년
402) 이은석은 5세기 말부터 6세기 초로, 발굴보고서에서는 6세기 전반 이전으로 추정했다(이은석, 2006, 「신라 왕경 발굴의 과제」, 『신라사학보』 5, 159-160쪽; 중앙문화재연구원·경주시, 2008, 앞의 책, 448쪽).

그런데 『삼국사기』 제사지(祭祀志)에서는 지증왕(재위 500~514) 때 신궁을 창립(創立)하고 제사를 지냈다고 약간 다른 서술을 하고 있다.[403] 그렇다면 시조묘 나정 주위에 벽을 세우고 지붕을 덮은 것은 소지마립간 때인가 아니면 지증왕 때인가?

역시 487년 소지마립간 때라고 보는 것이 옳을 듯하다. 487년의 기록이 2년 전에 수묘가 20호를 더 배치한 사실과 연계되어 문맥이 닿기 때문이다.

그렇다면 지증왕 때 신궁을 창립했다는 기록은 무슨 뜻인가? 단정할 수는 없지만 아마도 시설을 개축한 것은 소지마립간 때이지만 이름을 신궁으로 바꾼 것은 지증왕 때가 아니었을까 한다. 궁색하지만 자료가 없어서 지금으로서는 이 정도의 해석이 가능할 뿐이다.

2. 나정을 메우고 세운 대형 팔각 신궁

시조묘가 신궁으로 바뀌고 약 200년이 지나서, 679년(문무왕 19)에 신궁에 큰 변화가 일어났다. 기존 신궁 건물이 해체되고 나정 우물은 메워졌다.[404] 그 위에 새롭게 한 변이 8m, 동서, 남북의 길이가 각각 20m나 되는 대형 8각 신궁이 세워졌다(<그림12-4·5>). 외곽의 목책도 모두 사라졌고, 그 대신에 한 변이 55m가량 되는 사각 담장이 둘러졌다.

예전 신궁이 주춧돌 12개를 포괄하는 원형 건물이었다고 하면 새로운 팔각 신궁은 예전 신궁보다 약 3배로 넓어졌고, 사각 담장 내부면적은 예

---

403) 『삼국사기』 권32, 雜志1 祭祀
404) 이은석도 구덩이 안에서 나온 무늬 없는 벽돌을 근거로 구덩이를 메운 시기를 7세기 통일신라 초기로 보았다(이은석, 2006, 앞의 논문, 159-160쪽).

〈그림12-4〉나정 유구

* 대형 8각건물의 흔적이 뚜렷이 남아 있다. 흰 선으로 표시된 초기 유구를 보면, 우물에 경사진 구덩
  이가 북동쪽으로 연결되어 있고 그 주위를 도랑이 에워쌌으며 외곽에는 목책 구멍들이 있다. 오른쪽
  아래 직사각형은 청동기시대 집터이다. ■『경주 나정—사진—』, 27쪽

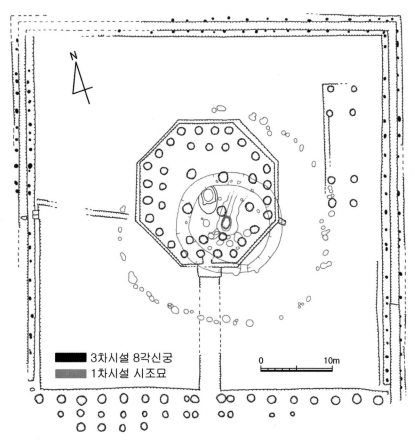

<그림12-5> 3차시설 대형 8각 신궁 유구

■ 『경주 나정』, 35쪽

전 시조묘와 신궁의 원형 목책 내부 면적의 약 4.5배에 이르렀다. 1차 신궁
주춧돌은 약 40cm 크기의 자연석으로 소박하고 크기도 작았다. 그러므로
그 위에 세운 기둥도 그리 굵지 않았을 것이다. 하지만 8각 신궁의 경우는
달랐다. 주춧돌은 하나도 남아 있지 않고 주춧돌 밑의 적심석만 남았는데
적심석은 바깥쪽 적심석의 직경이 약 1.4m이고, 안쪽 적심석의 직경이 약

1m였다.[405] 그러므로 그
위의 주춧돌도 상당히 컸
을 것이고 그 주춧돌 위에
세운 기둥은 얼마나 컸을
지 짐작할 수 있을 것이다.

나정의 발굴과정에서 8
각건물의 건립 시기를 시
사하는 '의봉사년개토(儀
鳳四年皆土)'라고 새긴 기와

〈그림12-6〉 儀鳳四年皆土銘 기와
■『경주나정─사진─』, 372쪽

가 나왔다(<그림12-6>). 의봉(儀鳳)은 당 고종 때의 연호이고, 의봉 4년은 679
년으로 문무왕 19년에 해당되는데,[406] 그해는 신라에 국가적인 규모의 대
규모 건축공사가 잦았던 특별한 해이다. 이때 건축에 필요한 기와도 대량
으로 만들면서 기와에 '儀鳳四年皆土'라는 글자를 넣은 것이다.[407]

676년에 당의 안동도호부가 평양성에서 철수했다. 이로써 신라는 비로
소 통일을 완성하게 되었다. 신라는 이제 나라의 면모를 일신하고자 679년
에 대규모 건축공사들을 잇달아 벌였다. 『삼국사기』에 따르면 2월에 궁궐
을 '웅장하고 화려하게[壯麗]' 중수(重修)하고, 8월에는 동궁(東宮)을 새로 짓
고, 안팎의 여러 문의 편액 이름을 처음으로 정했다. 대규모 공사는 궁궐에

<hr />

405) 중앙문화재연구원·경주시, 2008, 앞의 책, 42쪽

406) 儀鳳 연호는 『삼국사기』 연표에서는 3년으로 끝나지만 실제로는 이듬해 4년까지 이어지다
가 6월에 조로(調露)로 개원(改元)하여 소멸했다(『新唐書』권3, 本紀3 高宗 調露 원년 6월).
그리고 儀鳳四年皆土銘 기와는 월성, 안압지, 사천왕사지를 비롯한 왕실 관련 유적에서 출
토되고 있다(중앙문화재연구원·경주시, 2008, 앞의 책, 464쪽).

407) '皆土'의 의미에 대해서는 王土사상, 삼국통일, 토목공사, 一統三韓 등으로 해석되어 왔으
나 최근에는 연, 월, 일이 모두 오행의 土에 해당하는 날이라는 뜻으로 해석하는 견해도 제
시되었다(이동주, 2013, 「신라 '儀鳳四年皆土'명 기와와 納音五行」, 『역사학보』 220).

서 끝나지 않고 확대되어 사천왕사(四天王寺)가 창건되고, 남산성(南山城)이 증축되었다.[408] 『삼국사기』의 기록은 나정의 의봉사년개토명 기와와 결부되어 신궁의 변화가 어떻게 진행되었는지 알려주고 있다. 신궁도 679년 당시에 궁궐과 함께 '웅장하고 화려하게' 바뀐 것이다.

신궁이 개축, 증축된 데에는 사상적인 변화도 한몫했을 것이다. 신라인들은 토기에 외설스런 토우(土偶)를 만들어 붙이고, 선덕여왕의 옥문지(玉門池)설화에서는 스스럼없이 성(性)을 이야기하고, 우물을 여성의 산도로 이해하고 우물에 복숭아씨를 던져 넣었던 사람들이다. 박혁거세의 탄생과 우물에 관한 설화들은 토속적이고 유감주술적인 경향이 강한 고대인의 인식 체계에서 비롯된 것이었다.

하지만 7세기 후반부터는 그런 설화를 받아들이기 어려운 분위기가 점점 조성되고 있었다. 이미 진덕여왕 시절에 김춘추 세력이 실권을 장악하여 중국과 교류가 활발해지면서부터는 유교 교육이 강화되고 유교 정치이념이 확산되었다. 무열왕이 어떠한 사고체계를 지닌 인물이었는가는 그의 이름 '춘추(春秋)'가 공자의 저서 이름이라는 것만으로도 알 수 있다. '괴력난신(怪力亂神)'을 말하지 않는 합리적인 유교 관념으로는 박혁거세와 우물의 탄생설화가 황당하기 짝이 없는 것이었다. 근엄한 유교적 관념으로는 여성의 산도를 닮은 우물에서 아기 시조가 나왔다고 하고 그 우물에 제사를 지내는 것은 왕실의 존엄성에 흠을 내는 일로 생각했을 것이다. 그래서 우물을 메우면서 낡고 초라한 신궁을 헐어내고 훨씬 넓고 웅장한 8각 신궁을 새로 짓고, 주위에 둘러친 엉성한 목책도 뽑아 버리고 담장을 둘렀다. 문무왕은 신궁을 크게 새로 지어 왕실의 권위를 세련된 유교이념으로 재정

---

408) 『삼국사기』 권7, 신라본기7 문무왕(하) 19년

비한 것이다.

결국 나정은 우물벽이 해체되고 구덩이는 메워져 사라지고 말았다. 새로 지은 8각 신궁의 중심부는 예전 나정 자리가 아니라 그곳에서 약 5m 떨어진 곳이었다. 그곳에서 깊이 78cm 정도의 새 구덩이가 발견되었다(<그림12-7>). 그 구덩이가 8각 신궁을 지을 때에 판

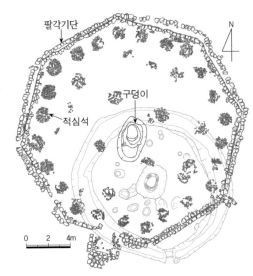

〈그림12-7〉 대형 8각 신궁의 위치
* 붉은색으로 표시된 것은 예전 시조묘이다.

것인지 아니면 한참 뒤에 판 것인지에 대해서는 논란이 있다.[409] 그런데 구덩이 안에서는 통일신라시대나 고려시대의 유물은 하나도 나오지 않고 18세기의 백자 파편들이 발견되었다. 발굴보고서에서는 18세기 백자 파편들이 1803년에 구덩이가 재정비될 때에 들어간 것으로 해석하여 구덩이 자체는 8각 신궁 안에 있었던 우물이라고 결론지었지만 그런 결론은 받아들이기 어렵다. 오히려 그 구덩이가 조선후기에 조성된 것이라고 보는 것이 자연스럽고,[410] 논리적으로도 옳다.

우선 그 구덩이는 우물이 될 수 없다. 이제까지의 논리를 따른다면 나정 우물을 메워 없앤 것은 우물에 얽힌 이야기가 허무맹랑하고 새로운 왕실의

409) 발굴보고서에서는 구덩이를 잠정적으로 팔각건물과 같은 시기의 3차유구로 소개했다.
410) 중앙문화재연구원·경주시, 2008, 앞의 책, 450쪽, 476쪽, 571쪽

존엄성을 훼손할 우려가 있다고 판단했기 때문인데, 굳이 자리를 옮겨 다시 우물을 팔 이유가 없기 때문이다.

새 구덩이는 수직에 가까운 깊은 구덩이도 아니고 깊이가 겨우 0.8m밖에 되지 않는 비탈진 구덩이이며 바닥에는 예전 우물처럼 잔돌을 깔아놓지도 않았고, 물의 흔적도 발견되지 않았다. 바닥에 잔돌도 없는 겨우 0.8m 깊이의 구덩이를 우물이라 할 수 있을까?

팔각 신궁 중심에 구덩이가 남은 이유는 모르겠으나, 아주 오랜 시간이 지나 팔각 신궁도 사라지고 난 빈터에 판 구덩이였을 것이다.[411] 결국 2차 팔각 신궁 중심부에 우물은 없었다. 나정은 679년에 벽체 돌이 제거되고 흙으로 메워진 후에 그 위로 대형 팔각 신궁 건물이 올라서서 완전히 사라진 것이다.

문무왕은 굳이 신궁에서 성부산 쪽을 향해 제사 지낼 필요가 없었다. 문무왕의 시대에는 왕의 탄생 서사가 달라졌다. 이제 왕은 하늘의 별이 땅의 우물에 빛을 내려 보내 잉태시켜서 태어나는 존재가 아니었다. 하늘에는 용의 형상을 한 별자리로 하늘의 여제 헌원(軒轅)이 있고 그 가까이 헌원 용의 태(胎)로 상정된 삼태성(三台星)이 제왕을 잉태하여 생성된 북극오성의 정기가 산을 타고 땅으로 내려와 제왕이 태어난다고 생각했다. 그 증거가 신라 종묘와 개성 첨성대이다. 신라 종묘 자리에 여섯 개의 구덩이에 다섯 개의 항아리가 묻혀 있는 것이나, 개성 첨성대 위쪽에 여섯 개의 판석이 있고 그 아래쪽으로는 이를 지탱하는 다리가 다섯 개가 있는 것은 삼태육성이 북극오성을 내려 보내는 형상이다. 그리고 무열왕릉의 네 봉분이나 개

---

411) 18세기에는 8각형 건물도 사라지고 새로운 구덩이도 메워졌으며 구덩이 자리는 넓은 돌 하나를 덮어놓은 상태로 남아 있었다(이문기, 2009, 「문헌으로 본 나정」, 『퇴계학과 한국문화』 44).

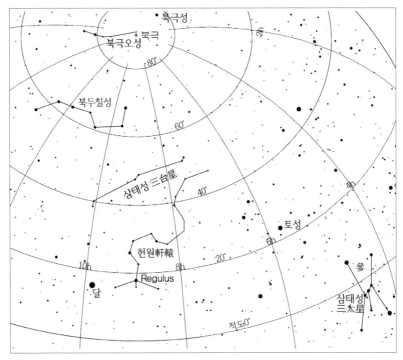

〈그림12-8〉 679년 3월 1일 22시 9분에 나정에서 본 하늘

* 679년에는 천구의 북극이 북극오성의 천추성에 가까이 있었다. 천구면의 좌표는 적도좌표의 적경, 적위
■ Cartes du Ciel

성 첨성대는 모두 언덕에 있어 산을 타고 내려오는 형상을 하고 있다. 이는 신라 6촌의 촌장들이 모두 산으로 내려왔다는 설화와 일치한다.

왕들은 언제나 자신들이 특별한 사람이라는 것을 과시하려 했다. 일반 사람들은 삼태성(三太星·三胎星)에 의해 태어나지만, 제왕은 그보다 거대한 삼태성(三台星)에 의해 태어나는 것으로 설정되었다.

3. 무관심 속에 방치된 첨성대

679년에 나정은 벽체가 제거된 뒤 메워지고, 그 자리에 대형 팔각 신궁이 들어섰다. 첨성대의 모체였던 나정이 사라짐으로써, 나정과 함께 신라 왕실을 상징하는 두 우물 가운데 하나였던 첨성대는 월성 앞에 홀로 남게 되었다. 첨성대가 세워진 지 50년도 채 되지 않은 때의 일이다.

첨성대는 선덕여왕 재위 시절에 이미 의미를 잃어가고 왕의 권위는 실추되었다. 신라는 계속 외침에 시달렸고, 그것은 모두 선덕여왕의 탓으로 돌려졌다. 642년 7월에는 백제의 공격으로 서쪽 성 40여 개가 함락되고, 8월에는 당과 통하는 서해의 당항성(黨項城)과 함께 경주 코앞에 있는 합천의 다라성[大耶城]도 빼앗겨 그 와중에 성주 김품석과 그의 아내이자 김춘추의 딸 고타소낭마저 사망했다.

국내 사정이 다급해지자 당으로 유학 가 있던 자장을 급히 불러들였다. 자장은 당의 태화지 신인(神人)의 말이라며 여왕이 덕은 있지만 위엄이 없어서 이웃 나라가 침범한다 했고, 그런 말은 안홍의 『동도성립기(東都成立記)』에도 남아 있다. 그리고 자장은 오대산에서 만난 문수보살이 "너희 여왕은 크샤트리야 종족인데 사람들 성품이 거칠고 비뚤어져서[韤悷] 못된 말을 믿는다."[412]라고 하였다고 전했다. 신라의 분위기가 어땠는지 짐작이 가는 말이다. 신라 사람들은 아마도 이렇게 투덜거렸을 것이다. "여왕이 착하고 바른 사람인 줄은 알겠는데, 그러면 뭐하나, 위엄이 없는데. 그러니까 주위에서 깔보고 자꾸 쳐들어오는 것 아니야?"

---

412) 『삼국유사』권3, 塔像4 皇龍寺九層塔 "文殊又云 汝國王是天竺刹利種王…然以山川崎險 故人性韤悷 多信邪見…"

선덕여왕이 석가모니의 후예라는 것을 널리 알리기 위해 월성 코앞에 첨성대를 세웠지만 사람들은 잘 믿지 않았던 것 같다. 9m 높이의 첨성대로 해결이 되지 않자 다시 신인(神人)의 조언에 따라 황룡사에 47m 높이의 어마어마한 9층탑을 세워 여왕의 위엄을 과시하려 했다.[413] 완공된 9층탑 앞에서 여왕은 기쁘기보다는 심사가 착잡했을 것이다. 선하고 덕이 있던 여왕은 상심하여 9층탑이 준공된 지 2년을 넘기지 못하고 반란군과 관군의 함성에 에워싸인 월성 안에서 숨을 거뒀다.

첨성대의 의미는 여왕의 재위 시절에 이미 퇴색했다. 선덕여왕이 죽고 마지막 성골 진덕여왕도 7년 뒤 사망하여 진골 김춘추가 왕위에 오른 이후로는 성골의 상징인 첨성대는 무관심 속에 방치되었다. 첨성대에 얽힌 이야기가 하나도 남아 전하지 않는 것은 그 때문이다. 그때부터 시간이 흐르면서 '별을 쳐다보는 대'라는 이름만 남아 여러 가지 억측이 나돌 수밖에 없었다. 조위(曹偉: 1454~1503)가 '첨성대' 시에서 절기를 측정하는 규표(圭表)를 거론한 것이나, 『동국여지승람』에서 '천문을 살폈다[候天文]'고 한 것은 모두 그러한 억측이 빚은 오해이다. 그리고 그 오해가 20세기에 천문대설로 부활한 것이다.

---

413) 9층탑은 철반(鐵盤) 위가 42척이고, 아래가 183척이었다 한다. 이는 상륜부가 42척이고, 기단부와 탑신부를 합한 높이가 183척으로 모두 225척이라는 말이다. 여기에 적용된 척도는 20.8cm의 주척(周尺)으로 추정된다. 주척을 적용하면 상륜부 42척은 8.7m, 아래 183척은 38.1m로 도합 46.8m가 된다. 분황사 모전석탑이나 의성 탑리 5층석탑을 보더라도 삼국 말기, 통일신라 초기 신라 탑의 기단은 2층이 아니라 단층이었다. 기단 높이에 3m를 할애하면 탑신부 9층은 35.1m로 층당 3.9m가 된다. 이것도 엄청난데 탑신부의 층고는 위쪽은 낮고 아래쪽은 높으므로 1층 탑신의 경우 낮게 잡아도 5m는 넘었을 것으로 짐작된다. 그것만 해도 어마어마한 높이이다. 황룡사 9층탑의 위용을 강조하기 위해 여기저기서 높이 60m 이상으로 말하지만 성립하기 어렵다. 29.7cm의 당대척(唐大尺)을 적용하면 전체 높이가 66.8m에 기단부와 탑신부가 54.4m가 되는데, 기단부에 4m를 할애하면 층당 평균 5.6m가 되므로 1층 탑신만 8m에 육박하는 셈이다. 가능성이 희박한 말이다.

XⅢ. 천문대설 비판

1. 불편한 구조와 형태

1) 드나들기와 오르내리기가 불편하다

천문대설은 지금까지 주류 학설로 자리잡아 가장 강한 영향력을 행사해 왔다. 그러나 가장 많은 비판을 받아왔던 것도 사실이다. 천문대설은 전문 연구자가 아니더라도 의문을 품을 만한 지극히 상식적인 문제를 안고 있었다. 그 문제는 단순하기에 더욱 심각했다. 첨성대가 천문대라면 밤마다 오르내려야 할 터인데 그러기에는 매우 힘들고 불편하게 지어져 있다는 것이다.

천문대설을 최초로 주장했던 와다 유지는 초기에는 밖에 출입구에 연결되는 계단이 설치되어 있었고, 창구 안쪽에는 사다리가 설치되어 있었던 것으로 상상했다. 그리고 창구 아래 양쪽에 파인 홈을 계단을 설치했던 흔적으로 생각했다(<그림13-1>).[414] 그러나 지금은 그곳에 계단이

〈그림13-1〉 첨성대 창구
아래의 파인 홈

414)　和田雄治, 1917, 『朝鮮古代觀測記錄調査報告』, 朝鮮總督府觀測所(1910, 「慶州瞻星臺ノ說」,

설치되어 있을 것으로 생각하는 사람은 아무도 없다. 그것은 계단의 흔적이 아니라 사다리를 걸쳤던 자리로 추정된다.

사다리를 놓고 오르는 문제도 간단치가 않다. 땅에서 창구까지 4m 높이를 오르려면 5m 정도의 사다리가 필요하다. 낮에도 5m 사다리를 타고 오르는 것은 조심스러운 일인데 밤중에는 공포를 느낄 수 있다.

창구를 통해 들어가서 흙이 차 있는 제12단 위에 서면 다시 4.4m 높이의 정자석 바닥 널돌까지 올라야 한다. 널돌이 놓여있는 지상 8.4m의 높이는 아파트 3층의 높이이고, 4층 베란다 높이이다.

조명도 문제가 된다. 요즈음에는 도시에서는 밤이 되어도 주변에 불이 켜져 있는 곳이 많아서 아주 캄캄하지는 않다. 밤에 창에 커튼을 쳐도 희미한 빛을 느낄 정도이다. 그러나 7세기 경주의 밤은 보름달이 가까운 때를 제외하고는 당연히 상당히 어두웠을 것이다. 그러므로 사다리를 타고 오르내리는 일이 수월할 수가 없다.

그리고 4m 높이의 창구까지 사다리로 오르는 과정은 달빛의 도움이라도 받을 수 있겠지만, 창구 안으로 들어가고 난 후에는 그것조차 기대할 수 없다. 돌벽으로 둘러싸인 공간 내부는 외부의 빛이 차단되어 한 치 앞도 보이지 않을 정도로 캄캄했을 것이다. 그런 상태에서 안쪽 바닥에서 꼭대기까지 4.4m를 사다리를 타고 오르는 일은 훨씬 힘들었을 것이다. 그렇다면 안쪽에 불이라도 밝혀 놓고 사다리를 올라야 하는데, 몇 백 년 동안 그렇게 사용했다면 안쪽 벽에 횃불에 그을린 흔적이라도 남았어야 한다. 하지만 그런 흔적은 보이지 않는다.

그래도 천문대설을 주장하는 사람들은 사다리로 오르내리는 것이 불편

『韓國觀測所學術報文』제1권, 農商工部觀測所), 153쪽

하기는 하지만 불가능하지도 않고 그렇게 어려운 일도 아니라고 주장한다. 남천우는 1972년 여름밤에 사다리도 없이 동료 교수와 함께 첨성대에 올랐던 경험을 이야기하며, 노약자나 현기증이 심한 사람이 아니라면 첨성대에 오르는 것은 결코 어렵지 않다고 하였다.[415]

그러나 남천우가 첨성대에 오른 것은 횃불을 손에 들고 오른 것이 아니라 현대문명의 이기인 손전등의 도움을 받아 오른 것이다. 그것도 둘이 협력하면서 단 한 차례 올랐을 뿐이다. 수미산설을 주장하는 이용범도 첨성대에 올라보았는데 그것이 결코 만만한 일이 아니었으며 꼭대기에서 아래를 내려다보니 현기증에 전신이 움츠러지는 것 같았다고 하였다.[416]

일제강점기에 경주로 수학여행을 간 학생들이 첨성대에 다닥다닥 붙어서 찍은 사진이 현재 여러 점이 남아 있어 첨성대에 오르는 일을 대수롭지 않게 여길 수도 있지만, 그것은 젊은 학생들이 낮에 단 한 번 올랐던 특별한 상황을 보여줄 뿐이다. 평생에 한 번 오르는 일이야 대수롭지 않겠지만 신라 때 어두운 밤에 손전등도 없이 혼자서 첨성대를 오르내리며 별을 관측하는 일을 매일 한다고 상상해 보면, 그것이 얼마나 힘들고 번거로운 일이었을지 충분히 짐작할 수 있다. 매일이 아니라 특별한 날에만 오른다고 하더라도 마찬가지다.

출입구도 이상하다. 네모난 창구는 높이 93cm, 폭 98cm인데 안쪽 폭은 84cm로 좁아진다.[417] 보통사람이 드나들기에는 출입구가 너무 좁다.

그래도 올라갈 때에는 정면으로 머리 먼저 들이밀고 올라가면 비교적 수월하게 올라갈 수 있을 것이다. 그렇지만 내려올 때에는 사정이 달라진다.

415) 남천우, 1987, 「첨성대 異說의 원인」, 『한국과학사학회지』 9-1, 105쪽
416) 이용범, 1987, 「續〈瞻星臺存疑〉」, 『불교와 諸科學』, 동국대학교출판부, 1001쪽
417) 국립문화재연구소, 2009, 『경주 첨성대 실측 훼손도평가 조사보고서』, 31쪽, 171쪽

깜깜한 밤중에 다시 널돌 위에서 뒤로 돌아 사다리를 타고 흙으로 채워진 제12단까지 내려와야 한다. 제12단에서 다시 사다리를 딛고 지상으로 내려오려면 창구 높이가 1m도 채 되지 않으므로 몸을 뒤로 돌려 납작 엎드린 상태에서 뒷걸음질로 좁은 구멍을 통과하여 지상으로 내려와야 한다.

남천우는 첨성대에서의 관측이 안쾌(安快)한 것은 아니나 그렇다고 해서 불편하지도 않다고 주장하지만, 1962년에 홍사준과 수십 일 동안 밤낮으로 첨성대를 오르내리며 실측했던 신영훈도 통로가 매우 부자연스럽다고 했다 한다.[418]

밤마다 별을 쳐다보는 천문대를 왜 이렇게 불편하게 지었는지 이해할 수 없는 일이다.

2) 관측 공간이 좁다

첨성대 꼭대기에는 폭 30cm, 길이 3m의 정자석 넷이 '井' 자 모양으로 2층으로 짜여 안쪽에 정사각형의 공간을 형성하고 있는데, 첨성대를 천문대로 사용했다면 이 정자석 내부가 관측공간이 될 것이다. 정자석 내부는 한 변이 2.2m, 넓이 4.8m²인 약 1.5평 정사각형 평면에 깊이는 약 70cm의 공간을 이루고 있다.[419]

천문대설을 주장하는 사람들은 정자석 안쪽 1.5평이 천문관측에 충분할 정도로 넓다고 주장하기도 한다. 1.5평은 너무 좁지 않냐고 할 수도 있지만 이러한 주장에는 그다지 문제가 없다. 조선시대 천문대의 난간 내부 넓이

---

418) 김용운, 1975, 「첨성대의 뒷 이야기」, 『자유교양』 1975년 4월호, 37-38쪽
419) 남천우, 1997, 『유물의 재발견』, 학고재, 133쪽

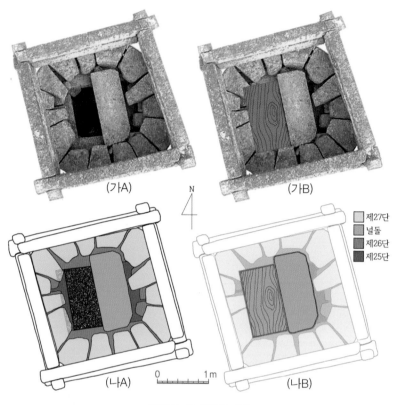

〈그림13-2〉 정자석 내부

* (나A)의 붉은 부분은 돌을 쪼아낸 부분이고, (나B)는 발판널을 덮은 가상도로서 붉은 테두리 안쪽이
  활동 공간이다. 회색이 짙을수록 낮은 곳이다.
■ (가A): 울산MBC 「첨성대별기」(2009.12.18) 화면 캡처.

도 그 정도였기 때문이다.

광화방 관천대의 경우에는 윗면은 동서 2.6m, 남북 2.9m의 평면 위에 출입구 부분이 트인 ㄷ자 모양의 난간이 놓였는데 난간 안쪽 공간은 2m×2.4m이고 난간 높이는 입면도 도면을 보건대 약 70cm로 추정된다. 그러므로 첨성대 정자석 내부나 관천대 난간석 내부나 바닥평면은 약 4.8m², 즉 1.5평 정도로 거의 같고 깊이까지 대략 같다. 그러므로 첨성대의 관측공간이 천문대로서 좁지 않다고 생각할 수 있다.

그러나 실상은 그렇지 못하다. 첨성대 내부 1.5평 넓이에서 실제로 활동할 수 있는 넓이는 약 1.8m², 0.55평으로 정자석 내부의 1/3 남짓한 정도이다. 몇 사람이 함께 작업하기에 불편함이 없는 공간이라고 주장하는 사람도 있지만[420] 현실과 동떨어진 이야기일 뿐이다.

정자석 안쪽은 주변부를 제27단 몸통돌들이 둘러싸고 있고, 가운데 둥그렇게 뻥 뚫린 빈 공간 한쪽에는 길쭉한 널돌이 덮여 있다.[421] 자세히 살펴보면 〈그림13-2〉(나A)의 제27단 서쪽 몸통돌 3개는 붉은 부분을 종단면이 ㄱ 모양이 되게 쪼아내었다. 〈그림13-2〉(나B)처럼 발판으로 삼을 나무널을 쪼아낸 자리에 끼워 맞춰서 움직이지 않게 하였을 것이다.[422]

그런데 한가운데 빈 공간을 널돌과 나무널로 덮어도 정자석 내부를 온전히 활동공간으로 사용할 수가 없다. 안쪽 공간 가운데 27단 몸통돌 부분은 발을 딛고 활동하는 공간이 아니다. 왜냐하면 널돌 윗면이 27단 몸통돌 윗면과 같은 높이로 평탄한 면을 이룬 것이 아니라, 6cm 가량 낮아서 턱이 져 있다(<그림13-3>).[423] 그러므로 발을 딛고 서서 활동할 수 있는 공간은 정자석 내

〈그림13-3〉 제27단과 턱진 널돌
■ 남천우, 1997, 『유물의 재발견』, 학고재, 131쪽

---

420) 위의 책, 131쪽

421) 국립문화재연구소, 2009, 앞의 책, 180쪽

422) 물론 돌도 가능하지만 빈 공간을 통로로 쓰기 위해서는 덮었다가 치웠다가 해야 하므로 가벼운 나무로 만들었을 것이다.

423) 전상운 외 11인, 1984, 「한국의 과학문화재 조사보고 1980-1985」, 『한국과학사학회지』 6-1, 100쪽

부 전체가 아니라 널돌과 나무널 위에 국한된다. 널돌은 너비 64cm, 길이 151cm에[424] 두 모서리가 약간 깎인 모양으로 약 1m²이고, 나무널까지 합하면 약 1.8m²로서 약 0.55평이 된다. 이는 정자석 내부 1.5평의 1/3을 약간 웃도는 정도에 불과하다.

고작 반 평 남짓한 공간도 안심하고 돌아다닐 수 있는 공간이 아니다. 〈그림13-2〉의 사진과 도면에 보이듯이 널돌과 나무널 주위에는 결코 작다고 할 수 없는 구덩이가 있다. 특히 널돌 동쪽으로는 폭 20~30cm에 길이 60cm 정도의 커다란 구덩이가 있다. 어두운 밤에 구덩이에 발이 빠지지 않게 신경을 곤두세우고 조심스럽게 움직여야 한다.

천문대설을 주장하는 학자들 사이에도 첨성대 위에서 관측기구를 이용했는가 안 했는가, 또는 하루도 거르지 않고 밤낮으로 하늘을 관측했던 상설 천문대인가 아니면 하늘에 특별한 이변이 일어났을 때만 관측했던 비상설 천문대인가에 이견이 존재한다. 초기에는 첨성대는 상설 천문대로서 꼭대기에는 관측기구가 설치되었을 것이며, 그 기구는 혼천의였을 것이라는 주장이 주류를 이루었다.[425] 그리고 정자석 내부가 '몇 사람이 함께 작업하기에 불편이 없는 공간'이라느니, 심지어는 '간의(簡儀) 정도를 올려놓고 몇 명이 관측하기에는 지장이 없다'는 주장도 있었다.[426]

그러나 설사 첨성대가 천문대라는 주장에 동의를 하더라도 위에 혼천의를 설치해 놓고 매일 밤낮으로 하늘을 관측했다고 보는 것에는 동의하

---

424) 위의 책에는 판석의 크기가 178㎝×57㎝로 잘못 기록되어 있다.

425) Rufus는 관측기기의 유무에 대해서는 언급이 없었고, 홍이섭은 단지 관측기를 두었다 했으며, 和田雄治, Needham, 남천우는 혼천의를 사용했을 것으로 생각했다.

426) 남천우, 1997, 앞의 책, 131쪽; 이은성, 1981, 「첨성대에 관한 소감」, 『한국과학사학회지』 3-1, 149쪽. 첨성대 위에 두 사람이 올라가 관측하는 모습을 상상도나 모형으로 만든 것도 있는데 정자석 크기에 비하면 사람 키가 초등학생 상태로 만들어져 있다.

기 어렵다. 공간이 너무 비좁기 때문이다. 수미산설을 주장한 이용범은 커다란 혼천의를 좁은 널돌 위에 설치할 수 없고, 그렇다고 해서 혼천의를 작게 만들면 실용성이 없다고 하였다.[427] 이에 대해 남천우는 혼천의의 규격이 정해져 있는 것이 아니므로 작게 만들 수 있으며, 첨성대 위에 설치할 수 있는 혼천의는 얼마든지 만들 수 있다고 주장했다.[428]

물론 혼천의가 반드시 커야만 되는 것은 아니다. 혼천의가 작아지면 관측의 정밀도가 낮아지겠지만 7세기에 어느 방향 어느 별자리에 어떤 일이 발생했는지를 알아내는 정도의 천문관측이라면 반드시 혼천의

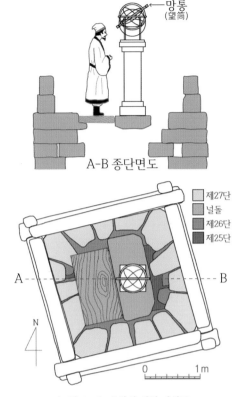

〈그림13-4〉 혼천의 설치 가상도

* 위는 A-B선의 종단면도. 혼천의 지름 50cm, 사람 키 160cm로 설정했다.

427) 송의 遺制에 따라 명 정통(正統) 연간에 제조된 혼천의는 길이, 너비가 각각 7.26척이며, 육합의(六合儀)의 바깥쪽 지름이 5.54척에 이르러(明의 1尺은 약 31cm) 혼천의를 작게 만들더라도 널돌 위에 설치할 수는 없다고 하였다(이용범, 1974, 『瞻星臺存疑』, 『진단학보』 38, 34쪽).
428) 남천우, 1974, 「첨성대에 관한 諸說의 검토―김용운, 이용범 兩氏說을 중심으로―」, 『역사학보』 64, 130쪽

가 클 필요는 없다.

그러나 혼천의를 작게 만들어도 설치할 만한 공간이 없다. 〈그림13-4〉는 키 160cm의 관측자가 지름 50cm의 혼천의를 높이 130cm의 받침대 위에 올려놓고 관측하는 모습을 그린 상상도이다.

서쪽의 나무널이 놓인 곳은 오르내리는 통로이므로 혼천의는 당연히 널돌 위에 두어야 한다. 그런데 관측자는 그림으로 보건대 동, 남, 북쪽 하늘은 관측할 수 있지만 서쪽 하늘은 혼천의로 관측할 수 없다. 서쪽 하늘의 별을 관측하려면 동쪽에 서야 하는데 동쪽에는 발을 디딜 마땅한 자리가 없다. 물론 제27단 몸통돌 위에 올라 서서 억지로라도 자세를 취해 관측한다면 가능이야 하겠지만 그런 천문대를 상상한다는 것은 어불성설이므로 논외로 한다.

아무리 넉넉한 공간이라고 말하더라도 1.5평 공간은, 엄밀하게 말하자면 0.55평 공간은 혼천의를 올려놓고 몇 명이 작업할 수 있는 공간이라고 보기는 어렵다. 천문대설을 주장한 박동현은 정자석 내부를 '겨우 한 사람만이 요동할 수 있는 공간'으로 표현했고,[429] 민영규도 '심히 협착(狹窄)하고 심히 불편스런 공간'임에 틀림이 없다고 했다.[430] 그런 공간에 관측기구까지 설치할 여유는 없다.

429) 박동현, 1963, 「천문대의 어제와 오늘」, 동아일보 1963년 1월 29일
430) 민영규, 1981, 「瞻星臺偶得」, 「한국과학사학회지」 3-1, 141쪽

2. 부적절한 위치

오늘날 천문대는 대개 높은 산꼭대기에 자리 잡고 있다. 소백산천문대는 충북 단양 소백산 제2연화봉 표고 1,395m 지점에, 보현산천문대는 경북

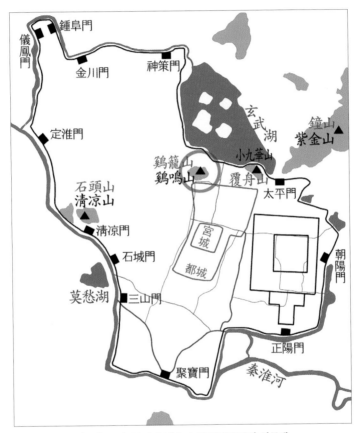

〈그림13-5〉 明 南京城과 六朝 建康都城의 천문대

* 붉은색 부분은 육조시대의 궁성과 도성이다.

■ 蘇甲榮 編製, 1936, 〈南京1936〉 地圖, 北京: 日新興地學社(2005년 學苑出版社 再出刊)와 賀云翺, 2005,『六朝瓦當與六朝都城』, 北京: 文物出版社. 85쪽의 〈圖47〉東晉, 南朝建康都郭城都城和宮城位置示意圖를 크기와 방위를 맞추어 합성하고 Google Earth를 이용하여 보정하였다.

영천 보현산 정상 부근 1,124m 지점에, 별마로천문대는 강원도 영월 봉래산 정상 800m 지점에 있다. 외국의 경우도 마찬가지이다. 미국의 팔로마산천문대는 팔로마산의 표고 1,713m 지점에 있다.

그러나 과거에는 천문대를 높은 산에 두지 않았다. 예전의 천문학은 제왕학으로서의 측면이 강했다. 따라서 하늘에서 발생한 이변은 즉각 왕에게 보고해야 하는데 천문대를 궁궐에서 멀리 떨어진 곳이나, 오르내리는 데 긴 시간이 소요되는 높은 산꼭대기에 둘 수는 없었다. 그래서 궁궐 안에 두는 경우도 많았다. 경복궁 간의대(簡儀臺)나 원의 사천대(司天臺), 명의 북경 관성대(觀星臺)가 모두 그러했다.

그리고 궁궐 밖에 세울 경우에는 대개 궁궐 근처의 약간 높은 지점을 찾아 세웠다. 중국 육조시대의 건강도성(建康都城)에도 궁궐 근처 나지막한 계

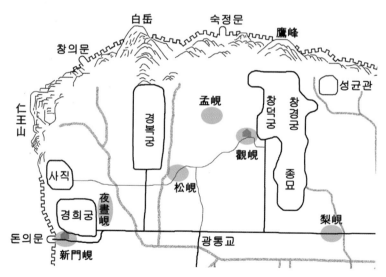

〈그림13-6〉 도성 안의 고개(붉은 부분)와 관천대(■)의 위치
■ 1751년「도성삼군문분계지도(都城三軍門分界之圖)」

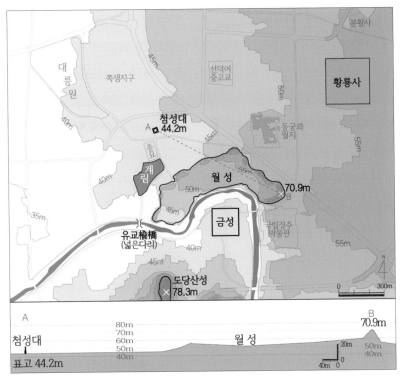

〈그림13-7〉 월성과 첨성대 주변의 지형

* 첨성대보다 앞선 시설물은 진하게, 나중 것은 흐리게 표시했다. 아래는 위 A−B선의 종단면도를 그
  린 것으로 고도 차이가 잘 드러나게 수직으로 2배 확대했다.
■ 국립경주박물관·경주시, 2008, 『문화유적분포지도─경주시(지도편) 1:10,000)』, 경주(069)·(070).
  등고선간격 5m

롱산(雞籠山) 위에 천문대를 세웠다(<그림13-5>).[431] 조선시대에도 관천대를
경희궁 남쪽 신문현(新門峴)이나 창덕궁 동쪽 관현(觀峴) 같은 언덕 위에 세
웠다(<그림13-6>). 창경궁 관천대는 평지에 있지 않냐고 하겠지만, 그것은
천체를 관측하던 관천대가 아니라 시간을 알기 위해 일성정시의를 올려놓

<hr />

431) 창덕궁 서쪽의 광화방 관천대는 창덕궁보다 먼저 세워졌다.

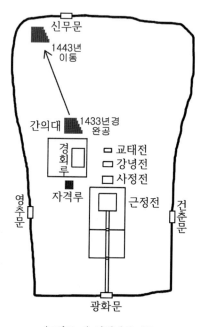

〈그림13-8〉 간의대의 이동

- 정연식, 2010, 「조선시대 관상감 觀天臺와 경주 瞻星臺의 입지조건 비교」, 『한국고대사연구』 60, 319쪽

앞던 일영대인데 잘못 알려진 것이므로 논외로 한다.

그러나 첨성대는 월성 근처로는 아주 낮다고 할 수 있는 표고 44.2m 지점에 있다. 이는 〈그림13-7〉의 지도로 확인할 수 있다.[432]

이런 지적에 대해 오늘날은 관측에 지장을 주는 시가지의 야간 불빛과 공기 중의 먼지와 공해를 피해 높은 산중에 두지만 신라 경주에는 강한 불빛이나 공해가 없었으므로 낮은 평지에 두어도 문제가 없다는 해명도 있었다.[433] 2차대전 후에 한때 그리니치 천문대를 남쪽 허스몬슈(Herstmonceux)로 이전했던 것도 런던 시가지의 스모그와 불빛 때문이었다(〈그림13-10〉).

하지만 그것은 충분한 해명이 되지 못한다. 천문대를 높은 산에 세우는 이유는 불빛과 공해를 피하기 위한 것이기도 하지만 주위에 막힌 곳이 없

432) 지도의 종묘, 금성, 너릅다리[楡橋]의 위치는 세 논문에 따른다(정연식, 2011, 「통일신라의 종묘 건축과 종묘제의 변화—계림 북쪽의 대형건물 유구와 관련하여—」, 『한국사연구』 153; 2016, 「신라 금성(金城)의 위치 고증」, 『한국사연구』 173; 2019, 「울릉도, 독도의 옛 이름 대섬[竹島], 솔섬[松島]의 뜻」, 『역사학보』 241).
433) 남천우, 1987, 앞의 논문, 106쪽

이 시계가 넓어서 하늘 사방
을 두루 살필 수 있기 때문
이다. 조선시대의 표현을 빌
자면 '통망(通望)'이 가능하
기 때문이다.

그래서 궁궐 안에 둘 경우
에도 주변의 높은 건물로 가
려져 시야가 좁아지는 것을
막기 위해서 궁궐 모퉁이에
두었다. 경복궁의 간의대는
경회루 근처에 있다가 궁궐
북서쪽 모퉁이로 옮겨갔고(<
그림13-8>), 원의 사천대도 동

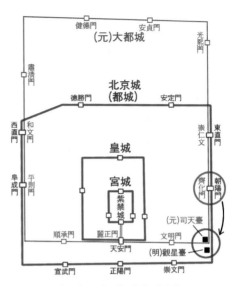

〈그림13-9〉 원, 명의 천문대

* 붉은색은 원(元)의 궁성, 푸른색은 명(明)의 궁성.
■ Google Earth의 항공사진을 바탕으로 함.

쪽 제화문 위에 있다가 남동쪽 모퉁이로 옮겨갔다(<그림13-9>).

그리고 중요한 관측을 위해서는 종종 산꼭대기에 오르기도 했다. 세종
때에는 북극고도를 측정하기 위해 역관(曆官)들을 마니산, 백두산, 한라산
에 나누어 보냈다.[434] 현종, 숙종 때에도 중요한 관측을 위해서는 남산에 오
르게 하기도 하고 때로는 강화도 마니산에 보내기도 했다.[435] 영조 때에도
혜성이 낮게 내려가 관상감 관천대에서 혜성이 보이지 않게 되자 남산에
올라가 관측한 일도 있다.[436] 그리고 일식과 월식이 지평고도가 낮은 곳에

---

434) 『國朝曆象考』 권1, 北極高度
435) 『승정원일기』 206책, 현종 9년 정월 28일 정묘; 『숙종실록』 권36, 숙종 28년 2월 4일 병진
436) 『영조실록』 권59, 영조 20년 정월 14일 임진

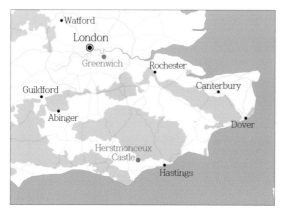

<그림13-10> 그리니치 천문대와 허스몬슈 성의 위치

서 일어나면 반드시 관상감 관원을 남산에 올려 보내 관측하게 했다.[437)

그리니치 천문대도 첨성대와 비슷한 해발고도의 평지에 있지 않았느냐는 반박을 하더라도 첨성대의 위치가 해명되는 것은 아니다. 테임즈강 유역은 높고 낮은 곳이 없이 드넓은 평원지대이기 때문이다(<그림13-10>).

천문대는 저지대에 높이 세우는 것보다는 차라리 고지대에 낮게 짓는 것이 공사의 수고로움도 덜고, 오르내리기도 편하고 안전하며, 더 넓은 범위를 관측할 수 있다. 그런 관점에서 본다면 첨성대는 천문대로서는 조건이 열악한 지점에 수고롭게 높이 세운 이상한 천문대이다.

첨성대는 앞에서 밝혔듯이 마야부인의 몸을 형상화한 것이다. 마야부인은 서쪽 인도에서 왔기에 첨성대를 서쪽에 세웠다. 그런데 경주의 남천과 북천 사이의 넓고 평탄한 구역은 빙하시대에 동쪽의 토함산 방면에서 부서진 돌조각과 흙들이 서천 일대까지 쓸려 내려와 만들어낸 선상지 지형이라서[438) 대체로 동쪽이 높고 서쪽이 낮다. 그래서 마야부인이 낮은 평지에 서게 된 것이다.

437) 『숙종실록』 권63, 숙종 45년 정월 8일 신사; 『영조실록』 권15, 영조 4년 정월 29일 경진
438) 윤순옥·황상일, 2004, 「경주 및 천북 지역의 선상지 지형발달」, 『대한지리학회지』 39-1

3. 진북(眞北)을 외면한 정자석의 해명

1) 지자기이동설

첨성대를 천문대라 하기에는
석연치 않다고 여기는 이유 중의
하나는 첨성대의 좌향(坐向)에 있
다. 첨성대는 기단, 정자석, 창구
가 모두 정방향을 가리키고 있지
않다. 현재까지 조사된 바로는 기
단은 자오선에 반시계방향으로
대략 19°, 창구는 16°, 정자석은
13° 돌아서 있다(<그림13-11>).[439]
초기에는 제대로 실측이 이루

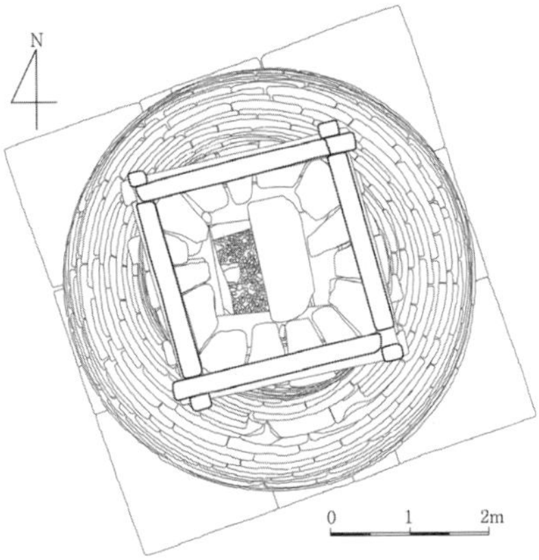

〈그림13-11〉 첨성대 평면도
■『경주 첨성대 실측 훼손도평가 조사보고서』, 183쪽

어지지 않아 첨성대의 좌향에 착오가 있었다. 니덤은 첨성대의 창구가 북
극성을 향하고 있다는 엉뚱한 말을 하기도 했다. 1964년에는 전상운이 창
구가 정남으로 열려 있고, 맨 위의 정자석은 정확하게 동서남북을 가리키
고 있어서 천문관측에서 자오선의 표준이 되었을 것이라고 했다.[440] 정확
한 실측자료가 공개되지 않아서 빚어진 오해였다. 실측은 1962년 연말에

---

439) 돌아선 각도는 1971년 박흥수의 조사로는 정자석 13.00°(12°59′56″), 기단 16°였고, 1981년
유복모·강인준·양인태의 조사로는 기단 18°54′50″(18.91°), 창구 15°58′03″(15.97°)였고,
2009년에 국립문화재연구소의 조사로는 기단 19°05′52″(19.10°)였다. 그런데 현재 정자석
은 정사각형이 아니라 마름모꼴로 일그러져 있으므로 변형 전의 정사각형이 되면 13.45°보
다 작아질 것이므로 13°로 간주하고, 기단은 평균치 19°로 하고, 창구는 16°로 한다.

440) 전상운, 1964, 「삼국 및 통일신라시대의 天文儀器」, 『고문화』 3, 21쪽

홍사준에 의해 진행되었으나 그 자료는 1967년에 공개되었기 때문이다.

박홍수는 1973년 5월에 한국일보 지면에서 그리고 그해 12월에 서울대 사범대에서 열린 제1차 첨성대토론회에서 지자기이동설을 주장하면서 첨성대가 정남북을 향하고 있지 않음을 밝혔다.[441] 즉 자신이 1971년에 실측해 본 결과 정자석의 남북방향은 자오선에서 반시계방향으로 약 13°가, 기단부는 16°가 틀어져 있다고 했다.[442]

나침반이 가리키는 북쪽 방향은 자북(磁北: Magnetic North)이라 하는데 이는 지축의 방향, 즉 지구의 자오선 방향을 지칭하는 진북(眞北: True North)과 일치하지 않는다. 진북과 자북이 이루는 각도를 자편각(磁偏角) 또는 지자기편각(地磁氣偏角)이라 부른다. 현재 나침반은 캐나다 동쪽 허드슨만 북방의 자극점(磁極點)을 가리키고 있는데, 규칙적인 패턴이 없이 이동하므로 자편각은 시기에 따라 예측할 수 없게 바뀌어 왔고, 장소에 따라서도 다르다. 박홍수가 측정할 당시 경주의 지자기편각은 서편각 6°50′이었다 한다.

박홍수는 천문대라는 첨성대의 기단석과 정자석이 정확하게 동서남북을 가리키고 있지 않은 이유를 지자기편각으로 설명했다. 당시 우리나라에는 수백 년 전의 지자기편각에 대해 연구한 기초자료가 없어서, 일본의 자료를 활용하였다. 그는 첨성대가 건립된 7세기 중엽에 일본의 지자기편각이 16°였으므로 일본과 신라의 지자기편각이 같았다면 첨성대 기단이 16° 틀어진 것과 정확히 일치한다고 하였다(<그림13-12>).

<hr />

441) 박홍수, 1979, 「첨성대의 천문측량」, 『한국과학사학회지』 1-1, 78쪽
442) 정자석의 '방향'이라 하지 않고 '남북방향'이라 한 것은 <그림13-11>에 보이듯이 현재 정자석의 평면 형태가 평범한 사각형이 아니라 평행사변형으로 일그러져 동서방향과 남북방향의 틀어진 각도가 다르기 때문이다.

그리고는 정자석이 기단석과 달리 13° 틀어진 이유도 설명했다. 7세기 중엽에 16°였던 지자기편각이 1970년대에 6°50′으로 바뀌어 있었는데, 일정한 속도와 일정한 방향으로 바뀌었다고 간주하면 지자기편각이 13°가 되어 정자석의 틀어진 각도 13°와 일치하게 되는 때는 10세기가 된다고 한다. 그리고 고려 성종(982~997) 때 첨성대가 개

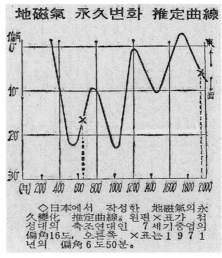

〈그림13-12〉 지자기변화 표
■「첨성대 놀라운 정밀설계」(한국일보 1973.5.5)

축되었다고 전하는데, 당시 기단석은 그대로 두고 윗부분을 개축하면서 관측공간인 정자석 부분을 나침반으로 남북방향을 찾아 10세기 당시의 나침반이 가리키는 대로 맞추어 다시 쌓아서 13°가 틀어졌다는 것이다. 그래서 첨성대는 지자기의 영구변화를 증명하는 세계 유일의 천문대라 할 수 있다는 파격적인 주장을 했다.[443]

그러나 이 주장에는 논증의 각 단계마다 검증해야 할 부분이 있다. 우선 7세기 중엽 경주의 지자기편각이 일본과 같았는지 알 수 없다. 한반도 지자기편각의 변화는 1990년대부터 요지(窯址) 바닥의 소토(燒土)에 함유된 산화철 성분으로 과거의 지자기를 복원하는 방법으로 조금씩 밝혀내기 시작

443) 박흥수, 1979, 앞의 논문, 78쪽; 유복모·강인준·양인태, 1981, 「경주 첨성대의 위치해석에 대한 고찰」, 『한국과학사학회지』 3-1, 83쪽

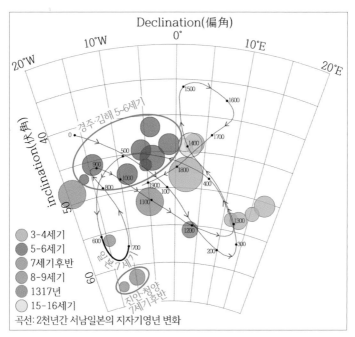

〈그림13-13〉 우리나라의 고고지자기 측정 결과

* 복각(伏角)은 지표면으로부터 수직 방향의 각도이다.

* 원도의 내용을 알아보기 쉽게 색을 입히고 약간의 가공을 하였다.

■ 성형미, 2002, 「한국에 있어서 지자기 영년변화의 측정」, 37쪽. 일본의 자료는 히로오 카 기미오(廣岡公夫: 1977)의 연구를 따랐다.

했다.[444] 지자기 편각의 한반도 내부에서의 지역적인 편차는 근소하므로 시간적인 차이만 고려하면 3~4세기에는 동편각 1.9°~17.2°였고, 5~6세기에는 서편각 1.7°~16.3°였고, 7세기 말에 서편각 13.6°였다가 14~16세기에는 다시 동편각 1.5°~3.5°로 바뀌었다고 한다(〈그림13-13〉).[445] 따라서 5세기부터 7세기 말까지는 1.7°~16.3°가 되므로 7세기 중엽 경주의 지자기편각을

444) 성형미, 2006, 「고고지자기학의 연구현황과 성과」, 『영남고고학회 학술발표회』 15, 115-118쪽

445) 성형미, 2002, 「한국에 있어서 지자기 영년변화의 측정」, 『제4기학회지』 16-2, 37쪽

서편각 16°로 인정할 수도 있다.

그런데 지자기편각이 서편각 16°라면 기단의 돌아선 각도 19°와는 3°의 차이가 있다. 박흥수는 기단이 16° 돌아서 있는 것으로 잘못 알고 있었기에 '정확하게' 일치한다고 한 것이다. 그의 주장은 틀리지만 오차가 크지 않으므로 '대체로' 일치한다고는 말할 수 있다.

그러나 나머지 부분은 설득력이 없다. 첫째, 정자석과 기단석의 방향이 일치하지 않는 것은 고려 성종 때 정자석을 개축했기 때문이라고 하는데 그런 기록은 어디에도 없다.

둘째, 7세기에 신라에서 나침반으로 방위를 판별했을 가능성은 거의 없다. 나침반은 종이, 화약과 함께 중국의 3대 발명품으로 알려져 있는데, 중국에서 자화된 철이 남북을 가리킨다는 것을 알게 된 시점에 관해서는 후한, 당, 육조시대 등으로 의견이 갈려 있다. 그러나 자침이 정확하게 남북을 가리키지는 않는다는 것도 일찍부터 알고 있었기에 그것이 광범위하게 실용화된 시기는 매우 늦었고 확실한 시기는 12세기 송대로 알려져 있다. 그때가 되어서야 지남침이 항해에 활용된 것이다. 그러므로 7세기 전반기에 신라에서 건물을 지을 때에 지남침으로 방위를 판별했을 가능성은 거의 없다.

셋째, 첨성대를 짓고 나서 1년 뒤에 첨성대에서 1.5km 떨어진 곳에 지은 분황사 모전석탑과 12년 뒤에 1.3km 떨어진 곳에 지은 황룡사 9층탑의 기단석은 반시계방향으로 약 3° 돌아서 있다.[446] 정남북 방향과 별 차이가 없는 것이다. 633년에 첨성대를 지을 때에 나침반으로 방위를 판별하여 기단석에 16°의 편차가 생겼다면, 어째서 거의 같은 시기에 지은 분황사 모

---

446) 홍광표, 1999, 「분황사의 복원을 위한 몇 가지 의문」, 『신라문화제학술발표논문집』 20, 300쪽

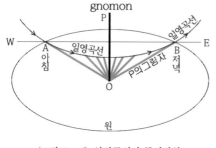

gnomon
P

W ——— A 아침 ——— 일영곡선 ——— P의그림자 ——— B 저녁 ——— E

일영곡선

일영곡선

O

원

〈그림13-14〉 일영곡선과 동서방향

전석탑과 황룡사 9층탑은 3°만 어긋났는지 설명되지 않는다.[447]

그 당시에는 아마도 나침반이 아니라 일영곡선(日影曲線)으로 방위를 판별했을 것이다. 즉 〈그림13-14〉처럼 평평한 지표면에 수직으로 막대(P)를 세우고 바닥에 그 막대를 중심으로 커다란 원을 그려 놓은 뒤 해가 떠서 질 때까지 그림자 끝이 이동하는 궤적을 연결하면 일영곡선이라는 쌍곡선이 그려지는데 이 쌍곡선과 원이 만나는 두 점 A와 B를 연결하면 동서방향이 된다. 중국 고대의 건축물들이나 이집트의 피라미드는 모두 일영곡선으로 방위를 찾아 지은 것으로 알려져 있다.[448]

2) 세차설(歲差說)

세차설은 특이하게도 천문대설을 주장하는 사람이 아니라 수미산설을 주장하는 이용범이 내어놓았다. 이용범은 전상운의 규표설을 첨성대의 좌향과 관련하여 비판하는 중에 세차 문제를 제기하여 잠시 혼란을 일으켰다.

당시 전상운은 첨성대 창구가 정남을 향하고 있고 정자석도 정확히 동서

447) 박흥수의 주장은 위의 이유로 남천우에 의해 부정되었다(남천우, 1974, 앞의 논문, 134쪽).
448) 야부우치 기요시 지음, 전상운 옮김, 1997, 『중국의 과학문명』, 민음사(藪內淸, 1970, 『中國の科學文明』, 東京: 岩波書店), 26-27쪽.

남북을 가리키고 있다
고 했다.[449] 이용범은
전상운의 그 말을 사실
로 믿고 전상운의 규표
설에 이의를 제기했다.

이용범은 세차(歲差)
로 인해 방위가 71년에
1°씩 이동하기 때문에
첨성대가 현재 정남을

〈그림13-15〉 개성 첨성대와 그 윗면
- 남북역사학자협의회, 2010, 『개성 만월대 남북공동발굴조사』,
20쪽

향하고 있다면 첨성대가 건립된 1,300년 전에는 정남을 향하지 않고 18.5°
만큼 돌아서 있어야 하므로 첨성대가 규표일 수가 없다고 하였다.[450] 즉 세
차로 인해 선덕여왕 당시에는 동서남북의 방위가 지금과 달랐다는 것이다.

비슷한 주장이 북한학계에서도 나왔다. 경주 첨성대는 기단부가 반시계
방향으로 19° 돌아서 있는데, 개성의 만월대 서쪽에 있는 개성 첨성대는
시계방향으로 15° 돌아서 있다(〈그림13-15〉). 이를 지구가 1년에 50.2″씩 세
차운동을 한 것이 누적되어 생긴 결과로 보고, 편차가 15°가 되기까지는
1075년이 지나야 하므로 개성 첨성대를 발굴 조사한 1994년에서 1075년을
뺀 919년에 지어진 것으로 추정했다. 즉 개성 첨성대도 천문대였을 것으로
보고, 919년에는 정확하게 진북에 맞추어 세워져 있었을 것으로 생각한 것
이다.[451]

449) 전상운, 1964, 앞의 논문, 21쪽

450) 이용범, 1974, 앞의 논문, 39쪽

451) 조선기술발전사편찬위원회(편), 1994, 『조선 기술 발전사 3 (고려편)』, 평양: 과학백과사전종
합출판사, 236쪽

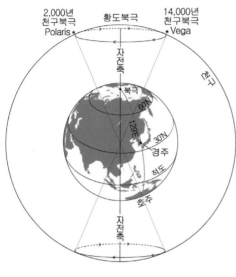

〈그림13-16〉 지구의 세차운동

그러나 이는 지구 위에서의 방위가 세차운동과 연관이 있다는 착각이 빚어낸 오류이다.

세차운동(precession)은 지구 자전축이 장기간에 걸쳐 서서히 회전운동을 하는 것을 말한다. 팽이가 기울어서 돌 때에 팽이의 자전 회전축 하단부는 땅바닥에 붙어 있지만, 상단부는 서서히 원을 그리며 움직인다. 지구도 해, 달, 다른 항성 등의 인력의 영향을 받아 팽이처럼 자전축이 1년에 대략 50.2″씩, 약 25,800년을 주기로 하여 한 바퀴 돌기 때문에, 지구 자전축의 연장선과 천구가 만나는 천구의 북극점도 고정되지 않고 25,800년을 주기로 원운동을 한다. 그래서 현재 작은곰자리 알파(α UMi) 북극성(Polaris) 근처에 있는 천구의 북극은, 5,000년 전에는 용자리 알파(α Dra) 투반(Thuban)에 있었고, 앞으로 12,000년 뒤에는 직녀성(織女星)이라 부르는 거문고자리 알파(α Lyr) 베가(Vega)로 이동할 것이다(〈그림13-16〉).

세차운동으로 인한 지축의 이동은 천구에서 지구의 적도를 천구까지 연장한 적도(赤道)와 태양이 1년간 움직이는 길 황도(黃道)가 만나는 춘분점이 해마다 조금씩 이동하는 것으로 확인된다. 그것을 서양에서는 그리스의 천문학자 히파르코스(전190~전120)가 가장 먼저 발견했고, 중국에서는 동진(東

晉)의 우희(虞喜: 281~356)
가 처음으로 확인했다.

그런데 세차운동이 지
상 건축물의 방위에 영향
을 미쳤는지 확인하기 전
에, 우선 우리가 사용하
는 동서남북이라는 방위
의 개념을 먼저 이해할
필요가 있다.

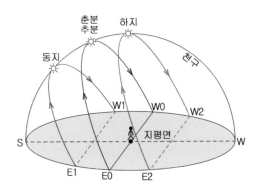

〈그림13-17〉 계절에 따른 일출과 일몰 변동

해는 매일 동쪽에서 떠서 서쪽으로 진다. 그것은 별과 달도 마찬가지이
다. 그런데 엄밀히 말하자면 해가 동쪽에서 떠서 서쪽으로 지는 것이 아니
라, 사람들이 해가 뜨는 쪽을 동쪽이라 하고, 지는 쪽을 서쪽이라 하기로
정한 것이다. 따라서 동서남북이라는 방위는 지구의 자전으로 인한 일출과
일몰 방향으로 규정된다.

지구 자전축은 태양 주위를 도는 공전궤도면에 대해 23.5° 기울어져 있
다. 따라서 1년을 주기로 〈그림13-17〉처럼 일출 지점은 동지부터 다음 동
지까지 E1-E0->E2->E0->E1으로 왕복 이동한다. 〈그림13-17〉을 보면 동
지에는 해가 동쪽에서 뜨는 것이 아니라 동남쪽에서 뜬다고 하는 것이 정
확하다고 생각할 수도 있지만 남북방향을 아예 고려 대상에서 제외하면 굳
이 그렇게 생각할 필요가 없다. 동지에는 E1에서 떠서 W1로 지는데 E1과
W1을 잇는 직선이 동서방향이기 때문이다. 즉 춘분, 추분의 E0-W0 방향
과 하지의 E2-W2 방향도 E1-W1 방향과 평행하여 똑같다.[452] 그리고 남북

<hr />

452) 지구는 표면이 매끈한 완벽한 구가 아니라 산과 언덕이 지평선이나 수평선을 가로막고 있으

방향은 E-W의 동서방향과 직각을 이루는 S-W 방향으로 정하면 그만이다.

지구의 남북 방위는 지구 자전축의 천구 안에서의 방향이 아니라 지구 위에서의 방향이다. 그리고 지구 자전축을 중심으로 한 회전운동으로 해가 뜨고 지므로 자전축의 방향은 동서방향과 직각으로 만난다.

또한 지구 표면 특정 지점에서의 남북방향은 해당 지점에서 자전축의 상단 북극점과 하단 남극점을 지나는 대권(大圈: great circle)을 지구 표면에 가상으로 그은 경선(經線)이 된다. 지구가 세차운동을 하여 천구에서 북극점의 위치가 조금씩 움직이더라도 지표면의 경선은 그대로 변화가 없으므로 남북방향은 그대로이다.

〈그림13-18〉에는 서기 2,000년의 지구와 서기 14,000년의 지구를 제시했다. 현재 북극성 근처에 있는 천구의 북극은 14,000년에는 직녀성 베가

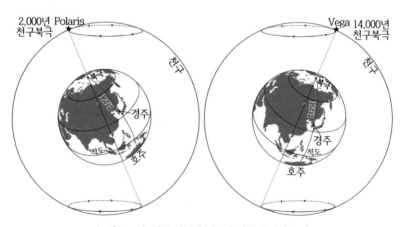

〈그림13-18〉 천구 북극의 이동과 지구 북극의 고정

므로 해 뜨는 방향과 지는 방향을 정확하게 포착할 수 없다. 그러므로 앞에서 말한 일영곡선(日影曲線)을 활용하면 된다.

근처로 옮겨 간다. 그리고 현재 동경 129°에 있는 첨성대에서 남북방향의 경선은 오스트레일리아 대륙의 서부를 지나는데, 세차운동이 한참 진행된 12,000년 후에도 오스트레일리아 대륙의 서부를 지나갈 것이다. 결국 세차운동은 지구 표면에서의 방위에는 아무런 영향을 미치지 않는다.

이집트 쿠푸(Khufu) 왕의 피라미드는 나침반 등장 훨씬 이전인 기원전 2,500년경에, 즉 4,500년 전에 축조되었다. 세차로 인해 방위가 1년에 50.2″씩 변했다면 4,500년 전의 피라미드 방위는 지금과 63° 차이가 나야 된다. 그러나 피라미드 네 변의 동서남북 방향은 평균 0.05°(3′6″) 밖에 차이가 나지 않는다. 4,500년 동안 방위의 변화가 없었던 것이다.

천문대설을 주장하는 남천우는 사과의 방향을 바꾸어 놓더라도 사과 표면에서 보는 사과 꼭지의 방향은 바뀌지 않는 것처럼 세차운동은 방위에 영향을 미치지 않는다고 반박했다.[453] 주비산경설을 주장하는 김용운도 해가 서쪽에서 뜨는 일은 없다면서 이용범의 주장을 비판했다. 결국 이용범은 1981년의 제3차 첨성대토론회에서 세차운동에 관한 언급이 잘못되었음을 인정하고, 그 부분에 관한 자신의 주장을 거둬들였다.[454]

〈그림13-17〉과 같은 일출, 일몰은 지구가 25,800년 동안 세차운동을 하는 동안에도 계속될 것이다. 왜냐하면 〈그

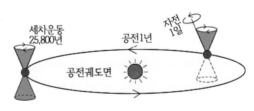

〈그림13-19〉 지구의 자전, 공전과 세차운동

453) 남천우, 1974, 앞의 논문, 123쪽; 1987, 앞의 논문, 100-101쪽
454) 이용범, 1987, 앞의 논문, 996쪽. 이용범은 1993년에 발간한 자신의 저서에 『瞻星臺存疑』를 수록하면서 세차설에 관한 부분을 삭제했다(이용범, 1993, 『한국과학사상사연구』, 동국대학교출판부, 17쪽).

림13-19〉에 보이듯이 지구가 태양의 주위를 1년에 한 바퀴 도는 동안 지구 자전축은 계속 공전궤도면에 23.5° 기운 상태로 있으며 세차운동을 하는 동안에도 지축의 기울기 23.5°는 변하지 않을 것이기 때문이다.[455]

3) 진북무용설

고대 천문학에서 천체의 관측은 거의 전부가 위치 파악이다. 천체의 위치는 방위각과 고도로 결정된다. 위치를 표시하기 위해 천구(天球)에 좌표를 설정하는 방법은 문화권마다 다르지만, 아랍처럼 지평(地平)좌표를 쓰면 방위각과 고도를 그대로 좌표에 적용하면 되고, 과거의 유럽처럼 황도(黃道)좌표를 쓰거나 중국처럼 적도(赤道)좌표를 쓰는 경우에는 관측자의 위치에 따라 방위각과 고도를 공식에 대입하여 황도좌표와 적도좌표를 환산하면 그만이다.[456] 그러므로 예전의 천문학에서는 천체의 방위각과 고도를 알아내는 것이 관측작업의 거의 전부라 할 수 있다.

그런데 방위각과 고도를 알아내기 위해서 가장 먼저 해야 하는 작업이 관측기기의 수평을 잡는 일과 진북(眞北)을 찾는 일이다. 수평을 잡아야 천체의 고도를 알 수 있고, 진북을 찾아야 천체의 방위각을 알 수 있기 때문이다. 그러나 첨성대는 수평도 잡기 어렵지만 무엇보다도 진북을 찾기 어

455) 지축의 기울기에도 약간의 변동은 있어서 약 41,000년을 주기로 하여 22.4°~24.2°의 범위 내에서 최대 2° 정도로 아주 근소하게 변한다.

456) 나카야마 시게루 지음, 김향 옮김, 1995, 『하늘의 과학사』, 가람기획(中山茂, 1984, 『天の 科學史』, 東京: 朝日新聞社), 65-68쪽; 콜린 로넌 축약, 이면우 옮김, 2000, 『중국의 과학 과 문명—수학, 하늘과 땅의 과학, 물리학—』, 까치(Colin. A. Ronan, 1981, *The Shorter Science and Civilisation in China: An Abridgement of Joseph Needham's Original Text*, Vol.2, Cambridge: Cambridge University Press), 85-88쪽

려운 이상한 구조로 지어졌다. 그렇기에 천문대라는 주장에 의심을 품게 되었던 것이다.

오랫동안 천문대설을 괴롭혔던 방위문제를 해명하기 위해 1980년대에 다시 새로운 주장이 제기되었다. 천문대에서 방위는 망원경의 극축(極軸)에 적용되는 것이지 건물 자체에는 고려될 필요가 없다는 것이다.[457] 하지만 그것은 현대의 천문대에나 적용될 말이다. 오늘날의 천문대는 방위를 지정하는 별도의 정밀기기가 갖추어져 있으므로 건물 자체가 정확한 방위를 가리킬 필요가 없으나, 그렇지 못했던 고대 관측시설은 방위에 맞추어 짓는 것이 타당하기 때문이다. 기단부는 크게 문제될 것이 없지만 적어도 관측공간인 정자석의 네 변은 정확하게 동서·남북에 맞추는 것이 옳다.

4) 동지일출방향설

천문대라는 첨성대가 기단석, 창구, 정자석의 방향이 이상하다는 비판에 처음에는 지자기설로 설명해 보려 했지만 사실상 실패했다. 그리고 수미산설에서 제기한 세차설은 천문대설을 옹호할 수도 있는 주장이었지만 결국 분명한 오류로 판명되었다. 그러다가 1981년의 제3차 첨성대토론회에서 진북에 맞추어 지을 필요가 없다는 진북무용설과 함께 동지일출방향설이 제기되었다.

1981년에 송민구는 첨성대에서 동지 일출 각도가 동남동 $29°23'24''$ ($29.39°$)가 되는데 그것은 첨성대 기단 중심에서 모서리를 향해 그은 대각

457) 나일성, 1981, 「첨성대의 사각기초석의 방향결정과 천문대로서의 기능」, 『한국과학사학회지』 3-1, 77쪽

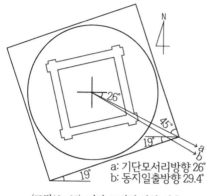

a: 기단모서리방향 26°
b: 동지일출방향 29.4°

〈그림13-20〉 기단 모서리 방향 일출

선 방향 29°와 거의 일치한다고 했다(<그림13-20>).[458] 29°가 제시된 것은 기단 남쪽 변이 반시계방향으로 16°가 틀어져 있으려면 기단 중심에서 동남쪽 모서리의 대각선 방향은 45°-16° =29°가 되어야 하기 때문이다. 그러나 기단은 16°가 아니라 19°가 틀어져 있다. 그런데 지자기이동설을 주장한 박흥수가 16°로 잘못 말한 것을 그대로 받아들여서 생긴 일이었다. 실제로는 19°가 틀어져 대각선 방향은 29°가 아니라 26°이므로 송민구가 주장하는 동지일출 각도 29.4°와는 3.4°의 차이가 난다. 이 정도의 오차는 무시할 수 없다고 할 수도 있지만, 무시해도 된다고 해도 아주 이상한 말은 아니다.

정작 이상한 것은 따로 있다. 정자석 꼭대기에서 정자석 모서리가 아니라 아래 땅바닥에 놓인 기단석 모서리 방향으로 관측했다고 주장하는 것은 기이하게 들릴 수밖에 없었다.

2009년에는 다시 박창범이 기단부 모서리가 아니라 정자석 모서리 방향이 동지 일출방향과 일치한다는 주장을 내어놓았다. 박창범은 동짓날 일출방향은 약 29.6°인데 첨성대 위에서 지평선의 일출은 볼 수 없고 태양의 고도가 2.8°가 되는 시점부터 태양을 볼 수 있다고 가정하면 그때 태양이 동남쪽 32° 방향에 있어 정자석 모서리의 방향과 일치한다고 했다(<그림13-

458) 송민구, 1981, 「『경주 첨성대 실측 及 복원도』에 의한 비례분석」, 『한국과학사학회지』 3-1, 56쪽

21>).[459] 그렇다면 동짓날 태양이 고도 2.8°부터 보이는지, 그리고 그 방향이 32° 방향인지 검증해 보기로 한다.

우선 첨성대의 경도는 동경 129°13′8.5″(129.2190°)이고 위도는 북위 35°50′5.3″(35.8348°)이다.[460] 다음으로 633년에 첨성대가 세워졌으므로 당시 가

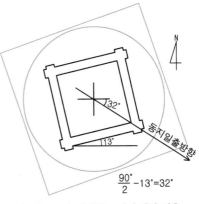

〈그림13-21〉 정자석 모서리 방향 일출

장 가까운 동지는 632년에 있었고 그때의 동지는 12월 18일이다.[461] 632년 12월 18일 첨성대에서의 일출 시각은 지방표준시(LMT)로 7시 10분 8초이고,[462] 이때 태양의 방위각은 118°54′03″(118.90°)이다.[463]

그런데 이 일출 시각은 해발고도 0m의 평균해수면에서 관측했을 때의 결과이다. 지구가 둥글기 때문에 높은 곳에서의 일출은 당연히 더 빨라진다. 경주 첨성대가 선 자리는 해발고도 44.2m이다. 사람 눈높이를 1.5m로 하면 관측 높이는 45.7m이다.[464]

459) 박창범, 2009, 「전통시대 천문현상 관측대로서의 첨성대의 특징과 영향」, 『인문학과 과학으로 풀어보는 첨성대의 비밀』(제4차 첨성대 대토론회 발표문). 정자석이 반시계방향으로 13° 돌아서면 모서리 방향은 45°-13°=32°가 된다. 29.6°라는 각도는 경주 첨성대에서는 산출되지 않아 어느 시점, 어느 위치에서의 값을 말하는지 파악하지 못했다.

460) 국립문화재연구소, 2009, 앞의 책, 25쪽

461) 음력, 양력 환산과 절기 날짜는 '달력 1.32'로 구했다.

462) 첨성대의 지방평균시는 동경 135도 기준의 한국표준시(KST)와 23분 7초 차이가 난다. 즉 일출 시각은 한국표준시로는 7시 33분 15초이다.

463) 천체 위치는 카르트 뒤 시엘(Cartes du Ciel) 프로그램으로 구했다.

464) 첨성대를 설계할 때에는 일출을 첨성대 위가 아니라 지표면에서 보았을 것이므로 일출방향과 관계된 관측은 해발고도 44.2m의 지표면에서 이루어졌다고 보는 것이 옳다.

평균해수면에서의 일출 시각과 고도 h에서의 일출 시각의 차이 t는 관측지점의 위도를 ϕ, 태양의 적위를 δ, 관측지점의 지구 반지름을 R, 하루의 초를 T라 하면 $t = a\cos\left(1 - \dfrac{1}{\cos^2\phi - \sin^2\delta} \times \dfrac{h}{R}\right) \times \dfrac{T}{2\pi}$ (<수식 1>)의 식이 성립한다.[465] 이 식에서 ϕ는 35.8348°, 632년 12월 18일의 태양의 적위 δ는 -23°36′59.6″(-23.6166°)이고, 미터로 표시되는 관측고도 h는 45.7이다. 그리고 632년 동지의 하루 T는 평균태양일 86,400초보다 길어서 86,431초이다.[466]

이제 지구 반지름 R을 구해야 한다. 지구는 엄밀히 말하자면 구(sphere)가 아니라 타원체(spheroid)이다. 따라서 위치에 따라 중심에 이르는 반지름의 길이가 다르다. 장반경 a, 단반경 b인 지구타원체에서 경도 λ, 위도 ϕ인 지점 P(λ, ϕ)에서의 지구반지름은 $R = \sqrt{\dfrac{a^4\cos^2\phi + b^4\sin^2\phi}{a^2\cos^2\phi + b^2\sin^2\phi}}$ (<수식 2>)로서 오로지 위도에 좌우된다.[467] 우리나라에서 현재 채택하고 있고 GPS로 정확성이 입증되는 GRS80 시스템에서 장반경 적도반지름 a는 6,378,137m, 단반경 극반지름 b는 6,356,752m이고, 첨성대 위치의 위도 ϕ는 35.8348°이므로 이를 <수식 2>에 대입하면 반지름 R은 6,370,848m가 된다. 이를 <수식 1>에 대입하면 t는 93초가 된다. 따라서 632년 12월 18일에 첨성대에서 수평선 일출을 볼 수 있다면 그 시각은 7시 10분 8초에서 1분 33초가 당겨진 7시

---

465) P. K. Aravind, 2009, "Sunsets, tall buildings, and the Earth's radius"(https://arxiv.org/abs/0812.3911)

466) 지구는 케플러의 법칙에 따라 공전속도를 달리하며 타원궤도를 돌기 때문에 태양의 남중시로 측정한 날짜 별 진태양일은 평균태양일 24시간과 다르다.

467) Wolfgang Torge, 2001, *Geodesy* (3rd edition), Berlin·New York: Walter de Gruyter, p.94

8분 35초가 되며 이때 태양의 방위각은 118°40′36″(118.68°)이다.

박창범은 동짓날 일출방향이 29.6°(방위각 119.6°)라 했는데 평균해수면에서 일출을 관측했을 때 태양의 방위각은 118.90°이고, 45.7m 눈높이에서 관측했을 때에는 118.68°로서 약간의 차이가 있다. 그렇지만 태양이 32°(방위각 122°) 방향에 왔을 때 고도가 2.8°가 된다는 부분은 정확하게 맞는다. 방위각이 122°가 되는 시각은 7시 31분 4초(LMT)이고 이때 태양의 고도는 2°47′24.6″(2.79°)로 일치한다.

그런데 이때의 고도는 실제 태양의 위치를 가리키는 기하학적 고도 (Geometric Altitude)이다. 우리 눈에 보이는 태양은 빛이 대기를 지나며 굴절되기 때문에 실제 위치보다 더 높게 보이며, 일출 직후에는 남중 때보다 빛이 대기권을 지나는 거리가 길어서 고도 차이가 크다. 그래도 눈에 보이는 태양의 고도는 3°01′40″(3.03°)이다. 3.0°와 2.8°는 불과 0.2°밖에 차이가 나지 않아 이것도 거의 일치한다고 볼 수 있다.

이제 632년 12월 18일에 형제산 능선 위로 태양이 모습을 드러내는 시각과 아울러 그때 태양의 방위각과 고도를 확인해 본다. 지금까지 이야기한 일출은 지구가 매끈한 타원체임을 가정한 것이다. 하지만 실제 지구 표면은 산과 계곡으로 울퉁불퉁하다. 그래서 첨성대에서는 동짓날 동해의 수평선 위로 해가 뜨는 광경을 볼 수 없다. 동짓날 일출방향으로 약 6km 떨어진, 도지동과 천군동 경계의 형제산 능선이 앞을 가로막고 있기 때문이다. 그러므로 태양이 형제산 능선 위로 올라오는 것을 일출로 삼을 수밖에 없다.

그리고 태양의 위치는 태양의 한가운데 중심점의 방위각과 고도로 표시하는데, 일출 시각은 태양의 중심점이 아니라 테두리 위쪽 끝부분이 지평선 위로 올라올 때를 가리킨다. 따라서 태양의 크기를 고려해야 한다.

커다란 원반으로 보이는 태양과 달의 크기는 지름을 각도로 측정한 시직경(angular diameter)으로 표시한다. 태양의 시직경은 통상 32′으로 보지만 지구가 태양 주위를 케플러의 법칙에 따라 타원궤도를 돌며 공전하기 때문에 태양과 가까워졌다 멀어졌다 해서 시직경이 작게는 31.45′에서 크게는 32.53′까지 변한다. 지구는 1월 초에 태양과 가장 가까운 근일점에 이르고 7월 초에 가장 먼 원일점에 이르는데 근일점에 가까운 632년 동지에 태양의 시직경은 32′32.5″(0.5424°)에 이르러 시반경은 0.2712°가 된다. 따라서 일출 시각은 태양의 고도에 0.27°를 더한 태양 상단의 고도가 산 능선의 고도와 일치하는 때로 한다.[468]

다음으로 산의 능선을 그려야 한다. 스카이라인을 그리기 위해 10m 간격의 등고선이 표시된 국토지리정보원의 1:25,000지형도 〈경주〉와 〈불국〉을 이용하였다. 둥근 지구 표면을 평면 지도에 옮기려면 불가피한 오차가 발생한다. 지도의 북쪽 도북과 진북의 오차, 도편각은 지점에 따라 다르다. 동경 129°07′30″부터 15′00″까지의 〈경주〉 도편각은 -7′이고, 동경 129°15′00″부터 22′30″까지의 〈불국〉 도편각은 -11′이다. 그래서 편의상 〈경주〉의 월성 지점과 낭산 지점의 도편각을 -0.14°, 〈불국〉의 형제산 지점의 도편각을 -0.16°로 하여 방위를 약간 보정했다.[469]

이 과정들을 거친 후에 지도 위에서 첨성대를 중심으로 방위각 115°부터

---

468) 태양이 산 능선에 걸칠 경우에 태양의 시직경 절반 0.2712°의 높이는 약 6km 떨어진 형제봉 능선에서는 28.4m에 해당하여 무시할 수 없는 수치이다(1600m×tan0.2712°=28.4m). 산에 나무가 없다면 일출을 눈으로 확인하는 데 아무런 문제가 없고, 나무가 있더라도 일출 직전에 이미 태양빛이 산 숲을 물들게 하며 일출을 예고하기에 크게 문제 되지 않을 것으로 본다.

469) 지도는 타원체 지구를 평면에 표시한 것이기 때문에 왜곡을 피하기 어렵다. 그래서 지도의 수직방향 북쪽은 진북과 약간 어긋나기 마련이고 이 차이를 도편각이라 한다. 〈경주〉, 〈불국〉의 평면에 투영한 방법은 횡단머케이터도법을 사용하여 작성한 것으로서 동경 129도, 북위 38도의 동부원점에서 접점을 이루어 동경 129° 지점에서 도북(圖北)과 진북(眞北)이 일치한다.

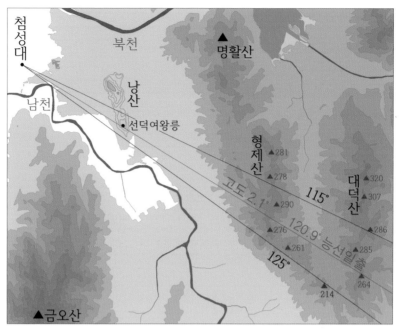

〈그림 13-22〉 632년 12월 18일 첨성대에서의 일출

■ 국토지리정보원, 2014, 1:25,000지형도 〈경주〉〈불국〉. 등고선간격 50m. 낭산에만 70m, 80m, 90m 등고선을 그려 넣었음.

125°까지 방사선을 그어 능선의 거리, 해발고도를 구했다(〈그림13-22〉). 그 것으로 능선의 고도를 계산한 뒤에[470] 동지에 태양이 능선 위로 보일 즈음의 태양 고도와 대조한 것이 〈표13-1〉이다. 그리고 계산표를 이용하여 〈그림13-23〉을 작성했다.

　그 결과, 태양은 첨성대 지점의 지방평균시로 7시 23분 44초에, 한국표준시로는 7시 46분 51초에 방위각 120.9°, 고도는 1.84°의 위치에서 위쪽

---

470) 국립경주박물관과 경주시에서 발행한 『문화유적분포지도』의 1:10,000 지도에는 세부 고도가 많이 표시되어 있어 보조자료로 활용하였다.

방위각	형제산능선			태양			첨성대 지방평균시 (LMT)	한국표준시 (KST)
	거리 D	표고 H	앙각 θ	상단 고도	태양 고도	실제 고도		
120.0°	5980m	275m	2.20°	1.15°	0.88°	0.46°	7시17분40초	7시40분47초
120.5°	5980m	279m	2.23°	1.68°	1.41°	1.06°	7시21분03초	7시44분10초
120.8°	6000m	271m	2.15°	2.00°	1.73°	1.41°	7시23분04초	7시46분11초
120.9°	**6000m**	**267m**	**2.11°**	**2.11°**	**1.84°**	**1.52°**	**7시23분44초**	**7시46분51초**
121.0°	6000m	266m	2.10°	2.22°	1.95°	1.64°	7시24분25초	7시47분32초
121.5°	6000m	270m	2.14°	2.76°	2.49°	2.22°	7시27분45초	7시50분52초
122.0°	6060m	266m	2.10°	3.30°	3.03°	2.79°	7시31분04초	7시54분11초

＊ atanθ=(H-45.7)/D ＊ 태양 상단 고도는 태양고도+시반경 0.27°. 태양고도는 태양광선이 대기 중에 굴절하여 눈에 보이는 고도.

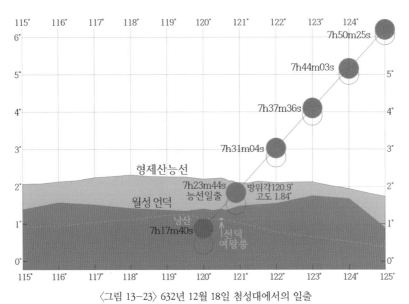

〈그림 13-23〉 632년 12월 18일 첨성대에서의 일출

＊ 대기권을 통과하여 굴절된 빛으로 눈에 보이는 태양. 아래 테두리 원은 실제 태양의 위치이다.

끝부분의 고도가 2.11°일 때 형제산 능선 2.11°와 일치하여 일출을 시작한다. 이 결과는 박창범의 동지일출방향설에서 제시된 방위각 122°, 고도 2.8°와는 방위각과 고도에 각각 1° 정도의 오차가 있지만 대체로 일치한다고 해도 무방하다.[471)

그런데 동지일출방향설이 제시하는 방위각, 고도의 정확성 여부를 떠나서 그보다 더 큰 근본적인 의문이 남아있다.

먼저, 밤중에 정자석 안에서 모서리가 아니라 정자석 중심과 모서리를 잇는 모서리 방향을 정확하게 찾아낼 수 있을까? 종이 위에서는 정자석을 그리고 대각선 방향을 그으면 바로 모서리 방향이 나온다. 그런데 첨성대 위에 올라갔을 때를 상상해보면 그렇지 못하다. 모서리 방향을 정확하게 찾으려면 남동쪽 모서리를 향한 채로 북서쪽 모서리와 남동쪽 모서리를 동시에 볼 수 있어야 한다. 그러나 그것은 불가능하다. 정자석 안에서 정확한 모서리 방향을 찾으려면 어떤 자세, 어떤 각도로 서야 할지 막막하다.

그것보다도 왜 모서리 방향으로 보도록 설계했을까? 앞에서도 밝혔듯이 과거의 천문관측은 거의 전부가 방위각과 고도 측정이었다. 거꾸로 하늘에서 특정 별을 찾을 때에도 방위각과 고도를 알고 있어야 훨씬 수월했다. 그렇다면 정자석이 방위각을 쉽게 알 수 있게 정확하게 남북방향에 맞추어져 있어야 한다.[472) 1년 내내 천문관측에 필수적인 방위각은 제쳐놓고 1년에

---

471) 0.1~0.2°의 도편각 등 자세한 부분까지 숫자를 계산했지만 구형 지표면에서의 각도 계산도 지도만으로 완벽하게 나타낼 수는 없고, 당일의 기압, 기상조건 등 고려해야 할 변수들이 너무 많아서 계산 결과가 1°의 오차가 난다 해도 이상할 것이 없다.

472) 김기협, 1981, 「첨성대의 천변관측 기능」, 『한국과학사학회지』 3-1, 144쪽 "오늘날의 천문대에는 방위를 지정하는 별도의 기구가 있기 때문에 건물 자체가 정확한 방위에 면할 필요가 없지만 고대나 중세의 관측소는 시설 자체가 방위를 지정해 주어야만 정밀 관측이 가능했을

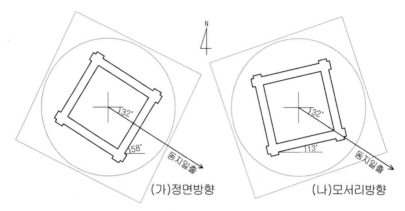

〈그림13-24〉 동지일출 관측에 적합한 정자석 방향

단 한 번 동지의 일출, 그것도 수평선의 일출이 아니라 산 능선에 걸쳐서 보이는 일출을 관측하기 위해 정자석을 일부러 돌려 놓았다는 것은 상식으로는 이해할 수 없는 말이다.

그것이 일반적인 방위 판별에 유리하거나, 또는 그렇지는 못하더라도 동짓날 일출방향의 판별에 유리하다면 모르겠으나 그렇지도 않다. 동짓날 일출방향을 판별하기에도 오히려 더 막막한 것이다. 동지일출을 정확히 보려면 동지일출을 정자석 모서리 방향에 일치시킬 것이 아니라 정자석 한 변에 직각이 되도록 하는 것이 훨씬 낫다.

〈그림13-24〉에서 신라인들이 첨성대 위에서 동짓날 형제산 능선 위로 솟아오르는 해를 보려면 정자석을 (가) 모양으로 설치했을지, 아니면 (나) 모양으로 설치했을지 생각해 보면 답은 자명하다. 첨성대가 동지일출을 정면으로 편안하게 바라보지 않고 모서리 방향으로 바라보는 천문대라면, 모서리 방향으로 보도록 만든 전망대나 관측대로는 아마도 세계 유일의 건축

것이다."

물이 될 것이다.

정자석 모서리 방향을 동지일출에 맞춰 지었다는 주장은 그 방향이 낭산 선덕여왕릉, 감포 대왕암 등과도 일치한다는 주장으로 확산되기도 했다. 하지만 〈그림13-23〉에 보이듯이 첨성대를 설계할 당시 첨성대 터에서 보면 선덕여왕릉은 월성 언덕에 가려 보이지도 않는다. 첨성대 위에서 보면 선덕여왕릉이 보일 수도 있다. 그러나 그것은 낭산이 민둥산이고 선덕여왕릉에는 왕릉을 빙 둘러 에워싸는 도래솔 소나무도 두르지 않았다는 전제 하에 가능하다.[473] 첨성대 위에서도 낭산의 나무 몇 그루만으로도 선덕여왕릉은 보이지 않는다. 그리고 선덕여왕릉이 보이더라도 선덕여왕릉을 바라볼 수 있도록 정자석을 돌려놓았다고 주장하려면 왜 (가)처럼 설치하지 않고 특이하게도 (나)처럼 했는지 이것부터 먼저 해명해야 한다.

4. 첨성대의 돌 숫자

1) 첨성대의 짜임새

오래전부터 첨성대의 단의 수, 돌의 수가 천문학적으로 의미 있는 숫자이며, 그것은 첨성대가 천문대라는 증거의 하나라는 주장들이 있었다. 그리고 그 주장은 지금도 널리 퍼져 있다. 그러나 그런 주장은 천문대설의 부자연스러움을 드러낸다. 그 옳고 그름을 판단하려면 우선 첨성대가 어떻게

---

[473] 왕릉에 도래솔을 심는 전통은 아주 오랜 것으로 고구려 山上王과 于氏의 일화에도 보인다 (『삼국사기』 권17, 고구려본기5 東川王 8년).

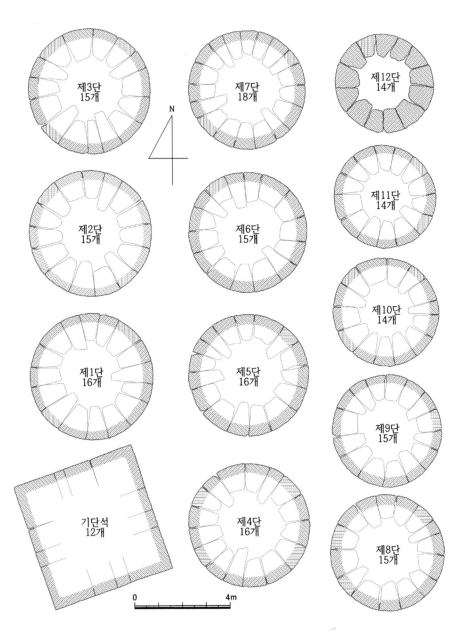

〈그림13-25〉첨성대 평면전개도

■ 국립문화재연구소, 2009, 『경주 첨성대 실측 훼손도평가 조사보고서』, 164-182쪽

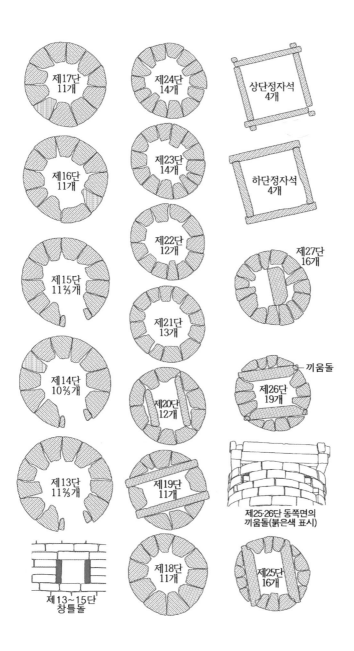

제17단
11개

제24단
14개

상단정자석
4개

제16단
11개

제23단
14개

하단정자석
4개

제15단
11⅔개

제22단
12개

제27단
16개

제14단
10⅔개

제21단
13개

끼움돌

제26단
19개

제13단
11⅔개

제20단
12개

제19단
11개

제25·26단 동쪽면의
끼움돌(붉은색 표시)

제13~15단
창틀돌

제18단
11개

제25단
16개

구성되어 있는지부터 알아야 한다.

언뜻 보기에는 첨성대의 몸통부가 그저 돌을 둥글게 둘러서 쌓은 것처럼 보이지만 실은 짜임새가 약간 복잡하다. 〈그림13-25〉의 첨성대를 분해한 평면도를 보면 몸통부의 제1단부터 제12단까지는 겉을 둥글게 다듬은 돌들을 원통 모양으로 둘러 쌓았다. 그리고 제13단부터 제15단까지에는 남쪽으로 창구가 있고, 창구의 창틀을 구성하는 93cm 가량의 기둥돌 2개가 수직으로 세워져 있다. 이를 '창틀돌'이라 부르기로 한다. 기단석부터 제18단까지는 중간에 창구가 있기는 하지만 형태가 단순하다. 그러나 제19단부터 제27단까지에는 색다른 돌들이 섞여 복잡해진다. 제19단, 제20단과 제25단, 제26단에는 기다란 돌이 동서방향이나 남북방향으로 부채꼴돌 사이에 비녀처럼 끼워져 있다. 위에서 보면 방향이 서로 다른 아랫단과 윗단의 기다란 돌들이 교차하여 정(井) 자 모양의 네모난 틀처럼 보인다. 그래서 이를 내부정자석이라 부르기도 하고 방틀심석, 비녀돌로 부르기도 하는데 여기서는 '빗장돌'이라 부르기로 한다. 빗장돌을 끼운 이유는 위쪽으로 갈수록 몸통부를 조금씩 안쪽으로 오므라들게 퇴물림해 쌓아서 안쪽으로 쏠리는 힘이 작용하기 때문에 이를 지탱하게 하려고 구조적 안정성을 위해 끼운 것으로 짐작된다.

그런데 위아래로 정자형 틀을 형성하는 빗장돌은 밖에 서서 보면 때로는 안 보이기도 하고, 때로는 하나가 둘로 보이기도 한다. 예컨대 제20단의 돌 수는 남북으로 놓인 빗장돌 2개가 부채꼴돌 안쪽에 있어 밖에서는 보이지 않아서 실제로는 12개이지만 밖에서 보면 10개로 보인다. 그리고 제19단의 돌 수는 실제로는 11개이지만 빗장돌이 양쪽으로 튀어나와 있어 겉으로 보기에는 13개로 보인다. 이런 이유로 제25단, 제26단의 겉보기 돌 숫자도 실제보다 2개 많아 보인다. 밖에서 보면 제19·25·26단의 빗장돌 6개가 12

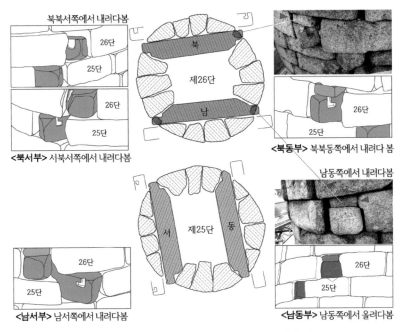

북북서쪽에서 내려다봄

26단
25단

26단
25단

<북서부> 서북서쪽에서 내려다봄

북
제26단
남

<북동부> 북북동쪽에서 내려다 봄

26단
25단

남동쪽에서 내려다봄

서 제25단 동

26단
25단

<남서부> 남서쪽에서 내려다봄

26단
25단

<남동부> 남동쪽에서 올려다봄

〈그림13-26〉 제25단, 제26단의 빗장돌(청색)과 제26단의 끼움돌(◀)

■ 『경주 첨성대 실측 훼손도평가 조사보고서』, 32쪽, 36쪽, 177-180쪽. 남동부 그림은 남쪽에서 찍은 사진을 바탕으로 모사한 것이다.

개로 보이고, 제20단 빗장돌 2개와 제27단 널돌 1개가 보이지 않아 전체적으로는 실제보다 3개가 더 많아 보인다.

그리고 제26단의 빗장돌은 조금 더 복잡하게 짜여 있다. 〈그림13-26〉의 사진과 그림을 보면 제25단 서쪽 빗장돌과 제26단 북쪽 빗장돌에는 양 끝에 얕은 홈이 파여 있다. 제25단 빗장돌의 남동쪽, 남서쪽 끝부분과 제26단 북동쪽 끝부분에는 L자 모양 홈이 패어있고, 제26단 빗장돌의 북서쪽에는 U자 모양의 홈이 패어있다. 그리고 제26단의 북동, 남동, 남서쪽 끝부분에는 높이가 1/4단 정도 되는 작은 돌이 얹혀 끼워져 있다. 이를 '끼움돌'이라 부르기로 한다. 그리고 북서쪽에는 작은 끼움돌이 있을 만한 빈 공간은 있지만 돌은 없는데, 처음부터 없었는지 아니면 후에 사라진 것인지는 알 수가 없다(<그림13-26>).[474]

마지막으로 제27단에는 바닥의 빈 공간을 반쯤 가리는 판석(板石)이 제26단의 동서방향 빗장돌 위에 남북방향으로 얹혀 있다. 이를 '널돌'이라 부르기로 한다.

탑, 부도나 석등 따위를 세울 때에는 먼저 바닥을 고르게 한 뒤에 지대석(地臺石)이라 부르는 넓적한 돌을 깔아놓고 그 위에 세워놓는다. 지대석은 구성체의 일부로 보지 않고 바로 위의 기단석부터 구성체로 본다. 왜냐하면 지대석은 단지 지반침하를 막기 위한 구조물이기 때문이다. 첨성대도 지대석 8매를 네모난 모양으로 깔아놓고 기단석 12매를 올린 위에 몸통부를 얹었는데 돌 숫자를 셀 때에는 지대석은 제외하는 것이 원칙에 맞는다. 실제로 지대석은 땅에 묻혀 잘 보이지도 않는다. 그런 원칙하에 첨성대 돌의 숫자를 정리한 것이 <표13-2>이다.

〈표13-2〉 첨성대의 돌

일반돌		특수돌	합계
상정자석	4		4개
하정자석	4		4개
제27단	15	(널돌 1)	16개
제26단	14	끼움돌 3 **빗장돌 2**	19개
제25단	14	**빗장돌 2**	16개
제24단	14		14개
제23단	14		14개
제22단	12		12개
제21단	13		13개
제20단	10	(빗장돌 2)	12개
제19단	9	**빗장돌 2**	11개
제18단	11		11개
제17단	11		11개
제16단	11		11개
제15단	11		
제14단	10	창틀돌 2	34개
제13단	11		
제12단	13		13개
제11단	14		14개
제10단	14		14개
제9단	15		15개
제8단	15		15개
제7단	18		18개
제6단	15		15개
제5단	16		16개
제4단	16		16개
제3단	15		15개
제2단	15		15개
제1단	16		16개
기단석	12		12개
합계	382	14	396개

* 밖에서 보면 둘로 보이는 돌은 진한 글자로, 안 보이는 돌은 ( )로 표시했다.

---

474) 홍사준은 작은 끼움돌을 보충횡석(補充橫石) 또는 정자보충석(井字補充石)으로, 송민구는 정자보조석(井字補助石)으로 불렀다. 홍사준과 송민구는 26단 북서쪽에 원래는 끼움돌이 있었으나 후에 멸실된 것으로 보았다.

표를 보면 첨성대는 모두 396개 돌로 이루어져 있으며, 부분별로 보면 1단 기단석 12개, 27단 몸통돌 376개, 2단 정자석 8개로 이루어져 있다. 그리고 몸통부는 안에 숨겨진 돌도 있고, 양쪽으로 튀어나온 돌도 있어 396개가 밖에서 보면 399개로 보인다.

2) 첨성대의 형태와 층단

첨성대의 형태와 단의 수 또는 돌의 수가 천문학으로 의미 있는 형태이며 숫자이므로 첨성대가 천문대일 것이라는 주장으로는 여섯 가지가 있는데 그것들을 하나하나 짚어보기로 한다.

첫째로, 사각형 기단부와 원형 몸통부는 하늘은 둥글고 땅은 모나다는 천원지방(天圓地方)을 표현한 것이라는 주장이 있다.[475] 물론 그것은 꼭대기의 네모난 정자석을 도외시한 말인데, 매우 어색하다는 느낌을 지울 수 없다. 보통 사람의 눈으로는 위는 네모나고 아래는 둥글게 보인다. 그래서 예전에도 『세종실록』, 『동국여지승람』, 『여지도서』, 『증보문헌비고』에서 모두 일관되게 '상방하원(上方下圓)'으로 기록했다. 상방하원을 천원지방에 적용하면 네모난 땅 아래 둥근 하늘이 있다는 뜻이니 매우 어색하다. 그리고 개천설(蓋天說)에서 말하는 천원지방에서 하늘이 둥글다는 것은 첨성대 몸통처럼 둥근 원통이나 원판 모양의 하늘이 아니라 대개 네모난 땅을 덮는 둥근 돔(Dome) 형태의 하늘을 가리키는 말이다.

둘째로, 2단으로 이루어진 정자석을 한 층으로 보면 몸통부 27단과 합하

---

475) 홍사준, 1967, 「첨성대」, 『然齋考古論集』(『고고미술자료』 12, 고고미술동인회), 127쪽; Kim Yong-woon, 1974, "Structure of Ch'ŏmsŏngdae in the Light of the Choupei Suanchin", *Korea Journal*, Vol.14 No.9, Korean National Commission for UNESCO, p.7

여 28층이 되는데 이는 하늘의 별자리 27수와 정자석(井字石) 정수[井宿]를 합한 28수[宿]를 상징한다는 견해도 있다.[476] 그러한 생각을 분명한 오류로 단정지을 수는 없다. 개개인의 생각이야 얼마든지 다를 수 있기 때문이다. 그렇지만 첨성대가 28층이라는 관점과 사고를 일반화할 수는 없을 것이다.

셋째로, 27단 가운데 창구가 배치된 중간 3단을 제외하면 24단이 되는데 이는 1년 24절기를 상징한다고 한다.[477] 정말로 24절기를 표현하려 했다면 창구까지 포함해서 24단으로 만들면 훨씬 받아들이기 쉬울 텐데 왜 그러지 않았을까 하는 의문이 생기지 않을 수 없다.

넷째로, 창구 아래의 12단은 1년 12개월을 표현한 것이라는 주장도 있다.[478]

그리고 위의 네 가지에 새로운 것을 덧붙여서 종합적으로 제시한 특이한 견해도 있다.

첨성대의 구성에서 원형부 석축이 27단인 것은 달의 항성월 주기인 27.3일에 응한 것이고, 또 수미산 제단과 연관지을 때 불교의 천문학이 사용하였던 27수[宿] 관점을 투영할 수가 있다. 형체가 가운데는 둥글고 위아래가 네모나니 고대 천원지방의 개천 우주론이 중첩하여 대칭적으로 적용된 것이라 볼 수 있고, 아래 사각 기단부 2단과 상부 우물정자석 2단을 합하여서는 4계절 4방위의 땅이 네모난 원리를 담은 것이며, 원형부 중간에 네모난 남문을 기준으로 아래가 12단이고 위가 12단이니 합하여서

Kim Yong-woon, 1974, op. cit., p.8

Ibid., p.8; 박창범, 2002, 앞의 책, 147쪽; 김장훈, 2019, 『첨성대의 건축학적 수수께끼』, 동아시아, 84쪽

나일성, 2000, 『한국천문학사』, 서울대학교출판부, 27쪽; 김장훈, 2019, 앞의 책, 84쪽

경주 첨성대의 기원

는 1년 24절기를 뜻하고, 나누어서는 1년 12월과 12율(律)이 서로 조응하는 모습이라고 읽을 수 있다.[479]

이런 과감한 주장은 틀렸다고 단정할 방법도 없고, 타당하다고 하기도 어렵다. 증명할 수 없는 개인적인 인상일 따름이다.

다섯째, 첨성대의 몸통부 제1단부터 제6단까지의 각 단의 돌 수가 동지부터 춘분까지의 날 수와 일치한다는 주장이 있다. 이것은 앞의 네 가지와는 달리 이렇게도 저렇게도 볼 수 있는 것이 아니라, 분명한 오류이다. 그 내용은 아래와 같다.

또 12라는 기단석(基壇石)의 수는 1년 12개월과 대응하고, 원통부(圓筒部)의 제1층에서 제6층까지의 석쌍(石雙) 수는 각각 16, 15, 15, 16, 16, 15로 ①동지~소한, ②소한~대한, ③대한~입춘, ④입춘~우수, ⑤우수~경칩, ⑥경칩~춘분 사이의 일수(日數)와 완전히 부합한다.[480]

제1단부터 제6단까지의 돌 수가 동지부터 춘분까지의 사이 날짜와 '완전히 부합'한다고 했는데, 왜 전체가 아니라 제6단까지만 일치시켰는지도 의아스럽지만, 그보다 문제는 동지에서 춘분까지 각 절기 사이의 날 수와 제1단부터 제6단까지의 돌 수는 실제로 확인해보면 대개 부합하지 않는다.

〈표13-3〉의 윗부분은 절기를 이루는 태양력이 4년마다 한 번씩 윤년을

---

479) 김일권, 2010, 「첨성대의 靈臺적 독법과 신라 왕경의 三雍제도 관점」, 『신라사학보』 18, 26쪽.
480) 김용운, 1974, 「瞻星臺小考」, 『역사학보』 64, 112쪽; 2001, 「한·중·일 과학기술문화 읽기」, 『디자인문화비평』 04, 안그라픽스, 286쪽. 김용운의 이 주장은 "1년의 24節候를 첨성대 各層數의 石數에서 찾아 볼 수 있다."라는 홍사준의 견해를 토대로 한 것으로 보인다.

<표13-3> 절기 사이의 날 수와 제1~6단의 돌 개수

연도	동지	1단	소한	2단	대한	3단	입춘	4단	우수	5단	경칩	6단	춘분	일치
2017	12.21	15일	1.5	15일	1.20	15일	2.4	14일	2.18	15일	3.5	15일	3.20	50%
2018	12.22	14일	1.5	15일	1.20	15일	2.4	15일	2.19	15일	3.6	15일	3.21	50%
2019	12.22	15일	1.6	14일	1.20	15일	2.4	15일	2.19	15일	3.6	15일	3.21	33%
2020	12.22	15일	1.6	14일	1.20	15일	2.4	15일	2.19	14일	3.5	15일	3.20	33%
돌수		16		15		15		16		16		15		
630	12.18	15일	1.2	15일	1.17	15일	2.1	15일	2.16	15일	3.3	15일	3.18	50%
631	12.19	14일	1.2	15일	1.17	15일	2.1	15일	2.16	15일	3.3	15일	3.18	50%
632	12.19	15일	1.3	14일	1.17	15일	2.1	15일	2.16	15일	3.2	16일	3.18	17%
633	12.18	15일	1.2	15일	1.17	15일	2.1	15일	2.16	15일	3.3	15일	3.18	50%

＊ 절기 사이의 날 수가 돌 개수와 일치하지 않는 것은 굵은 글씨로 표시했다.
＊ 2020년과 632년은 윤년이고, 동지 날짜는 전년도의 것이다.

두는 점을 고려하여 최근 4년간의 전후 절기 사이의 날 수를 제시한 것이
다. 첨성대 돌 수와 절기 사이 날 수가 일치하는 비율은 10/24, 즉 42%로
절반도 되지 않는 것을 알 수 있다. 첨성대를 건립한 633년경에는 다르지
않았을까 해도 표의 아랫부분에 보이듯이 결과는 달라지지 않는다.

이런 착오가 애초에 왜 일어났는지 의아스럽지만 그 이유를 전혀 짐작할
수 없는 것은 아니다. 1년 365.2422일을 24절기로 고루 나누면 절기 사이
의 간격이 15.22일이 된다. 그런데 제1단부터 제6단까지의 돌 숫자가 15개
또는 16개이므로 그렇게 주장하지 않았나 생각된다.

하지만 표에 제시된 바로는 첨성대 건립을 즈음한 시기에 동지부터 춘분
까지 절기가 바뀌는 날 수는 예상과는 달리 평균 14.79일이고 최근의 평균
도 14.96일밖에 되지 않는다. 왜 그럴까?

황도좌표계에서는 천구의 적도(赤道)와 황도가 교차하는 춘분점을 황경
(黃經) 0°로 하여 태양의 위치를 표시한다. 태양은 춘분점에서 매일 약 1°씩

동쪽으로 움직여서 6개월 뒤
에는 황경 180°의 추분점을
지나고, 1년이 지나면 360°
를 돌아 제자리로 돌아온다.
24절기라는 것은 이 360°를
15° 간격으로 나눈 24단계의
황경을 설정하고 각 단계에

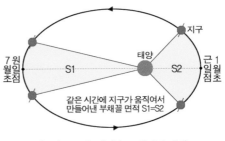

〈그림13-27〉 면적속도 일정의 법칙

태양이 위치하는 날짜를 지정한 것이다.

그런데 지구는 원형 궤도가 아니라 태양을 초점으로 하는 타원형 궤도를 돌면서 일정한 속도로 움직이지 않고 케플러의 제2법칙에 따라서 일정한 면적속도를 유지하며 움직인다(<그림13-27)〉. 즉 태양과 가까운 S2구간 근일점 근처에서는 빨리 돌고, 태양과 먼 S1구간 원일점 근처에서는 천천히 돈다. 지구가 근일점에 있을 때는 소한과 가까운 겨울 1월 3·4일경이고, 원일점에 있을 때는 소서와 가까운 여름 7월 4·5일경이다.[481] 동지부터 춘분까지는 근일점에 가까우므로 지구가 빨리 돌기 때문에 황경 15도°의 변화도 빨리 일어나서 절기 사이의 간격이 짧다. 즉 절기의 변화가 평균 15.22일보다 더 이른 15일 미만에 찾아온다. 그로 인해 겨울에는 절기 간격이 짧은 것이다.

그러므로 표에 제시한 2020년 전후 또는 633년 전후가 아니라 다른 해를 찾아보면 결과가 달라질 수도 있지 않을까 기대해 보아도 그 기대는 결코 충족될 수 없다. 첨성대 제1단부터 제6단까지의 돌 수와 동지~춘분 절기 변화의 날 수가 일치하려면 7세기의 1년은 365일이 아니라 372일이 되

481) 원일점, 근일점의 날짜에는 해에 따라 2, 3일 정도의 드나듦이 있다.

어야 하는데 그런 일은 있을 수 없다. 그런데 이 오류는 점검되지 않은 채 여기저기 옮겨졌다.[482]

3) 첨성대 돌은 365개인가?

첨성대의 구조가 천문현상과 연관되어 있다는 주장이 여럿 있지만 그 가운데 가장 널리 알려진 것은 첨성대가 1년의 날짜 수와 같은 365개의 돌로 구성되어 있다는 것이다. 그 주장은 학계에서도 적잖이 나왔고,[483] 대중을 상대로 한 글에서도 쉽게 찾아볼 수 있다. 이는 첨성대가 천문대라는 주장을 강력하게 뒷받침해 왔다. 하지만 꼼꼼히 살펴보면 이 365라는 숫자가 복잡한 가공을 거쳐 만들어진 허구라고 판단할 수밖에 없다.

첨성대 돌의 숫자가 360개 언저리에서 처음 거론된 것은 1962년에 첨성대를 실측하면서부터였다. 홍사준은 1963년에 『첨성대실측』에서 첨성대의 전체 돌 수를 소개하면서 몸통 부분에 대해 1층부터 27층까지 362매이고 중간정자석(빗장돌)이 8매, 남측 무주(창틀놓)가 2매, 27단 판석(널돌)이 1매라고 했다. 이어서 1965년에는 1층부터 27층까지 362개라고 하면서 이 숫자는 창틀돌 2개와 빗장돌 8개를 제외한 것이라고 밝혔다(<그림13-28>).

앞서 말했듯이 실제 돌 수는 396개라서 365개와는 31개나 차이가 난다. 그런데 우선 기단부 12개와 정자석 8개를 제외하고 몸통부만 세면 376개로 줄고 중간 몸통부의 특수한 돌들, 즉 창틀돌, 빗장돌, 끼움돌, 널돌을 모

482) 박창범, 2002, 『하늘에 새긴 우리역사』, 김영사, 147-149쪽; 김장훈, 2019, 앞의 책, 84-85쪽
483) 유경로와 신동원은 365개 전후로, 나일성은 365개로, 박성래는 362개로 소개했다(유경로, 1984, 「천문대─경주 첨성대」, 『한국의 과학문화재 조사보고』, 『한국과학사학회지』 6-1, 100쪽; 나일성, 2000, 앞의 책, 25쪽; 신동원, 2006, 『우리 과학의 수수께끼』, 한겨레출판, 30쪽).

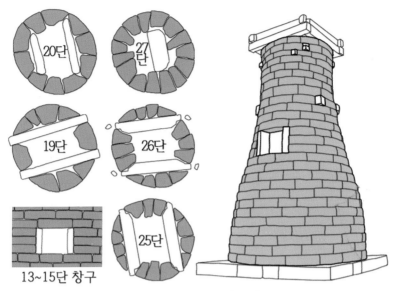

〈그림13-28〉 홍사준의 362개

* 회색 돌은 포함된 돌이고 흰색 돌은 제외된 돌이다.

두 제외하면 362개가 된다. 이 362를 토대로 하여 돌의 숫자는 차츰 365에 맞춰져 갔다.

홍사준은 1967년에 362개를 수정하여 366개를 제시하고, 이를 1년의 날짜 수에 일치한다고 하였다. 중국의 『상서(尚書)』와 『주비산경』에서는 1년을 365.25일로 인식하였고, 서양의 율리우스력에서도 그러했다. 365.25를 자연수로 표현하려면 365가 적절하겠지만 366은 불가하다고 단언할 수는 없다. 『연재고고논집(然齋考古論集)』에 실린 내용은 다음과 같다.

…365일하고 잔여시각(殘餘時刻)까지 합산해서 366석(石)으로 조립한 듯하다. …1~12단이 182개, 13~27단이 184개, 합 366개인데 이 중에는 26단에 동서로 양개(兩個) 정자장석(井字長石) 위에 장석(長石)의 4분의 1의

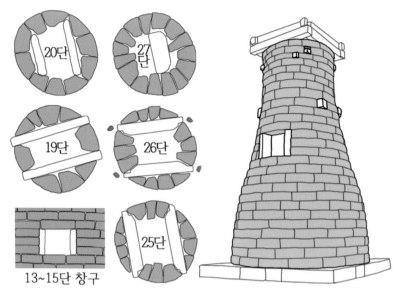

13~15단 창구

〈그림13-29〉 홍사준의 366개

* 회색, 붉은색은 포함된 돌이고 흰색은 제외된 돌이다.

보충횡석(補充橫石) 4개(1處欠)를 포함한 것이다.[484]

　　366개라는 숫자는 제13단에서 제15단까지 걸친 창문의 좌우 기둥을 구성하는 창틀돌 2개, 제19·20단의 빗장돌 4개, 제25·26단의 빗장돌 4개, 제27단에 얹혀있는 널돌 하나는 모두 제외하고, 제26단의 끼움돌 4개를 포함시킨 숫자이다.[485] 제26단의 빗장돌 끝부분에 얹힌 끼움돌은 현재 3개가 남아 있지만 원래는 북서쪽에도 한 개가 있었을 것으로 추정한 것이다(<그림

484)　홍사준, 1967, 앞의 글, 128쪽. 원문에는 '보광횡석(補光橫石)'이라 씌어 있는데 '補充橫石'의 오자로 보이며, 131쪽에서는 정자보충석(井字補充石)이라 했다.
485)　끼움돌 3개를 4개라고 한 것은 26단 북서쪽에도 끼움돌이 있었는데 잃어버린 것으로 본 것이다.

13-29>).[486]

　문제는 366이라는 숫자를 제시하는 방법이 매우 기이했다. 커다란 창틀돌 2개도 빼고, 빗장돌 8개도 빼고, 널돌 1개도 빼면서, 제26단 빗장돌 위에 아주 작게 끼워져 있어 보통 사람들은 존재조차 모르는 끼움돌 4개만 포함시킨 것은 매우 어색했다.

　그러나 이 주장의 파급력은 매우 커서 다른 연구자들에게 많은 영향을 미쳤다. 366개설은 주비산경설을 주장한 김용운에게도 그대로 받아들여졌다. 그리고 그 후로 첨성대 돌 수는 점차 365개로 바뀌어 정착되었다.

　박창범은 365개를 다음과 같이 제시했다.

　　몸통부에는 구조적 안정을 위해 정자석 6개가 안쪽부터 빗장처럼 끼워져 튀어나와 있다. 이 정자석들을 빼면 옆에서 보이는 몸통부 석재의 총수는 364개이다. 그런데 27단인 몸통부의 26단 안쪽 위에는 판석이 하나 걸쳐져 있어 27단과 나란히 몸통부 상부를 이루고 있다. 위에 덮인 이 판석까지 더하여 모두 365개의 석재가 첨성대 몸통부의 외부를 구성하고 있다. 즉, 1년의 날수에 정확히 맞추어 석재를 쌓아 축조한 것이다.[487]

　윗글에서 정자석이란 빗장돌을 말하는데 밖으로 튀어나온 빗장돌 6개에 대해서만 말하고 제20단 내부에 있는 빗장돌 2개에 대해서는 아무런 언급이 없다. 결국 양끝이 밖으로 튀어나온 빗장돌 6개는 빼고, 안에 들어가 있어 겉으로 보이지 않는 널돌과 빗장돌 2개는 넣었다는 뜻이다(<그림13-30>).

486)　홍사준, 1967, 앞의 글, 127-128쪽
487)　박창범, 2002, 앞의 책, 149쪽

〈그림13-30〉 박창범의 365개

* 회색, 붉은색은 포함된 돌이고 흰색은 제외된 돌이다.

왜 보이는 돌은 빼고 보이지 않는 돌은 넣었을까?

상세한 설명이 없어서 의미를 정확히 파악할 수는 없지만 널돌과 구조적 안정성과 무관한 제20단 빗장돌은 넣고, '구조적 안정성을 위해 끼운' 빗장돌 여섯은 제외한다는 것으로 이해하면, 창틀돌 2개도 구조적 안정성을 위한 것이므로 제외했다는 뜻으로 해석할 수도 있다. 그런데 과연 그렇게 세어야 하는지 잘 납득되지 않는다. 그리고 끼움돌 3개에 대해서는 언급이 없다. 사실상 끼움돌은 너무 작아서 존재를 인지하지 못했거나 무시한 사례들이 전에도 종종 있었다.[488]

||||||||||||||||||||||||||||||||||||||||||||

488) 유복모·강인준·양인태, 1981, 앞의 논문, 83쪽; 이동우, 1998, 「경주 첨성대의 구조에 관한 구조공학적 고찰」, 『한국전통과학기술학회지』 4-1, 61쪽; 정연식, 2009, 「첨성대의 기능과 형태에 관한 여러 학설 비판」, 『역사학보』 204, 386쪽

〈그림13-31〉 김장훈의 365개

* 회색, 붉은색은 포함된 돌이고 흰색은 제외된 돌이다.

　김장훈은 다른 방법으로 365개를 제시했다. 즉 362개의 부채꼴돌에 제 13~15단의 창틀돌 2개를 더하면 364개이고, 제27단의 널돌 1개를 더하면 365개라고 했다. 그것은 숨겨진 빗장돌 2개와 겉으로 드러난 빗장돌 6개를 모두 제외하고 끼움돌 3개도 제외한 것이다(<그림13-31>). 그의 주장은 365개설 가운데는 가장 정제된 주장이기는 하지만 왜 빗장돌과 끼움돌은 제외했는지 아무런 설명이 없어서 여전히 의문을 품을 수밖에 없다.

　지금까지 365개는 납득할 수 없는 논리로 만들어진 숫자라고 했다. 신라인들이 첨성대에 365를 표현하려면 처음부터 기단, 몸통부, 정자석을 모두 넣어서 365개가 되도록 만들었을 것이다. 그것이 아니라면 몸통부만이라도 창틀돌, 빗장돌, 널돌, 끼움돌 모두를 포함하여 365개가 되도록 했을 것이다. 그것이 어려운 일도 아니다. 그런데 이렇게 복잡한 셈법을 거쳐서

365가 도출되도록 첨성대를 지었을까?

첨성대가 천문대라고 하는 사람들은 어떻게 해서든지 365개의 돌을 만들어내려다 보니 앞뒤가 맞지 않는 주장을 하기도 했다. 첨성대 몸통부는 모두 27단으로 창구가 3단, 창구 아래가 12단, 창구 위가 12단인데 창구 아래 12단은 12개월을 나타내고, 창구 3단을 제외한 24단은 24절기를 나타낸다고 한다. 단 수가 1년 24절기를 나타낸다고 할 때는 창구 3단을 빼고 말하고, 돌 수가 1년 365일을 나타낸다고 할 때는 창구 3단의 돌을 넣고 말하기도 한다.[489]

그런데 굳이 그럴 필요가 있을까? 과문한 탓인지 모르겠으나 세계 어느 곳에서도 12개월, 24절기, 365일이 투영된 천문대가 있다는 말을 들어본 적이 없다.

사실 여부를 떠나서 1960년대에 362개, 366개 주장이 나온 이후로 그 주장은 엄청난 파급 효과를 가져왔다. 여러 글에서 366, 365, 364가 언급되었다. 어째서 그렇게 되었는지 꼼꼼히 확인해 보지 않은 채 다른 사람의 주장을 무비판적으로 그대로 받아들인 것도 있지만, 돌의 숫자를 꼼꼼히 확인한 것도 있었다. 한 예로 국립문화재연구소에서 2009년에 발간한 실측보고서의 첫머리 표에서는 원통부 돌이 376개라고 하고서는 끝의 결론에서는 365개라고 기술했다.[490] 보고서가 앞뒤가 맞지 않는 엇갈린 기술을 한 것은 365개라는 말이 오랫동안 널리 퍼져, 의식 밑바닥에 깔려 있었기 때문이다.

그러나 첨성대에 365라는 상징적인 숫자를 넣었다는 주장에는 치명적인

---

489) 이에 대해서는 일찍이 남천우의 비판이 있었다(남천우, 1997, 앞의 책, 142쪽).

490) 국립문화재연구소, 2009, 앞의 책, 25쪽, 146쪽

맹점이 있다. 설계자가 의도한 상징성도 알아보는 사람이 있어야 의미를 지닐 수 있을 것이다. 그런데 첨성대의 365는 너무도 찾기 힘들어서 신라에 그것을 알아본 사람이 있었을지 의문이다.

실제로 경주에 가서 돌을 세어보면 365개를 확인하는 것이 불가능하다는 것을 깨닫게 될 것이다. 첨성대 주변을 돌면서 세다 보면 자꾸 헷갈려서 꽤 긴 시간이 필요하다. 몇 번을 공들여 세어도 겉으로 보기에는 399개다. 궁리 끝에 기단석과 정자석을 빼고 세어도 379개다. 그 상태에서 365개를 찾아낼 방법이 아주 없는 것은 아니다. 창틀돌과 양쪽 끝이 밖으로 튀어나온 빗장돌을 제외하고 끼움돌 셋은 그대로 포함하면 365개가 된다. 하지만 커다란 기단석, 정자석, 창틀돌과 빗장돌은 모두 빼고, 눈에 잘 띄지도 않을 만큼 작은 끼움돌 셋은 넣는 셈법은 누가 보더라도 이상한 셈법이다.

365개에 대한 믿음이 굳어지다 보니 다시 새로운 믿음이 파생하기도 했다. 즉 첨성대 돌을 몸통돌 362개에 창틀돌 2개를 합하여 364개로 규정하고는, 364개는 땅의 수이고, 27단은 사람의 수로서 제27대 선덕여왕을 뜻하고, 365는 하늘의 수로서 1년 365일을 뜻하는데 이는 $364^2+27^2=365^2$이 성립하는 것으로 입증된다고 하였다.[491] 그리고 이 수식으로 신라 제27대 선덕여왕이 364개의 돌로 구성된 첨성대를 통해 365의 하늘을 올려다본다는 해석이 가능하다고 주장하기도 했다.[492]

땅의 수가 왜 364인지도 알 수 없고, 첨성대 돌 숫자를 364로 이해하는 방법도 특이하지만 신라인들이 이렇게까지 수학적인 사고를 첨성대에 넣으려 했는지 의문이다.

491) 송민구, 1981, 앞의 논문, 74-75쪽
492) 김장훈, 2019, 앞의 책, 84-85쪽

그런데 첨성대 몸통 27단은 과연 제27대 선덕여왕을 표상화한 것일까? 필자도 모른다. 그것이 우연의 일치인지, 아니면 의도된 것인지 현재로서는 알아낼 방법이 없다. 그저 개인적으로 각자 생각을 믿으면 그만이다. 어떻게 믿더라도 첨성대의 성격이 변하는 것은 아니다.

5. 7세기 이후 천문기록 증가의 의미

1) 첨성대의 건립과 천문기록의 증가

첨성대는 과연 천문대인가? 천문대설에 제기된 여러 가지 의문에 대해 반론과 해명이 없었던 것은 아니다. 하지만 천문대라는 증거를 제시하는 적극적인 주장보다는 천문대가 아니라고 단정 지을 수는 없다는 소극적인 해명이 있었을 뿐이다. 그런데 예외가 하나 있다. 신라의 천문이변 기록을 근거로 한 것이다. 첨성대가 건립된 후로 신라의 천문현상에 관한 기록이 급증한 것으로 보건대 첨성대가 천문대임을 의심할 필요가 없다는 주장이다.

1981년에 나일성은 『증보문헌비고(增補文獻備考)』「상위고(象緯考)」에 수록된 고구려, 백제, 신라의 천문이변(天文異變)에 관한 기록을 근거로 첨성대가 천문대라는 것을 입증하고자 하였다. 삼국의 천문이변 기록을 보면 신라의 기록이 141건으로 고구려의 34건이나 백제의 62건을 수적으로 압도하고 있다(<표13-4>). 그것은 단지 신라가 건국부터 멸망까지 992년간이나 존속했다는 이유만으로는 설명되지 않는다고 한다. 신라의 천문이변 기록 141건 가운데 전체 기록의 65%에 해당되는 91건이 첨성대가 건립된 647년 이후 288년 동안에 집중되어 있다는 것이다. 이에 대해 나일성은

"과연 무엇이 신라 후기의 활발한 천문관측을 이와 같이 가능케 했었겠는가? 본인은 이 질문에 대하여 첨성대와 같은 축조물이 이 시대에 완성되었다고 하는 사실과 관련을 짓는 데 주저하지 않는다."라고 하였다.[493]

〈표13-4〉 삼국의 천문기록

	고구려	백제	신라	건립전 건립후
기간	705년	678년	992년	704년
				288년
기록	34건	62건	141건	50건
				91건
100년 평균	4.8건	9.1건	14.2건	7.1건
				31.6건

* 원 표의 내용을 간략하게 줄이고 100년 평균 기록 수를 추가하였다.

그런데 이런 결론은 적잖이 이상한 느낌을 준다. 고구려는 고분 벽화에 별자리 그림을 가장 많이 남겼다. 그리고 1,467개의 별을 돌에 새긴 정교한 천문도를 제작하여 훗날 그 탁본을 토대로 조선의 천상열차분야지도(天象列次分野之圖)가 완성되었다. 그런데 백제나 신라에 비해 이상하리만큼 빈약한 관측기록을 남겼다. 〈표13-4〉의 고구려의 100년 평균 기록 건수를 보면 대략 백제의 1/2, 신라의 1/3밖에 되지 않는다. 고구려의 천문기록이 가장 적게 남아 있다고 해서 천문관측이 백제나 신라보다 훨씬 부진했다고 보아야 할까?

한편 2009년에 박창범은 500년 이후 신라 멸망 935년까지 신라의 천문관측기록을 20년 단위로 끊어 첨성대가 세워진 633년 이후로 천문관측 기록이 급증하였음을 그래프로 제시하면서(〈그림13-32〉) 첨성대가 천문대임이 분명하다고 주장했다.[494] 그래프를 보면 화살표로 표시한 첨성대 건립 시점부터 천문기록이 분명히 크게 늘었다. 그러나 이 그래프는 엄밀히 말

---

493) 나일성, 1981, 앞의 논문, 77쪽, 79쪽. 나일성은 첨성대의 건립연도를 『증보문헌비고』의 기록에 따라 647년으로 보고 통계를 작성했다.

494) 박창범, 2009, 앞의 논문, 62쪽

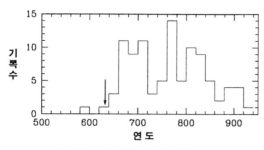

<그림13-32> 신라 천문기록의 변동

* 화살표는 633년을 가리킨다.
■ 박창범, 2009, 「전통시대 천문현상 관측대로서의 첨성대의 특징과 영향」, 62쪽

하자면 온전한 그래프가 아니다. 『삼국사기』의 천문기록은 서기 500년 이전에는 41건이 있어 100년 평균 7.4건이 되는데, 공교롭게도 500년부터 600년 사이의 천문기록이라고는 586년의 유성우(流星雨) 기록, 단 한 건밖에 없다. <그림13-32>는 500년 이전의 기록에 대한 설명은 생략한 채 첨성대 건립 이전의 시기 가운데 천문이변 기록이 거의 없었던 구간부터 설명한 것이다. 모든 자료를 그대로 제시하지 않고 논증에 유리한 부분만 가려내어 주장을 편다면 그 주장은 설득력을 갖기 어렵다. 그렇더라도 <그림13-32>의 그래프가 크게 객관성을 잃은 것은 아니다. 전 시기를 다룬 나일성의 자료에도 보이는 바와 같이 7세기 중엽 이후로 신라의 천문기록이 크게 증가한 것은 분명하기 때문이다.

그러나 두 주장에는 근본적인 문제가 있다. 성급한 결론에 다다르기 전에 먼저 과거 기록에 남겨진 데이터가 어떻게 만들어진 것인지 잘 살펴보아야 한다. 7세기 천문이변 기록의 증가는 첨성대가 천문대라는 주장의 직접적인 증거가 될 수 없음은 물론이고 정황 증거도 될 수 없다. 그것은 천문이변 기록뿐만이 아니라 『삼국사기』 신라본기의 여러 이변(異變) 기록을 남김없이 훑어보면 명백해진다.

2) 7세기 이후 각종 이변 기록의 증가

첨성대 건립 이후로 천문기록이 증가했다면 첨성대를 천문대로 인정해도 무방할까? 그 주장을 원론적인 부분부터 검토해 보기로 한다.

첨성대 건립 이후로 천문이변 기록이 많이 남게 된 이유는 몇 가지로 생각해 볼 수 있다. 우선 첨성대의 유무와는 아무런 관계가 없고, 천문이변이 우연히도 7세기 중엽 이후로 많이 발생했기 때문에 기록도 많아졌다고 할 수 있다. 하지만 그렇게 볼 수 있는 근거가 전혀 없다. 그러므로 거의 1천 년에 이르는 기간에 천문이변은 전반적으로 고르게 일어났다고 가정하는 것이 적절할 것이다. 그러한 전제하에 이 시기에 천문이변 기록이 늘어난 이유로는 두 가지 가능성을 생각해 볼 수 있다.

첫째로 천문이변의 발생이 활발해진 것이 아니라 관측이 활발해졌기 때문이라고 볼 수 있다. 즉 천문관측이 활발해져서 천문관측 데이터가 많이 축적되었고 그래서 기록도 많이 남게 되었다고 보는 것이다. 그렇다면 7세기 전반기부터 천문관측이 활발했고 그 시기에 첨성대가 세워졌으니 둘 사이에 밀접한 관계가 있지 않을까 생각해 볼 수 있다.

그러나 첨성대 건립 이후로 천문관측이 활발해졌다고 하더라도 그것이 첨성대 때문이라는 직접적인 증거는 되지 못한다. 왜냐하면 7세기 중엽 이후의 천문이변 기록이 모두 또는 대부분 첨성대에서 이루어진 관측을 토대로 한 것이라고 생각할 만한 근거가 없기 때문이다. 첨성대가 천문대가 아니라고 하더라도, 신라에 천문대가 없었다고 하더라도 천문관측은 충분히 가능하고 따라서 이런 결과도 충분히 나올 수 있다. 해와 달은 물론이고 일식이나 혜성이나 유성이나 행성이나 천문대가 있어야 잘 관측되는 것은 아니기 때문이다. 『삼국사기』의 천문이변은 첨성대 꼭대기가 아닌 평지에서도 맨눈으로 충분히 관찰할 수 있다.

둘째로는 천문관측 자료는 첨성대 건립 이전이나 이후나 큰 차이가 없었는데, 단지 첨성대 건립에 즈음한 시기 이후의 천문관측 자료가 많이 채택되어 『삼국사기』에 수록되었기 때문이라고 할 수 있다. 아마도 이것이 근본적인 이유일 것이다. 설령 첨성대가 천문대이고 그 때문에 천문관측 자료가 늘어났다고 하더라도, 그렇다고 해서 역사책에 천문이변 기사가 늘어야 할 이유는 없다. 당연한 이야기이지만 역사책에는 수많은 사실 가운데 역사가에 의해 선택된 사실만이 수록된다. 천문관측 자료가 적더라도 역사가가 그 가운데 상당수를 수록하면 기록이 많아지는 것이고, 자료가 아무리 많더라도 싣지 않으면 기록이 하나도 없을 수도 있다. 물론 관측기사의 다과가 관측자료의 다과와 전혀 무관한 것은 아니지만 훨씬 더 중요한 요소는 사서 편찬자들의 관측자료 선택이다.

이런 점들을 다 제쳐놓고 만약 다른 기록은 그렇지 않은데 천문이변 기록만 유달리 많아졌다면 혹시 첨성대가 천문대일 수도 있지 않을까 생각해볼 수도 있다. 즉 필연성을 갖춘 직접적인 증거는 여전히 될 수 없지만, 개연성을 갖춘 간접적인 정황 증거는 될 수 있을 것이다. 하지만 유감스럽게도 천문이변 기록을 증거로 한 천문대설은 정황 증거의 요건조차 갖추고 있지 못하다. 천문이변 기사만 는 것도 아니기 때문이다.

3) 천문기록이 늘어난 이유

7세기 첨성대를 건립한 이후에 천문관측 기록이 많아진 것은 분명하다. 그것은 앞의 표에 분명히 제시되어 있다. 그렇다면 왜 7세기부터 천문이변 기록이 많이 남게 되었을까? 그 의문을 하나하나 풀어보기로 한다.

우선 첨성대 건립 이후와 건립 이전을 구분하기 위해서는 첨성대의 건립 연도를 결정해야 하는데 이 글에서는 『세종실록』 지리지의 기록을 근거로 하여 633년으로 한다. 『증보문헌비고』의 647년은 633년의 오류로 판단되기 때문이다.[495]

그리고 자료로는 『삼국사기』 신라본기의 기록만을 쓴다. 『증보문헌비고』의 천문기록은 거의 전부가 『삼국사기』에서 추출한 것이고,[496] 『삼국유사』의 천문기록은 너무 적기 때문이다. 그리고 자료 선택의 일관성을 확보하기 위해 『삼국사기』 안에서도 신라본기가 아닌 열전의 기록은 제외했다.

한편 비교 구간은 기원전 57년의 신라 건국부터 935년의 멸망까지 991년 기간을 첨성대가 건립된 633년을 기준으로 하여 앞뒤로 50년 간격으로 20개 구간으로 나누었다.[497] 100년은 너무 길고, 10년이나 20년은 데이터가 너무 적어 추이를 파악하는 데 별로 도움이 되지 않기 때문이다. 그런 다음 전 기간을 632년 이전의 689년과 633년 첨성대 건립 이후의 302년으로 둘로 나누어 기록을 서로 비교하였다.

이런 원칙하에 여러 이변 기록을 살펴보았다. 『삼국사기』 신라본기의 이변 기록은 자료가 방대하여 책 뒤의 〈참고자료〉에 싣고 여기서는 간략하게

---

495) XI. 1. 여왕의 즉위 초에 세운 첨성대 참조.

496) 『삼국사기』 신라본기의 천문기록과 『증보문헌비고』 상위고의 기록은 완전히 같지는 않지만 사실상 같다 해도 무방하다. 『증보문헌비고』에는 『삼국사기』에 없는 838년의 혜성과 848년의 유성우 기록이 추가되고, 『삼국사기』에는 있는 85년의 객성(客星)과 716년의 유성 기록이 빠졌다. 그리고 낮에 금성이 나타났다는 '태백주현(太白晝見)' 4건을 다루지 않았다. 그 밖에도 이 글의 통계와 『증보문헌비고』의 기록이 일치하지 않는 부분이 약간 있는데, 그것은 하늘의 이변 가운데 하늘의 붉은 기운 같은 것들은 천체를 대상으로 한 것이 아니라서 이 글에서는 '천문'으로 분류하지 않고 '이변'으로 분류했기 때문이다.

497) 첫 구간은 기원전 57년부터 기원전 19년까지 39년간으로 50년보다 11년이 적고, 마지막 구간은 883년부터 신라멸망 935년까지 53년으로 3년이 길다.

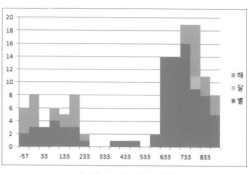

〈표13-5〉 천문기록

기간	별	달	해	합계
전57~전19	2	0	4	6
전18~32	3	0	5	8
33~82	3	0	0	3
83~132	4	0	2	6
133~182	3	0	2	5
183~232	3	0	5	8
233~282	1	0	1	2
283~332	0	0	0	0
333~382	0	0	0	0
383~432	1	0	0	1
433~482	1	0	0	1
483~532	1	0	0	1
533~582	0	0	0	0
583~632	2	0	0	2
633~682	14	0	0	14
683~732	14	0	0	14
733~782	16	0	3	19
783~832	9	2	8	19
833~882	8	0	3	11
883~935	5	0	3	8
합계	90	2	36	128

〈그림13-33〉 천문기록

분류, 정리한 것만을 제시한다.

우선 천문기록부터 살펴보기로 한다. 현대 천문학에서는 행성을 별(항성)로 보지 않지만 옛 사람들의 관념에 따라 행성, 혜성, 유성도 모두 별에 포함하여 관측기록을 '별, 달, 해' 세 가지로 나누었다.[498]

별, 달, 해와 관련된 천문기록을 50년 단위로 보인 것이 〈표13-5〉이고, 이를 그래프로 보인 것이 〈그림13-33〉이며, 전체 기록을 첨성대가 건립된 633년을 기준으로 전과 후를 비교한 것이 〈표13-6〉이다. 표를 보면 50년간 평균 기록 건수가 첨성대 건립 전에는 3.1건이었는데 첨성대 건립 이후로는 14.1건으로서 약 4.5배로 크게 증가했음을 알 수 있다. 이를 부분적으로 살펴보면 '달'은 기록 자체가 거의 없어 비교하는 것이

---

498) '해'는 대부분 일식 기록인데, 당연히 일어나야 할 일식이 일어나지 않은 것 1건과 햇무리 3건과 해 둘, 셋이 동시에 출현한 2건을 포함하고 있다.

무의미하지만, '별'은 6.3배로 늘었고, '해'는 2.0배로 늘어나서, 각각 정도의 차이는 있지만 모두 늘어났다. 그리고 〈그림13-33〉의 그래프를 보면 633년을 경계로 하여 천문기록이 급증한 것이 한눈에 보인다.

그렇다면 이 사실은 첨성대가 천문대라는 정황 증거가 될 수 있을까? 하

〈표13-6〉 첨성대 전후 천문기록 비교

	별	달	해	합계
첨성대 이전	24	–	19	43
첨성대 이후	66	2	17	85
합계	90	2	36	128
이전 50년 평균	1.7	–	1.4	3.1
이후 50년 평균	10.9	0.3	2.8	14.1
후평균/전평균	6.3	–	2.0	4.5

지만 성급한 판단을 유보해야 한다. 633년을 기점으로 유독 천문기록만 크게 증가했다면 그렇게 생각해 볼 수도 있겠지만 다른 기록도 살펴보아야 하기 때문이다.

이런 현상은 천문기록에만 나타나는 것이 아니다. 이와 관련하여 좋은 비교 대상이 지진기록이다. 경주는 활성단층 지대에 놓여 있어 지진이 잦았고 779년(혜공왕 15)에는 그 때문에 100여 명의 사망자가 발생하기도 했다. 그래서 관련 기록도 적잖이 남아 있다. 〈그림13-34〉를 보면 지진기록도 천문기록처럼 633년 이후에 대폭 증가한 것을 알 수 있다.[499] 그리고 〈표

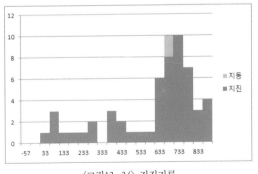

〈그림13-34〉 지진기록

---

[499] 땅이 흔들린 '지동(地動)' 2건은 '지진'에 넣되, 땅이 갈라진 '지열(地裂)' 3건과 땅이 꺼진 '지함(地陷)' 2건은 제외하여 '이상현상'에 넣었다.

〈표13-7〉 첨성대 전후 지진기록 비교

	지진	지동	합계
첨성대 이전	17	0	17
첨성대 이후	38	2	40
합계	55	2	57
이전 50년 평균	1.2	0	1.2
이후 50년 평균	6.3	0.3	6.6
후평균/전평균	5.1	-	5.4

13-7〉에 나타나 있듯이 633년 전과 후로 나누어 50년 평균을 비교해 보면 지진기록도 천문기록과 거의 같은 증가세를 보이고 있다. 첨성대 건립 전에는 50년간 평균 1.2건이 기록되었는데 이후로는 6.6건으로 5.4배로 늘어나서 오히려 천문기록보다 증가세가 더했음을 알 수 있다.

이런 현상은 천문기록과 지진기록으로 끝나지 않는다. 천문기록이나 지진기록과 같은 정도는 아니지만 기상기록도 첨성대 이후로 거의 두 배로 늘어났다. 그리고 그 가운데 '눈'은, 겨울에 눈이 내리지 않은 '무설(無雪)'은 가뭄에 넣고 그 나머지 폭설이나 때아닌 눈을 선별한 것인데 자료가 15건밖에 없어 의미 있는 수치로 보기는 어렵지만, 50년 평균값이 4.6배로 늘어 천문기록의 4.5배와 거의 같다 (〈그림13-35〉, 〈표13-8〉).

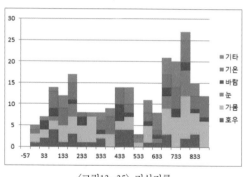

〈그림13-35〉 기상기록

〈표13-8〉 첨성대 전후 기상기록 비교

	호우	가뭄	눈	바람	기온	기타	합계
첨성대 이전	24	38	5	14	29	20	130
첨성대 이후	9	34	10	9	22	19	103
합계	33	72	15	23	51	39	233
이전 50년 평균	1.7	2.8	0.4	1.0	2.1	1.5	9.4
이후 50년 평균	1.5	5.6	1.7	1.5	3.6	3.1	17.1
후평균/전평균	0.9	2.0	4.6	1.5	1.7	2.2	1.8

다음은 천체의 이변과 기상 이변을 제외한

나머지 각종 이변을 '이상현상'이라는 이름 아래 다섯 가지로 분류하여 선별하였다. 하늘, 땅, 산, 강, 바다의 이변은 '천지'에, 쌍둥이, 기형아 등은 '사람'에, 동식물, 광물 등의 자연물의 기이한 현상과 행동은 '자연'에, 건물, 우물, 조형물, 기구 등의 인공물의 현상은 '인공'에 넣고, 용의 출현은 따로 '용'에 넣었다.

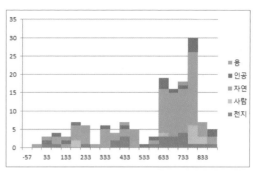

〈그림13-36〉 이상현상기록

〈표13-9〉 첨성대 전후 이상현상기록 비교

	천지	사람	자연	인공	용	합계
첨성대 이전	9	2	23	8	9	51
첨성대 이후	13	8	62	11	2	96
합계	22	10	85	19	11	147
이전 50년 평균	0.7	0.1	1.7	0.6	0.7	3.7
이후 50년 평균	2.2	1.3	10.3	1.8	0.3	15.9
후평균/전평균	3.3	9.1	6.2	3.1	0.5	4.3

〈표13-9〉를 보면 이상현상기록은 전체적으로 4.3배가 증가하여 천문기록과 거의 비슷한 증가 추세를 보이고 있다. 〈그림13-36〉을 보면 그래프의 전반적인 형태도 천문기록과 흡사하다.

마지막으로 농작물을 해치는 '황충(蝗蟲)'과, 전염병 '여역(癘疫)'과 각종 '화재'를 대상으로 한 재난기록을 살펴보면 다른 천문기록, 지진

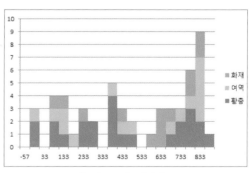

〈그림13-37〉 재난기록

〈표13-10〉 첨성대 전후 재난기록 비교

	황충	여역	화재	합계
첨성대 이전	15	8	5	28
첨성대 이후	9	8	8	25
합계	24	16	13	53
이전 50년 평균	1.1	0.6	0.4	2.0
이후 50년 평균	1.5	1.3	1.3	4.1
후평균/전평균	1.4	2.3	3.7	2.0

〈표13-11〉 전체 이변기록

연도	천문	지진	기상	현상	재난	합계
전57~전19	6	0	0	0	0	6
전18~32	8	0	5	1	3	17
33~82	3	1	7	3	0	14
83~132	6	3	14	4	4	31
133~182	5	1	12	3	4	25
183~232	8	1	17	7	1	34
233~282	2	1	8	6	3	20
283~332	0	2	8	1	2	13
333~382	0	0	8	6	0	14
383~432	1	3	9	4	5	22
433~482	1	2	14	7	3	27
483~532	1	1	14	5	2	23
533~582	0	1	3	1	0	5
583~632	2	1	11	3	1	18
633~682	14	6	8	19	3	50
683~732	14	10	21	16	3	64
733~782	19	10	20	18	3	70
783~832	19	7	27	31	6	90
833~882	11	3	15	7	9	45
883~935	8	4	12	5	1	30
합계	128	57	233	147	53	618

기록, 이상현상기록처럼 증가폭이 크지는 않지만 기상기록과 비슷하게 2배로 증가하였다(〈그림13-37〉, 〈표13-10〉).

지금까지 살펴본 천문, 지진, 기상, 이상현상, 재난에 관한 이변기록을 모두 합하여 〈표13-11〉로 정리하고, 이를 〈그림13-38〉에서 그래프로 보였다. 표와 그래프로 여러 이변기록의 추이를 살펴보면 첨성대 건립 후에 이변기록이 급증했음을 한눈에 알 수 있다. 다시 〈표13-12〉에서 첨성대 건립 전과 후의 평균 기록 건수를 비교하면 3배로 증가했다는 결과가 나온다.

최종 결과를 보자면 첨성대 건립 이후로 모든 이변 기록이 늘어났다. 이를 근거로 첨성대의 성격을 추정한다면 여러 가지가 가능하다. 천문관측 시설일 수도 있고, 지진관측 시설일 수도 있고, 눈과 관련된 시설일 가능성도 보인다.

천문, 지진, 눈을 제외한 나머지 이변들에 관한 기록도 공교롭게도 모두 633년을 경계로 눈에 띄게 늘었다. 하늘에 흰 무지개가 뜨고, 상서로운 동물이나 식물이 출현하고, 때로는 괴이한 물고기가 나타나고, 전염병이 돌고, 황충이 날아다니는 등의 여러 가지 이변이 7세기 중엽에 급증하였다.

왜 이런 결과가 나오는 것일까? 질문의 해답은 아주 단순하다. 이 시기에 모든 기록량이 증

〈표 13-12〉 첨성대 전후 전체 이변기록 비교

	천문	지진	기상	현상	재난	합계
첨성대 이전	43	17	130	51	28	269
첨성대 이후	85	40	103	96	25	349
합계	128	57	233	147	53	618
이전 50년 평균	3.1	1.2	9.4	3.7	2.0	19.5
이후 50년 평균	14.1	6.6	17.1	15.7	4.1	57.6
후평균/전평균	4.5	5.4	1.8	4.2	2.0	3.0

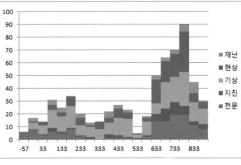

〈그림13-38〉 전체 이변기록

가했기 때문이다. 재난, 이변만이 아니라 일반적인 기록이 전체적으로 눈에 띄게 양도 많아지고 내용도 상세해졌다.

이러한 현상은 실제 수치로 나타난다. 『삼국사기』 신라본기 기록의 행수와 건수가 시기별로 어떻게 변하고 있는가를 표로 나타낸 것이 〈표13-13〉이고,[500] 이를 첨성대 전과 후로 나누어 살펴본 것이 〈표13-14〉이다.

〈표13-13〉에서 50년간 행수는 5세기 말까지는 두 자릿수를 유지하다가, 그 후로 세 자릿수로 늘더니, 7세기 중엽에는 1,000행을 넘어 네 자릿수로

---

500) 『삼국사기』 원본은 1엽(葉)에 판심(版心)을 중심으로 좌우에 각기 9행이 있는데 권 첫머리의 권 표시 부분(대개 4행)과 권 끝의 빈 행을 제외한 나머지를 모두 세었다. 그리고 기록 건수에서 사론(史論)은 제외했다.

<표13-13> 전체 기록

기간	건수	행수
전57~전19	15	46
전18~32	35	76
33~82	44	78
83~132	69	84
133~182	66	63
183~232	81	88
233~282	62	72
283~332	49	64
333~382	28	48
383~432	54	69
433~482	73	78
483~532	92	131
533~582	74	121
583~632	83	125
633~682	317	1,001
683~732	225	235
733~782	218	271
783~832	244	311
833~882	170	262
883~935	154	311
합계	2,153	3,534

<표13-14> 전체 기록

	건수	행수
첨성대 이전	825	1,143
첨성대 이후	1,328	2,391
합계	2,153	3,534
이전 50년 평균	60	83
이후 50년 평균	220	396
후평균/전평균	3.7	4.8

폭증하여 정점을 찍었다가, 다시 7세기 후반부터는 떨어져 계속 세 자릿수를 유지하고 있다.

신라본기의 기록은 시조 혁거세부터 제56대 경순왕까지 12권에 수록되어 있는데, 문무왕을 제외하면 10권에 55명의 왕이 수록되어 한 권에 평균 5.5명이 수록되었다. 그런데 7세기에 이르면 이미 선덕여왕, 진덕여왕, 무열왕 셋의 기록이 한 권을 차지하고 있으며, 이어서 문무왕에 이르러서는 문무왕 기록만 두 권이다. 그것이 그래프에서도 뚜렷이 나타나 있다.

그 이유는 분명하다. 7세기 중엽에는 통일전쟁이 한창인 시기로서 동아시아의 정세가 요동치고 있었고 한반도에서는 삼국에 당까지 가세한 전투가 수시로 일어났다. 그리고 마침내 문무왕 때에 삼국통일이 이룩되었다. 따라서 선덕여왕부터 무열왕에 이르는 시기에는 사건도 많고 상세히 기록할 내용도 많아져서 기록이 늘어났고 마침내 문무왕 때에 폭증한 것이다.

행수의 증가보다 더 의미 있는 것

은 건수의 증가이다. 〈표
13-14〉에서 기록 건수는
632년 이전에는 825건이
었던 것이 633년 이후에
는 대폭 늘어나 1,328건
이 되었다. 그리고 50년
평균 건수는 632년 이전
의 60건이 633년 이후에

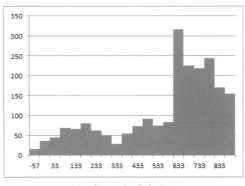

〈그림13-39〉 전체 기록

는 220건으로, 약 3.7배로 증가했다. 그것은 기록 건수의 변화를 그래프로
나타낸 〈그림13-39〉에서 그래프의 막대가 633년을 경계로 치솟은 것으로
도 한눈에 알 수 있다.

첨성대 건립 이후 천문기록이 4.3배로 늘어난 것은 전체 기록의 일반적
인 증가추세 3.7배를 약간 넘기는 했지만 중대한 의미를 부여할 만한 일은
아니다. 앞의 표에서도 보았듯이 세부적으로 살펴보면 천문기록보다 더 높
은 증가추세를 보인 분야들도 있다.

7세기 중엽을 시점으로 천문기록이 급격히 증가한 것은 첨성대가 건립
되었기 때문이 아니다. 모든 기록량이 늘어나면서 천문기록도 덩달아 늘어
났을 뿐이다.

천문기록을 지진, 기상 등의 다른 자연현상의 기록건수와 수치 비교를
하지 않고 천문기록 자체만 보더라도 첨성대 건립 전과 후의 천문기록 건
수의 비교는 매우 조심스럽게 다루어야 한다.

〈표13-6〉에서 632년 이전 689년간의 천문기록은 43건으로 약 16년에 1
건 비율로 수록되었고, 633년 이후 302년간의 천문기록은 85건으로 약 3년
반에 1건 비율로 수록되어 기록이 잦아졌다. 하지만 그것이 첨성대가 건립

된 결과라고 보기는 어렵다. 첨성대가 없던 시절에는 16년에 한 건 밖에 천문이변 기록을 확보하지 못하다가 첨성대를 세운 뒤로는 3년 반에 1건의 기록을 확보할 수 있었을까? 그것은 상식으로는 전혀 이해되지 않는다.

행성의 움직임, 혜성의 출현, 유성의 낙하, 일식의 발생과 같은 천체의 움직임이 반드시 높은 천문대가 있어야만 관찰이 가능한 것은 아니다. 그저 지상에서 맨눈으로 관찰해도 1년에 몇 건을 기록으로 남기는 것은 충분히 가능하다. 다만 그 기록을 『삼국사기』에 옮겨 담거나 버리는 것은 사서 편찬자의 선택에 달린 문제이다.

그것 말고도 기록의 증가를 다른 각도로 생각해 볼 수 있는 자료는 많다. 예컨대 『삼국사기』 신라본기에서 485년부터 585년까지 100년 동안은 천문이변 관측기록이 한 건도 없는데, 그것도 첨성대가 없어서 관측이 어려웠던 탓일까? 또 앞서 밝혔듯이 500년부터 600년까지의 천문기록이라고는 586년의 유성우 기사 하나밖에 없다. 130년 동안 신라 하늘에는 단 한 번의 이변밖에 없었을까? 아니면 수많은 이변이 있었는데 유성우 하나밖에 알아채지 못해서 자료가 하나밖에 없었고 그래서 『삼국사기』에도 하나만 기록되었을까? 물론 두 해석이 모두 비상식적이라는 것은 누구라도 느낄 것이다.

유성우보다도 더 이상한 것은 일식이다. 신라본기 991년의 일식기록은 총 30건으로, 100년 평균 3건이 기록되었다. 그런데 256년(첨해이사금 10)의 기록이 있은 후로는 531년이 지난 787년(원성왕 3)에야 다음번 기록이 나타난다. 미추이사금 때부터 선덕왕(宣德王) 때까지 총 24명의 왕을 거치는 동안에는 단 한 건도 보이지 않는다. 이는 천문기록을 기계적으로 해석해서는 안 된다는 것을 시사하고 있다.

옛사람들은 자연의 이변이 세상사와 연결되어 있으며 특히 정치의 득실, 민심의 향배와 관련이 깊다고 믿었다. 조선시대에도 억울하거나 우울한 심사가 쌓이면 하늘에 전해져 한발이 온다고 믿었기에 가뭄이 오래 지속되면 죄수를 방면하고 궁궐 안에서 숨죽이고 갑갑하게 지내는 궁녀들을 집으로 휴가 보냈다. 그와 반대로 자연현상을 지난 일의 결과가 아니라 앞으로 일어날 일의 조짐이라고 믿기도 했다. 『서운관지(書雲觀志)』(1818)에는 임진왜란이나 정묘호란, 병자호란의 발발에 임박하여 갑자기 무수히 많은 재이(災異) 기사가 등장한다.[501]

신라 때에도 마찬가지였다. 건국 초기에는 힘든 상황에서 여러 가지 위태로운 일도 있었고 가공의 성스러운 일도 만들어졌다. 그러므로 천문이변을 포함한 여러 이변을 군데군데 넣어 그 상황에 연결지었다. 그후로 신라 왕조가 차츰 자리를 잡아가고 안정되면서 크나큰 사건은 줄어들었고 그와 함께 이변에 관한 기록도 줄어들었다.

그러다가 7세기 전반 중고기의 선덕여왕 시기에 접어들어서는 동아시아에 전운이 감돌면서 북방과 한반도 전체가 요동치기 시작했고, 본격적으로 전쟁이 시작되자 기록으로 남길 사건들도 많아졌다. 그러다 보니 『삼국사기』 편찬자로서는 여러 가지 사건의 징조 또는 결과인, 사건 전후의 이변에 주목하여 그 가운데 상당수를 『삼국사기』에 기록으로 남긴 것이다.

하대에 이르러서는 정치적인 혼란과 격변이 계속되면서 정변도 잦았고 이따금 왕이 살해되거나 자결하는 일도 있었다. 왕의 죽음 직전에는 기이한 일들이 일어났다. 금성이 달을 침범하고, 살별이 떨어지고, 지진이 뇌성을 일으키며 일어났다. 그 밖에도 성문이 저절로 무너지고, 불상이 눈물을 흘리고, 소금창고가 울며, 흰 개가 궁궐담장에 오르고, 비닷물과 우물물이 핏빛으로 변했다. 이 이변들은 왕의 비상한 죽음을 예고하는 것으로 믿어

---

501) 『書雲觀志』권3, 故事

〈그림13-40〉 바이외 태피스트리의 핼리혜성
■ 프랑스 바이외태피스트리박물관 소장

졌고 그래서 역사책에 수록되었을 것이다.[502]

이러한 사고방식은 서양에도 있었다. 1066년 1월에 잉글랜드에서 해럴드 2세의 대관식을 거행할 때에 핼리혜성이 나타났다. 그러자 해럴드 2세가 사망하고 새로운 왕조가 들어설 것이라는 흉흉한 소문이 퍼졌다. 실제로 해럴드 2세는 잉글랜드를 침공한 노르망디공 윌리엄에 맞서 싸우다가 10월에 헤이스팅스에서 전투에서 전사하였고 정복왕 윌리엄의 즉위로 왕위는 앵글로색슨계에서 노르만계로 넘어갔다.

해럴드 2세의 대관식 때 핼리혜성이 나타나는 모습은 유명한 바이외(Bayeux)의 색실로 짠 태피스트리에 묘사되어 있다(〈그림13-40〉). 핼리혜성은 약 75~76년을 주기로 나타나기 때문에 그 전에도 그 후에도 혜성이 보였을 터인데 특히 1066년의 혜성이 기억되고 태피스트리에 남은 것은 그것을 왕의 죽음과 연관지어 이해했기 때문이다.

중대한 사건을 전후해서는 대체로 큰 이변이 있었다. 천문기록도 이렇게 해서 늘기도 하고 줄기도 했을 것이다.

천문기록의 성격은 신라본기 934년의 기록에서 적나라하게 드러나 있다. 934년 9월에 마지막 이변 기록으로 노인성(老人星)의 출현이 수록되었다. 노인성 카노푸스(Canopus)는 겉보기 등급이 -0.7로, 수많은 별 가운데

---

502) 구체적인 사례를 열거하지는 않지만 신라본기를 자세히 살펴보면 왕의 죽음 2년 이내에 이변이 발생한 경우가 적지 않았음을 확인할 수 있다.

-1.5등급의 시리우스(Syrius) 다음으로 밝은 별이다. 이 별은 적위(赤緯)가 −52.7°로 남극노인성이라고도 부를 만큼 남쪽에 치우쳐 있어서 제주도 남쪽 서귀포나 한라산 정상에서만 볼 수 있는 별이다.[503] 그래서 정조 때 천문학자 서호수(徐浩修)는 1770년에 편찬된 『동국문헌비고(東國文獻備考)』 「상위고」에서 노인성 출현 기록을 객성(客星: 新星)을 노인성으로 착각한 것으로 판단하여 객성 항목에 넣었다.[504]

그러나 서호수가 군이 그럴 필요는 없었다. 경주에서는 보이지도 않는 노인성 출현 기록을 이해하려면 『삼국사기』가 신라가 편찬한 역사서가 아니라 고려가 편찬한 역사서임을 기억해야 한다. 노인성은 아주 특별한 별이었다. 이 별이 뜨면 나라에 큰 경사가 생기고, 별을 본 사람은 장수한다지만, 언제 어디서나 볼 수는 없는 귀한 별이었다. 934년에 상서로운 별의 상징인 노인성의 출현을 기록한 의도는 충분히 짐작된다. 신라본기에는 노인성 출현 기록 바로 다음에 마지막으로 935년의 경순왕의 귀순이 기록되었다. 노인성의 출현은 935년의 신라의 멸망과 936년의 후백제 정벌로 이어지는, 태조 왕건의 후삼국통일을 하늘이 예고한 것이다. 신라의 여러 천문기록도 대체로 이러한 관점에서 보아야 그 성격을 올바로 이해할 수 있을 것이다.

4) 경주의 유성 낙하 기록

첨성대가 세워지기 전과 후의 천문현상을 기록한 기사 수를 비교하여 첨

---

503) 노인성의 적위는 −52.7°이므로 이론적으로는 북위 37.3°의 수원, 여주 이남에서는 볼 수 있지만 지표면이 산으로 울퉁불퉁하여 경주에서는 보이지 않는다.

504) 『增補文獻備考』권6, 象緯考6 客星 "臣謹按 老人恒星也 行度有定 非如慧孛之起散 中國 江以南常見 以北不見 我國 濟州以南始見 以北不見 此必誤記 故屬之客星"

성대가 천문대라는 것을 입증하는 방법은 재고해야 한다고 앞에서 이야기
하였다. 그런데 첨성대가 세워진 후에 천문기록이 많아졌다는 것이 아니
라 관측 대상에 변화가 있었고, 특히 유성의 천구 상에서의 위치가 구체적
으로 명시되고, 유성 낙하지점도 경주에 집중되는 변화가 있었다는 새로운
주장이 나왔다.

2011년 4월의 한국천문학회 학술대회에서 한국천문연구원의 김봉규는
『삼국사기』, 『증보문헌비고』의 천문관측기록 142건을 분석하여 다음과 같
은 취지의 발표를 하였다.

(가) 첨성대가 만들어지기 전의 기록들은 주로 일식과 혜성 등 체계적인
관측을 하지 않아도 알 수 있는 현상들이 대부분인 데 반해 첨성대
가 만들어진 이후부터 유성이나 행성 현상 등 전문적인 천문학자들
에 의한 체계적인 관측이 필요한 현상의 기록이 더 많다는 특징도 있
다. 특히 유성 기록의 경우 첨성대가 만들어진 이후부터는 나타나고
사라진 천구상의 위치를 구체적으로 기록하고 있다는 특징도 보인
다. 이는 특정한 곳에서 매일 밤 체계적으로 천문관측이 이루어졌음
을 의미한다.

(나) 게다가 647년, 673년, 710년, 768년에 관측된 유성은 떨어진 위치를
정확히 기록하고 있는데 각각 월성, 황룡사와 월성 사이, 삼랑사 북
쪽, 황룡사 남쪽이다.[505] 이 위치들이 대략 타원 상에 있는 것으로 봐
서 그 타원 영역 안에서 관측이 이루어졌을 것으로 추정된다. 그리고

---

505) 네 건 가운데 김유신 열전의 647년 기사는 앞의 통계에는 반영되지 않았다. 통계자료의 일
관성을 유지하기 위해 신라본기의 기사만 다루기로 했기 때문이다.

그 타원 영역 안에 첨성대가 있다는 것은 첨성대에서 관측이 이루어

졌을 가능성이 매우 높음을 시사한다.[506]

(가)는 첨성대 건립 이후로 관측 대상에 변화가 있었고, (나)는 관측 장소에 변화가 있었다는 주장이다.

우선 (가)에서 일식과 혜성의 관측은 일반인도 가능하지만 유성과 행성의 관측은 천문학자들에 의해서만 가능하다는 견해에 동의하기 어렵다. 즉 행성의 움직임을 천문학자들만이 관측할 수 있다는 견해는 수긍할 수 있지만 유성을 천문학자들만이 관측할 수 있다거나 일식과 혜성을 일반인들도 관측할 수 있다는 견해는 받아들일 수 없다.

① 일식은 천문학자의 체계적인 관측이 아니라도 알 수 있다고 했지만 그렇지 않다. 하늘이 어두워질 정도의 개기일식이라면 누구나 알겠지만 부분일식은 누군가가 일식 시점을 알려주고 관측 준비를 한 상태가 아니면 알 수가 없다.

② 혜성의 관측은 일반인도 가능하다는 말도 수긍하기 어렵다. 사람들은 상당히 밝고, 커다랗고, 게다가 기다란 꼬리까지 달린 혜성을 사진이나 그림으로 보아 왔기에 혜성이 출현하면 맨눈으로 금방 알아볼 수 있으리라고 생각하지만 사실은 전혀 그렇지 않다. 그것은 혜성을 고성능 천체망원경으로 보았을 때의 모습이고 맨눈으로 보면 아주 밝은 혜성이라도 대개는 희미한 작은 점으로 보이며, 오랫동안 유심히 관찰하지 않으면 이동하고 있는지 알아차릴 수도 없고, 꼬리도 거의 보이지 않기 때문에 혜성이라는 것을 알 수가 없다. 물론 핼리혜성처럼 아주 커다란 혜성이 지구에 아주 가까

506) 김봉규, 2011, 「신라의 천문관측 기록과 첨성대의 역할」, 『천문학회보』 36-1

이 접근하는 경우는 그렇지 않겠지만 그것은 극히 예외적인 경우이다.

③ 유성이 전문적인 천문학자들의 체계적인 관측에 의해서만 알아낼 수 있다는 주장은 누가 들어도 이상한 말이다. 유성(별똥별)은 어린아이도 알아볼 수 있다.

④ 행성의 움직임은 전문적인 천문학자들의 체계적인 관측에 의해서만 알아낼 수 있다는 주장에는 동의할 수 있다. 일반적으로 행성은 밝기가 일정하지 않지만 대체로 태양과 달 다음으로 밝다. 옛사람들이 해와 달 다음으로 밝은 금성을 샛별, 계명성(啓明星)이라 부른 것도 금성을 충분히 인지하고 있었기 때문이다. 다만 수성은 밝더라도 태양과 가까이 있어서 잘 보이지 않는다.[507] 하지만 매우 밝은 행성도 그것이 행성인 줄 알아내려면 위치의 변화를 장기간에 걸쳐 관찰해야 하므로 '전문적인 천문학자들에 의한 체계적인 관측'이 필요한 것이 사실이다.

그런데 이런 사항들을 꼼꼼히 검토하는 것이 꼭 필요한 것은 아니다. 혜성과 행성 이변의 기록에는 전문적인 천문학자들의 체계적인 관측이 필요하다는 주장을 인정한다고 하더라도 고대 천문학자들의 체계적인 관측은 첨성대가 없더라도 충분히 가능하다.

다음으로 (나)는 647년 이후의 유성 낙하 기록에 낙하지점이 모두 경주로 나타나므로 기 기록은 경주 첨성대에서 유성을 관측한 결과일 것이라는 주장이다.

(나)는 겨우 네 건의 기록으로 천 년에 가까운 천문관측의 추이를 이야기하는 무리를 범하고 있다. 근거로 삼을 만한 데이터가 너무 적은 것도 문제

---

507) 진성(辰星), 즉 수성은 아침이나 여명 무렵에 짧은 시간동안만 관측할 수 있는데, 북반구보다는 남반구에서 더 쉽게 관측된다. 『삼국사기』 신라본기 991년간의 기록 가운데 수성[辰星]은 단 한 번 790년의 기록에 나온다.

이지만 추론 자체가 잘못되어 있다. 『삼국사기』, 『증보문헌비고』의 기록에는 천문기록만이 아니라 사건기록 전체가 대부분 경주에 관한 기록으로 채워져 있다. 당연한 일이다. 교통, 통신 수단이 발달하지 못했던 과거에 왕도(王都)의 사건기록이 외방의 것보다 훨씬 많은 것은 지극히 당연한 일이다.

『삼국사기』의 이변기록 618건을 발생지를 기준으로 분류한 〈표13-15〉를 보면 왕경에 관한 기록이 157건, 외방에 관한 기록이 61건, 왕경에 관한 기록인지 외방에 관한 기록인지 불분명하거나 왕경과 외방 양쪽에 걸쳐 있는 기록이 400건에 이른다.[508] 표에서 발생지가 확실한 기사 중에 경주 기사의

〈표13-15〉 이변 발생지 구분

		京	外	不明	합
천문 A	632전	2	0	41	43
	633후	3	1	81	85
	계	5	1	122	128
지진 E	632전	10	1	6	17
	633후	15	1	24	40
	계	25	2	30	57
기상 W	632전	25	5	100	130
	633후	25	8	70	103
	계	50	13	170	233
이상 현상 P	632전	33	11	7	51
	633후	23	28	45	96
	계	56	39	52	147
재난 D	632전	10	2	16	28
	633후	11	3	11	25
	계	21	5	27	53
총계	632전	80건 (81%)	19건 (19%)	170	269
	633후	77건 (65%)	41건 (35%)	231	349
	합계	157건 (72%)	60건 (28%)	401	618

* 총계에서 ( ) 안의 %는 '不明'을 제외한 '京·外' 안에서의 비율이다.

비율은 632년 이전에는 81%이고 633년 이후에는 65%로서, 전 시기로 보면 72%이다. 이는 경주 기사가 전체 기사의 3/4에 가깝다는 말이다. 그 비율은 발생지가 불명확한 400건에도 비슷하게 적용할 수 있을 것이다.

천문(A), 기상(W), 이상현상(P), 재난(D) 기록 중에는 사건 발생 장소를

508) 뒤의 〈참고자료〉 참조.

특정하기 어려운 것들이 많다. 예컨대 별의 움직임이나 가뭄 같은 것이 그렇다. 그렇지만 지진(E)은 땅에서 발생하는 사건이므로 사건발생 장소를 비교적 확실하게 특정할 수 있다.

〈표13-15〉에서 지진기록을 보면 경주 기사가 25건이고 외방 기사가 2건인데, 불명확한 기사가 30건이나 되어 뭐라 말하기 어렵지만, 아마도 불명확한 기사 중의 대부분도 경주 관련 기사였을 것이다.

그런데 지진기록만이 아니라 다른 분야 기록에도 경주 기사가 많다. 첨성대가 건립되기 이전에도 천체 기록의 4/5가 경주 관련 기사였고 첨성대 이후에도 2/3가 그러했다.

그리고 첨성대 건립 이후에 유성이 떨어진 장소가 특정되고 그곳이 경주였다는 이유를 들어 첨성대가 천문대였을 것으로 추정했지만 그것은 논리적인 증명이라고는 할 수 없는 추측일 뿐이다. 유성이 경주에 떨어지면 그 사실은 첨성대에 오르지 않은 경주 주민들도 충분히 알 수 있었을 것이다. 경주의 유성 낙하 기록의 존재는 첨성대의 유무와는 아무런 관련이 없다. 한 예를 들어본다.

앞서 예로 든 유성낙하 네 건 가운데 647년에 경주 월성에 큰 별이 떨어진 것은 비담의 난 때의 일이다. 당시 명활성에 주둔한 반란군과 월성에 주둔한 관군이 열흘이나 공방전을 벌이고 있던 중 한밤중에 월성으로 큰 별이 떨어졌다. 그러자 비담이 군사들에게 "내가 듣기로는 별이 떨어진 아래에서는 반드시 피를 흘릴 것이라 했으니 이는 여왕이 패할 징조다."라고 하자 반란군의 사기가 충천했다고 한다. 이때문에 왕이 걱정하자 김유신이 불붙인 허수아비를 연에 실어 하늘에 날리고는 이튿날 떨어진 별이 다시 올라갔다는 소문을 퍼뜨려 반란군의 사기를 저하시켰다는 것이다. 그리고 월성 안에 별이 떨어진 장소에서 백마를 희생으로 하여 하늘에 제사를 올

린 후에 반란군을 토벌했다고 한다.[509]

 월성에 큰 별이 떨어진 것을 알게 된 것은 첨성대에서의 관측이 있어서가 아니다. 비담이 월성에 별이 떨어진 것을 알게 된 것도, 김유신이 별이 떨어진 곳을 찾아낸 것도 첨성대와는 아무런 관련이 없다. 월성에 별이 떨어졌는데 월성에 주둔한 관군이 모를 리가 없다. 그리고 관군과 반란군이 불과 3km의 가까운 거리에 진을 치고 열흘 동안이나 전투를 벌이고 있는 상황에서 밤중에 월성 바로 앞 첨성대에 사다리를 놓고 타고 올라가 유성 관측을 한다는 것은 상식적으로 있을 수 없는 일이다. 그 유성 낙하 사건이 첨성대에서 관측한 결과를 토대로 『삼국사기』에 실린 것이 아님은 충분히 짐작할 수 있다.

 그리고 월성의 유성 낙하가 첨성대에서 관측된 것이 아니라면 낙하 지점 네 곳을 연결하는 타원형 안의 첨성대에서 관측했다는 주장도 성립될 수 없다. 첨성대는 월성을 제외한 나머지 세 지점을 연결한 길쭉한 타원형 밖에 있기 때문이다. 그러나 이것도 별로 문제 될 것은 아니다. 사실 네 지점을 연결한 타원형이든, 세 지점을 연결한 타원형이든, 타원형 밖에서도 관측은 충분히 가능하다. 아마 분황사에서도 네 곳의 유성 낙하를 충분히 관측할 수 있을 것이다. 처음부터 논증의 전제 자체에 오류가 있었던 것이다.

6. 천문대설 비판 총론

 지금까지 천문대설에 대한 찬반 논쟁은 주로 첨성대의 천문대로서의 효

509) 『삼국사기』 권41, 列傳1 金庾信 上

용성에 집중되었다. 즉 천문대로 사용하기에 충분한 구조와 형태를 갖추고 있는가에 관한 논쟁이었다.

〈그림13-41〉 영대(靈臺)

초기에 천문대설을 제기한 사람들은 첨성대가 완벽한 구조와 형태를 지닌 천문대라고 주장했다. 꼭대기에 간단한 집 모양의 건축물이 있었다, 혼천의가 설치되어 있었다, 개방형 돔 형태의 천문대이다, 몇 명이 함께 올라가서 작업을 할 수 있을 만큼 충분한 공간이 있다 등으로 여러 가지 주장을 펼쳤다. 하지만 시간이 지나면서 여기저기서 반론이 제기되자 그러한 주장은 설득력을 잃게 되었다. 그러자 "첨성대는 완벽한 조건을 갖춘 천문대는 아니다, 매일 밤이 아니라 특별한 때에만 사용했던 천문대다."라는 식으로 목소리를 낮추었다.

그래도 천문대설에 대한 비판이 계속되자 첨성대는 천문관측과 더불어 다른 기능을 겸한 다목적 건축물이라는 절충설도 등장했다. 그중 하나가 중국의 천자가 운영했다는 영대(靈臺)와 유사한 성격의 건축물이라는 영대설이다(<그림13-41>).

영대설에 따르면 첨성대는 해와 달과 별을 관측하고, 별점을 치고, 구름이나 여러 기상 상황의 징후를 살피고, 상서로운 일과 재난, 변고의 의미를 해석하는 천문성점망기측후관대(天文星占望氣測候觀臺)라고 한다.[510] 그렇게 하면 천문관측 전용시설이 아니므로 천문대의 조건을 꼼꼼하게 갖추지 않아도 무방하다는 변론이 가능할지도 모른다. 그렇더라도 영대를 왜 첨성대

510) 김일권, 2010, 앞의 논문, 6쪽

모양으로 세웠는지는 설명할 필요가 있다. 또한 영대의 중요한 기능 중의 하나가 천문관측이었으므로 영대설도 천문대설에 제기된 기존의 의혹에서 자유로울 수가 없다.

천문대설에 대한 의혹은 머리말에 밝힌 바와 같이 ①계단이 없고, ②출입구가 높고, ③출입구가 작고, ④관측공간이 좁고, ⑤좌향이 맞지 않고, ⑥낮은 곳에 있고, ⑦ 아랫부분이 곡선 형태로 부푼 특이한 모양이라는 것들이었다. 영대설은 첨성대를 기존과는 다른 관점에서 보아 인식의 폭을 넓혀줄 수는 있겠으나 첨성대의 구조, 형태와 관련한 위의 7가지 질문에 단 한 가지도 답해주지 못한다.

이제까지 천문대설을 주장하는 사람들은 천문대설을 비판하는 사람들이 제시한 7가지 질문에는 제대로 답변하지 않고 첨성대 건립 이후에 천문관측 기록이 늘었다, 첨성대의 정자석 모서리 방향으로 동짓날 해가 떴다 등으로 새로운 이야기를 꺼냈다. 그러나 천문관측 기록이 늘어도, 정자석 모서리 방향으로 동짓날 해가 떠도 첨성대가 오르내리기도 어렵고 관측에도 비효율적이라는 문제는 여전히 남는다. 또 그 문제가 해명해야 할 훨씬 중요한 문제인데 부차적인 문제를 거론하며 해답을 내어놓지 않았다.

그렇기는 하지만 천문대설의 대안으로 제시된 규표설, 수미산설, 주비산경설 등의 여러 주장도 천문대설을 압도할 만한 설득력을 지니지 못했다. 게다가 천문대설에는 '별을 쳐다보는 대'라는 이름의 든든한 버팀목이 있었다. 그래서 첨성대가 천문대로서는 약간 기이한 구조와 형태를 지니고 있기는 하지만, 천문관측이 불가능할 만큼 문제가 있는 것은 아니라며 첨성대가 천문대라는 사실 자체에는 전혀 문제가 없다고 주장해 왔다.

이제까지는 대체로 우리에게 남겨져 전해오는 첨성대가 과거에 천문관측 용도로 사용하기에 충분한 건축물인가 아닌가를 주로 검증해 왔다. 그런데 관점을 바꾸어서 천문대가 없는 상태에서 천문대를 설계한다면 첨성대와 같은 모양으로 설계했을지 생각해 볼 필요가 있다. 그런 관점에서 보면 천문대설에 심각한 문제점이 있다는 생각을 거둘 수가 없다.

천문대설을 주장하는 사람들은 종종 첨성대에 신라인들의 고도의 수학과 천문학이 여기저기 상징적으로 숨어 있다고 하지만, 첨성대앞에 서서 보면 금방 이해할 수 있는 상징성도 아니고, 설명을 들어도 잘 납득이 되지 않는다. 특히 돌이 365개라는 것은 하루 종일 첨성대 주변을 돌며 센다고 해도 알아낼 수 없을 것이다. 아니, 1년 내내 세어도 365라는 숫자는 찾을 수 없다. 밖에서 꼼꼼히 세고, 다시 첨성대 안으로 들어가서 내부 구조를 샅샅이 살펴본 뒤에 또 어느 돌을 넣고 어느 돌을 뺄지 한참을 궁리한다면 찾을 수 있을지도 모른다. 그래도 뭔가 개운치 않은 느낌은 어쩔 수 없을 것이다.

그런데 첨성대가 천문대라면 뭔가 개운치 않은 상징성보다 훨씬 중요한 천문대로서의 효용성과 실용성은 철저히 무시된 채 설계되었다는 느낌을 지울 수 없다.

첨성대 꼭대기에 오르려면 밤중에 4m 높이의 창구까지 사다리를 타고 좁은 창구 안으로 들어가서, 다시 사다리의 도움을 받아 4.4m 높이의 널돌까지 올라가야 한다. 지상 8.4m의 높이는 아파트 4층 베란다의 높이이다. 2단 정자석의 높이는 60cm로서 난간이라 하기에는 너무 낮다.

조선시대 광화방 관천대가 바닥 높이가 4.6m에 난간 높이가 90cm인 것에 비하면[511] 첨성대는 관천대보다 바닥은 3.8m가 높고 난간은 30cm가 낮

---

511) 도면에서 바닥높이는 3.65m인데 지하에 1m정도 매몰되어 있는 것으로 보인다 하였으므로 4.6m로 본다(전상운·나일성, 1983, 「관상감 관천대에 대하여」, 『동방학지』 40, 257쪽).

〈그림13-42〉 첨성대와 가상 천문대 비교

* 천문대 바닥 높이 4m.

아서 위험하기까지 하다. 굳이 이렇게 높이 지어서 중간에 창구를 만들어 놓고 밤에 사다리를 타고 두 번에 걸쳐 오르게 할 필요가 있는지 이해하기 어렵다. 천변(天變)을 관측하기 위해서라면 굳이 높은 관측대로 올라가 관측할 필요는 없다는 지적은 예전부터 있었다.[512]

〈그림13-42〉처럼 계단이 설치된 간단한 구조의 사각 천문대를 조금만 높게 짓는 것으로 충분할 텐데 굳이 그렇게까지 높게 지어 사다리를 타고 올라가도록 해야 했을까?

계단이 설치되지 않은 것은 너무도 이상했다. 1911년에 『네이처(Nature)』 편집자가 사진으로 보건대 천문대로 볼 만한 부분이 전혀 없다고 한 것도 그런 이유 때문이었을 것이다. 경주 첨성대는 그나마 창구 아랫부분에 사다리를 걸쳐놓았을 것으로 추정되는 홈이라도 있지만 개성 첨성대에는 아

512)　나카야마 시게루 지음, 김향 옮김, 1991, 『하늘의 과학사』, 가람기획, 37쪽

〈그림13-43〉 개성 첨성대

■ 남북역사학자협의회, 2010, 『개성 만월대 남북공동 발굴조사』, 20쪽

무 흔적도 없었다(<그림13-43>).

천문대라고 주장하는 사람들도 천문대에 계단이 없는 것을 처음부터 이상하게 생각했다. 그래서 와다 유지의 경주 첨성대 복원도나 북한 학계의 개성 첨성대 복원도에는 계단이 그려져 있다(<그림13-44>).[513] 하지만 그 누구도 개성 첨성대나 경주 첨성대에서 계단의 흔적을 찾지 못했다.

계단이 없는 이유는 단순하다. 경주 첨성대나 개성 첨성대는 올라가는 건축물이 아니기 때문이다.[514] 그냥 세워두는 건축물이었다.

경주 첨성대의 창구 아래 양쪽에는 사다리를 걸치기 위한 홈이 있고 정자석 바닥 27단 한편에는 딛고 올라서기 위한 널돌이 있지 않냐고 반문할지도 모른다. 그러나 그것은 늘 올라가 관측하기 위해 둔 돌이 아니다. 그저 관리, 보수 등을 위해 특별히 올라갈 일이 있을 때 아무것도 없으면 곤란하니까 한쪽만 널돌로 덮어 두었을 것으로 추정된다.

---

513) 개성 첨성대는 신성한 왕건의 탄생을 상징하는 건축물이었을 것이다(정연식, 2011, 「왕건 탄생의 낙성 설화와 개성 첨성대」, 『한국중세사연구』 30). 이에 관해서는 지면 관계로 다음에 펴낼 책에서 다루기로 한다.

514) 필자는 예전 글에서 1년에 단 한 번 선덕여왕의 탄신일에 대사제가 첨성대 위에 올랐을 것이라고 했으나(정연식, 2009, 「선덕여왕과 성조의 탄생, 첨성대」 『역사와 현실』 74, 358쪽) 그 주장을 철회한다.

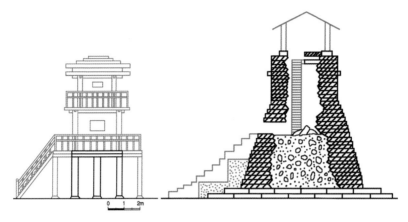

〈그림13-44〉 개성 첨성대와 경주 첨성대의 복원도

＊ 검은 부분은 현재 상태이고 붉은 부분은 현재는 사라진 것으로 상상한 것이다. 경주 첨성대 복원도는
가로세로 비율이 실제와 달리 그려져서, 두 첨성대의 크기 비례는 높이를 기준으로 대략 맞추었다.

■ 조선기술발전사편찬위원회, 1994,『조선기술발전사 3 고려편』, 평양: 과학백과사전종합출판사, 236
쪽; 和田雄治, 1910,「慶州瞻星臺ノ說」

　　천문대설에는 상식으로는 이해하기 어려운 점들이 많다. 〈그림13-45〉
는 천문대설을 받아들일 수 없는 여러 이유 가운데 매우 중대한 이유를 보
여준다. 사진과 평면도를 보면 정자석 안의 널돌과 동쪽의 몸통돌 사이에
는 커다란 빈 공간이 있다. 그 공간은 평면상으로는 너비 20~30cm에 길
이 60cm 가량이나 되어 발이 빠지기에 충분하다. 면적보다도 더 큰 문제
는 깊이다. 밑바닥에는 제25단 빗장돌이 있고 중간에는 제26단 몸통돌
이 삐죽 튀어나와 있다. 〈그림13-45〉의 종단면도에 보이듯이 제26단 몸통
돌은 23cm 깊이에 있고, 바닥을 이루는 제25단 빗장돌은 48cm 깊이에 있
다.[515] 48cm 깊이면 성인의 무릎까지 빠지고, 23cm 깊이도 정강이 중간에

515)　동쪽 몸통돌의 두께는 27단이 29cm, 26단이 25cm이고(국립문화재연구소, 2009, 앞의 책,
　　　188쪽), 널돌은 몸통돌보다 약 6cm 아래에 있다(전상운 外 11인, 1984, 앞의 글, 100쪽).

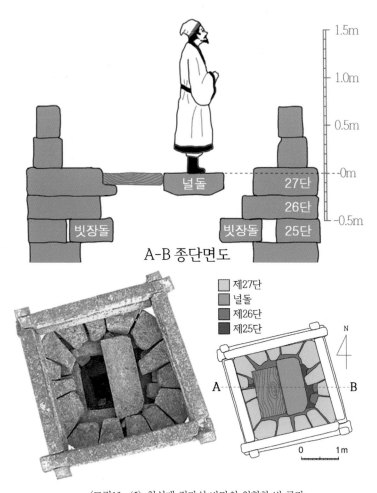

1.5m
1.0m
0.5m
-0m
-0.5m

널돌

27단
26단
25단

빗장돌
빗장돌

A-B 종단면도

□ 제27단
■ 널돌
■ 제26단
■ 제25단

N

A-------B

0   1m

〈그림13-45〉 첨성대 정자석 바닥의 위험한 빈 공간
＊ 사람 키 160cm, 널돌 오른쪽 빈 공간 깊이 48cm.

이른다.[516] 그 빈 공간은 단순히 발목이 삐끗할 정도의 나지막한 바닥이 아

516) 빈 공간이 얼마나 깊은지 직접 올라가 확인할 수는 없지만 2001년 4월 7일에 방영된 KBS 역
사스페셜 제109회 "선덕여왕의 비밀코드, 첨성대"의 영상과 2009년 12월 18일에 울산MBC
에서 제작, 방영한 "첨성대別記" 영상에서 확연히 드러난다. 영상을 보면 그 빈 공간만이 아

니라 깊숙한 웅덩이이다. 어두운 밤에 하늘을 쳐다보며 방심하다가, 또는 자칫 잘못해서 겨울에 널돌 위에 덮인 눈이나 살얼음에 미끄러져 빠지면, 심한 경우에는 발목을 삐거나 무릎을 다치는 정도에 그치지 않고 골절상을 입을 수도 있을 만큼 위험한 함정이다. 그것은 첨성대가 올라가 활동하기 위해 세운 건축물이 아니라는 것을 입증한다.

천문대설을 주장하는 사람들은 첨성대가 천문관측에 최적의 건축물은 아니지만, 천문관측이 충분히 가능한 건축물이라고 말해 왔다. 바닥에 이렇게 위험한 함정이 있는 상태에서도 천문관측이 불가능한 것은 아니라고 주장한다면 더 이상 반박할 말은 없다.

그렇지만 앞에서도 말했듯이 첨성대를 천문대로 이용할 수 있는가 하는 것과 첨성대를 천문대로 이용하기 위해 이렇게 설계했는가 하는 것은 상당히 다른 문제다. 첨성대에서 어쩌다 한 번씩, 아주 가끔 천문관측을 할 수도 있다는 말에는 동의할 수도 있지만 천문대를 이런 형태로 설계할 수도 있다는 주장에는 전혀 동의할 수 없다.

천문대를 지으라고 지시한 왕이나 고위 관료가 아주 특이한 생각을 지니고 있어서 천문대를 높게 세우되 아래는 부푼 원통모양으로 만들고, 출입구는 중간에 아주 작게 내어 매일 사다리를 타고 기어오르게 하며, 사각 정자석은 동짓날 산 중턱에 걸린 해가 모서리 방향에 보이게 만들라고 주문했다는 말들은 하나도 믿기 어렵지만 모두 그대로 수긍하기로 하자. 기단석과 정자석을 제외하고 몸통돌만 세우되, 창틀돌은 넣고, 빗장돌은 빼고, 끼움돌도 빼고, 꼭대기 널돌은 넣어 모두 365개가 되도록 설계되었다는 말도 믿기로 하자. 그렇다 하더라도 천문대 바닥에 왜 이렇게 위험한 함정을 만

<hr />

니라 주변 돌들의 짜임새도 천문대의 바닥으로는 믿기 어려운 모양이다.

들어 놓았는지, 그리고 방치했는지 도저히 이해할 수 없는 일이다.

그 옛날 첨성대를 처음 지을 때로 돌아가서 생각해 보면 첨성대가 천문대로 설계되었다고 말할 수가 없다. 천문대로 쓰기 위한 건물을 새로 짓는다면 이 형태로 짓도록 내버려 두었을까? 천문대를 지으라고 지시를 내린 왕이나 고위 관료가 설계도를 보았다면 아마 착공도 할 수 없었을 것이다. 만에 하나 설계 검토를 생략한 채로 착공했다 하더라도 중간쯤 지어진 모양을 보았다면 도중에 작업을 중단시켰을 것이다. 아니, 완공되었다 하더라도 허물고 다른 형태로 다시 짓게 하고 설계자는 중벌에 처했을 것이다.

XIV. 기타 학설 비판

1. 규표설 비판

1) 절기 측정이 어려운 형태

1910년에 와다 유지가 첨성대가 천문대라는 주장을 제기한 이래로 천문대설은 아무런 의심 없이 받아들여졌다. 그러다가 반세기가 지난 1964년에 이르러 마침내 천문대설에 최초의 반론이 제기되었다. 전상운이 규표설을 발표한 것이다.

그가 천문대설에 의문을 품은 이유는 여럿이 있는데 간추리자면 대체로 다음과 같은 것이었다. 첫째로, 바깥쪽은 매끈하게 잘 다듬어져 있으나 안쪽은 거칠고 조잡해서 내부 활동을 위한 건축물로 보이지 않는다. 둘째로, 와다가 꼭대기에 관측기구와 관측자를 보호하는 목조 건물이 있었다고 하는데 그런 흔적이 전혀 없다. 셋째로, 혼천의와 같은 관측기구가 있었다지만, 혼천의를 꼭대기 널돌 위에 수평을 맞추어 고정해서 설치하기에는 널돌이 너무 작다. 넷째로, 창구 아래 양쪽에 사다리를 걸어놓을 자리로 판 것으로 보이는 홈이 있는데 하루에도 몇 번씩 교대로 오르내려야 하는 천문대를 그토록 오르내리기 불편하게 만들었을 리가 없다는 것이었다.

그는 첨성대는 기본적으로 4계절과 24절기를 정확하게 측정하기 위해 세운 규표(圭表)라고 주장했다. 그리고 어느 방향에서 보아도 똑같은 모양

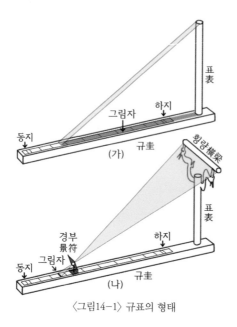

〈그림14-1〉 규표의 형태

으로 보이므로 그림자를 측정하여 시간도 알
아낼 수 있어서 해시계의 역할도 겸하였다고
보았다. 그래서 주변에는 일구(日晷) 측정에
적합하게 상당한 넓이로 돌이 깔려 있었을
것이라고 하였다.

그러나 그도 천문대설을 부분적으로는 인
정하지 않을 수 없었다. 왜냐하면 이름이 별
을 쳐다보는 첨성대였기 때문이다. 다만 첨성

〈그림14-2〉 주공측경대와 관성대

■ 陳遵嬀, 2016, 『中國天文學史』, 上海: 上海人民出版社, 1204쪽

대는 통상적 관측을 위한 상설 천문대가 아니라, 일식, 월식, 성변(星變) 등의
이변이 있을 때에만 혼천의를 설치하여 관측했던 건축물이라고 하였다.[517]

517) 전상운, 1964, 「삼국 및 통일신라시대의 天文儀器」, 『고문화』 3, 20-21쪽

전상운의 주장을 요약하자면 첨성대는 기본적으로는 절기를 관측하기 위한 규표이지만, 해시계의 역할도 겸했으며, 때때로 천문이변이 있을 때에는 천문대로도 사용되었다는 것이다.

규표의 표(表)는 서양에서 노몬(gnomon)이라 부르는, 지면에 수직으로 세운 막대를 말하며, 규(圭)는 표의 그림자 길이를 재기 위해 지면 위에 기다랗게 놓인 눈금을 말한다(<그림14-1>의 가). 표는 수직막대를 쓰기도 하지만 때로는 좌우로 직선 형태의 긴 그림자를 만들기 위해서 위쪽 끝부분에 횡량(橫梁)을 두기도 하며, 표가 높을 경우에는 바닥의 그림자가 희미해지는 것을 보완하기 위해 규 위에 바늘구멍사진기의 원리를 이용한 경부(景符)를 두기도 한다(<그림14-1>의 나).[518]

그러나 첨성대를 표라고 하기에는 형태가 부자연스럽다. 그 점은 가까운 중국의 표와 비교해보면 명백히 드러난다.

중국에 남아 있는 규표 가운데 가장 이른 것으로는 당(唐) 723년에 지금의 허난성(河南省)의 등봉(登封) 고성진(告成鎭) 주공사(周公祠) 앞에 돌로 만들어 세운 주공측경대(周公測景臺)가 있다(<그림14-2·3>).[519] '景(경)'은 '影(영)'의 옛 글자이므로 '측경대'

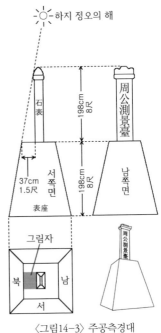

〈그림14-3〉 주공측경대
■ 陳遵嬀, 『中國天文學史』, 1204쪽

518) 나카야마 시게루 지음, 김향 옮김, 1995, 『하늘의 과학사』, 가람기획(中山茂, 1984, 『天の科學史』, 東京: 朝日新聞社), 92쪽
519) 당시에는 그곳을 양성(陽城)이라 하였다.

란 '그림자를 관측하는 대'란 뜻이다.[520] 고대 중국의 우주 모델 가운데 하나인 개천설(蓋天說)에 따르면 평평하고 네모난 땅 위에 돔(dome) 형태의 하늘이 덮여 있어서 하늘의 높이는 지점에 따라 다른데, 땅의 중심, 지중(地中)에서는 하지 정오에 8척 표가 1.5척의 그림자를 만든다고 한다. 그런데 그 지중이 바로 고성진이고, 그래서 그곳에 주공측경대를 세웠다고 한다. 측경대의 8척(1.98m) 높이 받침대 표좌(表座) 위에는 8척 표신(表身)이 세워져 있다.[521] 하지가 되면 8척 표의 그림자가 1.5척이 되어 표좌 윗면 북쪽 끝까지 닿고 지상에는 닿지 않게 설계되었다. 그래서 주공측경대를 무영대(無影臺), 몰영대(沒影臺)라고도 불렀다 한다(<그림14-3>).

일찍이 니덤은 그의 저서에서 표(表: gnomon)의 일종인 주공측경대는 피라미드 형태 위에 비석을 세운 모양이고 천문대인 첨성대는 병 모양으로 생겼지만 모양이 서로 닮았다는 견해를 제시한 바 있다.[522] 형태가 상당히 다르지만 둘 다 아래가 넓고 위가 좁은 형태라서 막연하게나마 닮았다고 생각한 듯하다. 전상운은 규표설을 주장하면서 첨성대보다 76년 뒤에 건립된 주공측경대가 첨성대의 곡선을 직선 형태로 바꾼 모양이라고 주장했다.[523] 니덤은 주공측경대가 첨성대와 형태가 닮았다는 점을 지적하는 데 그쳤지만, 전상운은 한 걸음 더 나아가 형태만 닮은 것이 아니라 기능도 같

---

520) 景은 처음에는 경치, 그림자를 모두 가리키는 글자였는데, 4세기에 東晉의 葛洪(284~364)이 지은 『字範』에서 처음으로 '景'에 '彡'을 더한 '影' 자를 별도로 만들어 그림자를 뜻하는 글자로 사용하기 시작했다(潘悟雲, 2000, 『漢語歷史音韻學』, 上海: 上海敎育出版社, 335쪽).

521) 주공측경대에 사용된 자는 개원척(開元尺)이라고도 부르는 당소척(唐小尺)으로 약 24.7cm이다. 당대척(唐大尺)은 약 29.7cm로 당소척 1.2척에 해당한다.

522) J. Needham, 1959, *Science and Civilisation in China*, Vol. Ⅲ, Cambridge: Cambridge University Press, p.297

523) 전상운은 첨성대의 건립연도를 633년이 아니라 647년으로 생각했다.

앞다고 하면서 첨성대도 주공
측경대와 같은 표라고 주장한
것이다.[524]

〈그림14-4〉첨성대와 주공측경대
* 9m와 4.8m의 비율을 맞추었다.

〈그림14-4〉를 보면 과연 첨
성대가 주공측경대와 닮았다고
할 수 있을까 의문이 들기도 한
다. 그렇지만 닮았다고 한 것은
주관적인 느낌을 밝힌 것이므
로 맞다, 틀리다 단정 짓기 어
렵다. 하지만 형태가 아니라 기능도 닮았다고 한다면 그것은 검증해 보아
야 한다.

주공측경대는 하지 그림자가
땅바닥에 드리워지지 않게 만
들어 무영대(無影臺)로도 부르지
만 첨성대는 그렇지 않다. 뒤에
제시한 〈표14-1〉의 수치를 대입
하여 그린 가상도 〈그림14-5〉
를 보면 하지의 그림자는 기단
부를 넘어 지면에 비스듬히 어
긋난 모양으로 만들어져 주공
측경대와는 분명히 다르다.

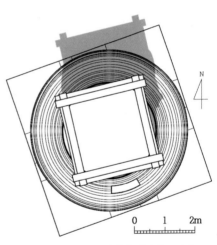

〈그림14-5〉634년 하지의 첨성대 그림자

||||||||||||||||||||||||||||||||||||||

524) 전상운, 1964, 앞의 논문, 22쪽. 주공측경대와 관성대가 위치한 告成鎭의 위도는 경주보다
약 1°가 낮아 거의 차이가 없다.

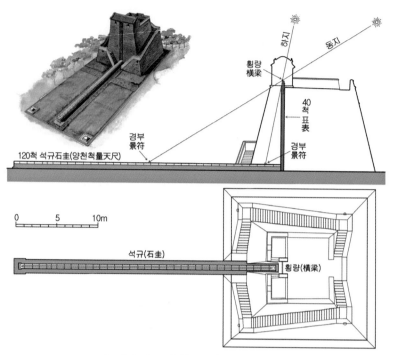

<그림14-6> 고성진(告成鎭)의 원(元) 관성대

- 좌상 부감도: Baidu百科, 입면도·평면도: 張家泰, 1976, 「登封觀星臺和元初天文觀測的成就」, 『考古』 1976年 第2期, 97~98쪽

주공측경대는 하지와 관련된 독특한 규표이지만, 일반적으로 가장 널리 알려진 규표는 원(元)의 곽수경(郭守敬)이 설계하여 1276년에 주공사 북쪽에 세운 관성대(觀星臺)이다(<그림14-2>). 관성대에서는 주공측경대의 8척 표를 5배로 늘려 40척 높이의 동표(銅表)를 세웠다. 그 꼭대기에는 동서 방향으로 가로막대 횡량(橫梁)을 설치하여 그 그림자가 바늘구멍사진기와 같은 경부(景符)를 통과해 규(圭) 바닥에 뚜렷이 맺히도록 하였다(<그림14-6>).[525]

525) 『元史』 권48, 天文志1 圭表·景符

세계적으로 10세기 말 아랍에서부터 정확한 관측값을 얻기 위해 거대한 천문관측기구들을 만들었고 관성대도 그중 하나다.[526] 그런데 신라에서 이미 7세기 전반에 그러한 움직임이 시작되어 첨성대 같은 거대한 구조물을 만들었다고 보기는 어렵다. 여하튼 첨성대가 절기를 측정하기 위한 시설이라면 관성대처럼 경부와 같은 장치를 설정했다고 보기는 어렵지만 적어도 바닥에 그림자의 길이를 재기 위한 규(圭)가 설치되었다고 보는 것은 당연하다. 하지만 첨성대에 규를 설치하여 절기를 재는 것도 현실적으로 가능했을지 매우 의심스럽다.

〈표14-1〉 634년 절기별 태양남중 시 첨성대 그림자의 길이

절기	날짜	고도 α	길이 L	절기	날짜	고도 α	길이 L
소한	1월 2일	31.40°	14.74m	소서	7월 5일	76.98°	2.08m
대한	1월17일	33.90°	13.39m	대서	7월21일	74.50°	2.50m
입춘	2월 1일	37.78°	11.61m	입추	8월 6일	70.55°	3.18m
우수	2월16일	42.70°	9.75m	처서	8월21일	65.80°	4.04m
경칩	3월 3일	48.27°	8.03m	백로	9월 5일	60.32°	5.13m
춘분	3월18일	54.13°	6.51m	추분	9월21일	54.05°	6.53m
청명	4월 2일	59.93°	5.21m	한로	10월 6일	48.13°	8.07m
곡우	4월18일	65.72°	4.06m	상강	10월21일	42.52°	9.82m
입하	5월 4일	70.73°	3.15m	입동	11월 4일	37.88°	11.57m
소만	5월19일	74.40°	2.51m	소설	11월19일	33.95°	13.37m
망종	6월 4일	76.93°	2.09m	대설	12월 4일	31.42°	14.73m
하지	6월20일	77.78°	1.95m	동지	12월19일	30.58°	15.23m

＊ α: 태양 고도. L: 첨성대 그림자 길이. $L=9/\tan\alpha$.

526) 조지프 니덤 지음, 콜린 로넌 축약, 이면우 옮김, 2000, 『중국의 과학과 문명─수학, 하늘과 땅의 과학, 물리학』, 까치(Colin A. Ronan, 1981, *The Shorter Science and Civilisation in China: An Abridgement of Joseph Needham's Original Text*, Vol.2, Cambridge: Cambridge University Press), 158-159쪽

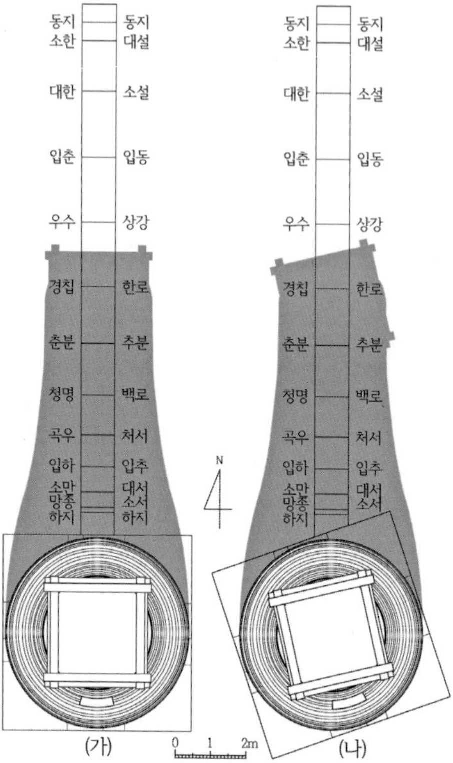
동지 동지
소한 대설
대한 소설
입춘 입동
우수 상강
경칩 한로
춘분 추분
청명 백로
곡우 처서
입하 입추
소만 대서
망종 소서
하지 하지
N
(가)
0 1 2m
(나)

〈그림14-7〉 규(圭)가 설치된 첨성대 가상도

〈표14-1〉은 첨성대의 위치에서 634년 각 절기에 태양이 남중할 때에 태양의 고도와 9.0m 높이의 첨성대 그림자 길이를 계산한 것이다. 그리고 〈그림14-7〉은 첨성대의 그림자가 규 위에 드리운 모습을 그린 평면도이다.

규는 태양이 남중했을 때의 그림자 길이를 재기 위한 시설이므로 당연히 표의 정북 방향에 설치해야 한다. 〈그림14-7〉의 (가)는 첨성대가 기단부와 정자석이 모두 정남향으로 지어졌고 바닥에는 규(圭)가 조성되어 있다고 가정하고 634년 2월 하순에 그림자가 규 위에 표시되는 것을 상상한 그림이다. 실제 첨성대는 기단과 정자석의 방위가 틀어져 있어서 이런 상태에 기단부에 규를 만들어 붙인다면 〈그림14-7〉의 (나)와 같은 모양이 될 것이다.

첨성대를 천문대로 가정할 경우에 정자석의 방향은 문제가 되어도 기단 방향이 문제될 것은 없다. 그러나 규표로 가정할 경우에는 기단도 문제가 된다. 첨성대에서는 바닥의 규(圭)가 기단과 직각으로 만나지 못하고 비뚤어진 상태로 비스듬히 만나서 아주 어색한 모양이 되고 만다.

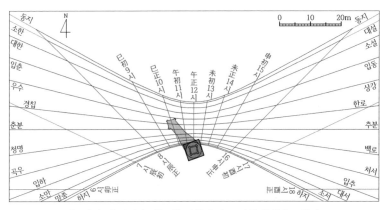

〈그림14-8〉 634년 3월 3일 경칩 오전 10시의 첨성대 그림자

* 시각은 경주의 평균태양시에 균시차보정을 한 진태양시. Cartes du Ciel로 절기, 시각별 태양의
방위각과 고도를 구하여 그림자 길이를 계산했다.

  그리고 정자석 그림자도 바닥면 규에 비뚤어진 상태로 앉게 된다. 즉
(가)처럼 정자석의 방향이 정확하게 4방위에 맞는 경우에는 상단 정자석의
그림자 선으로 절기를 확인할 수 있지만, (나)처럼 정자석이 반시계방향으
로 13도 돌아가 있으면 그림자의 어느 부분을 기준으로 해야 할지 모호해
지고 만다. 첨성대로 절기를 관측하는 것은 이처럼 난처해지고, 그림자의
길이를 정확하게 측정하기도 불편하므로 첨성대는 표라고 하기 어렵다.

  그리고 규표설에서는 첨성대가 해시계 일구(日晷)의 역할을 겸하여, 바
닥에 돌을 깔아 해시계의 시반면(時盤面)을 조성했을 것이라고 했다. 지면
과 같은 평평한 평면에 만들어진 그림자로 시간을 알아내는 해시계는 지평
일구(地平日晷)이다.

  〈그림14-8〉은 북위 35.8348° 지점에 9.0m 높이로 세운 첨성대 중심점
을 기준으로 하여 동서 120m, 남북 60m의 커다란 시반면을 그린 것이다.
특정한 날짜에 하루 동안 그림자 끝이 지나는 선은 그림에 보이듯이 쌍곡
선을 이루고 각 날짜별로 일정한 시각에 지나는 점을 이으면 부채꼴로 뻗

어난 직선이 된다. 해시계
의 영침(影針)이 만든 그림자
는 시각선과 절기선이 이루
는 격자 모양 위에서 좌우상
하로 움직이기 때문에, 영침
은 특정 지점을 정확하게 가
리킬 수 있게 끝을 뾰족하게
만든다. 이는 지평일구나 앙
부일구나 마찬가지이다(<그
림14-9>).

〈그림14-9〉 앙부일구와 영침

■ 국립민속박물관, 2004, 『천문』, 84쪽. 궁중유물전시관
   소장

그러나 첨성대는 그렇지 않다. 〈그림14-8〉에도 보이듯이 정자석 그림자
는 끝부분이 비스듬하고 울퉁불퉁하여 어느 부분을 시각을 가리키는 점으
로 해야 할지 혼란스럽다. 신라인들이 시간과 절기를 알기 위해 규표를 세
웠다면 이런 모양으로 세우지는 않았을 것이다.[527]

2) 절기 관측이 불가능한 창구

규표설을 주장한 전상운은 창구를 절기관측창으로 해석했다. 그는 『증
보문헌비고(增補文獻備考)』의 "위는 네모나고 아래는 둥그런 모양으로 가운
데는 통해 있어 사람이 그 가운데를 통해 오르내린다."라는 구절을 인용하

---

527) 이은성은 신라에 원의 관성대와 같은 규표나 해시계가 존재했을 가능성을 크게 보지 않았
    다. 이런 대규모 장치는 서양이나 중국이나 기계장치의 정밀도에 대한 불만에서 비롯된 것
    으로서 관성대가 원대에 가서야 축조된 사실을 지적하고 있다(이은성, 1981, 「첨성대에 관한
    소감」, 『한국과학사학회지』 3-1, 148-149쪽).

여,[528] 제12단까지 차 있는 흙은 후에 채워진 것으로서 축조 당시에는 속이 텅 비어 있었을 가능성이 크다고 했다. 그러고는 이렇게 말했다.

이 창문은 지금까지 전해오던 바와 같이 사람이 오르내리기 위해서만 뚫어놓은 것이 아닐 것이며 그것은 오히려 부차적인 목적일 것이다. 중요한 점은 그 구조가 춘분과 추분에 태양이 남중할 때 이 창문을 통해 태양광선이 바로 대 안의 밑바닥까지 도달하게 되며, 동지와 하지에 이르러서는 남문 아래 부분에서 완전히 사라지게 되어 있다는 점에 있다. 따라서 춘·추분점과 동·하지점은 이 남문을 통한 태양광선의 입사에 의해서도 쉽게 알아낼 수 있을 것이다.[529]

우선 첨성대 축조 당시에는 첨성대 내부에 흙이 채워져 있지 않았다는 주장은 입증할 수 없지만 그렇다고 해서 오류라고 단정할 근거도 없으므로 판단을 보류한다.

그리고 흙이 채워져 있지 않은 상태에서 햇빛이 창구를 통해 바닥을 비추었다고 하더라도 "춘분·추분에는 태양이 남중할 때 밑바닥까지 햇빛이 비추고 동지·하지에는 창구 아래 부분에서 완전히 사라진다."라는 말은 〈그림 14-10〉을 상상한 것이다. 동지에는 햇빛이 벽에 닿고, 하지에는 창구 아래쪽 인방석에 닿는데, 춘·추분에는 기단석까지 닿을 수 있다는 것이다.

하지만 그 논리를 그대로 따른다고 하더라도 첨성대 안쪽 바닥에 햇빛이 비추는지 확인하여 동지·하지와 춘분·추분을 판별했다는 말은 납득하

---

528) 『增補文獻備考』 권2, 象緯考2 儀象1 "上方下圓 高十九尺 通其中 人由其中而上下"
529) 전상운, 1964, 앞의 논문, 21쪽

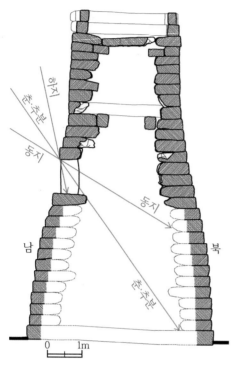

〈그림14-10〉 첨성대와 햇빛

■ 『경주 첨성대 실측 훼손도평가 조사보고서』, 188쪽의 그
림을 바탕으로 함.

기 어렵다. 규표설에 따르
면 첨성대 자체가 그림자 길
이로 절기를 알아내기 위한
표(表)인데 절기를 알아내기
위해 굳이 사다리를 타고 올
라가 첨성대 바닥을 들여다
볼 필요가 없기 때문이다.

그런 기이한 가정을 그대
로 받아들인다 하더라도 더
큰 문제가 남는다. 실제로는
햇빛이 그렇게 비추지 않기
때문이다.

우선 북위 35.8°의 첨성
대에서 춘·추분 때 태양의
남중고도는 90°에서 관측지
점의 위도를 뺀 54.2°가 된

다.[530] 이 값을 근거로 춘·추분의 햇빛이 실제로 높이 93cm의 창구를 지
나 기단석 윗면에 닿는지 확인해 보기로 한다. 첨성대의 제12단과 제16단
을 실측한 평면도를 보면 창구의 아래쪽 인방석은 위쪽 인방석의 바깥쪽

<hr />

530) α를 태양의 남중고도, ϕ를 관측지 위도, δ를 태양의 적위(赤緯)라 하면 $\alpha = 90 - |\phi - \delta|$가
성립한다. 첨성대의 위도는 35.8°이고, 태양의 적위는 춘·추분 0°, 동지 23.5°, 하지 -23.5°
이므로 춘·추분의 태양의 남중고도는 54.2°로 계산된다. 〈표14-1〉에서 634년에는 춘분
54.13°, 추분 54.05°로 제시되었는데 여러 원인에 의해 계산값과 실제값에는 약간의 차이가
있다.

수직선에서 안쪽으로 75cm 또는 그보다 약간 길게 놓여 있다.[531] 그런데 고도 54.2°의 빛은 아래쪽 인방석의 67cm 지점 이상은 들어가지 못한다.[532] 결국 춘·추분 때의 햇빛은 아예 창구 안으로 들어가지 못한다(<그림14-11>).

규표설에는 왜 이렇게 허술한 점이 많을까? 1962년 말부터 이듬해 초에 걸쳐 경주박물관장 홍사준의 주도하에 첨성대가 처음으로 실측되어 첨성대의 구조, 방위, 실측수치 등이 밝혀졌으나 세부 내용이 공개된 것은 1967년이었다. 그러므로 규표설이 제기되었던 1964년에는 첨성대의 실체를 정확히 알지 못하고 있었다. 그런 상황에서 전상운은 창구는 정남을 향해 있고, 정자석은 정확하게 동서남북을 가리켜 신라 천문관측에서 자오선의 표준이 되었다

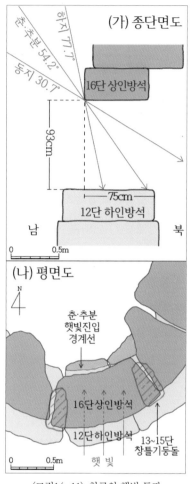

〈그림14-11〉 창구의 햇빛 투과
■ 『경주 첨성대 실측 훼손도평가 조사보고서』, 170-172쪽, 188쪽을 바탕으로 함.

---

531) 도면이 첨성대 안쪽까지 얼마나 정확하게 그려졌는지 알 수 없지만 창구와 그 안쪽을 찍은 사진을 보아도 도면과 큰 차이가 보이지 않는다.

532) 〈표14-1〉의 634년 당시 춘·추분 태양의 남중고도 실제값을 대입해 보아도 67cm 값은 변하지 않는다.

고까지 했다. 첨성대에 관한 여러 가지 정보가 정확하게 파악되지 않은 상태에서 과감한 주장을 펼친 것이다.[533]

첨성대의 정자석, 창구, 기단이 정확하게 정남북을 가리키고 있지 않아 규표가 되기 어렵다고 했지만 사실은 모두 정남북을 가리켰다고 하더라도 첨성대의 형태는 규표가 되기 어렵다. 시간을 알기에는 몸통이 너무 뚱뚱하고 끝은 너무 넓적하여 시간을 가리키는 포인트가 모호하다. 정남북이 잡혀 있다면 표로는 사용할 수 있을지도 모르지만 그렇게 보기에도 표의 모양이 상당히 비효율적으로 묘하게 생겼다. 그리고 시간을 알리는 기둥으로 보기에는 기둥이 너무 높다. 그렇게 높은 기둥으로 시간을 알리면 엄청나게 넓은 시반면이 필요하기 때문이다.[534] 시간과 절기를 알리면 간단하게 봉을 세우면 충분한 것을 무엇 때문에 이렇게 높고 복잡하게 만들었을지 의문이다. 물론 천문대 겸용으로 쓰기 위한 것이라고 할 수도 있지만 조선시대 천문대를 보더라도 천문대가 굳이 이렇게 높을 필요는 없다.

그러나 규표설은 천문대설에 도전장을 내민 최초의 학설로 기억되었다.

2. 주비산경설 비판

1974년에는 수학자 김용운의 주비산경설과 역사학자 이용범의 수미산설이 동시에 제기된 상태에서 천문대설까지 얽혀서 첨성대 논쟁 가운데 가장 치열한 설전이 벌어졌다.

---

533) 전상운, 1964, 앞의 논문, 21쪽; 1979, 「첨성대 연구 약사」, 『한국과학사학회지』 1-1, 78쪽
534) 첨성대 주위에 약간의 돌이 깔려 있었다는 것으로 시반의 증거를 삼기도 하지만 그 정도 넓이로는 시반이 해결되지 않는다.

김용운은 첨성대는 천문대가 아니라 천문대의 부속 건조물로서, 천문대는 첨성대 근처에 별도로 있었을 것으로 추측하였다.[535]

과거 중국에는 우주의 형태를 설명하는 학설로 혼천설(渾天說), 개천설(蓋天說), 선야설(宣夜說) 등 몇 가지가 있었다.[536] 그 가운데 개천설은 말 그대로 하늘을 땅에 덮인 뚜껑으로 보는 학설로서, 바둑판처럼 네모난 땅 위에 천궁(天穹), 즉 돔

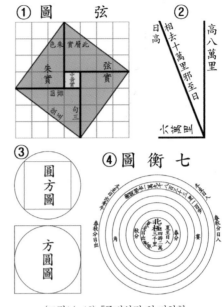

〈그림14-12〉『주비산경』의 기하학

* ① 구고법(피타고라스 정리)의 3:4:5의 증명, ② 구고법을 이용한 태양까지 거리 계산, ③ 원주율 계산, ④ 칠형(七衡)

(dome)과 같은 하늘이 덮여 있다는 것이었다. 네모난 땅 위에 둥근 돔 형태의 하늘이 덮였으니 하늘과 땅 사이의 거리는 땅의 가장자리에서는 가깝고 중심부에서는 멀기 마련이다.

주(周)나라 때에는 땅바닥에 비(髀)라는 곧은 막대를 세워놓고 그 그림자의 길이와 그 변화를 관찰하여 하늘의 거리나 해의 운행을 알아냈는데, 그 계산 원리를 해설한 책이 『주비산경(周髀算經)』이다. 그 책에서는 구고법(句

535) Kim Yong-woon, 1974, "Structure of Ch'ŏmsŏngdae in the Light of the Choupei Suanchin", *Korea Journal*, Vol.14 No.9, Korean National Commission for UNESCO; 김용운, 1974, 「瞻星臺小考」, 『역사학보』 64

536) 『晉書』 권11, 志1 天文(上) 天體

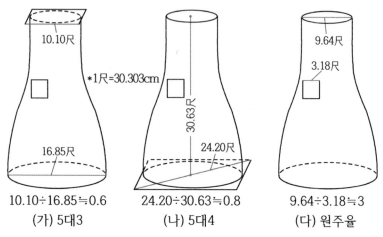

10.10÷16.85≒0.6 　　24.20÷30.63≒0.8 　　 9.64÷3.18≒3
(가) 5대3 　　　　　 (나) 5대4 　　　　　 (다) 원주율

〈그림14-13〉 주비산경설의 수학적 비례

股法)이라고 하는 직각삼각형의 변의 비율 3:4:5를 활용하여 하늘과의 거리
를 계산하고, 1년을 주기로 변화하는 태양의 궤도를 7개의 동심원으로 구
분하여 7형(衡)이라 하였다. 태양은 하지에 가장 가까워져서 짧은 궤도를
돌고, 동지에 가장 멀어져서 긴 궤도를 돈다고 한다(〈그림14-12〉).

　그런데 첨성대에는 1:3의 간단한 원주율과 3:4:5의 구고법이 상징적으로
숨어 있다고 한다. 첨성대 몸통의 윗지름은 창구의 한 변의 길이의 약 3배
로서 원주율 3.14에 해당된다고 한다. 그리고 몸통 밑지름과 정자석 한 변
의 길이는 약 5:3이고, 몸통부의 높이와 기단석의 대각선 길이는 약 5:4인
데, 이는 『주비산경』에 나오는 직각삼각형의 '$3^2+4^2=5^2$'을 상징한다는 것이
다(〈그림14-13〉).

　그러나 아무리 상징물이라 하더라도 설계자가 아니라면 해체하기 전에
는 확인할 길이 막막한 윗지름, 기단부 대각선 등을 선별적으로 선택하여
설명한 것은 이해하기 어렵다.

　또한 직각삼각형 세 변의 3:4:5를 표현하려 했다면 5와 3 그리고 5와 4

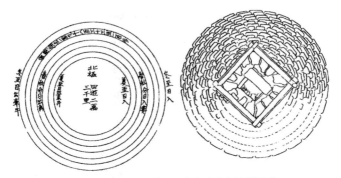

<그림14-14> 칠형도(七衡圖)와 내려다 본 첨성대

■ Kim Yong-woon, 1974, "Structure of Ch'ŏmsŏngdae in the Light of the Choupei Suanchin", *Korea Journal*, Vol.14 No.9, Korean National Commission for UNESCO, p.5

는 서로 비스듬히 만나야 하는데 <그림14-13>을 보면 평행이거나 직각으로 만나고 있으므로 더더욱 이해할 수 없다. 3:4:5를 제대로 표현하려면 차라리 커다란 곡척(曲尺)을 세워두는 게 낫다. 겉으로 보아서는 알 수도 없는 내부 치수까지 동원하여 비례법칙을 적용한 건축물을 세웠다는 주장은 과도한 추측이라 할 수밖에 없다.

그리고 첨성대의 몸통부를 위에서 내려다보면 하지부터 동지까지의 황도(黃道)를 7개의 동심원으로 표현한 칠형도(七衡圖)를 이루고 있다고 하지만(<그림14-14>), 그것을 7개의 동심원이라고 하는 것도 개인적인 견해일 뿐 사람마다 얼마든지 달리 볼 수 있다.[537]

한편 첨성대 옆에 있었을 천문대에서는 비(髀: gnomon)를 중심으로 하여 천문을 관측하였으며, 첨성대에는 『주비산경』의 수학적 원리와 함께 366

---

537) 원주율, 구고법, 칠형도와의 연관성에 대해서는 일찍이 남천우의 비판이 있었다(남천우, 1974, 「첨성대에 관한 諸說의 검토—김용운, 이용범, 兩氏說을 중심으로—」, 『역사학보』 64, 124-129쪽).

등의 천문현상에 관한 상징적 숫자들이 내포되어 있다고 주장하였다. 그에 대해서는 앞의 천문대설 비판에서 다루었으므로 생략한다.

3. 수미산설 비판

1) 수미산의 형태

첨성대는 모양이 독특하다. 제19단까지는 옆 선이 코사인 곡선 형태를 그리며 올라가, 올라갈수록 조금씩 좁아지다가 제20단부터는 거의 수직으로 올라간다. 첨성대의 이런 모양을 예전이나 지금이나 종종 병 모양이라고 했다.[538] 기존의 학설들은 모양에 대해서는 관심을 두지 않고 이름이나 구조에 주목했으나, 특이한 모양에 주목하여 첨성대의 실체에 접근하려 한 유일한 학설이 수미산설이다.

흔히 천문대라고 하면 사각기둥 모양이나 사각뿔의 꼭지를 잘라낸 모양의 단을 연상하기 쉽다. 예전의 천문관측시설은 대부분 네모난 단 모양이었기 때문이다.[539] 그런데 첨성대는 전혀 다른 모양이다. 하지만 천문대를 반드시 사각기둥 모양으로 만들어야 하는 것은 아니므로 그것만으로 첨성대가 천문대가 아니라고 말할 수는 없다.

---

538) Kim Yong-woon, 1974, op. cit., p.7; 전상운 외 11인, 1984, 「한국의 과학문화재 조사보고 1980-1985」, 『한국과학사학회지』 6-1, 98쪽; 나일성, 2000, 『한국천문학사』, 서울대학교출판부, 25쪽

539) 김기협은 천문대 형태는 네모난 단(壇) 형태가 표준형이며, 첨성대가 같은 기능과 같은 강도의 구조를 얻기 위해서는 단순한 단 모양의 구조가 훨씬 쉬웠을 것이라고 말하고 있다(김기협, 1981, 「첨성대의 천변관측 기능」, 『한국과학사학회지』 3-1, 144쪽).

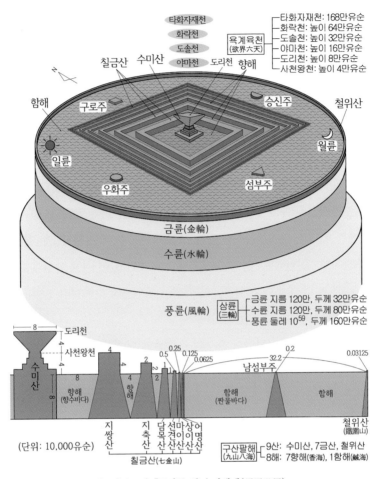

타화자재천 ─타화자재천: 168만유순
화락천 ─화락천: 높이 64만유순
도솔천 ─도솔천: 높이 32만유순
야마천 ─야마천: 높이 16만유순
도리천 향해 ─도리천: 높이 8만유순
육계육천 ─사천왕천: 높이 4만유순
(欲界六天)

칠금산 수미산
함해
구로주
승신주
철위산
N
일륜
일륜
우화주
섬부주

금륜(金輪)

수륜(水輪)

풍륜(風輪) 삼륜 ─금륜 지름 120만, 두께 32만유순
(三輪) ─수륜 지름 120만, 두께 80만유순
─풍륜 둘레 10^{59}, 두께 160만유순

도리천
사천왕천
수미산
향해
(향수바다)
향해
남섬부주
함해
(짠물바다)
함해
철위산
(鐵圍山)

(단위: 10,000유순)
지쌍산
지축산
담목산
선견산
마이산
상산
어명산
칠금산(七金山)

구산팔해 ─9산: 수미산, 7금산, 철위산
(九山八海) ─8해: 7향해(香海), 1함해(鹹海)

〈그림14-15〉『구사론』의 수미세계(須彌世界)

* 부감도는 크기 비례를 지면에 표현할 수 없어 형태 위주로 그렸으나, 종단면도는 크기비례를
거의 그대로 표현했다. 다만 해저 모습은 알 수 없다.

1974년에 이용범은 첨성대가 수미산(須彌山) 모양을 본떠 만든 제단이라
고 주장하였다.[540) 수미산이란 어떻게 생긴 산이길래 닮았다 할까?

540) 이용범, 1974,「瞻星臺存疑」,『진단학보』 38; 1987,「續〈瞻星臺存疑〉」,『佛敎와 諸科學』, 동국

불교의 우주는 수미세계(須彌世界)를 단위로 한다. 수미세계란 높이 8만 유순(由旬)의 수미산(Sumeru) 사방으로 9산 8해가 펼쳐져 있고,[541] 위아래로는 수미산 중턱 사천왕천과 꼭대기 도리천 위에 네 하늘이 얹혀 있는 욕계육천(欲界六天)이 있으며, 밤낮을 교대로 해와 달이 수미산 주위를 돈다. 7금산 안쪽으로는 향기로운 향해(香海)가 있고 바깥쪽 짠물바다 함해(鹹海)에는 동서남북으로 승신주(勝身洲), 우화주(牛貨洲), 섬부주(贍部洲), 구로주(俱盧洲)의 네 주가 있는데 인간은 남섬부주에 살고 있다고 한다. 그리고 이 모두는 거대한 금륜(金輪), 수륜(水輪), 풍륜(風輪) 위에 떠 있다(<그림14-15>). 우주에는 이러한 수미세계 1천 개가 모인 소천세계, 소천세계 1천 개가 모인 중천세계, 중천세계 1천 개가 모인 대천세계가 있어 이를 삼천대천세계(三千大天世界)라 하는데 사실은 1천이 셋이 모인 3천이 아니라 1천의 세제곱, 10억의 수미세계가 있는 셈이다.

신라에 불교가 전래되면서 불교의 우주관도 함께 흘러들어왔다. 석가모니와 연결된 성스러운 혈통을 지니고 있다는 성골도 등장했다. 불교에 깊이 심취되어 있던 신라 왕실에서 수미산을 표현한 건축물을 세우려 했다면 그럴 만도 하다.

그런데 수미산의 모양은 종종 잘못 그려져 있어서 그 인상을 기억하고 첨성대를 보면 수미산을 떠올리기 쉽다. 그래서 수미산 모양의 제단이라는 주장이 제기되자, 제단이라는 주장에 대해서는 회의적이었지만 모양이 수

대학교출판부

541) 『장아함경(長阿咸經)』, 『대루탄경(大樓炭經)』, 『기세경(起世經)』 등에서는 수미산의 높이를 84,000유순이라고 한다. 인도의 유순은 제왕이 수레를 타고 하루에 가는 거리 요자나(yojana)를 말하는데, 대개 12km 또는 7km로 이해하지만, 5km, 15km 등으로 해석이 다양하다.

미산을 닮았다는 주장에 대해서는 적잖은 연구자들이 공감을 표했다.[542]

그러나 수미산의 모양을 정확하게 이해하면 첨성대가 수미산을 표현한 것이라고 말하기 힘들다. 수미산의 모양은 불교 경전에 따라 다양하여 사각기둥 모양이나, 거꾸로 선 사다리꼴 입면체 모양으로도 묘사되기도 한다.[543] 하지만 가장 널리 알려진 일반적인 형태는 『구사론(俱舍論)』의 수미산이다.[544]

『구사론』에서 수미산은 바다에 잠긴 깊이와 지상에 솟은 높이가 각각 8만 유순(由旬)이며 꼭대기 도리천과 수면에 닿은 바닥 부분 모두 사방 8만 유순인 정사각형이라 하므로 지상에 솟은 모습은 정육면체인 셈이다. 그리고 바닥부터 높이 4만 유순의 중간까지는 1만 유순 간격으로 4개의 층급이 아래부터 각각 1만 6천, 8천, 4천, 2천 유순만큼 옆으로 뻗어 나와 아래층부터 차례로 견수(堅手), 지만(持鬘), 항교(恒憍), 사천왕(四天王)이 머물고 있다고 한다.[545]

그런데 '옆으로 나왔다[傍出]'는 구절을

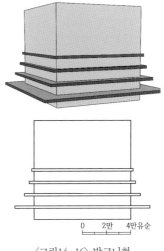

〈그림14-16〉 발코니형

542) 박성래, 1980, 「첨성대에 대하여」, 『한국과학사학회지』 2-1, 137쪽; 민영규, 1981, 「瞻星臺偶得」, 『한국과학사학회지』 3-1, 142쪽; 이은성, 1981, 앞의 글, 148쪽; 송민구, 1981, 『「경주 첨성대 실측 及 복원도」에 의한 비례분석」, 『한국과학사학회지』 3-1, 74쪽

543) 『大樓炭經』 권1, 閻浮利品 1; 『起世經』 권1, 閻浮洲品 1; 『起世因本經』 권1, 閻浮洲品 1

544) 4세기에 인도의 世親(Vasubandhu)이 지은 『아비달마구사론』은 7세기 당시 동아시아에서 새로운 불교사상으로 환영받았던 유식(唯識) 사상의 핵심을 담고 있어 널리 알려져 있었다.

545) 『阿毘達磨俱舍論』 권11, 分別世品 3의4

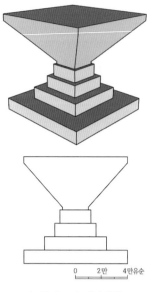

0   2만   4만유순

〈그림14-17〉 베란다형

일반적인 상식으로 쉽게 이해하면 발코니 (balcony)가 옆으로 돌출한 형태가 연상된다. 실제로 그렇게 해석한 학자도 있다.[546] 〈그림14-16〉은 경전에 기록된 수치를 축척대로 충실하게 반영하여 그린 발코니형 수미산의 입면도와 그 입체도이다. 그림처럼 사각 기둥에 기다란 발코니가 뻗어 나온 모양은 일반적으로는 산으로 받아들이기 어려운 상당히 기이한 모양이다. 그보다 더 큰 문제는 발코니형의 수미산은 입체적인 도상(圖像)으로 표현하기가 여간 어렵지 않다는 점이다.

그래서 옆으로 나왔다는 것을 대개 달리 해석해 왔다. 즉 위층이 아래층보다 좁아서 위층에 서면 아래층이 길게 뻗어 보이는 형태를 상상하였다. 발코니 형태가 아니라 베란다(veranda) 형태로 이해한 것이다. 그것을 표현한 것이 허리가 잘록한 형태의 〈그림14-17〉이다.

따라서 실제 불교공예품이나 회화에 보이는 수미산은 그림처럼 허리가 잘록한 사각기둥 모양의 베란다형 수미산의 형태를 띠어 왔다.

그 실제 모습을 불상 아래 수미좌(須彌座)에서 찾아볼 수 있다. 대표적인 예로는 10세기 장곡사 상대웅전 철조 약사불의 수미좌와 12세기 간송미술관 소장의 불감(佛龕) 안에 있는 금동삼존불 수미좌가 있다.

546) 사타카타 아키라(定方晟)는 발코니 형태로 이해했다(東峰 옮김, 1993, 『불교의 우주관』, 관음출판사(定方晟, 1973, 『須彌山と極樂』, 東京: 講談社), 63쪽).

(가)   (나)   (다)

〈그림14-18〉 불상 수미좌의 여러 모습

* (가)장곡사 철조약사불, (나)간송미술관 금동삼존불감, (다)고구려 장천 1호분 여래좌상도
■ 중앙일보사, 1979, 『한국의 미 ⑩불상』, 도판 73, 78; ICMOS한국위원회·문화재청, 2004, 『세계문화유산 고구려고분벽화』, 83쪽

이는 모두 첨성대가 축조된 후 수백 년이나 지난 고려시대의 것이지만 가까운 시기의 것도 있다. 4세기말 고구려의 집안(集安) 장천 1호분 벽화에도 같은 모양의 수미좌가 그려져 있다(<그림14-18>).[547]

〈그림14-19〉 범영루 사진과 입면도

■ 문화공보부, 1976, 『불국사 복원공사보고서』, 도판 176

또한 통일신라의 것으로는 첨성대보다 한 세기 뒤에 건립된 불국사 범영루(泛影樓)의 석축 기단이 있다. 『불국사고금창기(佛國寺古今創記)』에 의하면 범영루는, 창건 당시부터

547) 허상호, 2004, 「조선후기 佛卓 연구」, 『미술사학연구』 244, 126쪽

그랬는지는 알 수 없지만 '수미범종각(須彌梵鐘閣)'으로 불러왔다고 한다.[548] 범종각 아래 석축 기단의 모습은 수미산을 연상시키기에 충분하다(<그림14-19>). 신라인들도 수미산을 수미좌 형태로 이해했을 것이다.

2) 모난 횡단면의 수미산과 둥근 횡단면의 첨성대

첨성대와 수미산은 모양이 다르다. 예전이나 지금이나 수미산을 그릴 때에 잘록한 원통형 산으로 그리는 경우가 많은데 그것은 불교 경전에 충

수미산, 7금산, 8해, 4주,
일일을 모두 그린 원도

← 원도에서 추출한 수미산

〈그림14-20〉『천문도해(天文圖解)』의 '수미산도'
＊ 도리천 네 귀퉁이의 100유순 높이 금강봉과 동북쪽의 50유순 높이 원생수(園生樹)가 그려져 있다. 원생수와 금강봉은 수미산에 비해서는 너무 작아 일반적으로는 표현하지 않는다.

548) 염중섭, 2007, 「불국사 대웅전 영역의 이중구조에 관한 고찰」, 『종교연구』 49, 181쪽

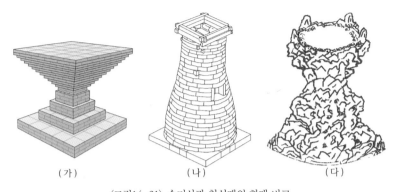

〈그림14-21〉 수미산과 첨성대의 형태 비교

(가)　　　　　　　(나)　　　　　　　(다)

* (가)는 돌로 쌓은 수미산 가상도, (다)는 『천문도해』 삽도의 수미산 부분

실히 근거하지 않고 일반적인 산의 느낌이 나도록 그린 그림일 뿐이다. 예컨대 수미산설과 관련하여 18세기 일본의 천문학자 이구치 쓰네노리(井口常範)의 『천문도해(天文圖解)』에 삽도로 제시된 수미산 그림이 간혹 소개되는 일이 있는데 실제 수미산은 그것과는 상당히 다른 모습이다(〈그림14-20〉).

　규표설에서 주공측경대가 첨성대와 닮았다는 주장이 있었지만 평범한 생각으로는 둘을 비슷하게 생겼다고 말하기는 어렵듯이, 수미산설에서도 수미산도의 수미산과 경전의 수미산이 비슷하다고 하기는 쉽지 않다. 〈그림14-21〉은 첨성대가 일반적인 수미산과 얼마나 다른지 그림으로 보인 것이다. (가)는 경전에 충실한 형태로 돌로 쌓은 수미산의 가상도이고 (다)는 『천문도해』에 그려진 수미산의 형상이다. 이 셋을 비교해 보면 형태가 모두 제각각이다.

　그리고 (가)의 석조 수미산과 (나)의 첨성대는 아주 확연히 다르다. 약간의 변형이야 이해할 수도 있지만 이렇게 다르다면 첨성대를 수미산으로 보려는 생각을 포기해야 한다.

수미산의 횡단면은 베란다형이나 발코니형이나 모두 사각형이다. 그러나 첨성대는 기단석 1단과 정자석 2단은 사각형이지만 몸통부 27단은 원형이다.

몸통부가 방형이 아니라 원형인 것에 대해 돌을 쌓아올려 내부에 공간 통로를 만들면서 축조할 경우 방형은 붕괴될 위험이 있고 원형이 가장 안정적이라고 해명한 예도 있으나 근거 없는 주장이다.[549]

〈그림14-21〉의 (다)는 당대 사람들이 수미산을 잘못 이해하고 잘못 그린 것이지만, 여하튼 과거에 관념적으로 이해하고 있던 수미산의 한 예이므로 수미산의 모양으로 인정할 수 있다 하더라도, (나)와 (다)도 비슷하다고 보기는 어렵다.

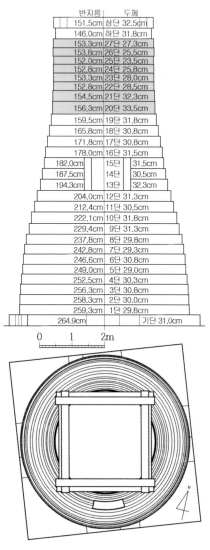

반지름		두께
151.5cm	상단	32.5cm
146.0cm	하단	31.8cm
153.3cm	27단	27.3cm
153.8cm	26단	25.5cm
152.0cm	25단	23.5cm
152.8cm	24단	25.8cm
153.3cm	23단	28.0cm
152.8cm	22단	28.5cm
154.5cm	21단	32.3cm
156.3cm	20단	33.5cm
159.5cm	19단	31.8cm
165.8cm	18단	30.8cm
171.8cm	17단	30.8cm
178.0cm	16단	31.5cm
182.0cm	15단	31.5cm
187.5cm	14단	30.5cm
194.3cm	13단	32.3cm
204.0cm	12단	31.3cm
212.4cm	11단	30.5cm
222.1cm	10단	31.8cm
229.4cm	9단	31.3cm
237.8cm	8단	29.8cm
242.8cm	7단	29.3cm
246.6cm	6단	30.8cm
249.0cm	5단	29.0cm
252.5cm	4단	30.3cm
256.3cm	3단	30.8cm
258.3cm	2단	30.0cm
259.3cm	1단	29.8cm
264.9cm	기단	31.0cm

〈그림14-22〉 정자석 정방향의 첨성대

* 입면도 숫자는 원의 반지름 또는 정사각형 변의 1/2

549) 남천우, 1987, 「첨성대 異說의 원인」, 『한국과학사학회지』 9-1, 99쪽

3) 허리가 잘록한 수미산과 상체가 좁은 첨성대

수미산의 횡단면은 바닥에서 가장 넓고 올라가면서 점점 좁아지다가 1/2 지점에서 다시 점점 넓어져 정상부에서는 바닥만큼 넓어진다. 즉 윗면과 바닥면이 대칭을 이룬다. 그런 점에서 〈그림14-21〉을 보면 (가)와 (다)는 비슷한 점도 있으나 (나)의 첨성대는 그것도 아니다. 첨성대는 윗부분이 바닥보다 훨씬 좁다.

〈그림14-22〉는 첨성대를 정남에서 반시계방향으로 13° 돌아선 방향에서 본 입면도이다. 그림에서도 확인되듯이 첨성대는 전체 높이의 약 2/3에 해당하는 제1단부터 제20단까지는 폭이 한 단에 평균 5cm씩 좁아지면서 측면 선이 코사인 곡선을 그리면서 올라가다가 제20단부터 27단까지는 점점 미세하게 좁아져서 측면을 이은 선의 경사도가 89°를 넘어 거의 수직으로 올라간다.[550] 수미산은 좌우대칭일 뿐 아니라 대체로 상하대칭의 형태를 띠고 있으므로 첨성대가 수미산이 되려면 중간 높이를 지나서는 점점 넓어져야 하는데 전혀 그렇지 않다. 최소한 정상부 정자석이 바닥만큼은 넓지 않더라도 뚜렷이 인식될 정도로는 넓어야 수미산을 닮았다고 하겠지만 그런 것도 아니다.

첨성대에서 수미산 느낌을 받는 것은 위의 정자석이 적당한 각도에서 보면 약간 넓게 보이기 때문이다. 그런데 사실은 정자석도 그리 넓지도 않고 수미산을 연상할 정도로 넓어 보이지도 않는다. 상단 정자석의 면적은 약 8.45m²로 반지름 164cm 원의 넓이에 해당하므로 몸통부 1/2 지점보다는

---

550) 〈그림14-22〉는 첨성대의 각 단 높이, 지름의 평균치를 추출하여 정사각형, 원형으로 설계되었다고 가정하고 그린 것이다.

| (가) 북쪽에서 | (나) 남쪽에서 | (다) 동쪽에서 | (라) 남서쪽에서 |

〈그림14-23〉 여러 방향에서 본 정자석

훨씬 좁고 대략 2/3 지점의 제18단 넓이와 같다. 정자석을 가까이서 비스
듬히 적절한 각도에서 바라보면 꼭대기 제21단 몸통보다도 넓어 보이기도
하지만, 멀리서 정면에서 바라보면 오히려 27단 몸통보다도 좁아 보인다.

　그것은 〈그림14-23〉의 여러 사진으로 확인된다. (다)와 (라)처럼 정자석
을 비스듬히 보면 위쪽이 조금 넓어 보이지만, (가)와 (나)처럼 정자석을 정
면이나 정면에 가까운 각도에서 보면 위쪽이 넓다는 느낌은 없고 오히려
약간 더 좁아 보이기까지 한다.

　결국 첨성대의 횡단면은 밑에서 위로 올라갈수록 점점 좁아지다가 2/3
쯤 되는 높이부터는 곧게 올라가는 원통형이며 그 위에 2단의 4각 정자석
이 있을 뿐이다. 게다가 수미산은 높이가 바닥 폭과 같지만 첨성대는 1.7배
로 위로 길쭉한 형상이다.

　첨성대와 수미산은 평면 형태도 다르고 입면 형태도 다르다. 신라인들이
수미산을 의식해서 첨성대를 만들었다면 이렇게 만들지는 않았을 것이다.
첨성대가 왜 병 모양인지 유일한 설명 수단이었던 수미산설도 성립될 수
없는 것이다.

맺음말

    진흥왕의 치세에 신라의 국력은 크게 신장되었다. 진흥왕이 사망하였을 때 맏아들 동륜태자는 이미 4년 전에 죽었으므로 둘째 아들 사륜(진지왕)이 왕위에 올랐다. 그러나 그도 즉위 4년 만에 죽고 진평왕이 즉위했다. 『삼국유사』에 전하는 바로는 진지왕이 정사를 잘못 돌보아 쫓겨났다고 한다. 그래서인지 진지왕의 아들이 후계자가 되지 못하고 죽은 동륜태자의 아들 진평왕이 왕위에 올랐다.

    당시 신라 왕실은 불교에 심취해 있었다. 진흥왕은 만년에 법명을 법운(法雲)이라 하고 승복을 입고 지냈고, 왕비도 진흥왕이 죽자 비구니가 되었다. 진평왕은 석가모니 아버지 이름 뜻을 한자로 쓴 백정(白淨)을 자신의 이름으로 하였고, 왕비는 석가모니의 어머니 이름을 따서 마야부인이라 하였다.

    이때 진평왕은 아버지 동륜태자와 자신과 자신의 자손들이 숙부 진지왕 계열과는 다른 신성한 혈통을 지닌 족속이라는 관념을 만들어내었다. 그것이 바로 성골이었다. 고대인들은 피가 아니라 죽어서도 끝까지 남는 뼈가 바로 종족의 정수를 담고 있다고 생각하여 성골이라 했던 것이다. 여하튼 성스러운 혈통은 석가모니의 혈통을 뜻하는 말이었다. 진평왕 부부 이름이 석가모니의 부모 이름이었으니 아들을 낳았으면 당연히 이름을 고타마 싯다르타를 본떠 구담(瞿曇)이나 실달(悉達)로 지었을 것이다. 하지만 마야부인은 딸 덕만공주를 낳았고 이어서 천명공주가 태어났다. 성골 가문에는 남자가 끊겼다.

진평왕은 아들을 기다리다가 만년에 덕만공주가 딸이기는 하지만 인자하고 명석하여 왕이 되기에 부족하지 않다고 판단하여 후계자로 지목했다. 그리고 632년 정월에 진평왕이 사망하고 덕만공주가 왕위에 올랐다.

여자가 왕위에 오른 것은 신라에서 처음 있는 일이었다. 분명 귀족들 사이에 불만이 있었을 것이다. 선덕여왕이 즉위하기 8개월 전에 있었던 칠숙과 석품의 반란도 왕위 계승 문제로 인한 반발로 짐작된다.

여왕은 너그럽고 총명했으나 불행히도 작은 체구에 왕으로서의 외형적 위엄이 없었고, 당태종이 보낸 화왕(花王) 모란의 그림에 벌나비가 없었듯이 여인으로서의 향기가 없어 짝도 없었다. 게다가 진평왕이 장수하여 여왕은 대략 쉰쯤의 나이로 왕위에 올랐으니, 그때는 이미 여인의 향기가 사라질 나이였다. 선덕여왕에게는 이미지를 쇄신할 무언가가 필요했다. 즉위하자 곧 그녀에게는 성조황고(聖祖皇姑)라는 존호가 올려졌고, 이듬해 633년에 첨성대가 세워지고, 634년에는 분황사(芬皇寺)가 완공되고, 다시 635년에 영묘사(靈妙寺)가 지어져 해마다 여왕의 권위를 세우려는 건축이 계속되었다.

그러나 신라는 점점 곤경에 빠져들었다. 642년 7월에는 백제의 공격으로 합천의 요충지 다라성[大耶城]이 함락되고, 성주 품석(品釋)과 그의 아내이자 김춘추의 딸인 고타소낭(古陀炤娘)의 시신은 백제 감옥의 차디찬 바닥에 매장되었다. 그러자 이듬해 당에 유학가 있던 자장이 7년 만에 돌아와서 이상한 소문을 퍼뜨렸다. 유학 시절에 오대산에서 문수보살을 만났는데 너희 나라 여왕은 동이(東夷) 공공(共工)의 야만족과는 다른 천축(天竺)의 찰리종(刹利種) 왕이라고 했다는 것이다. 석가모니와 같은 인도의 크샤트리야 종족 출신이란 말이다. 그러고는 또 중국에서 만난 신인(神人)이 이웃나라가 얕보고 침공하지 않게 하려면 황룡사에 9층탑을 세워 여왕의 위엄을 보이라고 조언했다는 것이다. 자장의 건의에 따라 645년에 황룡사 9층탑이 세워졌다.

즉위 초에 있었던 일들과 황룡사 9층탑은 일관된 연속성을 갖고 있다. 632년의 '성조황고(聖祖皇姑)'는 선덕여왕이 성스러운 조상의 후예라는 뜻이고, 634년의 '분황사(芬皇寺)'는 향기로운 황고(皇姑)의 절이라는 뜻이며, 635년의 '영묘사(靈妙寺)'는 영험하고 신묘한 신통력 있는 여왕의 절이라는 말이다. 이것들은 모두 선덕여왕의 이미지 만들기와 연관되어 있다. 그렇다면 633년의 첨성대도 같은 맥락에서 이해할 필요가 있다.

첨성대는 우물 모양으로 지어졌다. 우물은 탄생을 상징했다. 일본에는 위인이 탄생한 우물 단조이(誕生井)가 여러 곳에 있고 백제 무령왕이 태어난 우물도 있다. 북옥저 여인국에는 들여다보기만 해도 임신이 되는 우물이 있었다는 말도 있다.

또한 이름난 인물들은 하늘의 햇빛이나 별빛이 땅의 여인에게 감응되어 잉태되었다. 주몽은 유화부인의 몸에 비친 햇빛으로 잉태되었다. 선덕여왕과 같은 시기의 원효와 자장의 어머니는 별이 품 안으로 떨어지는 태몽을 꾸었다. 그런데 나정에서는 하늘에서 내려온 빛에 의해 우물이 알을 잉태했고 그 알에서 혁거세가 태어났다. 결국 여인은 우물로 바뀌었고, 우물은 하늘의 별빛을 만나 위인을 잉태한 것이다. 우물은 아기가 나오는 산도(産道)의 상징물이다.

혁거세는 보라색 알에서 태어났고, 김알지는 땅으로 드리운 보랏빛 구름 속에 있던 황금궤에서 나왔고, 수로왕 탄생설화에서 가라[加耶]의 왕들은 보라색 줄이 땅에 닿은 곳에 있던 황금상자 안의 알에서 나왔다. 그리고 다섯 별로 구성된 하늘의 제왕 북극오성 별자리는 보라색 자미원(紫微垣) 담장 안의 궁궐에 있다. 보라색[紫色]은 제왕의 색이다.

결국 혁거세 탄생설화에서는 북극오성의 정기가 서린 별빛이 우물에 내려와 별처럼 동그란 보라색 알을 낳았고 그 알에서 제왕이 나온 것이다.

그리고 'ㅌ' 음소가 아직 없었던 7세기 선덕여왕 시절에는 '臺(대)'와 '胎(태)'를 같은 소리로 읽었다. 첨성대는 네모난 모양도 아니고 위쪽 공간이 너무 좁아 대(臺)라고 부르기에는 적절치 않은데도 굳이 대라고 한 것은 첨성대에 별을 쳐다보는 '胎[대]'라는 이중의 의미를 부여한 것이다. 즉 우물 '첨성대[瞻星胎]'가 별을 쳐다보고 아기 선덕여왕을 잉태한 것이다.

경주시의 율동과 내남면 망성리가 만나는 곳에는 망성산이라는 산이 있다. 그리고 망성산에서 3km쯤 남동쪽으로 성부산이 있다. 망성산(望星山)은 '별 바라보는 산'이고, 성부산(星浮山)은 '별 뜬 산'이다. 망성산에서 성부산을 바라보면 성부산의 나란한 세 봉우리가 오른쪽으로 점점 높아지는데 밤하늘에는 이처럼 오른쪽으로 점점 올라가는 밝은 별 셋이 있다. 그것을 서양에서는 '오리온의 허리띠(Orion's belt)'라 불렀고, 중국에서는 '삼성(三星)'이라 불렀으며 우리 민족은 '삼태성(三太星)'으로 불렀다. 그런데 '삼줄(탯줄)'이나 '삼신할머니'라는 말에서 알 수 있듯이 '삼'이란 말은 우리말에서 아기를 잉태하는 태(胎)라는 말이고, '太(태)'는 '胎(태)'와 음이 같다. 게다가 삼태성을 사방으로 에워싼 아주 밝은 별 넷 가운데 위쪽 두 별은 어깨라고 했고, 아래쪽 두 별은 다리라고 했으므로 가운데 삼태성은 당연히 태의 위치에 있는 셈이다. 삼태성은 우리 민족에게 사람의 출생을 주관하는 별로 인식되었다.

나정도 삼태성을 바라보고 있었다. 신라에서 기원후 6년에 시조가 탄강(誕降)한 나정에 시조묘(始祖廟)를 조성했다고 했는데, 그 유적이 발굴되어 옛 모습을 드러냈다. 시조묘에는 가운데 우물 나정이 있고 나정을 중심으로 둥그렇게 도랑을 파고 그 외곽에는 둥그렇게 목책을 둘렀다. 그리고 시조묘에서 나정을 바라보고 제사 지내는 방향으로는 바로 성부산이 있었다. 나정은 성부산, 즉 삼태성을 바라보고 있었던 것이다. 그리고 나정 전면으로 구덩이 다섯이 펼쳐져 있었는데 그 배열은 하늘의 북극오성을 본뜬것이었다(<그림>).

결국 나정 우물은 성부산, 즉 삼태성을 쳐다보고 북극오성의 정기를 받아 혁거세를 낳은 것이다. 왜 우물을 첨성대라 했는지 다시 설명된다. 사람이 첨성대에서 별을 쳐다본 것이 아니라 태(胎) 우물이 별을 쳐다본 것이다.

월성 바로 앞 계림 북쪽으로 신문왕 때 지은 신라 종묘 터에서는 구덩이 여섯에 별의 상징물인 항아리 다섯이 묻힌 채 발견되었다. 통일신라 시절에는 탄생 서사가 달라졌다. 제왕은 일반 사람들처럼 오리온자리 삼태성(三太星)이 아니라 거대한 큰곰자리 삼태성(三台星)에 의해 잉태되는 것으로 바뀌었다. 제왕 북극오성을 잉태하는 태는 여섯 개의 별로 구성된 삼태육성(三台六星)이었으므로 삼태육성을 상징하는 구덩이 여섯을 파고 북극오성을 상징하는 항아리 다섯을 묻었던 것이다. 왕건의 신성한 탄생을 상징하는 것으

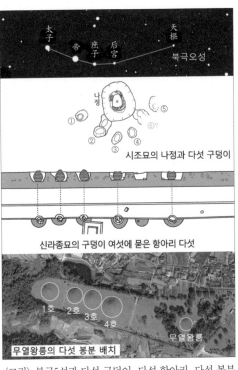

〈그림〉 북극5성과 다섯 구덩이, 다섯 항아리, 다섯 봉분

로 여겨지는 고려의 개성 첨성대가 여섯 개의 돌판에 다리 다섯이 달린 탁자 형태로 만들어진 것도 그 때문이다.

성조황고 선덕여왕에게는 계보를 달리하는 성스러운 조상이 둘이 있었다. 하나는 신라의 시조 혁거세였고, 또 하나는 성골의 시조 석가모니였다. 그래서 첨성대는 우물과 마야부인의 몸이 합쳐진 모양으로 세워졌다. 선덕여왕이 여타의 왕들과 다른 점은 석가모니의 후손이라는 것이었으므로 혁거세가 태어난 우물을 표현하는 것보다 더 중요한 것이 석가모니의 어머니 마야부인을 표현하는 것이었다. 우물의 아랫부분은 마야부인의 엉덩이처럼 부풀고 중간에는 싯다르타가 나온 마야부인의 옆구리처럼 구멍이 뚫렸다. 창구가 사람이 가까스로 드나들 정도로 좁았던 것은 어른이 드나드는 출입구가 아니라 아기가 나오는 구멍이었기 때문이다. 결국 첨성대는 선덕여왕이 신성한 존재라는 것을 알리고자 세운 상징물이었다.

첨성대를 낮은 평지에 지은 이유도 마야부인으로 설명된다. 마야부인은 서역에서 왔으므로 서쪽에서 동쪽을 바라보고 서는 것이 옳다. 천문대를 왜 낮은 곳에 세웠을까 논란이 있었지만 천문대 터로서의 높낮이는 전혀 고려 대상이 아니었다. 마야부인이라서 월성 앞 서쪽에 세웠던 것이다.

첨성대는 선덕여왕의 신성성과 위대함을 느낄 수 있도록 9m 높이로 거대하게 세워졌다. 그리고 첨성대가 마야부인의 몸이라는 것을 분명히 알리려면 창구가 다른 건물에 가려 보이지 않을 정도로 낮지는 않아야 했기에 구멍을 4m 높이로 높게 두었다. 첨성대 창구가 반시계방향으로 16도가 틀어진 것도 충분히 설명된다. 첨성대가 마야부인임을 알게 하려면 옆구리 구멍이 잘 보여야 한다. 그런데 월성 앞 도로에서 첨성대를 볼 때에 오른쪽 옆구리의 구멍이 잘 보이게 하려면 마야부인이 몸을 약간 왼쪽으로 틀어야 했다. 그래서 16도를 돌아선 것이다. 반시계방향 16도의 창구를 기준으로 방향을 잡았는데, 아래위로 ±3도의 오차가 생겨 기단부는 19도를 돌아섰고, 정자석은 13도를 돌아선 것이다.

그렇다면 당시에 신라 왕실에서는 선덕여왕도 어머니 마야부인의 오른쪽 옆구리로 태어났다고 했을까? 지금으로서는 알 수 없는 일이다. 다만 통하지도 않을 그런 황당한 주장을 하지는 않았을 것이라고 생각하는 것은 오해이다. 선덕여왕보다 300년 뒤의 인물인 진관선사(眞觀禪師)는 어머니 유씨가 북두칠성의 서기(瑞氣)가 입에 날아들어오는 꿈을 꾼 뒤로 열 달 만에 옆구리로 태어났다고 비(碑)에 새겨 있었다.

머리말에서 9가지 질문에 모두 답하겠다고 했는데 모두 답변이 되었을 것이다. ①계단을 설치하지 않은 이유와 ④정자석 내부 관측공간이 좁은 이유는 굳이 답변하지 않아도 저절로 해명될 것이다. 첨성대는 원래 올라가는 건축물이 아니고 더군다나 올라가서 뭔가를 관측하는 건축물도 아니다. 그냥 세워두는 건축물이다.

추가된 두 질문의 답변이 남았다. ⑩첨성대의 건립을 『세종실록』에는 정관 7년(633년)으로, 『증보문헌비고』에서는 선덕여왕 16년(647년)으로 기록했는데 어느 것이 맞는가? 『세종실록』 편찬자는 어떤 문서에 적힌 '정관칠년(貞觀七年)'을 그대로 옮겨적었다. 그래서 633년 계사년으로 기록되었다. 그한편, 고대에는 '二十'을 반드시 '廿(입)' 또는 '卅(입)'으로 썼다. 그런데 『증보문헌비고』 편찬자가 문서를 보았을 때는 이미 수백 년이 지나 '七' 자가 뭉개져 있어서 '七'을 '입일(21)'을 세로로 쓴 '廾' 또는 '卄'로 잘못 인식했다. 그래서 정관 7년을 정관 21년으로 잘못 알고 선덕여왕 16년으로 쓴 것이다.

마지막으로 ⑪첨성대(占星臺)라는 별명이 붙은 이유이다. 『삼국유사』 왕력(王曆)의 '占星臺'에는 별을 보고 점을 친다는 뜻이 담겨 있지 않다. 占에는 점친다는 뜻 외에 본다는 뜻도 있었다. 그러므로 占은 瞻과 같은 용도로 대신 쓸 수 있는 글자였다. 한자음도 과거에는 완전히 같았다. 두 글자의 음은 중국과 일본에서는 과거에도 같았고 지금도 같은데, 알 수 없는 이유로 우리나라에서만 '첨'과 '점'으로 갈라졌다. 그러나 선덕여왕 시절에는 瞻도 '졈'으로 읽었다. 그리고 옛날에는 쥐똥 鼠屎(서시)를 鼠矢(서시)로 썼던 것처럼 한자를 쓸 때에 뜻이 다르더라도 음이 똑같으면 통가자(通假字)로 대신 쓰기도 했다. 그런데 占은 瞻과, 음은 물론이고 뜻까지 같아서 최적의 통가자였다.

우리나라에서만 瞻과 占의 음이 다르다고 했는데 이미 선덕여왕 시절에 달라져 있었던 것은 아닐까 의심해 볼 수 있지만 그렇지 않았다는 명백한 증거가 있다. 일본 나라(奈良)의 동대사(東大寺)에는 신라에서 건너간 740년경의 두루마리 『화엄경』이 보관되어 있다. 그 경전에는 신라 승려들이 경전을 읽다가 어려운 한자가 나오더라도 쉽게 읽을 수 있도록 어려운 한자 옆에 음이 같은 쉬운 한자를 써 두었다. 그 글자는 붓이 아니라 끝이 뾰족한 각필(角筆)로 꾹꾹 눌러가며 써서 그 눌린 자국으로 알아보게 하였다. 그런데 '瞻' 자의 옆에는 '占' 자가 희미하게 각필로 새겨져 있었다. 첨성대를 세우고 100년이 지난 시점에도 瞻을 占으로 읽었던 것이다. 결국 占의 뜻과 음이 瞻과 완전히 같기에 '瞻星臺'를 간편하게 '占星臺'로 바꿔 썼을 뿐이다.

창경궁 일영대(日影臺)의 연혁

1. 관천대와 일영대의 혼동

조선시대에 천문을 관측하고 시간을 측정하는 과학기술은 세종조에 비약적으로 발전하였다. 혼천의(渾天儀), 간의(簡儀), 혼상(渾象), 동표(銅表)와 아울러 각종 일구(日晷)가 이때 만들어지고 자격루(自擊漏)와 옥호(玉漏)가 제작되었다. 그리고 세종조 이후로도 천문관측기구와 시간측정기구의 제작은 계속되었다.

그 기구들 가운데 일부는 야외에 돌로 쌓은 대 위에 올려놓고 사용했는데 천체의 위치를 관측하는 소간의를 올려놓은 대는 관천대(觀天臺)라 불렸고, 시간을 알기 위한 해시계 일구(日晷)나 일성정시의(日星定時儀)를 올려놓은 대는 일구대(日晷臺) 또는 일영대(日影臺)라 불렸다. 그런데 옛사람들은 가끔 천문관측기구를 올려놓은 관천대를 일영대라 부르기도 하고, 시간측정기구를 올려놓은 일영대를 관천대라 부르기도 했다.

관천대를 일영대라 부른 사례로는 유득공(柳得恭: 1748~1807)의 「춘성유기(春城遊記)」를 들 수 있다. 유득공이 경복궁 안을 돌아다닌 경로를 추적하면 근정전 터를 거쳐 북쪽으로 가니 일영대가 나타나고, 일영대에서 서쪽으로 가니 경회루 못이 있었고, 다시 북쪽으로 올라가 북쪽 담장 가까이 가니 간의대가 있었다고 한다.[1] 유득공은 광화문으로 들어가 근정전 터를 거쳐 시계방향으로 돌아서 경복궁을 나온 것이다. 그러므로 유득공이 일영대라 부른 석대는 근정전 터 서북쪽에 있었던 대이고 이는 세종 때 쌓은 소간의대였을 것이다.

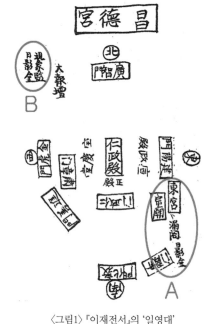

〈그림1〉 『이재전서』의 '일영대'
* A의 일영대는 일영대가 맞고, B의 일영대는 관천대이다.

그리고 황윤석(黃胤錫: 1729~1791)은 『이재전서(頤齋全書)』에 창덕궁 평면도를 남겼는데, 위치가 원 위치보다 위쪽에 표시되어 있기는 하지만 창덕궁 금호문 밖에 있던 관상감의 광화방 관천대를 관상감 일영대로 표시했다(<그림1>의 B). 또한 유득공의 아들 유본예(柳本藝: 1777~1842)는 『한경지략(漢京識略)』에서 광화방 관상감

1)　『泠齋集』 권15, 雜著 春城遊記

에 흠경각(欽敬閣)과 일영대가 있다고 하였다.[2] 또한 고종 때 간행된 『동국
여지비고(東國輿地備考)』에서도 광화방 관상감에 일영대가 있다고 써 놓았
다.[3] 그 일영대는 모두 관천대를 말한다.

그 반면에 일성정시의대를 관천대의 별명인 첨성대라 부른 경우도 있다.
1850년대에 편찬된 『여도비지(輿圖備志)』 관상감 조의 첨성대 항목에는 경
복궁, 창덕궁, 경희궁, 관상감에 첨성대가 하나씩 있었다고 하고 있다.[4] 경
복궁의 것은 세종 때 세운 것이고, 경희궁의 것은 숙종 때 세운 것이며, 관
상감의 것은 세종 때 세워 이때까지 남은 것인데 창덕궁의 것은 창경궁의
일영대를 말하는 것으로 짐작된다.[5]

예전에 관천대와 일영대를 뒤섞어 부른 데에는 이유가 있다. 관천대와
일영대의 모양이 거의 같았기 때문이다. 예컨대 예전 광화방 관천대와 경
복궁 영추문 안에 있었던 일영대는 모양이 거의 같다. 둘 다 석대 한쪽에
돌계단이 있고 그 위에 한쪽이 트인 돌난간이 있다. 다만 크기와 높이가 약
간 달라서 돌계단 숫자가 다를 뿐이다.

2. 관천대로 오인된 창경궁 일영대

관천대와 일영대의 혼동은 지금까지 계속되었다. 보물 851호로 지정

---

2) 『漢京識略』闕外各司 觀象監
3) 『東國輿地備考』京都 文職公署 觀象監
4) 『輿圖備志』권1, 東班府署 觀象監
5) 창덕궁과 창경궁은 경계가 모호한 채로 붙어 있어서 창덕궁이란 이름으로 창덕궁과 창경궁
    을 뭉뚱그려 부르는 일이 종종 있다. 그 한 사례가 『書雲觀志』官廨條의 기사이다.

<그림2> 창경궁 일영대

된 이른바 창경궁 '관천대'는 네모난 석대에 층계가 붙어 있는 모양이 예전 휘문고등학교 안에 있던 관천대와 비슷해서 이것도 관천대라 부르고 있다(<그림2>). 창경궁 '관천대'의 안내판에는 다음과 같이 적혀 있다.

관천대는 숙종 14년(1688)에 세운 천문관측대이다. 높이 2.2m 관측대 위 한가운데에 99cm의 받침대를 만들고 그 위에 당시 널리 사용하던 천문관측기구인 소간의(小簡儀)를 설치하였다. 이것은 당시 영의정 남구만(南九萬)이 창덕궁의 금호문(金虎門) 밖에 세웠던 것인데, 일제강점기에 한번 이전했다가 1970년대 후반에 다시 현재의 자리로 옮겨졌다. 관천대 위에 있던 소간의가 언제 없어졌는지는 알 수 없지만 그 때문에 이 유물에는 소간의대 또는 첨성대라는 이름도 전해진다.

이 안내문은 전상운과 나일성이 1983년에 발표한 논문을 근거로 하고 있다.[6] 그런데 안내문의 설명은 석대와 석대 위의 받침대의 높이에 관한 부분 외에는 모두 잘못되어 있다. 그 오류는 일본의 기상학자 와다 유지(和田雄治)의 잘못된 추측에서 비롯되었다.

와다는 1917년에 쓴 「조선측후사략(朝鮮測候史略)」에서 이 석대(石臺)를 관상대(觀象臺)라고 불렀는데 관상대란 천상(天象)을 관찰하는 대(臺)란 뜻

||||||||||||||||||||||||||||||||||||||||||||

6)   전상운·나일성, 1983, 「관상감 관천대에 대하여」, 『동방학지』 40

으로 관천대와 같은 말이다.[7] 그리고 1688년에 금호문 밖에 세워진 그 관상대가 창경궁 안으로 옮겨져 이왕직박물관의 동물원 자리에 남게 되었다고 하였다.[8]

와다의 오류는 1934년의 『경성부사(京城府史)』에 그대로 이어졌다. 『경성부사』에서도 관상대가 금호문 밖에서 창경궁 안으로 옮겨진 것이라고 하면서, 처음 옮겨졌을 때에는 당시 위치에서 남남서쪽으로 수 미터 지점에 있다가 1931년 5월 당시 수금실(水禽室) 안으로 이전되었다고 하였다.[9] 물론 창경궁 안에 동물원이 만들어지면서 그 안에서 약간의 이동은 있었을 수 있다.[10] 문제는 석대가 창경궁 밖에서 안으로 옮겨졌다는 오류가 여기서도 되풀이되었다는 것이다.

그런데 1983년의 논문에서 오류는 더 확대되었다. 광화방에 관천대가 두 개가 있었는데 조선 초에 세운 것은 현재 현대사옥 안에 남아 있고 숙종 때 새로 세운 것은 창경궁 안으로 옮겨져 남아 있다고 판단한 것이다.

그 판단 근거는 『서운관지(書雲觀志)』이다. 『서운관지』 관해(官廨) 조는 임진왜란 이후에 창덕궁 금호문 밖과 경희궁 개양문 밖에 관상감이 건립된 내력을 이렇게 이야기하고 있다.

본감(관상감)은 하나는 경복궁 영추문 안에 있었고, 하나는 북부 광화방에 있어 관천대가 있었다. 중간에 전쟁(임진왜란)의 화재를 만나 창경궁(창덕궁의 오류)의 금호문 밖과 경희궁의 개양문 밖에 고쳐 지었다. 모두

7)   현재 北京에 있는 古觀象臺의 이름은 처음 明代에는 觀星臺였다가 淸代에 觀象臺로 바뀌었다.

8)   和田雄治, 1917, 『朝鮮古代觀測記錄調査報告書』, 朝鮮總督府觀測所, 168쪽

9)   京城府, 1934, 『京城府史』第1卷, 191쪽

10) 나일성, 2000, 『한국천문학사』, 서울대학교출판부, 43쪽

관천대가 있었다(속칭 첨성대라 하였다) ○숙종 무진년(1688)에 영관상감
사(領觀象監事) 남구만(南九萬)이 몸소 터를 살펴 관아를 창설하니 바로 금
호문(金虎門) 밖의 관상감이다.[11]

이 기사는 금호문 밖 관상감과 개양문 밖 관상감에 대해 이야기하고 있
다. 그런데 광화방에 소간의를 올려놓는 관천대가 둘이 있었다고 생각한
이유는, 물론 금호문 밖이 광화방이기는 하지만, 『서운관지』에서 조선초의
관상감은 '광화방'에 있었고 숙종 때 관상감은 '금호문 밖'에 있었다고 서
로 다르게 표현한 것으로 보아 세종 때의 관상감과 숙종 때의 관상감이 각
각 다른 곳에 있었을 것이라고 판단한 것이다. 그리고 관상감이 각기 다른
곳에 있었으므로 관천대도 각각 따로 있었을 것이므로 그중 하나를 1910
년대에 창경궁 안으로 옮긴 것으로 추측했다.[12]

그러나 그것은 잘못 판단한 것이다. 처음에는 관상감의 위치를 광화방
이라고 했다가 후에 금호문 밖이라고 한 데에는 다른 이유가 있다. 관상감
을 처음 광화방에 지을 때에는 창덕궁 자체가 없었다. 창덕궁이 지어진 것
은 1405년(태종 5)의 일이고, 창덕궁의 서쪽 출입문에 금호문(金虎門)이라는
이름이 붙은 것은 1475년(성종 6)의 일이므로[13] 처음에는 '금호문 밖'이란
표현이 성립될 수 없었다. 따라서 초기의 관상감은 광화방에 하나가 있었

---

11) 『書雲觀志』권1, 官廨 "本監一在景福宮迎秋門內 一在北部廣化坊 有觀天臺 中遇兵燹 改建於
昌慶宮之金虎門外 慶熙宮之開陽門外 皆有觀天臺(俗名曰瞻星臺) ○肅宗戊辰令監事南九萬
躬審基地 創設官衙 乃金虎門外本監也"

12) 전상운과 나일성의 논문에서는 금호문 밖 석대가 창경궁 안으로 옮겨진 시기를 1910년 이후
1915년 전으로 추정했다. 그 이유는 밝히지 않았으나 관상감(측후소)이 혁파되자 관천대를
창경궁 안으로 옮겼을 것으로 추정한 듯하다.

13) 『성종실록』권58, 성종 6년 8월 23일 기해

을 뿐이며 같은 장소가 처음에는 '광화방'으로 표현되었다가 창덕궁이 지어지고 금호문이 명명된 후로는 '금호문 밖'으로 더 명확하게 표현되었을 뿐이다.

관천대가 하나 더 있었다고 판단했던 또 다른 이유는 창경궁의 석대가 처음부터 창경궁 안에 있었다면 그 중요한 시설에 관한 기록이 남아 있지 않을 리 없으므로 예전에 없었던 창경궁 안의 석대는 1688년에 세운 석대가 옮겨온 것이라는 것이다. 이런 추리에는 개연성이 결여되어 있다. 18세기 동궐도에 보이는 여러 가지 의기(儀器) 중에 기록이 없는 것은 이것만이 아니다. 경희궁 안 서남쪽 구석에 있던 일영대도 그림으로는 남아 있는데 직접적인 기록이 없다.

그 오류는 창경궁 안의 석대를 관천대로 오인한 것에서 시작되었다. 창경궁 안에도 관천대 하나가 있고 밖에도 하나가 있으니 밖에 있었던 둘 가운데 하나가 안으로 옮겨졌다고 해석한 것이다.

창경궁 주변에 관천대가 둘이 있었던 것이 아니다. 관상감 건물은 임진왜란으로 불탔으나 관상감 안에 돌로 쌓은 관천대는 그 자리에 그대로 남아 있었을 것이다. 남구만이 그 관천대를 그대로 놔둔 채 다른 곳에 관상감을 짓고 관천대를 새로 쌓을 이유가 없다. 남은 관천대를 이용하면 그만이다. 그리고 남은 관천대를 옮길 이유도 없었다. 관천대는 그 일대에서 천체를 관측하기 가장 좋은 높은 언덕에 있었다.

현재 계동 현대사옥 안에 있는 관천대는 1433년경 세종 때 광화방 관상감 안에 세운 것이고, 그 자리에 있던 관상감 건물은 임진왜란으로 불탔다가 숙종 때 재건되었으며, 후에 관상감이 혁파되고 그 자리에 휘문의숙(徽文義塾)이 들어서면서 관천대는 휘문의숙 안에 그대로 남아 있었고, 현대사옥이 건립될 때에 잠시 해체되었다가 약간 자리를 이동하여 현재의 자리에 남아 있다. 다만 원래 있었던 돌층계는 현대사옥이 건립되기 오래전에 이미 사라진 것으로 보인다.

3. 물시계와 일성정시의(日星定時儀)의 관계

창경궁 일영대에 관련된 오류를 밝히기 위해서는 일영대 위에 놓인 일성정시의가 어떤 기기인지 약간의 설명이 필요하다.

조선시대에 물시계의 오차를 보정하기 위해서는 일구(日晷)나 일성정시의(日星定時儀) 같은 천문시계가 필요했다. 예컨대 1687년(숙종 13)에 창덕궁 희정당 남쪽에 제정각(齊政閣)을 짓고 그 안에 수력(水力)으로 움직이는 수격식(水激式) 혼천의를 두었는데 이때 숙종은 제정각 동쪽에 일영대를 두고 그 명(銘)을 지으면서 "옥형(玉衡: 혼천의)의 시보에 오차가 잦았는데 일영(日影)이 아니면 어떻게 바로잡을 것인가." 하였다.[14] 혼천시계의 오차를 보정했던 일영이라는 천문시계는 일구(日晷)일 수도 있고 일성정시의일 수도 있다.

1820년경의 그림으로 생각되는 고려대학교박물관의 서궐도안(西闕圖案)에는 경희궁 안 서남쪽 끝에 금루(禁漏)라고 표기된 건물이 있고, 그 옆에 돌계단이 있는 석대가 일영대라는 이름으로 표시되어 있다(<그림3>).[15] 그

---

14) 『宮闕志』昌德宮 齊政閣. 숙종의 日影臺銘은 제정각에도 일영을 올려놓은 석대가 있었음을 의미하는 것은 아닐 것으로 짐작된다. 일영은 실내에 있었을 것이고 아마도 구리 따위의 금속으로 받침대를 만들어 그것에 명문을 새겼을 것이다.

15) 경희궁 일영대 위에는 관측기구가 그려져 있지 않아 어떤 기구가 있었는지는 불확실하다. 또 일영대가 언제부터 있었는지도 기록이 발견되지 않는다.

또한 금루의 시간 오차를 보정하기 위해 일영대의 천문시계를 활용했던 것을 알 수 있다.

물시계의 시차를 보정하는 천문시계로는 대개 일성정시의가 쓰였다. 물론 앙부

〈그림3〉 서궐도안(西闕圖案)의 금루와 일영대

일구(仰釜日晷)나 지평일구(地平日晷)와 같은 비교적 간단한 구조의 해시계로 시간을 알아낼 수도 있지만 해시계는 밤에는 쓸 수 없다는 약점을 갖고 있다. 일성정시의는 밤과 낮 구별 없이 시간을 잴 수 있는 '주야측후기(晝夜測候器)'이다.

일성정시의는 세 개의 고리가 동심환(同心環) 모양으로 갖추어져 있어, 동짓날 자정에 북극 제2성, 즉 동양에서는 제성(帝星)이라 부르고 서양에서는 코카브(Kochab)라 부르는 2등성 작은곰자리 베타(β UMi)의 위치를 관측하여 주천환(周天環)의 눈금을 맞추어 놓은 뒤, 낮에는 해그림자를 보아 일구환(日晷環)에 새겨진 눈금으로 시간을 재고, 밤에는 북극 제2성에 기기를 맞추어 성구환(星晷環)에 새겨진 눈금으로 시간을 잴 수 있게 만들었다.[16]

일성정시의를 물시계 근처에 둔 사례로는 가까이로는 고종 때 경복궁의 사례가 있다. 고종 때 경복궁이 중건된 뒤 창경궁에 있던 누국은 경복궁으로 옮겨졌는데,[17] 당시 모습을 전하는 규장각과 국립문화재연구소에 소장

---

16) 『세종실록』 권77, 세종 19년 4월 15일 갑술; 남문현, 2002, 『장영실과 자격루』, 서울대학교출판부, 33-35쪽

17) 정확한 사정은 알 수 없지만 창경궁의 물시계를 경복궁의 누국으로 옮겨오면서, 창경궁 일영대 위에 있던 일성정시의도 경복궁으로 가져왔을 가능성이 있다.

된 북궐도형(北闕圖形)을 보면 경
복궁 안 서쪽 담장 가까이 서십자
각과 영추문 중간지점에 누국(漏
局)이 자리잡고 그 아래쪽 가까이
에, 계단이 붙은 일영대가 표시되
어 있다(<그림4>). 이는 『조선고적
도보』의 경복궁 배치도에서도 볼
수 있다.

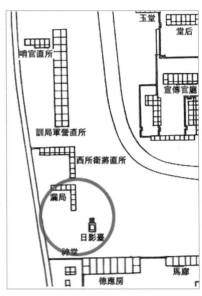

<그림4> 북궐도형의 누국과 일영대

　그 일영대 위에는 일성정시의
가 있었을 것으로 추정된다. 그렇
게 보는 데는 이유가 있다. 북궐도
형의 일영대에 대해서는 와다 유
지가 『조선고대관측기록조사보고』에 수록된 1913년의 기록에서 최근까지
도 영추문 안에 거의 완전한 형태로 화강석으로 쌓은 대가 남아 있었는데
공립보통학교 운동장을 새로 만들면서 파괴되었다고 증언하고 있다.[18] 다
행히도 와다가 1910년 이전에 찍은 경복궁의 일영대 사진 하나가 『조선명
승기(朝鮮名勝記)』에 수록되어 전하는데 창경궁 일영대와 형태가 거의 같다
(<그림5>左).[19] 사진에 보이는 일영대 위의 일성정시의 받침돌은 가운데가
잘록한 I자 모양을 하고 있는데 현재 경복궁 교태전 뒤 아미산에 놓여 있는
I자 모양의 받침돌은 일영대는 철거되고 그 위의 일성정시의 받침돌만이

<hr />

18)　和田雄治, 1917, 앞의 책, 169쪽. 경복궁 안의 공립보통학교는 1895년에 전 관상감 자리에
　　설립된 梅洞官立小學校를 말하는데(『고종실록』 권33, 고종 32년 9월 28일 을축) 현재 사직공
　　원 북쪽에 있는 매동초등학교의 전신이다.
19)　渡邊豪·二宮謙次郎, 1910, 『朝鮮名勝記』, 91쪽

慶福宮迎秋門觀象監內天文臺

（和田雄治氏所藏）

〈그림5〉 일영대와 일성정시의 받침돌

■ 左: 경복궁 중건 후의 일영대, 右下: 경복궁 아미산의 일성정시의 받침돌, 右上: 일성정시의 받침돌 윗면 모습.

남은 것이 아닌가 한다(<그림5>右下). 그 받침돌의 윗면 네 귀퉁이에는 일성 정시의 받침대의 아래쪽 네 모서리에 붙어 있는 짧은 받침대발(<그림12>)이 들어갈 홈이 파여 있다(<그림5>右上).[20]

---

20) 한국과학사학회에서 1980년부터 1985년까지 행한 과학문화재 조사보고에서도 경복궁 아미 산의 석대를 일성정시의대로 보고 있다(전상운 외 11인, 1984, 「한국의 과학문화재 조사보고 1980-1985」, 『한국과학사학회지』 6-1, 88쪽).

보론 1. 창경궁 일영대(日影臺)의 연혁   **401**

4. 창경궁 보루각(報漏閣) 근처의 일영대

와다가 관천대로 오인한 창경궁 일영대는 숙종 때 만들어진 것이 아니라 사실은 중종 때부터 있었다. 그 유래를 살펴보기로 한다.

세종 때 간의, 소간의와 거의 같은 시기에 자격루가 완성되고[21] 얼마 지나지 않아 자격루를 안치할 보루각이 1434년에 경회루 남쪽에 지어졌다.[22] 당시에 자격루는 일성정시의와 연결되어 있지 않았다. 김돈의 「보루각기(報漏閣記)」에 의하면 초기 보루각 자격루가 얼마나 정확한지는 간의로 점검하였다고 한다.[23] 그러나 간의로 시간을 알아내려면 별의 위치를 측정한 뒤 약간의 계산 과정을 거쳐야 했으므로 번거로운 일이었다.

그래서 약 100년 후 1536년(중종 31) 6월에 창경궁에 보루각을 새로 짓고 물시계를 설치할 때에는[24] 근처에 쓰기 간편한 일성정시의를 설치했다. 이는 그때 제작된 일성정시의에 새긴 명문이 심언광(沈彦光: 1487~1540)의 문집에 남아 전하는 것으로도 알 수 있다.[25] 그 일성정시의를 올려놓은 석

||||||||||||||||||||||||||||||||||||

21) 자격루는 장영실에 대한 護軍 관직 제수가 논의되던 1433년 9월에는 이미 완성되어 있었다 (『세종실록』 권61, 세종 15년 9월 16일 을미).

22) 『東國輿地勝覽』 권1, 京都上 宮闕 景福宮; 『宮闕志』 景福宮 報漏閣

23) 1434년에 보루각이 완성되었을 때에는 소간의가 아직 제작되지 않았다. 그러나 1437년에 소간의가 제작된 뒤로도 소간의가 편전인 사정전 담장 안쪽에 있어서 서운관 관원들이 드나들기는 어려웠을 것이다.

24) 보루각은 이미 1536년 정월에는 공사가 진행 중이었고 6월에는 완성되었던 것으로 보인다 (『중종실록』 권81, 중종 31년 정월 11일 정묘; 4월 9일 계사; 6월 28일 신해). 현재 덕수궁에 보관되어 있는 자격루의 파수호에는 '嘉靖丙申六月日造'라는 글자가 음각되어 그것이 중종 31년 6월에 완성된 자격루임을 알 수 있다(남문현, 1998, 『한국의 물시계』, 건국대학교출판부, 215쪽).

25) 『漁村集』 권9, 報漏閣定時儀銘. 이는 남문현에 의해 이미 밝혀졌다(남문현, 2002, 앞의 책, 139-140쪽).

대는 일영대라 불렀을 것이다. 1550년(명종 5)에 관상감에서 왕에게 보고한 내용은 창경궁에 있는 석대가 일영대임을 간접적으로 알려주고 있다.

> 종묘 동구의 앙부일영(仰釜日影)과 신보루각(新報漏閣: 옛 창경궁) 및 외관
> 상감(外觀象監)의 일영(日影)을 교정하니 크게 차이가 나지 않았습니다.
> 하지만 반드시 중성(中星)을 측후한 후에야 사계절과 절후(節候)를 알 수
> 있으므로 따로 관원을 정하여 측후하였습니다. 그랬더니 두세 별은 차이
> 가 없었지만 나머지 별은 모두 차이가 있었습니다."[26]

위 인용문 가운데 창경궁 신보루각(新報漏閣)의 일영은 중종 때 창경궁에 보루각을 지으면서 보루각 물시계의 시각 보정을 위해 설치한 일성정시의를 말한다. 앞서 밝힌 것처럼 시간을 측정하는 앙부일구, 지평일구, 일성정시의를 모두 일영, 또는 일영의라 불렀으므로 일영을 올려놓은 석대를 일영대라 부르는 것은 당연하다.

창경궁 보루각의 위치에 관한 정보는 『중종실록』에 남아 있다. 창경궁에 보루각이 설치된 1536년 8월에 중종이 새로 지은 보루각을 구경하기 위해 창경궁에 들렀을 때의 기록을 보면, 보루각은 홍화문 남쪽의 선인문(宣仁門)을 통해 들어가는 곳에 동궁의 서연청(書筵廳) 근처에 있었다.[27]

그 후 임진왜란이 일어나 경복궁, 창덕궁, 창경궁이 모두 불타버렸다. 선조는 환도한 뒤에 월산대군 사저(私邸)를 행궁으로 삼아 거처를 마련하고,

---

26) 『명종실록』 권10, 명종 5년 6월 24일 정사 "觀象監啓曰 宗廟洞口仰釜日影與新報漏閣(古昌慶宮)及外觀象監日影校正 則大槪不差 而必測候中星 然後可以知四時節候 故別定官員測候 則二三星不差 而其餘皆差"

27) 『중종실록』 권82, 중종 31년 8월 20일 계묘, 21일 갑진, 24일 정미

임시로 행궁 밖 민가에 물시계를 설치했다.[28]

이어서 광해군은 1613년(광해군 5)에 창덕궁을 재건하고 그곳으로 거처를 옮겼다.[29] 그리고 그 이듬해 1614년에는 창덕궁 인정전 북쪽에 흠경각(欽敬閣)이 지어졌고,[30] 창경궁 서린문(瑞麟門) 안의 시강원 동쪽에는 보루각이 지어졌다.[31] 앞에서 중종 때 보루각이 선인문 안 서연청 가까이 있다고 했는데 서린문은 선인문의 예전 이름이며,[32] 시강원은 서연청의 다른 이름이다. 결국 광해군 때의 보루각은 중종 때의 보루각 자리에, 아니면 그 가까운 곳에 세워졌던 것이다.

200여 년 동안 그 자리에 있던 보루각은 수리도 안 된 낡은 상태로 방치되어 있다가 1828년(순조 28) 여름에 큰비로 무너져버리고 말았다.[33] 그래서 얼마 후 무너진 보루각 빈터 옆에 누국(漏局)을 새로 지었는데[34] 그 모습이 동궐도에 남아 전해진다(<그림6>). 동궐도에서 광해군 때의 보루각자리

---

28) 『광해군일기』 권69, 광해군 5년 8월 26일 신해

29) 『광해군일기』 권64, 광해군 5년 3월 12일 경오

30) 『宮闕志』 권2, 昌德宮 萬壽殿. 그러나 창덕궁 흠경각은 1656년(효종 4)에 대비 장렬왕후의 거처로 萬壽殿을 그 자리에 짓느라 헐어버렸고 만수전도 1687년(숙종 13)에 불탔다(『효종실록』 권15, 효종 6년 12월 4일 갑인; 『潛谷遺稿』 권6, 疏箚 論修理都監箚).

31) 『宮闕志』 권3, 昌慶宮 報漏閣. 『宮闕志』 권2, 昌德宮 萬壽殿 조항에서는 1614년에 欽敬閣을 창덕궁 瑞麟門 안에 다시 지었다고 하였고 그것이 『增補文獻備考』나 『林下筆記』에도 그대로 기록되어 있으나(『林下筆記』 권27, 春明逸史 欽敬閣; 『增補文獻備考』 권3, 象緯考3 儀象2 宣祖三十四年命領議政李恒福製儀象), 瑞麟門(宣仁門)은 창덕궁이 아니라 창경궁의 문이고, 서린문 안에 지은 것은 報漏閣이며, 다시 지은 흠경각은 창덕궁 인정전 북쪽에 있었다. 실록이나 『文獻備考』의 기사에는 창덕궁과 창경궁, 흠경각과 보루각이 착오를 일으켜 뒤섞여 있으므로 주의깊게 읽어야 한다.

32) 『東國輿地備考』 京都 宮闕 昌德宮·昌慶宮城

33) 『漢京識略』 闕內各司 報漏閣

34) 일반적으로 조선전기에는 물시계를 설치한 곳을 報漏閣이라 하였으나 후기에는 漏局이라 하였다.

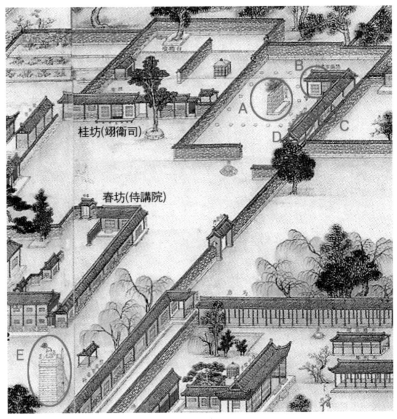

〈그림6〉 동궐도의 창경궁 누국 주위

* A 禁漏閣基, B 禁漏官直所, C 漏水間, D 禁漏書員房

는 '금루각터[禁漏閣基]'(A)로 표시되었고, 그 주위에는 '금루관직소(禁漏官直所)'(B) '누수간(漏水間)'(C) '금루관서원(禁漏書員房)'(D)이라고 표시된 건물이 그려져 있다.

그리고 그곳에서 남쪽으로 약간 떨어진 곳에는 석대(E)가 있고 그 위에 관측기구가 설치되어 있는 모습이 보인다. 그 석대는 아마도 중종 때 지은 일영대, 즉 일성정시의대일 것이다. 보루각을 지으면서 근처에 일영대도

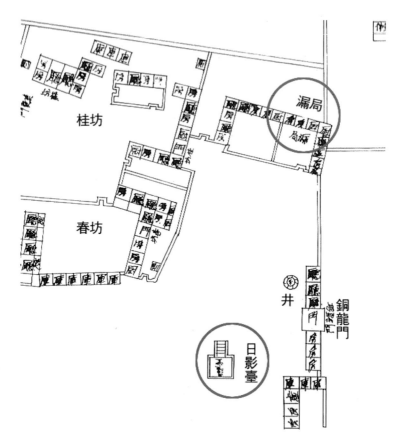

<그림7> 동궐도형의 창경궁 누국과 일영대

함께 지었는데 임진왜란을 겪으면서 목조 건물인 보루각은 불타서 사라졌
지만 돌로 쌓은 일영대는 그대로 남았을 것이다. 그래서 광해군 때에 누국
을 복구할 때에 일영대 위에 일성정시의를 올려놓고 그 근처에 보루각을
지었을 것으로 짐작된다.

창경궁의 석대를 일영대로 불러왔다는 증거는 곳곳에 남아 있다. 예컨
대 앞의 『이재전서』의 배치도에서도 보이듯이 18세기 영조 때 황윤석은 그

것을 일영대라 부르고 위치를 표시해 두었다(<그림1의 A>).[35] 그리고 1908년경에 만들어진 것으로 추정되는 규장각한국학연구원의 『동궐도형』에도 일영대라는 이름과 함께 계단이 붙은 석대 평면도가 그려져 있다(<그림7>). 그 석대는 『조선고적도보』에도 일영대로 표시되어 있다. 그것이 바로 앞의 동궐도에서 본, 돌층계가 붙고 3면에 난간이 둘러 있고, 위에 천문관측기구가 놓인 석대였음을 의심할 필요는 없을 것 같다(<그림8>).

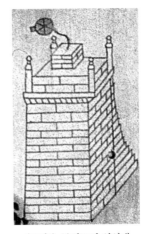

〈그림8〉 동궐도의 일영대

동궐도의 일영대는 현재 창경궁에 남아 있는 석대이다. 〈그림2〉와 〈그림8〉을 비교해 보면 창경궁의 석대와 동궐도의 석대는 비록 돌층계의 숫자는 다르지만 돌난간의 형태도 똑같다.

5. 창경궁 일영대 위의 일성정시의

창경궁의 석대가 이름이 일영대였고 누국 가까이 있었으므로 그 석대 위에는 일성정시의가 놓여 있었을 것이다. 그 추측은 두 가지 증거로 확실해진다.

첫째, 동궐도를 보건대 석대 위에 있었던 것은 외형으로 보더라도 소

35) 『頤齋全書』 下卷 京都 2, 3쪽(경인문화사 影印, 1976); 남문현, 1998, 앞의 책, 126쪽

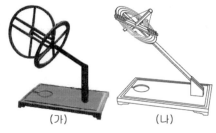

<그림9> 소간의(가)와 일성정시의(나) 가상도

간의가 아니라 일성정시의
다.[36] 소간의와 일성정시의
의 외형적 차이는 <그림9>
에 보이는 두 기기의 모양을
비교해 보면 분명해진다. 동
궐도에 그려진 기구가 소간

의라면 (가)처럼 서로 직각으로 만나는 적도환(赤道環)과 사유환(四遊環) 두
개의 고리가 보여야 하는데 동궐도 <그림8>의 기기에는 적도환에 해당하
는 고리의 모양이 보이지 않는다. 그리고 일성정시의는 가운데 주천환, 일
구환, 성구환이 동심의 고리로 겹쳐져 하나의 고리를 이루고 그 동심의 고
리 가운데에 십자거(十字距)와 계형(界衡)이 교차되어 있는 형태이다. <그림
8>의 기기에는 둥그런 고리 안에 중심에서 교차하는 세 개의 선 모양이 보
이는데, 이는 십자거가 이루는 두 선과 계형이 이루는 한 선을 표현한 것으
로 보이며, 십자거와 계형이 이루는 세 선의 모양은 1930년대에 루퍼스(W.
C. Rufus)가 찍은 일성정시의 부품 사진과도 일치한다(<그림10·12>).[37] 그리
고 <그림8>에서 둥근 고리 왼쪽에 튀어나온 조그만 돌기는 주천환(周天環)
을 돌리는 손잡이인 귀[耳]로 보인다.[38] <그림10>의 루퍼스가 찍은 사진에
서 고리 아래쪽에 장방형으로 뻗은 부분이 그것이 아닌가 한다.[39]

---

36) 남문현도 일영대 위의 기구를 일성정시의로 파악했다(남문현, 1998, 앞의 책, 106쪽).
37) 루퍼스가 찍은 것이 일성정시의의 일부임은 고리 중심에 軸이 서 있고 축 끝에 반지 모양으
로 보이는 定極環이 있는 것으로 알 수 있다.
38) <그림12>의 일성정시의 복원도는 『세종실록』을 토대로 한 것으로 귀를 바깥쪽 주천환과 안
쪽 성구환에 각기 두 개씩 그려놓았으나, <그림10>의 사진에는 고리 안팎으로 두 개의 귀가
보이지 않으므로 귀가 후에 큰 것 하나로 바뀌었을 수도 있다.
39) <그림10>의 귀로 추정한 부분은 부러진 자루의 일부분으로 보이기도 하여 확실치는 않다.

408   경주 첨성대의 기원

둘째, 황윤석의 『이재난고(頤齋亂藁)』에 남은 기록이다. 그것은 창경궁 석대 위에 놓여 있던 기기가 일성정시의라는 결정적 증거이다. 천문학에도 박식했던 황윤석은 1778년(정조 2)에 창경궁에 들어가게 된 기회에 일영대에 올라 '일영대 위의 측경기(測景器)'를 보고서 그 모양은 물론이고 사용방법에 이르기까지 상세한 기록을 남겨 놓았다.

〈그림10〉 일성정시의 부품

■ W. C. Rufus, 1936, *Korean Astronomy*, Seoul: The Literary Dept., Chosen Christian College, p.70

기기의 받침[趺]은 청석(靑石)을 썼는데 장방형이고 남쪽에는 작고 둥근 못[小圓池]이 있고 네 둘레에는 도랑[渠]을 만들어 수평을 잡았다. 못의 북쪽에는 작은 기둥을 직각삼각형[句股形] 모양으로 세웠는데, 높이 서너 치로. 남북으로는 두 치, 두께는 대여섯 푼은 되어 보인다. 북에서 남으로 비스듬히 위를 날카롭게 잘라 북쪽은 직각삼각형의 빗변[弦]을 이루고 남쪽은 높이[股]를 이루었다. 기둥 위 비스듬하고 날카로운 곳은 오늬(화살대 끝에 시위를 걸 수 있게 길게 움푹 파인 부분)처럼 두 가닥으로 갈라져 그것이 측경기의 자루를 잡고 있다. 자루와 기기의 둥근 규(規)와 규 중심의 십자거가 적도를 향해 비스듬히 서 있고[準赤道斜勢] 규의 중심은 남북극에 맞추어져 있다. 기기는 검은 쇠로 만들었고 규 면 둘레에는 눈금을 그려 하루 12시와 24소시(小時) 초·정(初·正) 각 4각(刻)을 새겼다. 십자거 위에는 속이 빈 네모난 기둥[空心方長柱]을 세우고 기둥 받침은 둥글게 하여 규의 중심에 맞추어 돌도록 하였다. 기둥 아래 부분은 기다란 쇠자[長

鐵尺를 크게 관통하였는데…쇠자는 양끝이 비어 있어 시각이 나타나게 되어 있다. (쇠자의) 양 끝을 뚫고 나온 가는 선은 기둥 꼭대기를 지나 묶여 있어서 (가는 선의) 그림자를 만들어서 그 그림자가 쇠자 위에 맺히게 하였다. 위에 있는 기둥과 자가 서로 붙어 따로 움직이지 않고 받침 부분은 둥글어 만들어 돌게 하여 실 그림자가 복판을 지나는 기다란 선에서 벗어나지 않게 하고는 자 끝의 빈 곳을 보면 시각을 알 수 있게 되어 있다.[40]

위의 복잡하고 난해한 설명은 〈그림11〉과 〈그림12〉를 보면 어느 정도 쉽게 이해할 수 있다. 위의 설명에서 장방형 받침은 세종 때 일성정시의가 완성되었을 때의 일성정시의명(日星定時儀銘)에 등장하는 받침대[臺]이고, 수평을 잡기 위해 가장자리 네 변에 둘러진 도랑과 한쪽의 작고 둥근 못도 그대로이다. 그리고 끝이 직각삼각형으로 날카롭게 솟아 가운데 화살대 끝의 오늬처럼 홈이 파인 짧은 기둥은 일성정시의 기둥에 대한 설명으로 국립고궁박물관에 소장된 일성정시의 부품과 완벽하게 일치한다(〈그림11〉).

그런데 소간의의 받침 모양도 일성정시의와 똑같을 수 있으므로 그것만으로는 일성정시의임을 확신할 수는 없다. 그러나 이어지는 설명은 그것이

---

40) 『頤齋亂藁』권26, 무술년(1778) 7월 20일 丁未. "行至欽敬閣前路 入見漏室 忽憶己卯新恩時舊事 又以目今東宮空虛 不妨登視日影臺上 身着帽帶 尤不妨也 乃與漏室軍士商議 登臺觀測景器 器趺用靑石 方而長 南爲小圓池 四周爲渠 水準以爲平者也 池北竪小柱 作句股形 高可三四寸 南北可二寸也 厚可五六分 自北向南斜迤 而上剗作斜弦 其南則股線也 柱上斜銳處 作兩岐如箭筈 筈中受測景器之柄 柄與器之圓規及規心十字距 準赤道斜勢 而規心準二極也 器用黑鐵 規面周鍥一日十二時之二十四小時初正各四刻 距上又立空心長方柱 柱趺圓入距心定竅使得轉 柱下大貫長鐵尺…而兩端空之 使視而時刻得現 乃自兩端貫細線 過柱頂結之 以取日影 但時影當尺上之 過心所鍥長線 蓋柱與尺相膠不動 而蚨圓而轉 務令絲影 不出於過心長線 而因視尺端空處 所現時刻 則得所測者也"

410　　경주 첨성대의 기원

일성정시의임을 너무도 생생하게 입증하고 있다. 규(規)와 자루가 적도에 맞추어 비스듬히 섰다는 기록은 『세종실록』의 일성정시의에 관한 기록과 일치하고,[41] 둘레에 1일 12시, 24소시, 96각이 새겨진 규는 성구환(星晷環), 일구환(日晷環)과 주천환(周天環)을 가리키며,[42] 규 중심에 있는 십자거는 이름 그대로이고, 십자거 위에 세워진 속이 빈 기다란 사각 기둥은 축(軸)을 가리킨다(<그림12>). 그리고 양끝이 뚫려 있어 뚫린 부분으로 눈금을 볼 수 있게 만든 기다란 쇠자는 계형

(界衡)을 가리키고, 쇠자 끝에서 가느다란 선이 뻗어나와 기둥 꼭대기에 묶여 있다고 하였는데 가느다란 선은 세승(細繩)을 가리킨다(<그림13>). 가는 선의 그림자로 눈금을 읽어 시각을 측정했다는 설명 등은 정초(鄭招)의 일성정시의명병서(日星定時儀銘幷序)의 기록과 정확하게 일치한다. 황윤석이 본 '일영대 위의 측경기'는 의심할 여지가 없는 일성정시의이다.

동궐도의 석대가 일성정시의를 올려놓은 일영대라 하더라도

〈그림11〉 일성정시의 받침대와 기둥
■ 국립고궁박물관 소장

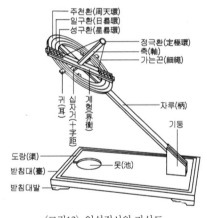

〈그림12〉 일성정시의 가상도

* 한자 명칭은 『세종실록』 권77, 세종 19년 4월 15일 갑술조의 명칭을 따랐다.

---

41) 『세종실록』 권77, 세종 19년 4월 15일 갑술

42) 효종 때 서양에서 유래된 時憲曆을 쓰면서부터는 하루가 100刻에서 96刻으로 바뀌었다.

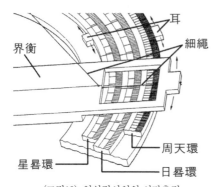

界衡

耳

細繩

星晷環

周天環

日晷環

〈그림13〉 일성정시의의 시간측정

■ 한국표준연구소, 1989, 「측정표준 사료 복원 Ⅳ」,
46쪽에 각 부분 명칭을 붙였다.

〈그림14〉 창경궁 일영대 받침돌 윗면의 5개의 홈

일영대 위에 소간의를 올려놓고 천체 관측을 할 수 있지도 않느냐고 반문할지 모르지만 그럴 가능성은 거의 없다. 그곳에 일성정시의를 올려놓았을 것이라는 자료는 충분히 많지만 소간의를 올려놓았을 것이라는 자료는 단 하나도 보이지 않는다. 게다가 그곳은 입지조건으로 보아 소간의를 두고 천문관측을 하기에는 적당하지 않다.

다만 현재 남아 있는 창경궁 일영대 위의 받침돌 위에는 다시 대리석이 하나 놓여 있고 그 윗면에는 5개의 홈이 파여 있다(<그림14>). 그 돌이 언제부터 있었는지, 그리고 네 귀의 홈은 일성정시의 받침대발을 끼우는 홈으로 보이나(<그림5>右上), 한쪽 변 가까이 있는 굵은 홈 하나는 무엇인지는 풀어야 할 과제이다.

고려 말 파주 권준(權準) 묘의
삼성(三星)과 태성(胎星)

머리말

파주 진동면 서곡리의 청주 한씨 묘역(墓域)에는 위아래로 묘 2기가 있다. 그 가운데 아래쪽에 있는 묘에는 한명회(韓明澮)의 조부 한상질(韓尙質: 1350~1400)의 묘비가 서 있어서 한상질의 묘로 알려져 왔다. 그런데 1991년에 도굴꾼이 버리고 간 지석(誌石)이 발견되어 발굴조사를 한 결과 한상질의 묘가 아니라 양촌(陽村) 권근(權近)의 종조부 권준(權準: 1281~1352)의 묘로 밝혀졌다. 묘는 석실묘로서 내부의 사방 벽에는 인물상이 그려져 있고,

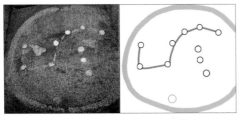

<그림1> 권준 묘의 성수도와 모사도

■ 문화재관리국, 1993, 『파주 서곡리 고려벽화묘(발굴조사보고서)』

천장에는 굵은 원 안에 북두칠성과 함께 일렬로 늘어선 별 셋이 그려져 있었다(<그림1>).[43]

그 별 셋의 정체에 대해 지금까지 삼태성(三台星)이라는 견해와 북극삼성(北極三星)이라는 견해가 제시되어 있다. 그러나 그러한 주장에는 모두 석연치 않은 점이 있다. 필자는 그 별이 오리온자리 삼수[參宿]의 복판에 일렬로 가로 놓인 삼태성(三太星)이며, 죽음을 상징하는 북두칠성과 조합을 이룬, 탄생을 상징하는 별자리로 이해하고자 한다.

1. 삼성에 관한 기존 학설의 검토

1) 삼태성설(三台星說)

권준 묘 천장 그림에서 선으로 이어진 7개의 별이 북두칠성임은 의심의 여지가 없다. 그런데 세 별은 정체가 모호하다. 비스듬히 일렬로 배치된 밝은 삼연성(三連星)은 북두칠성의 국자모양 바로 뒤쪽에서는 찾을 수 없다. 주의깊게 살펴보면 북두칠성도 좌우가 뒤바뀐 상태로 그려졌다는 것을 알

---

43) 문화재관리국 문화재연구소, 1993, 『파주 서곡리 고려벽화묘(발굴조사보고서)』, 155쪽. 아래쪽에 따로 떨어져 있는 별 하나는 양릉(陽陵)의 경우를 보건대 태양일 수도 있으나 단순한 얼룩일 수도 있어, 확실치 않다.

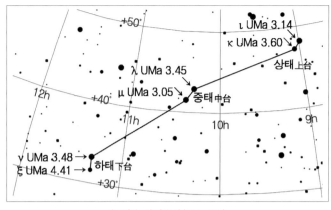

〈그림2〉 삼태육성(三台六星)

* 세로선은 적경, 가로선은 적위, 숫자는 겉보기 등급

수 있다. 결국 별자리 그림은 삼성을 북두칠성의 어느 쪽에 어떤 크기로 그릴 것인가는 그다지 고려하지 않고, 그저 북두칠성과 삼성을 그려 넣은 것으로 보인다. 그렇다면 이 삼성을 정의하기는 쉽지 않다. 그래서 이 별의 정체에 대해 의견이 갈릴 수밖에 없었다.

권준 묘의 삼성에 대한 일반적인 견해는 삼태성(三台星)으로 보는 것이다. 삼태성은 큰곰자리(UMa)의 요타(ι), 카파(κ), 람다(λ), 뮤(μ), 뉴(ν), 크사이(ξ) 여섯으로 구성된 별자리이다. 별들이 독특하게도 둘씩 쌍을 이루어 3쌍이 같은 간격으로 일렬로 늘어서 있어, 각 쌍성을 상태(上台), 중태(中台), 하태(下台)라 하고 통틀어 삼태성이라 불렀다(〈그림2〉). 삼태성설은 쌍성들이 각각 별 하나로 표현된 것으로 추정한 것이다.[44]

44)   안상현, 2000, 『우리가 정말 알아야 할 우리 별자리』, 현암사, 120-123쪽; 박종성, 2003, 「구비전승의 〈三台星〉과 〈北斗七星〉 神話 一考—무속신화와 건국신화의 상관성 및 신앙의 형상을 중심으로—」, 『구비문학연구』 16, 221쪽; 박창범, 2007, 『한국의 전통과학 천문학』, 이화여자대학교출판부, 97쪽; 구만옥, 2007, 「천상열차분야지도와 전통 별자리」(국사편찬위원회 편, 『하늘, 시간, 땅에 대한 전통적 사색』, 두산동아), 48쪽

안상현은 서곡리 권준 묘의 북두칠성 뒤편의 별 셋을 큰곰자리의 삼태성 (三台星)으로 보고, 고구려 약수리 고분과 각저총에 보이는 북두칠성 뒤쪽의 별 셋도 삼태성이라 하였다(<그림4>의 4·5).[45] 한편 박종성은 고구려 덕흥리 고분의 북벽에 그려진 북두칠성 옆의 쌍성 셋을 삼태성으로 추정하고, 그 것이 약수리 고분에서는 쌍삼성이 아니라 홑삼성으로 바뀌었다고 했다.[46]

쌍영총 북벽의 벽화에도 보이는 북두칠성 옆의 쌍성 셋은 삼태성일 수 도 있다(<그림8>). 그런데 약수리 고분의 별들은 직선으로 배치된 것이 아니 라 삼각형으로 배치되어 있다(<그림4>의 4). 그것보다 더 큰 문제는 삼태성의 별 숫자가 여섯이라는 점이다. 별자리를 아무리 간략하게 이해한다 해도 여 섯인 별을 셋으로 바꾸어 그렸다고 보는 것은 무리이다. 게다가 삼태성은 비 록 3등성 넷과 4등성 둘로 구성되어 눈에 확 뜨이게 밝은 별자리는 아니지만 〈그림6〉으로 확인할 수 있듯이 북두칠성과 거의 같은 크기의 매우 큰 별자 리이다. 그러나 권준 묘의 삼성은 북두칠성에 비해 너무도 왜소하다. 그것은 약수리 고분벽화의 경우에도 마찬가지이다. 결국 권준 묘의 삼성은 별의 숫 자, 북두칠성과의 배치, 별의 크기 어느 것 하나 일치되는 것이 없으므로 삼 태성으로 보기 어렵다.

2) 북극삼성설(北極三星說)

권준 묘의 삼성을 북극삼성(北極三星)으로 보는 견해도 있다. 그리고 북 극삼성은 이때만이 아니라 이미 고구려 고분벽화에 여러 차례 등장했다고

---

45) 안상현, 2000, 앞의 책, 120-123쪽. 기본적으로는 삼태성을 큰곰자리의 삼태육성으로 보고 있으나, 서방7사 중의 參과 伐을 가리키는 듯한 서술도 있다.
46) 박종성, 2003, 앞의 논문, 221쪽

한다.[47]

중국의 별자리 체계에서 북극성은 5성으로 구성되어 있고, 각기 태자(太子), 제(帝), 서자(庶子), 후궁(后宮), 천추(天樞)라는 이름이 붙어 있다. 가장 밝은 별은 2등성인 작은곰자리 베타(β UMi) 코카브(Kochab)이지만 삼국시대에 북극은 이미 코카브에서 멀리 떨어져 있어서 북극 근처에서 그나마 비교적 밝게 빛나는 5등성 HR4893을 선택하

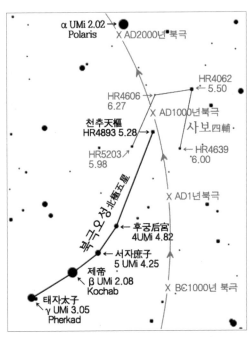

〈그림3〉 북극오성과 북극점의 이동

■ 정연식, 2012, 「천상열차분야지도 별자리의 서방7수를 중심으로 한 부분적 복원」, 『인문논총』 24, 332쪽

여 하늘이 회전할 때의 중심축 지도리라는 뜻의 천추(天樞)라는 이름을 붙였다(<그림3>).

그런데 고구려는 중국처럼 북극성을 다섯으로 설정하지 않고 초기에는 셋으로 설정하여 북극삼성이라는 고구려 고유의 별자리를 만들었고 그것이 고구려 고분벽화의 별자리 그림에 나타난다는 것이다. 예를 들어 6세기의 집안(輯安) 오회분 4호묘, 5호묘와 통구 사신총에서는 북두칠성, 남두육

---

47) 김일권, 1998, 「고구려 고분벽화의 북극성 별자리에 관한 연구」, 『고구려연구』 5; 김일권, 2008a, 『우리 역사의 하늘과 별자리』, 고즈원, 329-330쪽

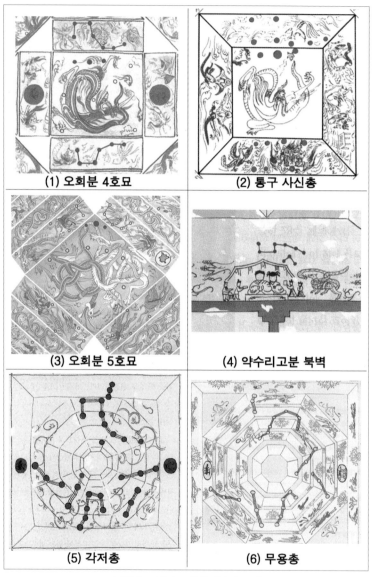

(1) 오회분 4호묘
(2) 통구 사신총
(3) 오회분 5호묘
(4) 약수리고분 북벽
(5) 각저총
(6) 무용총

〈그림4〉 고구려 고분의 별자리 그림

* 모든 그림은 위쪽이 북쪽, 왼쪽이 동쪽이다.
■ 김일권, 2008b, 『고구려 별자리와 신화』, 사계절, 105, 117, 120, 151, 154쪽; ICMOS한국위원회·문화재청, 2004, 『세계문화유산 고구려고분벽화』, 86쪽

성과 함께 중앙에는 황룡이 자리 잡고 있고 중앙의 북쪽 변 가까이에 별 셋이 일렬로 그려져 있는데, 세 별 가운데 중앙의 별이 가장 크게 그려져 있다(<그림4>의 1·2·3).[48] 그래서 중앙의 별을 코카브로 보고 이를 양 옆의 두 별과 함께 엮어 북극삼성으로 이해한 것이다. 그리고 그 초기 형태가 약수리 고분에 나타났다고 보았다. 약수리 고분의 북벽 그림에는 앉아 있는 주인 부부 위 북두칠성 아래에 삼각형으로 배치된 별 셋이 있는데 그것을 북극삼성으로 이해한 것이다(<그림4>의 4). 나아가서 5세기 전반의 각저총과 무용총에서 북두칠성 국자 뒤쪽에 비스듬히 일직선으로 놓인 작은 삼연성(三連星)도 북극삼성으로 보았다(<그림4>의 5·6). 각저총과 무용총의 북두칠성 뒤쪽에 그려진 삼연성을 북두칠성으로 본다면 고려시대 권준 묘의 북두칠성 뒤의 삼연성도 충분히 북극삼성으로 이해할 수 있다.

그러나 북극삼성이라는 주장에는 문제가 있다. 우선 '북극삼성'이란 말이 존재했다는 문헌기록이 전혀 없다. 북극오성에서 나머지 두 별이 흐린 5등성이라서 제외했다고 보기에도 석연치 않다. 굳이 두 별을 제외한 다른 요소를 생각해 본다면 지금과는 달리 고구려 건국 시점에는 천구의 북극이 나머지 두 별보다는 북극삼성에 더 가까이 있어 북극오성을 설정할 필요가 없었던 것으로 생각할 수 있겠지만 실상은 그렇지도 않다.

현재는 북극점이 북극성(Polaris)에 근접해 있으나 과거에는 그렇지 않았다. 지축은 지구의 공전궤도면에 대해 23.5°가 기울어 있어 지구의 공전궤도면과 수직인 황도의 북극을 중심으로 25,800년을 주기로 원운동을 하는 세차운동을 한다. 그래서 천구의 북극이 과거에는 지금의 북극성보다

---

48) 통구 사신총의 경우에는 남쪽 鬼面 아래의 작은 원이 귀면의 한 부분인지 별을 표시한 것인지 단정하기 어려우나 전체적으로 남두육성을 그린 것으로 보인다.

남쪽에 있었다. 기원전 90년경에 편찬된 『사기(史記)』천관서(天官書)에서 북극성을 4성으로 한 것은[49] 당시의 북극이 북극오성 중에 네 번째 별인 작은곰자리 4번(4 UMi) 후궁성(后宮星)에 가까이 있었기 때문에 굳이 다섯 번째 별을 상정할 필요가 없었기 때문이다(<그림2>). 그러나 시간이 흐르면서 작은곰자리 4번에서도 점차 멀어지자 5등성에 불과한 HR4893에 천추성(天樞星)이라는 이름을 부여하고 그것을 북극오성의 하나로 편입한 것이다.[50] 그런데 <그림3>을 보면 고구려 건국시점에도 천구의 북극은 태자성(Pherkad), 제성(Kochab), 서자성(4 UMi) 3성만으로 구성하기 어려웠다. 적어도 『사기』 천관서에서처럼 후궁성(4 UMi)은 포함하여 4성을 만들어야 했다. 따라서 북극삼성의 존재에 대해서는 동의하기 어렵다.

2. 삼(參)과 삼성(三星)

1) 삼(參)의 초기 형태 삼삼성(參三星)

권준 묘의 북두칠성은 동서고금을 막론하고 가장 널리 알려진 별이다. 게다가 2등성 여섯과 3등성 하나가 거의 일정한 간격으로 놓여 커다란 국자(Big Dipper) 모양을 하고 있어서 찾기가 쉽다. 게다가 북두칠성은 천구의 북극에 가까운 적위 +49.3°와 +61.8° 사이에 있어서 눈비가 내리거나 아주 흐린 날이 아니면 밤에는 계절에 관계없이 언제나 볼 수 있는 주극성(周

<hr>

49) 『史記』 권27, 天官書5 中宮 "天極星 其一明者 太一常居也 旁三星 三公 或曰子屬"
50) HR4893은 800년경에 천구의 북극에 가장 근접했다.

極星)이었다. 그리고 다른 별의 위치를 찾는 데 유용한 별자리이기도 했으며,[51] 일주운동(日週運動)에 따라 국자 자루에 해당하는 표(杓)의 별 셋이 놓인 방향으로 계절에 따른 밤 시간을 짐작하기도 했다.[52] 그래서 북두칠성을 제왕의 관상수시(觀象授時) 이념을 구현하는 소중한 별자리로 여겼다.[53]

권준 묘의 별자리 그림에는 북두칠성과 삼성 외에 다

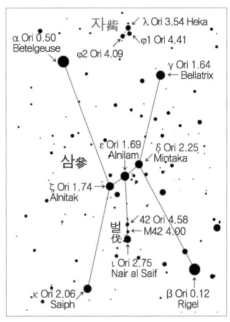

〈그림5〉 삼수[參宿]의 동정(同定)

른 별은 없다. 그러므로 두 별자리는 밤하늘에 뚜렷이 보이고, 아주 널리 알려진 별자리로 이해하는 것이 타당할 것이다.

그렇다면 밝은 별 셋이 한 줄로 늘어서 있는 것으로는 무엇이 있을까? 그런 별 셋으로는 오리온자리(Ori)의 델타(δ), 엡실론(ε), 제타(ζ)가 가장 유력하다. 그 별들은 동양에서 삼수[參宿]를 구성하는 별이다. 삼수는 7개(또는 10개)의 별로 구성되어 있는데 한가운데에 2등성 별 셋이 촘촘하게 한 줄로

51) Joseph Needham, 1959, *Science and Civilisation in China, Vol. Ⅲ : Mathematics and the Sciences of the Heavens and Earth*, Cambridge: Cambridge Univ. Press, pp.232-233. 서양에서도 북두칠성의 Merak와 Dubhe는 북극성을 가리키는 지극성(指極星: pointers)이라 불렀다.

52) 陳遵嬀, 1985, 『中國天文學史(第2冊 星象編)』, 臺北: 明文書局, 9쪽

53) 『史記』권27, 天官書5 "北斗七星 所謂璇璣玉衡 以齊七政 杓攜龍角 衡殷南斗 魁枕參首"

늘어서 있고 바깥쪽에는 아주 밝은 별 넷이 사각형 모양을 이루고 있다(<그림5>). 당(唐) 장수절(張守節)은 『정의(正義)』에서 삼수에서 가운데 있는 별 셋을 '삼삼성(參三星)'으로 부르고 바깥에 배치된 별 넷을 '외사성(外四星)'이라 불렀다.[54]

〈표1〉 북두칠성과 삼수 7성의 겉보기 등급 비교

북두(北斗) 7성						
괴魁				표杓		
천추天樞	선선旋	기기璣	권權	옥형玉衡	개양開陽	요광搖光
α UMa Dubhe	β UMa Merak	γ UMa Phecda	δ UMa Megrez	ε UMa Alioth	ζ UMa Mizar	η UMa Alkaid
1.79	2.37	2.44	3.31	1.77	2.27	1.86
삼수[參宿]의 7성						
삼삼성參三星			외사성外四星			
δ Ori Mintaka	ε Ori Alnilam	ζ Ori Alnitak	α Ori Betelgeuse	β Ori Rigel	γ Ori Bellatrix	κ Ori Saiph
2.25	1.69	1.74	0.50	0.12	1.64	2.06

일반인들이 밤하늘에서 바로 찾아낼 수 있는 별자리는 그다지 많지 않다. 가장 유명한 것은 단연 북두칠성이지만, 밝기만으로는 북두칠성보다 삼삼성과 외사성이 더 밝다. 삼수의 7성으로 말하자면 천상열차분야지도에서 낭성(狼星: Sirius), 노인(老人: Canopus), 대각(大角: Arcturus)처럼 별 하나로 구성된 별자리 58개를 제외하고 둘 이상의 별로 구성된 237개 별자리

---

54) 『正義』 "觜三星 參三星 外四星 爲實沈 於辰在申 魏之分野" 馮時는 外四星을 實沈이라 부른 다고 해석했으나(馮時, 2013, 『中國古代物質文化史: 天文曆法』, 北京: 開明出版社, 125쪽) 잘못 해석한 것이다. 觜三星, 參三星, 外四星이 있는 구역이 12歲次로는 實沈에 해당하고, 방위로는 申의 방향에 있으며, 分野로는 魏에 해당한다고 기술했던 것인데, 實沈을 外四星 만을 설명하는 것으로 잘못 끊어 읽었다.

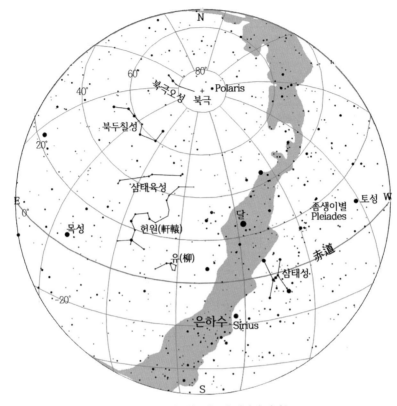

〈그림6〉 1352년 1월 1일 0시 개성의 밤하늘

■ Cartes du Ciel

가운데 평균 겉보기 등급으로는 단연 1위를 차지한다.[55]

그리고 북두칠성은 별 7개를 큰 공간에서 하나하나 짚어 그림을 그리면
서 찾아야 한다. 하지만 삼삼성은 한눈에 들어오는 별자리이다. 왜냐하면
겉보기 등급이 평균 1.89인 삼삼성도 밝은 별이지만 삼삼성을 에워싸고 있
는 외사성은 평균 1.08로 엄청나게 밝은 별이다. 외사성 가운데 서로 대각

‖‖‖‖‖‖‖‖‖‖‖‖‖‖‖‖‖‖‖‖‖‖‖‖‖‖‖‖‖‖‖‖

55) 參宿 7성의 평균 겉보기 등급은 1.43이며, 2위는 1.80의 五車 5성이다.

선 방향으로 놓인 리겔(Rigel)과 베텔게우스(Betelgeuse)는 한반도에서 볼 수 있는 별 가운데 밝기 순위가 6위와 8위인 유별나게 밝은 별이다. 그러므로 밝은 별 넷의 한가운데에 2등성 셋이 나란히 늘어서 있기 때문에 굳이 그림을 그려가며 찾을 필요가 없다.

다만 삼수가 북두칠성보다 덜 알려진 것은 별의 위치 때문이다. 삼수는 천구의 적도에 가까운 적위 −9.7도부터 +7.4도 사이에 있어서 북반구에서는 여름에는 보이지 않으며, 또 별의 일주운동으로 인해 밤 내내 보이는 것이 아니라 시간에 따라 지평선 아래로 내려가서 보이지 않기도 한다(<그림6>).

그런데 삼수 가운데서도 가장 널리 알려진 것은 한가운데 일렬로 촘촘히 늘어선 세 별, 삼삼성이다. 이를 일찍이 서양에서는 오리온 벨트(Orion's Belt)라 불렀고 중국에서는 초기에 삼성(三星) 또는 삼(參)이라 불렀다.

초기의 '參'이 삼삼성이었다는 것은 문자 형태로도 추정된다. 參의 본뜻은 별 셋으로 이루어진 별자리였다.[56]

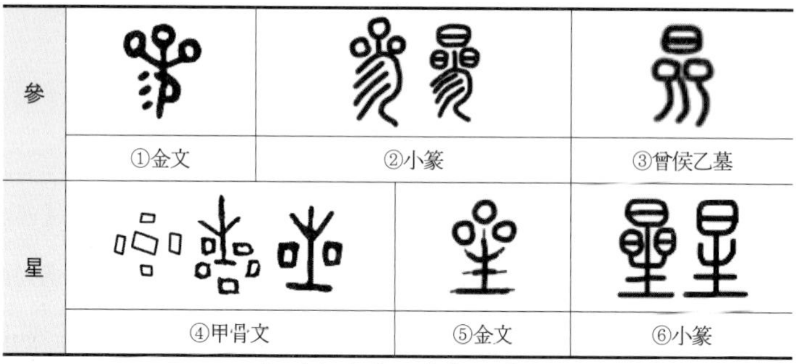

<그림7> 參과 星의 字形 변화

■ 徐中舒 主編, 1998, 『甲骨文字典』, 208쪽; 潘鼐, 2009a, 『中國恒星觀測史』(增訂版), 4쪽; 汉典zdic.net(http://www.zdic.net)

---

56) 『毛詩注疏』 권2, 考證 "按 參中三星橫列 故謂之參"

28수의 이름 전부가 등장한 문헌으로는 기원전 300년경의 『주례(周禮)』가 처음이지만, 유물로는 후베이성(湖北省) 수현(隨縣)에서 출토된 기원전 433년경의 증후을묘(曾侯乙墓) 칠상개(漆箱蓋)가 최초이다. 그 칠기(漆器) 상자 뚜껑에는 '参'이 '𢊖'으로 씌어 있다(<그림7>의 ③). 그것은 소전(小篆)의 '曑'과 같은 글자이다. '曑'에 관해서 허신(許愼)의 『설문해자(說文解字)』에서는 윗부분 '晶'은 별의 형상을 나타내며, 아랫부분 '㐱'은 음을 담당한다고 하였다.[57]

일반적으로 한자의 '⊙(日)'이 발광체를 가리키므로 윗부분 '晶'이 형상이라면 별 셋을 가리킨다고 생각할 수도 있다. 그러나 사실 '晶'은 '별 셋'이 아니라 그냥 '별'을 뜻한다. '星'의 초기 모양도 '曐'이었다(<그림7>의 ⑥). 갑골문에서 星은 처음에는 크고 작은 여러 별의 형상을 본떠 '⠿'로 하였다가, 여러 별[⠿]이 밤이 되면 새싹이 움터 오르듯이[↓] 생겨난다는 '생(生)'자의 의미를 넣어 만들어졌다(<그림7>의 ④).[58] 따라서 '晶'만으로는 '星'을 뜻할 뿐 '三星'을 뜻하지는 않는다. 그런데 参은 '叄'으로도 쓴다. 그러므로 아래의 㐱, 즉 厽은 음을 담당하면서 '셋[三]'이라는 뜻도 동시에 담당했을 것으로 추정된다.

결국 『설문해자』의 曑, 즉 参은 三星을 지칭한다. 즉 최초의 参은 삼삼성과 외사성이 결합된 형태가 아니라 삼삼성만으로 구성되었을 것이다.

삼섬성은 초기에는 그저 '삼성(三星)'으로 불렸던 흔적이 『시경』에 남아 있다. 신혼부부의 사랑을 노래한 당풍(唐風) 주무(綢繆)에서는 "나뭇단을 묶다 보니, 삼성이 하늘에 떴네", "꼴을 묶다 보니, 삼성이 모퉁이에 떴네",

---

57) 『說文解字』권7상, 晶部 【曑】商星也 从晶㐱聲". 参은 아래에 '三'을 넣어서 叄으로 쓰기도 한다.

58) 徐中舒 主編, 1998, 『甲骨文字典』, 成都: 四川辭書出版社, 208쪽

"가시나무 다발을 묶다 보니, 삼성이 문 위에 떴네" 하고 노래했다.[59] 그리고 기근의 슬픔을 말하는 소아(小雅) 초지화(苕之華)에서는 "삼성이 (물에 비쳐) 통발에 있네" 하고 노래했다.[60] 여기서 삼성은 삼삼성(參三星)이다. 주나라 때 중국인들도 '삼성'이라 하면 우선적으로 전갈자리의 심삼성(心三星)이 아니라 오리온자리의 삼삼성을 떠올렸다.[61]

2) 동방의 심(心)과 서방의 삼(參)

〈그림4〉의 5세기 고구려 각저총, 무용총 벽화에는 남두육성 동쪽(왼쪽)과 서쪽(오른쪽)에 일직선으로 늘어선 삼연성 둘이 T자에 가까운 모양으로 배치되어 있다. 이러한 사례는 비슷한 시기의 쌍영총, 천왕지신총 벽화에서도 볼 수 있으며, 특히 약수리 고분에서는 삼연성이 완벽하게 T자 모양을 보이고 있고, 더군다나 청룡과 백호가 함께 그려져 있다(〈그림8〉). 『사기』 천관서에서는 사신(四神)과 관련하여 동방 창룡(蒼龍)을 구성하는 별자리로 방(房)과 심(心)을 들고 서방 백호를 구성하는 별자리로 삼(參)과 자(觜: 觜觿)를 들었다. 그러므로 이 T자 모양의 삼연성들은 백호를 구성하는 삼·벌(參·

59) 『詩經』唐風 綢繆 "綢繆束薪 三星在天 今夕何夕 見此良人 子兮子兮 如此良人何 綢繆束芻 三星在隅 今夕何夕 見此邂逅 子兮子兮 如此邂逅何 綢繆束楚 三星在戶 今夕何夕 見此粲者 子兮子兮 如此粲者何"

60) 『詩經』小雅 魚藻之什·苕之華 "苕之華 芸其黃矣 心之憂矣 維其傷矣 苕之華 其葉靑靑 知我如此 不如無生 牂羊墳首 三星在罶 人可以食 鮮可以飽"

61) 예전의 『시경』 주석서에서는 三星을 參三星 외에 心三星으로 보기도 하였으나 현재는 모두 參三星으로 본다(大崎正次, 1987, 『中國の星座の歷史』, 東京: 雄山閣出版社, 16쪽; 橋本敬造, 1993, 『中國占星術の世界』, 東京: 東方書店, 13쪽; 潘鼐, 2009a, 『中國恒星觀測史』(增訂版), 上海: 學林出版社, 11쪽; 馮時, 2013, 앞의 책, 124쪽).

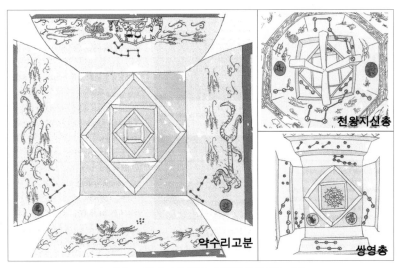

천왕지신총

약수리고분

쌍영총

〈그림8〉 고구려 고분 동벽, 서벽의 쌍삼연성 그림

■ 김일권, 2008b, 앞의 책, 105쪽, 110쪽, 114쪽

伐)과 청룡을 구성하는 방·심(房·心)일 가능성이 크다.[62] 특히 서쪽(오른쪽) 백호의 T자 쌍삼연성은 삼삼성과 벌삼성임이 거의 확실하다.

　쌍삼연성의 실체를 알아내기 위해, 우선 동방 청룡부터 살펴보기로 한다. 『사기』 천관서에는 방(房)과 심(心)에 관해 이렇게 기록되어 있다.

　동궁(東宮) 창룡(蒼龍)은 방(房)과 심(心)이다. 심은 명당(明堂)으로서, 큰 별은 천주(天主)이고 앞뒤의 별은 자식들이다. (세 별은) 직선으로 늘어서지 말아야 하며, 직선이 되면 천왕이 실계(失計)한다. 방은 관부(官府)이며, 천사(天駟)라 한다.[63]

---

62)　김일권은 이를 參伐六星, 心房六星으로 명명했다(김일권, 2008a, 앞의 책, 108쪽).

63)　『史記』 권27, 天官書5 "東宮 蒼龍 房心 心爲明堂 大星天主 前後星子屬 不欲直 直則天王失計 房爲府 曰天駟"

방수[房宿]는 전갈자리 (Sco) 베타1(β1), 델타(δ), 파이(π), 로(ρ) 네 별로 구성되고, 심수[心宿]는 전갈자리(Sco) 알파(α), 시그마(σ), 타우(τ) 세 별로 구성된다. 〈그림9〉를 보면 방수와 심수가 대체로 T자 모양으로 배치되어 있는 것은 맞다. 하지만 방수는 4성이다. 천

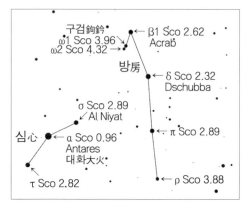

〈그림9〉 心宿, 房宿와 鉤鈐

■ 정연식, 2015, 「천상열차분야지도 동방7수의 복원」, 「인문논총」 29, 서울여대 인문과학연구소, 239쪽

관서에서도 방수를 천주의 수레를 끄는 네 마리 말 '천사(天駟)'로 표현하여 4성임을 분명히 했다. 그래서 쌍삼연성을 방수와 심수로 보기에는 의문이 없을 수 없다. 지금까지 알려진 바로는 한(漢)의 화상석에서도 창룡이 쌍삼연성으로 그려진 예는 없다. 〈그림10〉을 보면 왼쪽 화상석의 창룡도에는 심삼성으로 보이는 별 셋이 꺾인 모양으로 그려져 있고, 오른쪽 화성석의 창룡도에도 심삼성과 함께 구검(鉤鈐) 2성이 연결된 형태의 방사성으로 보이는 모양이 나타난다. 그러므로 고구려 고분벽화의 쌍삼연성을 방수와 심수로 보기를 주저할 수밖에 없다.

한편 『사기(史記)』 천

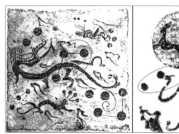

〈그림10〉 漢의 畫像石의 창룡(蒼龍)과 별

* 좌는 四川 成都, 우는 河南 南陽 출토품. 타원 표시 3성은 心, 6성은 房 4성과 鉤鈐 2성의 연결로 보인다. 토끼와 두꺼비가 있는 원형 천체는 달이다.

■ 馮時, 2013, 「中國古代物質文化史: 天文曆法」, 31쪽, 94쪽

관서(天官書)에서는 사신 가운데 서방의 백호(白虎)와 관련된 별자리를 이렇게 설명하고 있다.

"삼(參)은 백호가 된다. 일직선으로 놓인 별 셋[直三星]은 형석(衡石)이라 한다. 아래에 있는 별 셋은 뾰족하여 벌(罰)이라 부르고 바깥의 별 넷[外四星]은 좌우 어깨와 넓적다리[左右肩股]이고 모퉁이에 놓인 작은 별 셋은 자휴(觜觿)로서 호랑이의 머리가 되며 군대를 관장한다."[64]

천관서에서 백호는 삼삼성[直三星], 벌(罰·伐)삼성, 외사성과 자휴 3성이 모인 13개의 별로 구성된다. 그중에 자휴 3성을 제외한 별자리를 삼으로 하여 삼십성(參十星)이라 하였다. 전국시대 위(魏)의 석신(石申)이 지었다는 『석씨성경(石氏星經)』에서는 삼을 10성이라 하였고, 『진서(晉書)』 천문지(天文志), 『수서(隋書)』 천문지, 『보천가(步天歌)』와 조선 초기의 『천문류초(天文類抄)』에서도 마찬가지이다. 천상열차분야지도에서도 삼은 '삼십(參十)'으로 표시되어 있다(<그림11>). 천상열차분야지도의 원도(原圖)는 8세기 초의 돈황성도(燉煌星圖) 갑본(甲本)보다도 더

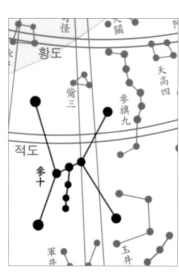

〈그림11〉 천상열차분야지도의 參

<hr />

64) 『史記』 권27, 天官書5 西宮 "參爲白虎 三星直者 是爲衡石 下有三星 兌 曰罰 其外四星 左右肩股也 小三星隅置 曰觜觿 爲虎首 主葆旅事". '兌'는 『漢書』 天文志에서 '銳'로 바뀌었고(『漢書』 권26, 天文志6), '罰'은 『晉書』 天文志부터 '伐'로 바뀌었다(『正義』 "罰 亦作伐").

오랜 것으로서 6세기 말부터 7세기 중엽 사이의 것으로 추정된다.[65] 단지 『흠정의상고성(欽定儀象考成)』과 『성경(星鏡)』에서는 삼삼성과 외사성을 연결하여 7성이라 하였으나 그것은 18세기 이후의 일이므로 논외로 한다.

그런데 천관서의 서술을 꼼꼼히 살펴보면 약간 기이하다는 느낌이 든다. 즉 삼의 서술에서 삼삼성, 외사성, 벌삼성의 순서가 아니라 삼삼성, 벌삼성, 외사성의 순서로 말하고 있다. 엄청나게 밝은 외사성이 왜 어두운 벌삼성 뒤로 밀려났을까?

『사기』의 저자 사마천(司馬遷)은 아버지 사마담(司馬談)의 태사령(太史令) 관직을 이어받아 활동한 인물이다. 태사령의 임무는 천문을 관측하고, 역(曆)을 편찬하고, 국가 의례를 기록하는 것이었다. 따라서 천관서에서 백호를 삼삼성, 벌삼성, 외사성, 자휴의 순으로 기술한 것을 무지나 착오로 인한 것으로 간주할 수 없다.

게다가 『진서』 천문지와 『수서』 천문지에서는 "삼(參)은 10성으로 삼벌(參伐)이라고도 한다."라고 했다.[66]

그렇다면 삼수의 초기 형태를 달리 파악해야 한다. 즉 삼삼성에는 외사성보다 벌삼성이 초기부터 강력하게 결합되어 있었다고 보아야 한다. '삼(參)'을 '삼벌(參伐)'로도 부르고, 『사기』 천관서에서 삼삼성, 벌삼성, 외사성의 순서로 말한 것은 외사성이 가장 나중에 편입되었기 때문이다.

다시 參의 글자형태로 돌아가 보더라도 그렇다. 허신(許愼)의 『설문해자』에서는 參의 윗부분 晶은 별을 뜻하고 아랫부분 㐱은 소리를 표시한다고

65) 판나이는 천성열차분야지도를 중국에서도 남아 있지 않은, 중국 별자리의 가장 오랜 형태라고 주장한다(潘鼐, 1996, 「中國與朝鮮古代星座同異溯源」, 『自然科學史研究』 15-1).

66) 『晉書』 권11, 天文上 二十八舍 "參十星 一曰參伐"; 『隋書』 권20, 天文中 二十八舍 "參十星 一曰參伐"

했다. 그런데 송(宋) 태종(太宗) 때에 서현(徐鉉: 916~991) 등은 『설문해자』를 교정, 간행하면서 이 부분에 주석을 달기를 "參은 소리가 아니다. 분명치 않다."라고 했다.[67] 그렇다면 參은 무엇인가? 〈그림7〉의 ①에 보이는 금문을 보면 아래 왼쪽 부분의 '彡'이 벌삼성의 형상을 가리킨다고 보는 것도 가능하다.[68] 그렇다면 '三星'이라는 글자로 표현하지 않고 '參'이라는 글자를 만들어 표현하였을 때에는 이미 벌삼성이 포함된 형태였을 가능성도 열어 두어야 한다.

별자리 이름으로 보아도 삼(參)의 형석(衡石: 參三星)과 벌(罰)은 연관이 있다. '衡'은 법을 공평하게 적용하는 저울 별이고 '罰'은 그것을 집행하는 별이다. 따라서 논리적으로도 삼삼성과 벌삼성은 밀접한 연관성을 지닌다.

결국 삼의 최초 형태는 '삼성(三星)'이었고, 그 후 '參'이라는 이름으로 삼삼성과 벌삼성이 결합된 형태가 되어 '參'에 '삼삼성'만의 의미와 벌삼성과 결합된 의미가 혼재된 상태로 있다가, 마지막으로 외사성이 추가된 것으로 생각된다.

삼의 초기형태가 삼삼성과 벌삼성으로 구성되었다는 것은 한대 분묘 석실의 화상석에 이따금 등장하는 사신도로 입증된다.[69] 허난성(河南省) 남양(南陽)의 고분에서 출토된 화상석에는 백호가 그려져 있고 백호의 머리 앞쪽으로 삼연성 둘이 T자 형태로 배치되어 있다(〈그림12〉). 그것은 분명 삼과 벌이다.[70] 그리고 서방 백호를 삼벌(參伐)로 형상화하는 한(漢)의 전통은

---

67) 『說文解字』권7상, 晶部 "[曑] 商星也 从晶㐱聲 (臣鉉等曰 㐱非聲 未詳 所今切)"
68) 판나이도 '彡'을 벌삼성의 형상으로 이해했다(潘鼐, 2009a, 앞의 책, 42쪽).
69) 橋本敬造, 1993, 앞의 책, 69쪽
70) 畫像石의 白虎와 함께 그려진 星宿圖는 대부분 參伐圖로 이해하고 있다(潘鼐, 2009a, 앞의 책, 123쪽; 馮時, 2013, 앞의 책, 125쪽).

〈그림12〉 허난성 남양(南陽) 출토 화상석의 백호

■ 潘鼐 編著, 2009b,『中國古天文圖錄』, 上海: 上海科技
教育出版社, 14쪽

고구려 벽화에 이어졌고, 그것을 명백하게 보여주는 것이 약수리 고분벽화이다.

다시 창룡으로 돌아가서, 방수와 심수로 생각하기에는 약간 이상하게 생각되는 동쪽의 T자 형태로 놓인 쌍

삼연성은 무엇일까?

『사기』천관서의 창룡 관련 서술에서 가장 주목되는 별은 천주(天主)이다. 천주는 심수의 중앙에 자리 잡은 전갈자리 알파(α Sco) 안타레스(Antares)를 가리킨다. 안타레스는 겉보기 등급 0.96의 1등성으로 한반도에서 볼 수 있는 별로 밝기 순위 11위의 별이다. 그런데 밝은 별이라는 것보다는 다른 별에는 없는 독특한 특징을 지녀서 일찍부터 주목된 별이다. 안타레스는 B-V지수가 1.83인 적색 초거성으로서 보기 드물게 새빨간 별이다. 그리고 붉은 별이라서 화(火) 또는 대화(大火)로 부르며 불을 관장하는 별로 삼아 제사를 지내며 숭상했다.[71] 화성은 워낙 독특한 별이라서 은대(殷代) 갑골문에 이미 보이며, 『시경』, 『좌전』, 『국어(國語)』는 물론이고, 기원전 2천 년경의 일을 수록한 것으로 추정되는 『대대례기(大戴禮記)』하소정(夏小正)과 『서경』요전(堯典)에도 등장하는 대여섯 개의 별 가운데 하나

---

71) 정연식, 2014,「문무왕릉비의 화관(火官)」,『역사민속학』44, 17-18쪽;『左傳』襄公 九年 "晉
侯問於士弱曰 "吾聞之 宋災於是乎知有天道 何故 對曰 古之火正 或食於心 或食於味 以出內
火 是故味爲鶉火 心爲大火 陶唐氏之火正閼伯居商丘 祀大火 而火紀時焉 相土因之 故商主大
火 商人閱其禍敗之釁 必始於火 是以日知其有天道也 公曰 可必乎 對曰 在道 國亂無象 不可
知也"

이다.[72]

　물론 삼수의 삼삼성도 아주 오래전부터 주목했던 별자리이다. 앞에서도 말했듯이 밤하늘에 뚜렷이 빛나는 별이기 때문이다. 삼(參)은 『대대례기』 하소정에 처음 등장하여, 주대의 『일주서(逸周書)』, 춘추전국시대의 『여씨춘추(呂氏春秋)』와 『예기(禮記)』 월령(月令), 전국시대 초기 증후을묘(曾侯乙墓)의 칠상개(漆箱蓋), 서한(西漢) 시기의 마왕퇴(馬王堆) 3호묘 백서(帛書)에도 보이며, 『회남자(淮南子)』를 거쳐 『사기』 천관서에 수록되었다.[73]

　별이나 별자리의 이름은 아주 오래전에 등장했지만, 그것들이 모여 28수를 형성하기까지에는 시간이 걸렸다. 28수는 하늘을 28구역으로 나누어 그 가운데 천구의 적도나 황도 근처에 있는 별자리 중에서 하나를 대표로 지정한 것이다.[74] 28수의 완성이 유물로 확인되는 최초의 것은 앞서 밝힌 기원전 433년경의 증후을묘 칠상개이다. 그 당시 삼수[參宿]는 천구의 적도 근처에 있었고, 심수[心宿]는 황도 근처에 있었다. 그래서 이들은 모두 28수 가운데 한 자리를 차지하여[75] 28수 가운데 서방과 동방을 대표하는 별로

----

72)　潘鼐, 2009a, 앞의 책, 3-12쪽

73)　위의 책, 12쪽

74)　28수의 구획 기준이 적도인가 황도인가에 대해서는 의견이 일치되지 않는다. 신조 신조(新城新藏)는 황도를, 니덤(J. Needham), 주커젠(竺可楨), 샤나이(夏鼐)는 적도를 주장했다. 한편 치엔바오충(錢寶琮)은 28수[宿]와 28사(舍)를 구분하여, 석신(石申)은 황도 28宿를 주로 사용하고, 감덕(甘德)은 적도 28舍를 주로 사용했다고 주장했다(陳遵嬀, 1985, 앞의 책, 62-65쪽). 근래에는 달의 항성월(恒星月)과 관련한 백도(白道)로 추정하기도 한다(薄樹人 編, 1995, 『中國天文學史』, 臺北: 文津出版社, 75-78쪽). 그러나 천구에서 적도와 황도가 23.5°의 기울기로 어긋나 있더라도 평면에 투영되면 큰 차이를 보이지 않고, 황도와 백도는 불과 5.1°의 기울기 차이로 어긋나 있어서 평면에 투영되면 거의 겹쳐진다. 실제로 천상열차분야지도에서도 28수가 적도 근처에 있는지 황도 근처에 있는지 잘 구분되지 않는다.

75)　기원전 433년경에 삼삼성의 적위(赤緯)는 대략 −6°, 황위(黃緯)는 약 −25°이고, 심삼성의 적위는 대략 −18°, 황위는 −5°였다.

자리잡았다.

『춘추좌씨전』소공(昭公) 원년 기사에는 심수의 화성을 진성(辰星) 또는 상성(商星)으로도 불렀던 것과 관련하여 유명한 이야기를 전한다.

예전에 고신씨(高辛氏: 帝嚳)에게 두 아들이 있었다. 형은 알백(閼白)이라 하고 아우는 실심(實沈)이라 하여 광림(曠林)에 함께 살았는데, 날마다 창과 방패를 사용하여 서로 공격했다. 후제(后帝: 堯)가 이를 못마땅하게 여겨서 알백은 상구(商丘)로 보내어 진성(辰星)의 제사를 담당하게 하니 상(商) 사람들이 이를 이어 받아 진(辰)을 상성(商星)이라 하였고, 실심은 대하(大夏)로 보내어 삼성(參星)의 제사를 관장하게 하였다. 당(唐) 사람들이 이를 이어받아 하(夏)와 상(商)을 복종해 섬겼다.[76]

요(堯) 임금이 알백과 실심이 서로 다투기에 이들이 서로 만나지 못하게 상구와 대하로 떼어놓고 알백은 화성을 제사 지내고, 실심은 삼성을 제사 지내게 했다는 것이다. 실제로 삼수는 서쪽 끝에 있고 심수는 동쪽 끝에 있는데, 둘의 적경이 대략 11시간이나 차이가 나서 출몰하는 시간이 서로 다르기에 밤하늘에 동시에 나타날 수가 없다. 그래서 서로 만나지 못하는 사이나 앙숙인 사이를 삼진(參辰) 혹은 삼상(參商)이라고 하기도 했다. 『사기』 천관서에서는 심과 방, 특히 그중에서도 심을 동쪽 청룡의 별자리로 했고, 서방을 대표하는 별을 함지(咸池)라 하면서도 서쪽 백호를 구성하는 별은 서방7수의 맨 끝에 있는 삼으로 하였다.

---

76) 『左傳』昭公 元年 "子産日 昔高辛氏有二子 伯日閼伯 季日實沈 居于曠林 不相能也 日尋干戈 以相征討 后帝不臧 遷閼伯于商丘 主辰 商人是因 故辰爲商星 遷實沈于大夏 主參 唐人是因 以服事夏商"

그렇다면 고분의 별자리 그림에 동쪽에는 동방을 대표하는 별을 그려넣었을 것이다. 따라서 고구려 고분벽화의 동쪽 쌍삼연성을 방수와 심수로 볼 수도 있지 않을까 한다. 그렇게 보는 이유는 고분의 성수도가 엄밀

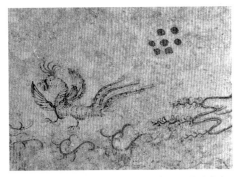

〈그림13〉 약수리 고분의 주조와 잘못 그린 유(柳)

하게 그려졌을 가능성이 작기 때문이다. 고분 천장의 성수도를 그리는 사람들은 정확한 천문 지식을 지닌 사람들이 아니라 그저 평범한 직업인들이었을 것이다. 그래서 별자리를 그릴 때에는 모본(模本)의 그림에 의거해서 그렸을 것이고, 그 모본도 여러 차례 전사(傳寫)되면서 별자리 그림이 초기 형태와 달라졌을 가능성도 있다. 그러므로 별자리의 모양을 잘못 그릴 수도 있고 별 숫자를 잘못 그릴 수도 있다. 그 한 예가 약수리 고분에 남방을 대표하는 별로 그려 넣은 유(柳)이다(<그림8·13>).

약수리 고분 남쪽 벽에는 주조(朱鳥: 朱雀)와 함께 별 7개가 그려져 있다. 그 별들이 한곳에 둥글게 뭉쳐 있어 그것을 우리말로는 좀생이별이라 부르는 플레이아데스성단(Pleiades星團)의 묘(昴)로 보아 왔다. 하지만 한편으로는 서방의 묘가 왜 남쪽에 그려졌는지 의아하게 생각했다.[77]

그것은 묘가 아니라 비슷하게 생긴 유(柳)를 잘못 그린 것으로 보인다. 유수[柳宿]는 둥근 부분과 기다랗게 뻗어 나온 부분으로 이루어져 있어 새의 머리와 부리처럼 보인다(<그림6·14>). 그래서 그것을 부리를 뜻하는 주

77)   김일권, 2008b, 앞의 책, 106쪽

(咮), 주(噣), 주[喙]로도 불렀고[78] 『천문류초』에서도 그것을 남방 주조(朱鳥)의 부리에 해당한다고 하였다. 그래서 주조와 함께 유를 그려 넣은 것인데, 제대로 그리려면 별을 8개를 그려 넣어야 하지만 분묘 석실의 그림 작업을 하는 사람이 7개로 잘못 그린 것이다.

같은 의미에서 동방 심수와 방수를 그리는 과정에서 그림 작업자의 기억과 인식의 혼돈, 모본의 훼손, 모본 전사의 오류 등이 겹쳐지면서

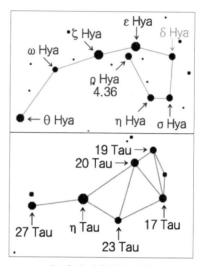

〈그림14〉 유(柳)와 묘(昴)
■ 정연식, 2012, 앞의 논문, 328쪽, 298쪽

초기의 방수 4성이 3성으로 변질되었고, 그 상태로 계속 이어졌을 것으로 추정된다.

그것이 아니라면 동벽과 서벽의 별자리 그림을 대칭으로 만들어 조형적 완성도를 높이기 위해 의도적으로 그랬을 가능성도 있다.

---

78) 통상 '훼'로 읽는 '喙'는 반절로 丁救反으로서(『正義』 喙 丁救反 一作注), 우리말 고대국어로는 *turk로 읽었고 지금의 한국한자음으로 읽는다면 '주'로 읽는 것이 옳다. 공교롭게도 喙의 丁救反 음은 『切韻』과 『廣韻』의 去聲 宥韻에서 누락되어 수수께끼 같은 글자로 남아 있었다(정연식, 2015, 「신라인들이 喙(훼)로 표현하고자 한 소릿값과 그 뜻」, 『역사와 현실』 95).

3. 탄생의 별, 삼성(三星)

1) 태성(胎星)으로서의 삼태성(三太星)

앞서도 밝혔듯이 오리온자리의 삼성은 초기에는 그저 삼성(三星)으로 부르다가, 후에 삼(參)으로 불렀던 것으로 짐작된다. 그 삼성 또는 삼은 우리 민족에게 탄생을 상징하는 별로 인식되었던 것으로 추정된다. 三 또는 參의 음 '삼'은 태(胎)를 지칭하는 우리말이었다. 탯줄을 '삼줄'이라 하고 탯줄을 끊는 것을 '삼 가르기'라 했다. '삼신할머니'라는 말은 그 대표적인 예이다.[79] '삼'이 태의 뜻을 지니므로 '삼성(三星)'은 태성(胎星)이 될 조건을 갖추고 있었다.

그런데 이와 같은 추론이 가능하려면, 첫째로 오늘날의 태를 지칭하는 '삼'이 과거에는 어떤 음이었는지, 둘째로 과거에 중국에서 三, 參의 음이 어떠했는지, 셋째로 三, 參의 중국 음이 '삼'의 우리말 고어를 표현하기에 적절했는지 차례로 확인해 보아야 한다.

첫째로, 태(胎)를 뜻하는 우리말 '삼'에 해당하는 고대국어에 대해서는 자료가 남아 있지 않다. 하지만 17세기 자료에는 '숨'으로 나타난다.[80] 숨을 IPA기호로 표현하자면 가장 가까운 것이 [sɐm], [sʌm] 또는 [səm]이다. m은 물론이고 s도 특정 시기 또는 특정 문화권에 존재했던 음이 아니라 대체로 오래전부터 어느 문화권에나 있었던 지극히 기본적이고 보편적인 기본음소이므로 s와 m을 그대로 고대국어로 끌어올려도 크게 문제가 없을 것

---

79) 삼신을 삼신(三神)으로 표기하기도 하지만 '삼'은 한자어가 아니다.

80) 『譯語類解』(1690) 上卷, 孕産 37葉 "剪臍帶兒 숨쭐 베히다";『譯語類解補』22 "숨거적 褥草"

이다. 다만 모음은 변형되
었을 가능성이 있다.

둘째로, 三과 參을 과
거에 중국에서 어떻게 읽
었는지 확인해본다. 『광
운(廣韻)』에는 三에는 두
가지 음이, 參에는 다섯
가지 음이 수록되어 있다

〈표2〉『廣韻』의 三과 參

	聲調	韻	反切	뜻
三	平聲	談韻	蘇甘切	①數名, 漢複姓
	去聲	闞韻	蘇暫切	②三思
參	平聲	侵韻	所今切	③參星, 姓
	平聲	談韻	蘇甘切	④數名, 漢複姓
	平聲	覃韻	倉含切	⑤承參觀也
	平聲	侵韻	楚簪切	⑥參差不齊皃
	去聲	勘韻	七紺切	⑦參鼓

(〈표2〉).[81] 이 가운데 필요한 것은 셋의 뜻을 지닌 三과 별 이름 參이다(〈표
2〉의 ①·③).[82]

숫자 이름 三은 반절(反切)로 소감절(蘇甘切)이고, 별 이름 參은 소금절(所
今切)이다. 둘은 한국한자음으로는 똑같이 '삼'이지만 과거의 중국어에서는
약간 달랐다. 음운학자들이 재구한 三과 參의 상고음과 중고음은 〈표3〉과
같다.[83]

---

81) 『廣韻』下平聲, 談韻 三小韻【三】(蘇甘切) 數名/ 去聲, 闞韻 三小韻【三】(蘇暫切) 三思/ 下平
聲, 侵韻 森小韻【參】(所今切) 參星/ 下平聲, 談韻 三小韻【參】(蘇甘切) 上同/ 下平聲, 覃韻
參小韻【參】(倉含切) 參承參觀也/ 下平聲, 侵韻 參所韻【參】(楚簪切) 參差不齊皃/ 去聲, 勘
韻 參小韻【參】(七紺切) 參鼓 俗作叄

82) 지금도 그렇지만 參은 '셋'의 뜻으로도 썼는데(〈표2〉의 ④. 『論語』泰伯篇의 "三分天下 有其
二"가 6세기 전반에 南朝 梁의 皇侃이 편찬한 皇疏本에는 '參分天下 有其二'로 나타난다.) 그
럴 때에는 숫자 三과 음이 동일하므로 별도로 거론하지 않는다. 숫자 參에서 셋은 많고 복잡
하다는 뜻에서 끼어든다, 참여한다는 뜻이 파생되어 倉含切(⑤) 음이 생겼고, 많고 복잡하여
어긋난다는 뜻이 파생되어 楚簪切(⑥) 음이 생겨나기도 했다(金理新, 2005, 『上古漢語形態
研究』, 合肥: 黃山書社, 274쪽).

83) Bernhard Karlgren, 1957, *Grammata Serica Recensa*, Stockholm: The Museum of
Far Eastern Antiquities, GSR No. 648a·647a; 董同龢, 1944, 『上古音韻表稿』, 臺北: 台聯
國風出版社, 245·246쪽; 王力, 1987, 『王力文集 第10卷: 漢語語音史』, 山東: 山東教育出版
社, 70·295·313쪽; 周法高(主編), 1973, 『漢字古今音彙』, 香港中文大學, 33·34쪽; 李方桂,

	三	參
	蘇甘切 心母 談韻 1等 開口 平聲	所今切 生母 侵韻 3等 開口 平聲
Karlgren	*səm 〉 sâm	*śjəm 〉 śjəm
董同龢	*sə̆m 〉 sɐ̂m	*səm 〉 ṣjəm
王力	*səm 〉 sɑm	*ʃjəm 〉 ʃjəm
周法高	*səm 〉 səm	*sjəm 〉 ṣjim
李方桂	*səm 〉 sâm	*srjəm 〉 sjəm
丁邦新	*səm〉səm〉sâm	*srjəm〉ṣjəm〉ṣjəm
Pulleyblank	*səim〉sam〉sam	*srèm〉ṣim〉ṣəm
Baxter	*sum 〉 sɑm	*srjum 〉 srim
鄭張尚芳	*suum 〉 sɑm	*srum 〉 ʃim
潘悟雲	*som 〉 sɑm	*srum 〉 ʃim

* 丁邦新은 위진이전〉남북조〉수당, 풀리블랭크는 상고음〉전기중고음〉후기중고음

    우선 상고음부터 살펴본다. 〈표3〉을 보면 蘇甘切 三의 상고음은 대체로 *sam 또는 *sam으로 재구된다.

    한편 所今切 參의 경우 所의 성모는 장조(莊組)에 속한 생모(生母: 山母)이다. 왕리(王力) 등 몇몇 음운학자들은 복성모(複聲母)의 존재를 인정하지 않지만 생모(生母)가 상고음 단계에서 복성모였다는 것은 이미 주류학설로 자

1980,『上古音研究』, 北京: 商務印書館, 45쪽; Ting Pang-hsin, 1975, *Chinese Phonology of the Wei-Chin Period: Reconstruction of the Finals as Reflected in Poetry*, Taipei: Institute of History and Philology Academia Sinica, p.247; Edwin G. Pulleyblank, 1991, *Lexicon of Reconstructed Pronunciation in Early Middle Chinese, Late Middle Chinese, and Early Mandarin*, Vancouver: University of British Columbia Press, p.272, p.280; William H. Baxter, 1992, *A Handbook of Old Chinese Phonology*, Berlin·New York: Mouton de Gruyter, p.550; 鄭張尚芳, 2013,『上古音系』(第2版), 上海: 上海教育出版社, 455·283쪽; 潘悟雲, 2000,『漢語歷史音韻學』, 上海: 上海教育出版社

리잡은 지 오래다.[84] *s-뒤에 r을 첨가한 것은 그에 따른 것이다. 한편 리팡구이(李方桂), 딩방신(丁邦新), 백스터(W. H. Baxter)는 參을 3등 개음(介音) j를 넣어 *srjVm으로 재구했으나, 3등 개음 -j-가 상고음에서는 없었고 후기중고음에 가서야 등장한다는 풀리블랭크(E. G. Pulleyblank)의 이론이 정설로 받아들여짐에 따라[85] 풀리블랭크, 정장상팡(鄭張尚芳), 판우윈(潘悟雲)은 *srVm으로 재구하였다. 결국 參의 상고음은 *srum 또는 *srəm으로 수렴한다.

그리고 중고음에서 三은 별다른 이견 없이 대개 sɑm으로 재구된다.

다음으로 參을 살펴본다.

參의 상고음은 *srVm이었는데 *s- 뒤의 유음(流音) -l-이나 -r-의 발음 강도가 s-보다 약했으므로 *sl-은 중고음 단계에서 -l-이 탈락하여 s-로 변했고, *sr-은 -r-이 사라지면서 *s-를 권설음(捲舌音: retroflex) ʂ- 또는 경구개치경음(硬口蓋齒莖音: palatoalveolar) ʃ-로 변화시켰다.[86] 둥퉁허(董同龢), 저우파가오(周法高), 리팡구이, 딩방신은 생모(生母; 山母)를 산스크리트어 표기방식에 따라 권설음 ṣ-로 표시했는데 이는 국제음성부호(IPA) ʂ-와 같은 음의 다른 표기법일 뿐이다. 그래서 參의 중고음 성모는 ʂ-와 ʃ-로 갈라진다. 그러나 성모에 ʂ-와 ʃ-로 다른 발음기호를 사용하였어도 그것을 전혀 다른 음으로 인식한 것은 아니다. 조음부위를 윗니 뿌리 치경에 가까운

84) 李方桂, 1980, 앞의 책, 15쪽

85) E. G. Pulleyblank, 1962, "The Consonantal System of Old Chinese", *Asia Major*, Vol. 9 No.1. London: Percy Lund, Humphries & Co.. Baxter도 Pulleyblank의 주장을 받아들여 參의 초기 재구음 *srjum을 후에 *srum으로 수정했다(William H. Baxter & Laurent Sagart, 2014, *Old Chinese: A New Reconstruction*, New York: Oxford University Press, p.359).

86) 潘悟雲, 2000, 앞의 책, 309쪽

곳으로 인식하느냐, 아니면 윗니에 가까운 입천장 경구개에 가깝다고 인식하느냐에 따라 거의 같은 음을 달리 표현했을 뿐이다.[87] 결국 參의 중고음은 ʂ(ʃ)im, 또는 ʂ(ʃ)əm으로 재구된다.

셋째로, 三, 參이 '솜'의 고어를 표현하기에 적절했는지 살펴본다. 한국한자음에는 여러 층위의 음이 공존하는 것도 사실이지만, 대체로 당말(唐末) 장안음(長安音), 즉 중고음을 토대로 하고 있는 것으로 알려져 있다.[88] 수대 『절운(切韻)』(601)의 음을 전기중고음으로 보고, 당대 혜림의 『일체경음의』와 송대 『운경(韻鏡)』(1161)의 음을 후기중고음으로 이해한 풀리블랭크의 분류에 따르면 베트남한자음이나 한국한자음은 후기중고음을 모태로 한 것으로 간주된다.[89] 그렇다면 고려 말 14세기 권준 묘 조성 당시의 한국한자음은 14세기 『중원음운(中原音韻)』의 근고음(近古音)이 아니라 후기중고음 중에 당말 장안음으로 읽어야 한다. 통일신라와 중국의 교류가 활발했던 당말의 한자음이 한국한자음으로 고정된 후로는 중국에서 한자음의 음운변화가 있었더라도 한국한자음은 당말 장안음으로 고정되어 있었기 때문이다.

그러나 삼국시대 한국한자음은 아직 한자음의 체계가 갖춰지기 전이었

87) 정확히 말하자면 중국어의 설첨후음(舌尖後音)은 인도의 권설음(捲舌音)과는 조음부위가 약간 다르다. 권설음은 혀를 말아 올려 혀끝을 이뿌리 치경(齒莖; 齒槽)에 가까이한 상태에서 숨을 내보내어 내는 마찰음이지만, 중국어의 설첨후음은 그보다는 혀끝을 조금 뒤로 옮겨 잇몸 뒤쪽의 입천장 경구개(硬口蓋) 끝부분에 가까이한 상태에서 숨을 내보내어 내는 마찰음이다. 그래서 정장상팡과 판우원은 권설음 ʂ- 대신에 경구개치경음 ʃ-를 사용한 것이다.

88) 河野六郎, 1979, 『河野六郎著作集 2』, 東京: 平凡社(1962, 「朝鮮漢字音の研究」, 東京大博士學位論文 재수록), 509쪽; 伊藤智ゆき, 2007, 『朝鮮漢字音研究』, 東京: 汲古書院, 264-265쪽

89) Edwin G. Pulleyblank, 1970-1971, "Late Middle Chinese", Asia Major, Vol.15 No.2, London: Percy Lund, Humphries & Co., pp.206-208

으므로 한자의 독음은 당말 장안음이 아니라 당시의 중국어 음운과 가장 유사한 우리말로 정해졌을 것이고, 그러다가 800년을 전후한 시기에 후기 중고음을 토대로 한국한자음이 정립되어 그 음은 15세기 중세국어부터 한글로 표기되기 시작했다.

'蘇甘切 三'의 중고음은 대체로 [sɑm] 또는 [sam]으로 나타난다. 중세국어에서 셋을 뜻하는 三은 '삼[sam]'으로 읽었다.[90] 중고음이 [sɑm] 또는 [sam]이므로 '삼[sam]'으로 읽는 것은 적절하다. 일반적인 한국한자음 규칙으로도 함섭(咸攝) 담운(談韻)에 속해 있으므로 '삼'으로 읽는 것은 당연하다.[91] 그리고 '삼'은 태를 뜻하는 고어 '숨'과 음운상으로 상당히 가깝다.

한편 '所今切 參'의 중고음은 [ʂəm] 또는 [ʃim]으로 나타난다. 그런데 그것을 중세국어에서 어떻게 읽었을지 크게 고민할 필요가 없다. 중세국어에 관해서는 충분하지는 않지만 어느 정도 자료가 있기 때문이다. 별을 뜻하는 參은 어떻게 읽었는지 정확하게는 알 수 없지만 參과 반절을 所今切로 같이하는 蔘, 森을 중세국어에서 모두 '숨'으로 읽은 것으로 보건대[92] 參도 '숨'으로 읽었을 것이다. 한국한자음에서 초성의 경우 심모(心母) s-는 규칙적으로 'ㅅ'으로 나타나고 생모(生母: 山母)도 규칙적으로 'ㅅ'으로 표시된다.[93] 중성과 종성의 경우 '參, 蔘, 森'은 모두 심섭(沈攝)의 침운(侵韻)에 속해 있다. 심섭 침운에 속한 글자의 성모가 정조(精組)에 속한 심모

90) 『六祖法寶壇經諺解』(1496), 『眞言勸供·三壇施食文諺解』(1496), 『翻譯小學』(1518), 『小學諺解』(1587)(伊藤智ゆき, 2007, 앞의 책, 118쪽). 『訓蒙字會』下卷, 3葉 "三 석 삼"; 『新增類合』上卷, 1葉 "三 석 삼"

91) 伊藤智ゆき, 2007, 앞의 책, 170-171쪽

92) 『訓蒙字會』上卷, 13葉 "蔘 더덕 숨"; 『新增類合』上卷, 2葉 "森 벌 숨, 살필 숨"; 『新增類合』上卷, 8葉 "蔘 인숨 숨, 더덕 숨"

93) 河野六郎, 1979, 앞의 책, 391쪽, 404쪽

(心母)인 경우에는 '임'으로 나타나지만 장조(莊組)에 속한 생모(生母)인 경우에는 모두 '옴'으로 나타난다.[94] 고노(河野六郎)는 정치음(正齒音) 2등에서 침운(侵韻) 을류(乙類)가 일반적으로 '옴'으로 나타나는 것을 이례(異例)로 들었지만,[95] 이토(伊藤)가 지적한 바와 같이 침운 B류 장조(莊組)에서 양성운, 음성운이 모두 '옴'인 것은 규칙적인 대응이다.[96] 즉 參은 음운규칙에 따르더라도 '솜'으로 읽는 것이 합당하다.

'參'의 중고음은 [ʂəm] 또는 [ʃim]으로 재구되었다. 자음의 경우 권설음 ʂ나 경구개치경음 ʃ는 중세국어에 없던 음소이다. 그러므로 그것을 대신할 수 있는 가장 적절한 음소를 찾아야 한다. 무성·마찰·권설음인 ʂ나 무성·마찰·경구개치경음인 ʃ를 가장 가깝게 표현할 수 있는 음은 무성·마찰·치경음 s이다. 그러므로 ʂVm이나 ʃVm은 우리말에서는 sVm으로 실현된다. 결국 所今切 參을 우리말로 읽을 경우 sVm으로 실현된다.

모음의 경우 중세국어의 'ㅇ'를 표현하는 기호는 학자에 ɐ, ə, ʌ, ɔ, ɒ 등으로 다양하다. 대체로 혀의 높이로는 반고·반저 모음 또는 중앙모음으로, 전후로는 중설모음 또는 후설모음으로 간주하는데 고노의 ʌ, 이토의 ə도 이에 어긋나지 않으며, 중국어 중고음의 권위자 풀리블랭크가 參의 모음을 ə로 재구한 것은 시사적이다. 다만 정장상팡과 판우윈이 모음을 전설고모음 i로 재구한 것이 걸리지만 앞서 말했듯이 한국한자음에서 고노의 '솜[sʌm]'이나, 이토의 '솜[səm]'이 한국한자음의 음운 규칙에 어긋나지 않으

94) 伊藤智ゆき, 2007, 앞의 책, 175-178쪽
95) 河野六郎, 1979, 앞의 책, 475쪽. 正齒音 2등은 介音 -r-을 수반한다. 所今切 參은 3등운이므로 일반적으로는 개음 -r-을 수반하지 않지만, 聲母가 生母인 경우 複聲母로서 -r-을 수반하여 정치음 2등과 같은 효과를 지니게 된다.
96) 伊藤智ゆき, 2007, 앞의 책, 177쪽

므로 문제시할 필요가 없다.

다음은 상고음의 경우이다. 三의 상고음은 표에서 *səm, *sum, *som 으로 재구되었다. 'ᄋ'가 중설모음 또는 후설모음이며, 반저모음 또는 반고모음인데 중설 중앙모음 ə나 후설 반고모음 o도 'ᄋ'에 크게 어긋나지 않는다. 다만 후설 고모음 u로 재구한 백스터와 정장상팡의 경우에는 'ᄋ'와 어울리기 어렵다. 상고로 거슬러 올라가면 음운의 변화가 있었는지도 모른다.

그런데 '參'의 상고음은 [*srəm] 또는 [*srum]으로 재구되었다. 우리말에는 어두(語頭) 복자음(複子音)이 없었기 때문에 중국어의 *sr-은 결국 하나의 자음으로 실현된다. *s- 뒤에 있는 유음(流音) -l-이나 -r-의 발음강도는 마찰음 s- 보다 약했던 것으로 파악된다.[97] 그러므로 *sr-은 우리말에서 *s-로 실현되었을 것이다. 그리고 모음의 경우 리팡구이는 개음 r이 뒤의 모음에 중앙화 작용을 한다고 하였다. 즉 저모음은 끌어올리고, 고모음은 끌어내려서 중앙모음으로 변화시킨다는 것이다.[98] 'ᄋ'도 중앙모음으로 간주되므로 [*srəm] 또는 [*srum]은 숨과 서로 음운적 유사성을 지닌다.

따라서 상고음 三[*səm/*sum/*som]과 參[*srəm/*srum]은 우리말 중세국어의 '숨'과 크게 다르지 않다고 본다.

결론을 맺자면, 三과 參의 상고음, 중고음은 우리말의 태(胎)를 뜻하는 중세국어 '숨'과 음운상으로 같거나 상당히 근접해 있다. 특히 별 이름 '參'의 경우가 그러하다. 따라서 '參'이 우리 민족에게 출생을 상징하는 별로 인식되었을 가능성은 충분하리라 생각된다.

---

97) 潘悟雲, 2000, 앞의 책, 309쪽
98) 李方桂, 1980, 앞의 책, 23쪽

이 삼성(三星) 또는 삼성(參星)을 민간에서는 '삼태성'으로 불렀다. '三台星' 또는 '三太星'은 '숨胎星'으로 인식되기 용이했을 것이다.

삼삼성이 胎(태)를 형상화한 별이라는 것은 별이 배치된 형상을 보아도 이해된다. 서양에서는 삼수 별자리를 그리스신화에 등장하는 사냥꾼의 이름을 딴 오리온자리의 일부로 설정했다. 이 경우에 주변부 별 넷은 오리온의 어깨와 다리가 되고 중심

〈그림15〉 오리온자리

* 플램스티드의 『천체도』(1753) 부분.
■ Eckhard Slawik·Uwe Reichert, 이광원 옮김, 2008, 『우주로 가는 별자리 지도』, 이치, 27쪽

부 별 셋은 허리에 놓이게 되어 오리온의 허리띠(Orion's Belt)라 했다. 별의 고유명칭은 대부분 아랍어에서 유래한 것인데 오리온자리의 리겔(Rigel)은 발을 뜻하고, 알니탁(Alnitak)은 허리띠를 뜻한다. 그것은 외사성을 인체로, 삼삼성을 허리띠로 본 것이다(<그림15>). 중국의 경우에는 『사기』 천관서에서는 주위의 네 별을 좌우의 어깨[肩]와 넓적다리[股]라고 했고,[99] 『보천가』에서도 삼수의 외곽 네 별을 양 어깨[兩肩]와 두 발[雙足]로, 가운데 삼성을 심장으로 묘사했다.[100] 외사성을 양 어깨와 두 다리로 보면 삼삼성은 오리

<hr>

99) 『史記』 권27, 天官書5, 西宮 "參爲白虎 三星直者 是爲衡石 下有三星 兌 曰罰 爲斬艾事 其外 四星 左右肩股也"

100) 『步天歌』 參十星 "總有十星觜相侵 兩肩雙足三爲心 伐有三星腹裏深"

온 허리에 해당한다. 그것은 결국 삼삼성의 위치가 태(胎)의 위치와 같다는 뜻이다.

2) 동서 쌍삼연성에서 중앙 삼연성으로

고분벽화에서 삼삼성과 관련하여 주목되는 것은 남두육성(南斗六星)의 존재이다. 남두 6성은 궁수자리(Sgr)의 제타(ζ), 타우(τ), 시그마(σ), 화이(φ), 람다(λ), 뮤(μ)를 가리킨다(<그림16>). 이 별들은 대체로 황도 근처 황위(黃緯) −3° 주변에 국자 모양으로 배치되어 있어서 두(斗) 또는 남두(南斗)라는 이름으로 28수의 하나로 설정되었다. 남두의 국자 모양은 〈그림4〉의 각저총, 무용총, 오회분 4호묘·5호묘, 통구 사신총과 〈그림8〉의 천왕지신총에서 북두칠성의 반대편에 보인다.

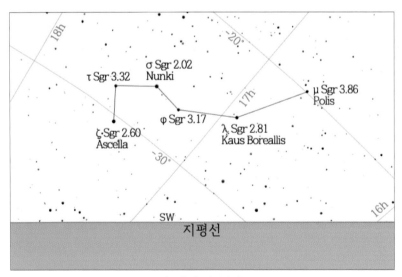

〈그림16〉 남두육성

* 500년 7월 1일 2시에 평양의 서남쪽 지평선 위에 고도 7°~10°로 낮게 뜬 모습.

〈표4〉는 고구려 고분벽화에 그려진 별자리를 정리한 것이다. 이를 보면 남두육성은 5세기부터 나타나서 6세기까지도 계속되는데 반드시 북두칠성과 함께 나타난다.

북두칠성은 인간의 죽음과 관련되어 있다. 북두칠성의 모양이 죽음과 관련된 '시(尸)' 자를 상징한다는 말도 있었다. 과거에는 사람이 죽으면 널에 구멍 7개를 뚫어 만든 칠성판 위에 시신을 두었다.[101]

반면에 남두육성은 삶과 관계된다. 4세기 동진(東晉)의 간보(干寶)가 펴낸 『수신기(搜神記)』에는 "남두는 삶을 주관하고, 북두는 죽음을 주관한다[南斗主生 北斗主死]."라고 하였다.[102] 고구려 고분벽화에서 여느 별과 달리 북두

〈표4〉 고구려 고분의 별자리 그림 일람표

고분명칭	시기	장소	북두 7성	남두 6성	해달	동서쌍 3연성	중앙 3연성	북두뒤 3연성
안악1호분	4세기말	안악군	○	×	○	×	×	×
약수리고분	5세기초	남포시	○	×	○	○	×	삼각형
각저총	5세기전반	輯安	○	○	○	○	×	○
무용총	5세기전반	輯安	○	○	○	○	×	○
천왕지신총	5세기중반	순천군	○	○	○	○	×	×
쌍영총	5세기후반	남포시	○	쌍성3	○	○	×	△
덕화리1호분	5세기후반	대동군	○	○	○	×	×	×
덕화리2호분	5세기후반	대동군	○	○	○	×	×	×
오회분4호묘	6세기전반	輯安	○	○	○	×	×	×
오회분5호묘	6세기후반	輯安	○	○	○	×	×	×
사신총	6세기후반	通溝	○	○	○	×	○	×

101) 김만태, 2012, 「성수신앙의 일환으로서 북두칠성의 신앙적 화현 양상」, 『동방학지』 150, 147-148쪽
102) 김일권, 2008a, 앞의 책, 165쪽

칠성과 남두육성을 유별나게 강조하여 크게 그려 넣은 것은 방위를 표시하기 위한 기능도 없지는 않겠지만[103] 그보다는 무덤에 묻힌 사람의 삶과 죽음을 남두육성과 북두칠성으로 표상화한 것으로 짐작된다.

고구려 고분벽화에서 초기에는 북두칠성과 남두육성을 그려 넣다가 6세기 오회분 4호묘와 5호묘, 통구 사신총에서는 북두칠성, 남두육성, 삼삼성을 모두 그려 넣었다. 남두육성은 출생부터 죽음까지의 생애 전체 또는 생명을 관장하지만 삼삼성은 그와 달리 출생을 의미한 것으로 짐작된다.

그런데 〈표4〉에 보이는 벽화의 시기별 추세를 보면 의미 있는 현상을 발견할 수 있다. 5세기부터 등장한 동서 쌍삼연성이 5세기 후반 쌍영총까지 보이다가 같은 시기 덕화리 1호분, 2호분부터는 보이지 않는데, 이어서 6세기 집안 오회분 4호묘, 5호묘와 통구 사신총에서는 중앙 삼연성이 나타나기 시작한다. 중앙 삼연성이 동서 쌍삼연성을 대체한 것이다. 이로 보건대 중앙 삼연성과 동서 쌍삼연성이 공존할 수 없었던 것이 아닌가 한다. 즉 서쪽의 쌍삼연성은 삼삼성과 벌삼성이고, 중앙 삼연성은 삼삼성인데 둘이 동시에 등장하면 삼삼성이 중복되므로 중앙 삼연성의 등장으로 동쪽과 서쪽의 쌍삼연성이 함께 사라진 것으로 해석된다.

그렇다면 서곡리 고분 천장에 그려 넣은 삼성과 북두칠성은 묘 주인의 탄생과 사망을 상징한 별로 생각해 볼 수 있다. 고려 사람들이 무덤 주인의 죽음에 임하여 무덤에 그려 넣고자 한 것은 밤하늘에 놓인 별자리의 천문학적 체계가 아니라 무덤 주인의 탄생과 죽음이었던 것이다.

고구려인들은 6세기에 죽음을 상징하는 북두칠성, 삶을 상징하는 남두

---

103) 김일권, 1997, 「고구려 고분벽화의 천문사상 특징: '삼중 천문 방위 표지 체계'를 중심으로」, 『고구려연구』 3, 100쪽

육성, 탄생을 상징하는 삼삼성을 함께 그렸다. 그러나 그 후 언제부터인가 남두육성은 점차 관심의 대상에서 벗어났다. 남두육성은 남쪽에 치우쳐 적위 −25° 언저리에 있으므로 북반구에서는 어느 계절에나 볼 수 있는 별자리도 아니고, 또 어느 시간에나 볼 수 있는 별자리도 아니다. 게다가 별의 겉보기 등급은 평균 2.96으로 2.02등급의 궁수자리 시그마(σ Sgr) 눈키(Nunki) 하나를 제외하면 모두 3등성 또는 4등성으로서 북두칠성이나 삼삼성보다 훨씬 어둡다(<그림16>). 그래서 남두육성은 점차 관심의 영역에서 멀어져 갔던 것으로 보인다. 그 결과 탄생을 상징하는 삼삼성과 죽음을 상징하는 북두칠성만이 남게 되었고 그 최종 형태가 파주 서곡리 권준의 묘 천장에 그려진 것으로 보인다.

3) 양릉(陽陵)과 서삼동 고분의 별자리

고려시대 고분의 별자리 그림으로는 권준 묘의 것 외에 12세기 초의 것으로 추정되는 안동 서삼동 고분과 1204년에 조성된 고려 신종(神宗) 양릉(陽陵)의 별자리 그림도 있다. 양릉 천장에는 둥글게 늘어선 28수 한가운데에 해와 함께 북두칠성과 삼성이 그려져 있는데(<그림17>), 북두칠성의 여섯 번째 별 끝에 붙어있는 작은 별 하나는 보성(輔星)이라 부르는 큰곰자리 80(80 UMa) 4등성 알코르(Alcor)로서, 고려 공민왕 현릉(玄陵)에도 보이고, 천상열차분야지도에도 이름과 함께 분명히 있다. 그리고 왼쪽에는 해가 있다. 그것을 해로 판정하는 이유는 고구려 고분벽화에서 왼쪽(동쪽)에는 해를 상징하는 까마귀 삼족오(三足烏)를, 오른쪽(서쪽)에는 달을 상징하는 두꺼비 섬서(蟾蜍)나 토끼를 그려 넣었기 때문이다.

그렇다면 양릉에서 북두칠성과 함께 그린 삼성도 역시 삼(參)이 아닌가

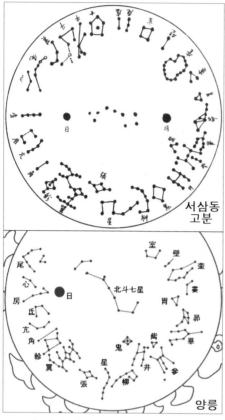

〈그림17〉 서삼동 고분과 양릉의 성좌도

■ 안동대학박물관, 1981, 『서삼동 벽화고분』, 33쪽; 김일
권, 2008b, 앞의 책, 160쪽(개성박물관의 좌우가 뒤바
뀐 모사도를 수정했다).

한다. 이는 탄생의 별과 죽음의 별을 같이 그려 넣는 전통이 권준 묘 이전에 이미 성립되어 있었다는 것을 보여주는 사례로 이해된다.

한편 서삼동 고분 중앙의 별자리에 대해서 발굴조사 보고서에서는 천극(天極)과 사보(四輔)로 이해했다(<그림18>上). 천극성이란 북극오성을 가리키는 듯한데 〈그림3〉과 비교해 보아도 한눈에 알 수 있듯이 북극오성으로 보기에는 모양이 다르고, 사보는 북극오성과의 배치가 전혀 맞지 않는다. 그래서 별 하나를 더 찾아내고서 북두칠성과 북극삼성으로 이해하기도 했다(<그림18>下).[104]

그러나 서삼동 고분의 별자리 그림에서 〈그림18〉의 사진에서 원으로 표시한 별은 붉은 흔적이 보이지만 흐리고 일그러져서 그것이 별인지 확언하기 어렵다. 그래서 발굴보고서의 모사도에서는 그 자리에 별이 없는 것

104) 김일권, 2008a, 앞의 책, 317쪽

으로 추정했는데, 그것을 별로 인정하여 북극삼성을 구성한 것이다. 하지만 북극삼성으로 보기에는 흐린 별 하나가 너무 멀리 떨어져 있다. 그 흐린 별이 없는 것으로 간주하면 앞의 약수리 고분에서 유수[柳宿] 8성을 7개로 잘못 그렸듯이, 권준 묘에서 북두칠성에 보성을 더한 8개를 9개로 잘못 그린 것일 가능성도 있다. 그러나 현재 상태로는 뭐라 말하기 어려운 실정이다.

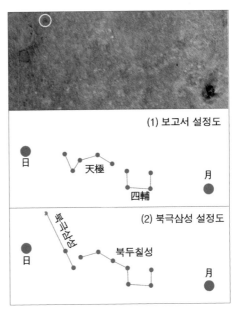

(1) 보고서 설정도

(2) 북극삼성 설정도

〈그림18〉 서삼동 고분의 별 동정

* 원으로 표시된 왼쪽 모서리의 붉은 점은 별인지 불분명함

■ 『서삼동 벽화고분』, 원색사진 1, 33쪽; 김일권, 2008a, 앞의 책, 317쪽

맺음말

파주 서곡리 권준 묘의 천장에 북두칠성과 함께 그려진 삼성에 대해서는 지금까지 삼태성(三台星)이라는 주장과 북극삼성이라는 주장이 제기되어 있다. 그러나 그 자리에 삼태성이 있을 필요가 무엇인지 충분히 설명되지 않고 삼태성은 3성이 아니라 6성이다. 한편 북극삼성이라는 설도 논리적으로 이해하기 힘들다. 동양의 전통 별자리체계에서 북극성은 5성으로 구성되었고, 기원전 1세기의 『사기』 천관서에서도 4성이었지, 삼성이었던 적이

없었다. 사대부의 묘에 별자리를 둘만 그려넣는데 굳이 북극의 별자리를 그려 넣어야 하는 이유도 충분히 설명되지 않는다.

그 삼성은 일반인들이 쉽게 찾을 수 있는 별이었을 것이라는 가정 하에 찾아보면 오리온자리의 복판에 있는 삼삼성(參三星)일 가능성이 매우 높다.

초기 삼수(參宿)는 바깥에 있는 별 넷 외사성(外四星)은 제외한 채, 삼삼성만으로 또는 벌삼성(伐三星)과 결합되어 별자리를 구성했던 것으로 보인다. 그러한 흔적은 중국의 『시경』에도 있고, 한대(漢代) 화상석과 고구려 고분벽화에서도 볼 수 있다.

삼수 7성을 사람의 형상으로 생각한다면 바깥쪽의 외사성(外四星)은 양어깨와 두 다리로 설정되고, 안쪽의 삼삼성(參三星)은 허리에 해당되어 태(胎)와 위치가 같으며, 허리 아래 남북으로 놓인 작은 벌삼성(伐三星)은 태에서 나오는 아기의 형상으로 설정할 수 있다.

우리 민족은 삼삼성을 오래전부터 삼태성(三太星)으로 불러왔다. 그리고 삼성(三星)의 '삼'과 삼성(參星)의 '숨'은 태를 가리키는 중세국어의 '숨'과 같거나 비슷하다. 그러므로 삼태성(三太星)은 태(胎)를 상징하는 숨태성(숨胎星)이 되기도 했다.

그리고 5세기 고구려 고분벽화에는 북두칠성과 남두육성이 나타난다. 그리고 그중 상당수에서 동쪽과 서쪽으로 각각 삼연성 한 쌍이 그려져 있는데 서쪽의 삼연성 한 쌍은 삼삼성과 벌삼성으로 이해된다. 그런데 6세기에 접어들면 쌍삼연성이 사라지고 중앙에 산연성이 니다난다. 중앙의 삼연성은 삼삼성으로서, 서쪽 벽의 삼삼성이 중앙의 삼삼성과 중복되므로 동서벽의 쌍삼연성이 함께 사라진 것으로 보인다.

북두칠성은 죽음을 주관하는 별이었고, 남두육성은 삶을 주관하는 별이었다. 그런데 고구려 고분벽화에서는 6세기부터 중앙에 삼삼성이 나타난다. 그 삼삼성은 탄생을 상징하는 별이었다. 그러자 북두칠성이나 삼삼성에 비해 어두운 남두육성은 결국 사라졌고 북두칠성과 삼삼성, 즉 삼태성(三太星)이 남았다. 고려 말 서곡리 권준 묘의 천정에 그려 넣은 북두칠성과 삼성은 묘 주인의 탄생과 죽음을 상징하는 운명의 별이었을 것이다. 결국 '三太星'은 우리 민족의 심성세계에서 '숨胎星'이었다.

<『삼국사기』 신라본기의 이변(異變) 기록 >

지역	京		경주 이변
	外		지방 이변
	不		京外 전체 또는 불명
분류	A (천문)		A11 행성, A12 혜성, A13 유성, A20 달, A31 일식, A32 여러 해 출현, A33 햇무리
	W (기상)		W10 홍수, W20 가뭄, W30 눈, W40 바람, W51 서리우박, W52 이상기온, W61 흙비, W62 운무(雲霧), W63 벼락
	E (지진)		E10 지진, E20 지동(地動)·지열(地裂)
	P (이상현상)		P10 천지, P20 사람, P30 자연, P40 인공물, P50 용
	D (재난)		D10 황충(蝗蟲), D20 여역(癘疫), D30 화재

연도	구간	지역	분류	내용	기사
-54	01	不	A31	일식	夏四月辛丑朔 日有食之
-49	01	不	A12	혜성	春三月 有星孛于王良
-44	01	不	A12	혜성	夏四月 有星孛于參
-34	01	不	A31	일식	夏六月壬申晦 日有食之
-28	01	不	A31	일식	夏四月己亥晦 日有食之
-26	01	不	A31	일식	秋八月乙卯晦 日有食之
-15	02	不	A31	일식	春二月乙酉晦 日有食之
-4	02	不	A12	혜성	春二月己酉 星孛于河鼓
-2	02	不	A31	일식	春正月辛丑朔 日有食之
2	02	不	A31	일식	秋九月戊申晦 日有食之
3	02	京	P50	용출현	秋九月 二龍見於金城井中
3	02	京	W10	폭우	秋九月 暴雷雨 (震城南門)
3	02	京	W63	벼락	秋九月 (暴雷雨) 震城南門

연도	구간	지역	분류	내용	기사
6	02	不	A31	일식	冬十月丙辰朔 日有食之
11	02	不	W20	가뭄	春夏 旱
14	02	京	A13	유성	夜有流星 墜於賊營
16	02	不	A31	일식	秋七月戊子晦 日有食之
18	02	京	W20	가뭄	京城 旱
18	02	不	D10	황충	秋七月 蝗
22	02	不	D20	전염병	大疫 人多死
22	02	不	W52	얼음안얾	冬十一月 無氷
23	02	不	A11	금성	秋 太白入太微
24	02	不	D10	황충	秋九月 蝗
34	03	京	P10	땅갈라짐	京都 地裂泉湧
34	03	不	W10	홍수	夏六月 大水
54	03	不	A12	혜성	春二月 星孛于紫宮
56	03	京	P50	용출현	夏四月 龍見金城井 (有頃暴雨自西北來)
56	03	京	W10	폭우	夏四月 (龍見金城井) 有頃暴雨自西北來
56	03	不	W40	대풍	五月 大風拔木
59	03	京	W62	구름	春三月 王登吐含山 有玄雲如蓋 浮王頭上 良久而散
59	03	不	A12	혜성	六月 有星孛于天船
64	03	不	E10	지진	十二月 地震
64	03	不	W20	눈안내림	十二月 無雪
75	03	不	W20	가뭄	大旱
79	03	不	A12	혜성	春二月 彗星見東方 又見北方 二十日乃滅
80	03	京	W40	대풍	夏四月 京都大風 (金城東門自壞)
80	03	京	P40	문붕괴	夏四月 (京都大風) 金城東門自壞
84	04	外	P30	푸른소	夏五月 古陁郡主獻靑牛
84	04	外	P30	보리	(夏五月) 南新縣 麥連歧 大有年
85	04	不	A12	객성	夏四月 客星入紫微
93	04	京	E10	지진	冬十月 京都地震
96	04	京	W40	폭풍	秋七月 暴風自南 拔金城南大樹
98	04	京	W20	가뭄	夏四月 京都 旱
100	04	不	W51	우박	秋七月 雨雹 飛鳥死
100	04	京	E10	지진	冬十月 京都地震 倒民屋 有死者
102	04	不	W52	도리개화	冬十月 桃李華
104	04	不	A13	유성우	春正月 衆星隕如雨
105	04	京	W30	대설	二月 京都雪三尺
108	04	不	W10	홍수	夏五月 大水

연도	구간	지역	분류	내용	기사
109	04	不	D10	황충	秋七月 蝗害穀 王遍祭山川 以祈禳之 蝗滅 有年
111	04	京	P40	문붕괴	夏四月 城門自毀
111	04	不	W20	가뭄	自五月 至秋七月 不雨
114	04	不	W51	우박	春三月 雨雹 麥苗傷
114	04	不	W10	홍수	夏四月 大水
116	04	不	W10	장마	秋八月 久雨
120	04	京	A13	유성	春二月 大星墜月城西 聲如雷
120	04	京	D20	전염병	三月 京都大疫
122	04	不	W40	대풍	夏四月 大風東來 折木飛瓦 至夕而止
122	04	不	D10	황충	秋七月 飛蝗害穀
123	04	不	W51	서리	夏四月 隕霜
123	04	京	P10	땅갈라짐	五月 金城東民屋 陷爲池 芙葉生
124	04	不	A31	일식	秋九月庚申晦 日有食之
127	04	不	A31	일식	秋七月甲戌朔 日有食之
128	04	不	A12	혜성	秋八月 長星竟天
128	04	外	E10	지진	冬十月 國東地震
128	04	不	W63	우레	十一月 雷
131	04	不	W10	호우	夏五月 大雨 漂沒民戶
132	04	京	D30	화재	春二月 宮南門災
134	05	不	W20	가뭄	春夏 旱
139	05	不	W51	서리	秋七月 隕霜殺菽
141	05	不	A31	일식	秋九月辛亥晦 日有食之
143	05	不	A11	화성	夏六月乙丑 熒惑犯鎭星
143	05	不	W63	우레	冬十一月 雷
145	05	不	W20	가뭄	春夏 旱 南地最甚
149	05	不	A12	혜성	秋八月 有星孛于天市
149	05	不	W63	우레	冬十一月 雷
149	05	京	D20	전염병	冬十一月 京都大疫
150	05	不	W20	가뭄	自夏四月 不雨 至秋七月 乃雨
151	05	不	W51	우박	三月 雨雹
153	05	京	D30	화재	冬十月 宮門災
153	05	不	A12	혜성	冬十月 彗星見東方 又見東北方
156	05	不	W51	서리	夏四月 隕霜
160	05	京	W10	폭우	夏四月 暴雨 閼川水溢 漂流人家
160	05	京	P40	문붕괴	夏四月 金城北門自毀
161	05	不	D10	황충	秋七月 蝗害穀

연도	구간	지역	분류	내용	기사
161	05	外	P30	물고기	秋七月 海魚多出死
164	05	京	P50	용출현	春二月 龍見京都
166	05	不	A31	일식	春正月辛亥朔 日有食之
170	05	京	E10	지진	秋七月 京師地震
170	05	不	W51	서리우박	秋七月 霜雹害穀
172	05	京	D20	전염병	二月 (有事始祖廟) 京都大疫
174	05	不	W61	흙비	春正月 雨土
174	05	不	W20	가뭄	二月旱 井泉竭
186	06	不	A31	일식	夏五月壬申晦 日有食之
186	06	外	P30	벼	秋七月 南新縣進嘉禾
187	06	外	W30	대설	冬十月 北地大雪 深一丈
191	06	不	A12	혜성	秋九月 蚩尤旗見于角亢
192	06	京	W30	대설	三月 京都雪深三尺
192	06	不	W10	홍수	夏五月 大水 山崩十餘所
193	06	不	A31	일식	春正月甲寅朔 日有食之
193	06	京	P20	쌍둥이	三月 漢祇部女 一産四男一女
194	06	不	A31	일식	夏六月乙巳晦 日有食之
196	06	不	W20	가뭄	三月 旱
196	06	京	W63	벼락	夏四月 震宮南大樹 又震金城東門
198	06	京	P30	버드나무	夏四月 始祖廟前臥柳自起
198	06	外	W10	홍수	五月 國西大水
200	06	不	A11	금성	秋七月 太白晝見
200	06	不	W51	서리	秋七月 隕霜殺草
200	06	不	A31	일식	九月庚午朔 日有食之
201	06	不	A31	일식	三月丁卯朔 日有食之
201	06	不	W20	가뭄	三月 大旱
203	06	不	W52	개화	冬十月 桃李華
203	06	不	D20	전염병	冬十月 人大疫
205	06	不	W51	우박	秋七月 霜雹殺穀
205	06	不	A11	금성	秋七月 太白犯月
205	06	京	P30	여우	八月 狐鳴金城及始祖廟庭
210	06	不	W20	가뭄	春夏 旱
212	06	不	W10	호우	夏五月 大雨 漂段民屋
214	06	不	W40	대풍	春三月 大風折木
214	06	不	W63	우레	冬十二月 雷
218	06	不	P40	무기	秋七月 武庫兵物自出 (百濟人來圍獐山城)

연도	구간	지역	분류	내용	기사
222	06	不	W51	우박	夏四月 雹傷菽麥
222	06	外	P20	부활	夏四月 南新縣人死 歷月復活
226	06	不	W20	가뭄	春不雨 至秋七月乃雨
229	06	京	P30	뱀	夏四月 蛇鳴南庫三日
229	06	不	E10	지진	秋九月 地震
229	06	不	W30	대설	冬十月 大雪深五尺
233	07	不	W40	대풍	夏四月 大風飛屋瓦
237	07	不	D10	황충	秋八月 蝗害穀
242	07	外	P30	벼	秋 (大有年) 古陁郡進嘉禾
246	07	不	P10	흰기운	冬十月 東南有白氣如匹練
246	07	京	E10	지진	十一月 京都地震
253	07	京	P50	용출현	夏四月 龍見宮東池
253	07	京	P30	버드나무	夏四月 金城南臥柳自起
253	07	不	W20	가뭄	自五月至七月 不雨 禱祀祖廟及名山 乃雨
256	07	外	P30	큰물고기	春三月 國東海出大魚三 長三丈 高丈有二尺
256	07	不	A31	일식	冬十月晦 日有食之
259	07	不	W20	가뭄	秋七月 旱(蝗)
259	07	不	D10	황충	秋七月 (旱)蝗
260	07	不	W10	호우	夏 大雨
260	07	不	A12	혜성	秋七月 星孛于東方 二十五日而滅
262	07	京	P50	용출현	春三月 龍見宮東池
262	07	京	D30	화재	秋七月 金城西門災 延燒人家三百餘區
268	07	不	W20	가뭄	春夏 不雨
272	07	不	W51	우박	秋七月 霜雹害穀
278	07	不	W40	폭풍	夏四月 暴風拔木
280	07	不	W20	가뭄	夏四月 旱
286	08	不	W20	가뭄	三月 旱
290	08	京	W10	홍수	夏五月 大水 月城頹殷
292	08	不	W20	가뭄	秋七月 旱(蝗)
292	08	不	D10	황충	秋七月 (旱)蝗
294	08	外	P30	벼	秋七月 多沙郡進嘉禾
298	08	京	W62	안개	春二月 京都大霧不辨人 五日而霽
302	08	不	W20	가뭄	春夏 旱
304	08	不	E10	지진	秋八月 地震泉湧
304	08	京	E10	지진	九月 京都地震 壞民屋 有死者
313	08	不	W20	가뭄	秋七月 旱(蝗)

연도	구간	지역	분류	내용	기사
313	08	不	D10	황충	秋七月 (旱)蝗
314	08	不	W20	가뭄	二月 重修宮闕 不雨乃止
317	08	不	W20	가뭄	春夏 旱
337	09	不	W51	우박	三月 雨雹
337	09	不	W51	서리	四月 隕霜
344	09	京	W40	폭풍	夏四月 暴風拔宮南大樹
348	09	京	P40	우물넘침	宮井水暴溢
350	09	京	P30	황새	春三月 鸛巢月城隅
350	09	京	W10	호우	夏四月 大雨浹旬 平地水三四尺 漂沒官私屋舍 山崩 十三所
358	09	京	W62	구름	春二月 (親祀始祖廟) 紫雲盤旋廟上 (神雀集於廟庭)
358	09	京	P30	참새	春二月 (親祀始祖廟 紫雲盤旋廟上) 神雀集於廟庭
362	09	京	P30	나무연리	夏四月 始祖廟庭樹 連理
366	09	不	W10	홍수	夏四月 大水 山崩十三所
372	09	不	W20	가뭄	春夏 大旱
373	09	京	W61	물고기비	夏五月 京都雨魚
376	09	外	P30	외뿔사슴	秋七月 夫沙郡進一角鹿 大有年
379	09	京	P30	참새	夏四月 楊山有小雀 生大鳥
388	10	京	E10	지진	夏四月 京都地震
388	10	京	E10	지진	六月 又震
388	10	不	W52	얼음안얾	冬 無氷
389	10	京	D20	전염병	春正月 京都大疫
389	10	不	W61	흙비	二月 雨土
389	10	不	D10	황충	秋七月 蝗 穀不登
397	10	外	W20	가뭄	秋七月 北邊何瑟羅 旱(蝗)
397	10	外	D10	황충	秋七月 北邊何瑟羅 (旱)蝗
399	10	不	D10	황충	秋七月 飛蝗蔽野
400	10	不	A12	혜성	秋八月 星孛于東方
400	10	京	P30	우는말	冬十月 王所嘗御內廐馬 跪膝流淚哀鳴
401	10	不	W20	가뭄	春夏 旱
406	10	不	D10	황충	秋七月 國西蝗害穀
406	10	京	E10	지진	冬十月 京都地震
406	10	不	W52	얼음안얾	十一月 無氷
413	10	京	W62	향기구름	秋八月 雲起狼山 望之如樓閣 香氣郁然 久而不歇
416	10	外	P30	큰물고기	春三月 東海邊獲大魚 有角 其大盈車
416	10	京	P10	산무너짐	夏五月 吐含山崩 泉水湧 高三丈

연도	구간	지역	분류	내용	기사
419	10	不	P10	계곡물	夏四月 牛谷水湧
420	10	不	W20	가뭄	春夏大旱
420	10	不	W51	서리	秋七月 隕霜殺穀
431	10	不	W51	서리우박	秋七月 霜雹殺穀
435	11	不	W40	대풍	春正月 大風拔木
436	11	不	W51	우박	夏四月 雨雹
438	11	外	W10	홍수	夏四月 牛頭郡山水暴至 漂流五十餘家
438	11	京	W40	대풍	夏四月 京都大風(雨雹)
438	11	京	W51	우박	夏四月 京都(大風)雨雹
452	11	外	P30	벼	秋七月 大山郡進嘉禾
453	11	不	W20	가뭄	春夏 旱
453	11	京	P30	이리	秋七月 群狼入始林
454	11	不	W51	우박	秋七月 霜雹害穀
457	11	不	W40	대풍	春二月 大風拔木
457	11	不	W51	서리	夏四月 隕霜傷麥
458	11	京	E10	지진	春二月 地震 (金城南門自毀)
458	11	京	P40	문붕괴	春二月 (地震) 金城南門自毀
461	11	京	P50	용출현	夏四月 龍見金城井中
465	11	不	W10	홍수	夏四月 大水 山崩一十七所
465	11	外	D10	황충	五月 沙伐郡 蝗
467	11	不	P10	붉은하늘	秋九月 天赤(大星自北流東南)
467	11	不	A13	유성	秋九月 (天赤) 大星自北流東南
469	11	不	W10	홍수	夏四月 國西大水 漂毀民戶
471	11	京	P10	땅갈라짐	三月 京都地裂 廣袤二丈 濁水湧
471	11	不	D20	전염병	冬十月 大疫
478	11	不	P10	붉은빛	春二月 夜赤光如匹練 自地至天
478	11	京	E10	지진	冬十月 京都地震
480	11	京	W20	가뭄	夏五月 京都旱
482	11	不	W40	대풍	春二月 大風拔木
482	11	京	D30	화재	春二月 金城南門火
482	11	不	W10	큰비	夏四月 久雨
483	12	不	W10	홍수	夏四月 大水
483	12	不	W10	홍수	秋七月 大水
483	12	不	W63	우레	十一月 雷
483	12	京	D20	전염병	十一月 京都大疫
484	12	不	A11	토성	三月 土星犯月

연도	구간	지역	분류	내용	기사
484	12	不	W51	우박	三月 雨雹
487	12	不	W63	우레	冬十月 雷
488	12	不	P30	거북이	夏六月 東陽獻六眼龜 腹下有文字
490	12	京	P50	용출현	三月 龍見鄒羅井
492	12	不	W20	가뭄	春夏 旱 王責己 減常膳
494	12	不	W10	홍수	夏四月 大水
496	12	不	P30	흰꿩	春二月 加耶國送白雉 尾長五尺
496	12	京	W10	호우	夏五月 大雨 閼川水漲 漂沒二百餘家
497	12	不	W20	가뭄	秋七月 旱(蝗)
497	12	不	D10	황충	秋七月 (旱)蝗
500	12	不	W40	폭풍	夏四月 暴風拔木 (龍見金城井 京都黃霧四塞)
500	12	京	P50	용출현	夏四月 (暴風拔木) 龍見金城井 (京都黃霧四塞)
500	12	京	W62	안개	夏四月 (暴風拔木 龍見金城井) 京都黃霧四塞
506	12	不	W20	가뭄	春夏 旱
509	12	不	W51	서리	秋七月 隕霜殺菽
510	12	不	E10	지진	夏五月 地震 壞人屋 有死者
510	12	不	W63	우레	冬十月 雷
516	12	京	P50	용출현	春正月 (親祀神宮) 龍見楊山井中
540	13	不	E10	지진	冬十月 地震
540	13	不	W52	도리개화	冬十月 桃李華
541	13	不	W30	봄눈	春三月 雪一尺
575	13	不	W20	가뭄	春夏 旱
575	13	京	P40	불상눈물	皇龍寺丈六像出淚至踵
585	14	不	W20	가뭄	春三月 旱 王避正殿 減常饍
586	14	不	W63	벼락	夏五月 雷震
586	14	不	A13	유성우	夏五月 星殞如雨
589	14	外	W10	홍수	秋七月 國西大水 漂沒人戶 三萬三百六十 死者二百餘人
596	14	京	D30	화재	冬十月 永興寺火 延燒三百五十家 王親臨救之
613	14	不	W20	가뭄	春旱
613	14	不	W51	서리	夏四月 降霜
614	14	京	P40	불상붕괴	春二月 永興寺塑佛自壞 (未幾 眞興王妃比丘尼死)
615	14	不	E10	지진	冬十月 地震
627	14	不	W40	대풍	春三月 大風 (雨土) 過五日
627	14	不	W61	흙비	春三月 (大風) 雨土 過五日
627	14	不	W51	서리	八月 隕霜殺穀
628	14	不	W20	가뭄	夏 大旱 移市 畵龍祈雨

연도	구간	지역	분류	내용	기사
630	14	京	P10	땅갈라짐	大宮庭地裂
631	14	京	P30	흰개	春二月 白狗上于宮墻
631	14	京	W62	무지개	秋七月 白虹飮于宮井
631	14	不	A11	토성	秋七月 土星犯月
632	14	不	W20	가뭄	夏五月 旱 至六月 乃雨
633	15	京	E10	지진	二月 京都地震
634	15	不	W51	우박	三月 雹大如栗
636	15	京	P30	두꺼비떼	夏五月 蝦蟆大集宮西玉門池 王聞之 謂左右曰...
638	15	外	P30	돌움직임	春三月 七重城南大石自移三十五步
638	15	不	W61	꽃비	秋九月 雨黃花
639	15	外	P10	바다붉음	秋七月 東海水赤且熱 魚鼈死
647	15	不	A12	혜성	八月 彗星出於南方 又衆星北流
652	15	京	W30	대설	三月 京都大雪
652	15	京	P40	문붕괴	三月 王宮南門 無故自毀
655	15	不	P30	흰사슴	冬十月 牛首州獻白鹿
655	15	不	P30	흰돼지	冬十月 屈弗郡進白猪 一首二身八足
657	15	外	W10	홍수	秋七月 一善郡大水 溺死者三百餘人
657	15	京	P10	토함산	秋七月 東吐含山地燃 三年而滅
657	15	京	P40	문붕괴	秋七月 興輪寺門自壞
657	15	不	P30	돌조각쌀	秋七月 □□□北巖崩碎爲米 食之如陳倉米
659	15	不	P30	흰까마귀	九月 何瑟羅州進白鳥
659	15	外	P30	큰물고기	九月 公州基郡江中大魚出死 長百尺 食者死
661	15	外	A13	운석	五月 忽有大星 落於賊營
661	15	外	W63	벼락	(忽有大星 落於賊營) 又雷雨以震
661	15	京	P40	핏빛우물	六月 大官寺井水爲血 金馬郡地流血廣五步
662	15	京	D30	화재	二月 靈廟寺災
662	15	不	W63	벼락	八月 沙湌如冬打母 天雷雨震死 身上題須罜堂三字
662	15	不	P30	흰까치	八月 南川州獻白鵲
663	15	京	W63	벼락	五月 震靈廟寺門
664	15	不	E10	지진	三月 地震
664	15	不	E10	지진	八月十四日 地震 壞民屋 南方尤甚
666	15	京	E10	지진	春二月 京都地震
666	15	京	D30	화재	夏四月 靈廟寺災
668	15	不	A12	혜성	夏四月 彗星守天船
668	15	京	D30	화재	十二月 靈廟寺災
670	15	京	P20	쌍둥이	六月 漢祇部女人一産三男一女 賜粟二百石

연도	구간	지역	분류	내용	기사
670	15	不	A11	토성	十二月 土星入月
670	15	京	E10	지진	十二月 京都地震
671	15	不	P30	흰물고기	正月 白魚躍入□□□□□
672	15	不	A12	혜성	九月 彗星七出北方
673	15	京	A13	운석	春正月 大星隕皇龍寺在城中間
673	15	京	P30	범출현	夏六月 虎入大宮庭 殺之 (秋七月一日 庚信卒)
674	15	京	W40	대풍	秋七月 大風毀皇龍寺佛殿
676	15	不	A12	혜성	秋七月 彗星出北河積水之間 長六七許步
677	15	不	P30	흰매	春三月 所夫里州獻白鷹
678	15	不	P30	새	五月 北原獻異鳥 羽翮有文 脛有毛
679	15	不	A11	화성	夏四月 熒惑守羽林
679	15	不	A11	금성	六月 太白入月
679	15	不	A13	유성	六月 流星犯參大星
679	15	不	A11	금성	秋八月 太白入月
681	15	不	P10	날어두움	春正月朔 終日黑暗如夜
681	15	不	E10	지진	夏五月 地震
681	15	不	A13	유성	夏五月 流星犯參大星
681	15	不	A13	운석	六月 天狗落坤方
682	15	不	A11	금성	五月 太白犯月
683	16	不	W30	여름눈	夏四月 平地雪一尺
683	16	不	A12	혜성	冬十月 彗星出五車
684	16	不	A13	유성우	冬十月 自昏及曙 流星縱橫
687	16	京	W63	번개	春二月 元子生 是日 陰沈昧暗 大雷電
691	16	不	P30	흰참새	春三月 沙火州獻白雀
692	16	不	W52	추위	春 竹枯
695	16	京	E10	지진	冬十月 京都地震
697	16	外	P30	벼	秋七月 完山州進嘉禾 異畝同穎
698	16	京	E20	땅흔들림	二月 京都地動
698	16	不	W40	대풍	二月 大風折木
698	16	京	W10	홍수	秋七月 京都大水
699	16	不	P10	흰기운	春二月 白氣竟天 (星孛于東)
699	16	不	A12	혜성	春二月 (白氣竟天) 星孛于東
699	16	外	P10	핏빛바다	秋七月 東海水血色 五日復舊
699	16	外	P10	바다	九月 東海水戰聲聞王都
699	16	不	P40	악기	九月 兵庫中鼓角自鳴
699	16	不	P30	황금	九月 新村人美肹得黃金一枚 重百分 獻之…

연도	구간	지역	분류	내용	기사
700	16	不	A11	목성	六月 歲星入月
701	16	不	A12	혜성	春二月 彗星入月
702	16	外	P30	도토리	冬十月 歃良州 橡實變爲栗
703	16	京	D30	화재	秋七月 靈廟寺災
703	16	京	W10	홍수	秋七月 京都大水 溺死者衆
704	16	不	P30	영지	春正月 熊川州進金芝
705	16	不	W20	가뭄	夏五月 旱+
706	16	不	A13	유성우	三月 衆星西流
708	16	不	P30	영지	春正月 沙伐州進瑞芝
708	16	不	E10	지진	二月 地震
708	16	不	A11	토성	夏四月 鎭星犯月
709	16	不	P30	흰사슴	春三月 菁州獻白鷹
709	16	不	W20	가뭄	夏五月 旱
710	16	京	A13	운석	春正月 天狗隕三郞寺北
710	16	不	E10	지진	春正月 地震
711	16	不	W30	대설	春三月 大雪
714	16	不	W20	가뭄	夏 旱
714	16	不	D20	전염병	夏 人多疾疫
714	16	外	P30	도토리	秋 歃良州山橡實化爲栗
715	16	不	P30	흰참새	夏四月 菁州進白雀
715	16	京	W20	가뭄	六月 大旱 王召河西州龍鳴嶽居士理曉 祈雨於林泉寺池上 則雨浹旬
715	16	不	A11	금성	秋九月 太白掩庶子星
715	16	不	A13	유성	冬十月 流星犯紫微
715	16	不	A13	유성	十二月 流星自天倉入大微
716	16	不	A13	유성	春正月 流星犯月 月無光
716	16	京	W40	대풍	三月 大風拔木飛瓦 崇禮殿毁
716	16	不	W20	가뭄	六月 旱 又召居士理曉祈禱 則雨
717	16	不	E10	지진	夏四月 地震
718	16	不	E10	지진	三月 地震
718	16	京	W63	벼락	夏六月 震皇龍寺塔
718	16	不	A13	유성우	冬十月 流星自昴入于奎 衆小星隨之
718	16	不	A13	운석	冬十月 天狗隕艮方
719	16	外	W63	벼락	秋九月 震金馬郡彌勒寺
720	16	不	E10	지진	春正月 地震
720	16	不	W10	호우	夏四月 大雨 山崩十三所

연도	구간	지역	분류	내용	기사
720	16	不	W51	우박	夏四月 雨雹傷禾苗
720	16	不	P30	흰까치	五月 完山州進白鵲
720	16	不	P30	까흰치	秋七月 熊川州獻白鵲
720	16	不	D10	황충	秋七月 蝗蟲害穀
721	16	不	W20	눈안내림	冬 無雪
722	16	京	E10	지진	二月 京都地震
723	16	不	E10	지진	夏四月 地震
724	16	不	P30	영지	熊川州進瑞芝
725	16	不	W62	무지개	春正月 白虹見
725	16	不	W30	봄눈	三月 雪
725	16	不	W51	우박	夏四月 雹
725	16	不	E20	땅흔들림	冬十月 地動
735	17	不	A11	화성	春正月 熒惑犯月
736	17	京	P30	개	狗登在城鼓樓 吠三日
737	17	不	E10	지진	夏五月 地震
737	17	不	A13	유성	秋九月 流星入大微
738	17	不	A33	햇무리	夏四月 白虹貫日
738	17	外	P10	핏빛냇물	夏四月 所夫里郡河水變血
739	17	不	P30	흰까치	秋九月 完山州獻白鵲
739	17	京	P30	여우	秋九月 狐鳴月城宮中 狗咬殺之
740	17	不	A11	토성	夏五月 鎭星犯軒轅大星
742	17	外	E10	지진	春二月 東北地震 有聲如雷
742	17	不	A13	유성	夏五月 流星犯參大星
743	17	不	P30	소	春三月 主力公宅牛 一産三犢
743	17	不	E10	지진	秋八月 地震
744	17	不	A12	요성	冬 妖星出中天 大如五斗器 浹旬乃滅
745	17	京	W51	우박	夏四月 京都雹 大如鷄子
745	17	不	W20	가뭄	五月 旱
747	17	京	W63	벼락	三月 震眞平王陵
747	17	不	W20	가뭄	秋 旱
747	17	不	W20	눈안내림	冬 無雪
747	17	不	D20	전염병	冬 (無雪) 民饑且疫 出使十道安撫
748	17	不	A13	운석	春正月 天狗落地
749	17	不	W40	폭풍	春三月 暴風拔木
753	17	不	P30	흰꿩	秋八月 武珍州獻白雉
754	17	京	W51	우박	夏四月 京都雹 大如雞卵

연도	구간	지역	분류	내용	기사
754	17	不	P30	영지	五月 牛頭州獻瑞芝
754	17	不	W20	가뭄	八月 旱(蝗)
754	17	不	D10	황충	八月 (旱)蝗
755	17	京	P40	탑움직임	春 望德寺塔動 唐令狐澄新羅國記曰...
756	17	不	W51	우박	夏四月 大雹
756	17	不	P30	흰여우	夏四月 大永郎獻白狐 授位南邊第一
758	17	不	W63	번개	秋七月二十三日 王子生 大雷電 震佛寺十六所
759	17	不	A12	혜성	三月 彗星見 至秋乃滅
760	17	京	P10	하늘소리	春正月 都城寅方 有聲如伐鼓 衆人謂之鬼鼓
761	17	不	A33	햇무리	春正月朔 虹貫日 日有珥
761	17	不	A12	혜성	夏四月 彗星出
763	17	京	W40	대풍	秋七月 京都大風 飛瓦拔樹
763	17	不	W52	도리개화	八月 桃李再花
764	17	不	A12	혜성	三月 星孛于東南
764	17	京	P50	용출현	三月 龍見楊山下 俄而飛去
764	17	不	A13	유성우	冬十二月十一日 流星 或大或小 觀者不能數
765	17	不	E10	지진	夏四月 地震
765	17	不	A13	유성	六月 流星犯心
766	17	不	A32	해둘출현	春正月 二日並出
766	17	不	P30	소	二月 良里公家牝牛生犢 五脚 一脚向上
766	17	外	P10	땅꺼짐	二月 康州 地陷成池 縱廣五十餘尺 水色青黑
766	17	不	P10	하늘소리	冬十月 天有聲如鼓
767	17	不	E10	지진	夏六月 地震
767	17	不	A13	유성운석	秋七月 三星隕王庭 相擊 其光如火迸散
767	17	外	P30	벼	九月 金浦縣禾實皆米
768	17	不	A12	혜성	春 彗星出東北
768	17	京	W63	우레	六月 京都雷 (雹傷草木)
768	17	京	W51	우박	六月 京都(雷) 雹傷草木
768	17	京	A13	운석	六月 大星隕皇龍寺南
768	17	不	E10	지진	六月 地震 聲如雷
768	17	不	W20	가뭄	六月 泉井皆渴
768	17	京	P30	범출현	六月 虎入宮中
769	17	不	D10	황충	夏五月 蝗(旱)
769	17	不	W20	가뭄	夏五月 (蝗)旱
769	17	外	P30	쥐떼	冬十一月 雉岳縣鼠八十許 向平壤
769	17	不	W20	눈안내림	冬十一月 無雪

연도	구간	지역	분류	내용	기사
770	17	不	W61	흙비	三月 雨土
770	17	不	A12	혜성	五月十一日 彗星出五車北 至六月十二日滅
770	17	京	P30	범출현	五月二十九日 虎入執事省 捉殺之
770	17	京	E10	지진	冬十一月 京都地震
777	17	京	E10	지진	春三月 京都地震
777	17	京	E10	지진	夏四月 又震
779	17	京	E10	지진	春三月 京都地震 壞民屋 死者百餘人
779	17	不	A11	금성	春三月 太白入月
780	17	不	W62	안개	春正月 黃霧
780	17	不	W61	흙비	二月 雨土
783	18	京	W30	대설	二月 京都雪三尺
785	18	不	P30	적까마귀	三月 湏江鎮進赤烏
786	18	外	W51	우박	夏四月 國東雨雹 桑麥皆傷
786	18	不	W20	가뭄	秋七月 旱
787	18	京	E10	지진	春二月 京都地震
787	18	不	A11	금성	夏五月 太白晝見
787	18	不	D10	황충	秋七月 蝗害穀
787	18	不	A31	일식	八月辛巳朔 日有食之
788	18	外	W20	가뭄	秋 國西旱(蝗)
788	18	外	D10	황충	秋 國西(旱)蝗
789	18	不	A31	일식	春正月甲辰朔 日有食之
789	18	不	W51	서리	秋七月 隕霜傷穀
790	18	不	P30	적까마귀	春正月 熊川州進赤烏
790	18	不	W20	가뭄	三月 大旱
790	18	不	A11	행성	夏四月 太白辰星 聚于東井
791	18	外	P20	쌍둥이	春正月 熊川州向省大舍妻一産三男
791	18	京	W30	대설	冬十月 京都雪三尺
791	18	京	E10	지진	十一月 京都地震
792	18	不	A31	일식	冬十一月壬子朔 日有食之
793	18	不	W40	대풍	秋八月 大風 折木偃禾
793	18	不	P30	흰꿩	秋八月 奈麻金惱獻白雉
794	18	不	E10	지진	春二月 地震
794	18	不	P30	흰까마귀	秋七月 漢山州進白烏
795	18	不	W20	가뭄	夏四月 旱 親錄囚 至六月 乃雨
795	18	不	W51	서리	秋八月 隕霜害穀
796	18	京	D20	전염병	春 京都飢疫

연도	구간	지역	분류	내용	기사
797	18	外	D10	황충	秋九月 國東 蝗害穀
797	18	外	W10	홍수	秋九月 (國東) 大水山崩
798	18	京	D30	화재	春三月 宮南樓橋災
798	18	京	P40	탑	春三月 望德寺二塔相撃
798	18	不	W20	가뭄	夏六月 旱
798	18	外	P20	쌍둥이	夏六月 屈自郡石南烏大舍妻 一産三男一女
799	18	不	P30	흰사슴	春三月 冷井縣令廉哲進白鹿
799	18	不	P30	이색짐승	夏五月 牛頭州都督遣使奏言 有異獸若牛 身長且高…
799	18	不	P30	인삼	秋七月 得人蔘九尺 甚異之 遣使如唐進奉 德宗謂非人蔘 不受
799	18	不	P30	흰까마귀	八月 漢山州獻白烏
800	18	京	W40	폭풍	夏四月 暴風 折木蜚瓦 瑞蘭殿簾飛不知處 臨海仁化二門壞
801	18	不	A31	일식불발	夏五月壬戌朔 日當食 不食
801	18	不	A11	화성	秋九月 熒惑入月
801	18	不	A13	유성우	秋九月 星隕如雨
801	18	不	P30	적까마귀	秋九月 武珍州進赤烏
801	18	不	P30	흰꿩	秋九月 牛頭州進白雉
801	18	不	W52	추위	冬十月 大寒 松竹皆死
802	18	不	E10	지진	秋七月 地震
802	18	不	P30	적까마귀	八月 歃良州進赤烏
803	18	不	E10	지진	冬十月 地震
804	18	不	P30	까치	秋七月 歃良州進白鵲
804	18	外	P30	돌일어섬	秋七月 牛頭州蘭山縣伏石起立
804	18	外	P10	바다	秋七月 熊川州蘇大縣釜浦水變血
804	18	京	P40	탑	九月 望德寺二塔戰
805	18	不	E10	지진	冬十一月 地震
807	18	不	W30	대설	秋八月 大雪
808	18	不	A31	일식	秋七月辛巳朔 日有食之
809	18	不	A20	달	春正月 月犯畢
809	18	外	P40	창고	夏六月 西兄山城鹽庫鳴 聲如牛
809	18	不	P30	두꺼비	夏六月 碧寺蝦蟆食蛇
809	18	不	W20	가뭄	秋七月 大旱
810	18	不	P30	적까마귀	春正月 河西州進赤烏
810	18	不	A13	유성	秋七月 流星入紫微
810	18	不	P30	흰꿩	秋七月 西原京進白雉

연도	구간	지역	분류	내용	기사
810	18	不	A13	유성	冬十月 流星入王良
813	18	京	D30	화재	二月 玄德門火
814	18	外	W10	홍수	夏五月 國西大水
814	18	京	W62	안개	秋八月 京都風霧如夜
814	18	不	P20	쌍둥이	冬十月 黔牟大舍妻 一産三男
815	18	不	W30	여름눈	夏五月 下雪
815	18	不	A31	일식	秋八月己亥朔 日有食之
815	18	不	A12	혜성	秋八月 大星出翼軫間 指庚 芒長六許尺 廣二許尺
816	18	外	P30	돌움직임	(春正月) 漢山州唐恩縣石長十尺廣八尺高三尺五寸 自移 一百餘步
816	18	京	P40	탑	夏六月 望德寺二塔戰
817	18	不	W20	가뭄	夏五月 不雨 遍祈山川 至秋七月 乃雨
818	18	不	A31	일식	夏六月癸丑朔 日有食之
820	18	不	W20	가뭄	春夏 旱
821	18	外	P30	돌	秋七月 浿江南川二石戰
821	18	不	W63	우레	冬十二月二十九日 大雷
822	18	不	W30	대설	二月 雪五尺 樹木枯
822	18	外	P30	새	(三月)先是 菁州太守廳事南池中有異鳥…憲昌敗亡兆也
822	18	不	A20	달	夏四月十三日 月色如血
822	18	不	A33	햇무리	秋七月十二日 日有黑暈 指南北
823	18	外	P30	벌레	春正月五日 西原京有蟲 從天而墮…
823	18	不	A13	유성	夏四月十二日 流星起天市 犯帝座 過天市東北垣織女王 良 至閣道 分爲三 聲如擊鼓而滅
823	18	不	W30	가을눈	秋七月 雪
825	18	外	P20	기형아	三月 武珍州馬彌知縣女人産兒 二頭二身四臂 産時天大雷
825	18	外	P30	흰까마귀	秋 歃良州獻白烏
825	18	外	P20	쌍둥이	秋 牛頭州大楊管郡黃知奈麻妻 一産二男二女…
827	18	不	W51	서리	夏五月 降霜
827	18	不	A11	금성	秋八月 太白晝見
827	18	京	W20	가뭄	秋八月 京都大旱
831	18	不	E10	지진	春正月 地震
832	18	不	W20	가뭄	春夏 旱 赤地 王避正殿 減常膳 赦內外獄囚 秋七月 乃雨
833	19	不	W52	도리개화	冬十月 桃李再華
833	19	不	D20	전염병	冬十月 民多疫死
836	19	不	A31	일식	春正月辛丑朔 日有食之
836	19	不	A12	혜성	夏六月 星孛于東

연도	구간	지역	분류	내용	기사
836	19	不	A11	금성	秋七月 太白犯月
840	19	不	W20	가뭄	自夏四月至六月 不雨
841	19	京	D20	전염병	春 京都疾疫
843	19	京	P30	범출현	秋七月 五虎入神宮園
844	19	不	A31	일식	春二月甲寅朔 日有食之
844	19	不	A11	금성	春二月 太白犯鎭星
844	19	京	W51	우박	三月 京都雨雹
845	19	不	W63	우레	冬十一月 雷
845	19	不	W20	눈안내림	冬十一月 無雪
845	19	不	A32	해셋출현	十二月朔 三日並出
848	19	不	W20	가뭄	春夏 旱
848	19	不	P10	하늘소리	冬十月 天有聲如雷
850	19	不	A11	토성	春正月 土星入月
850	19	京	W61	흙비	春正月 京都雨土 (大風拔木)
850	19	京	W40	대풍	春正月 (京都雨土) 大風拔木
851	19	不	W51	서리	夏四月 隕霜
852	19	京	D30	화재	春二月 調府火
853	19	不	W10	홍수	夏六月 大水
853	19	外	D10	황충	秋八月 西南州郡 蝗
855	19	京	D30	화재	冬十二月 珍閣省災
855	19	不	A11	토성	冬十二月 土星入月
858	19	外	P30	큰물고기	唐城郡南河岸 有大魚出 長四十步 高六尺
863	19	不	W20	눈안내림	十一月 無雪
867	19	京	D20	전염병	夏五月 京都疫
867	19	不	W10	홍수	秋八月 大水 穀不登
867	19	不	A12	객성	十二月 客星犯太白
868	19	京	W63	벼락	夏六月 震皇龍寺塔
870	19	京	E10	지진	夏四月 京都地震
870	19	不	W10	홍수	秋七月 大水
870	19	不	W20	눈안내림	冬 無雪
870	19	不	D20	전염병	冬 國人多疫
872	19	京	E10	지진	夏四月 京師地震
872	19	不	D10	황충	秋八月 國內州郡蝗害穀
873	19	不	D20	전염병	春 民饑且疫 王發使賑救
875	19	京	E10	지진	春二月 京都及國東地震
875	19	不	A12	혜성	春二月 星孛于東 二十日乃滅

연도	구간	지역	분류	내용	기사
875	19	京	P50	용출현	夏五月 龍見王宮井 須臾雲霧四合飛去
879	19	外	P20	기인	三月 巡幸國東州郡 有不知所從來四人 詣駕前歌舞…
880	19	不	A11	금성	春二月 太白犯月
880	19	不	P30	벼	秋八月 熊州進嘉禾
882	19	外	P20	쌍둥이	冬十二月 枯彌縣女 一産三男
885	20	京	P30	범출현	春二月 虎入宮庭
885	20	不	A11	금성	冬十月壬子 太白晝見
886	20	外	W20	가뭄	八月 國西旱且荒
887	20	不	W20	눈안내림	冬 無雪
888	20	京	P30	돌움직임	春二月 少梁里石自行
888	20	不	A31	일식	三月戊戌朔 日有食之
888	20	不	W20	가뭄	夏五月 旱
890	20	不	A33	햇무리	春正月 日暈五重
902	20	不	W51	서리	春三月 降霜
905	20	不	A13	유성우	春二月 星隕如雨
905	20	不	W51	서리	夏四月 降霜
906	20	不	W20	가뭄	自夏四月至五月 不雨
907	20	不	W20	가뭄	春夏 無雨
908	20	不	A12	혜성	春二月 星孛于東
908	20	不	W51	서리	三月 隕霜
908	20	不	W51	우박	夏四月 雨雹
911	20	不	A31	일식	春正月丙戌朔 日有食之
913	20	不	W51	서리	夏四月 隕霜
913	20	不	E10	지진	夏四月 地震
915	20	外	P10	바다	夏六月 槧浦水與東海水相擊 浪高二十丈許 三日而止
916	20	不	E10	지진	冬十月 地震 聲如雷
917	20	不	A11	금성	春正月 太白犯月
919	20	京	P40	불상	四天王寺塑像所執弓弦自絕 壁畫狗子有聲 若吠者
921	20	京	W40	대풍	夏四月 京都大風拔樹
921	20	不	D10	황충	秋八月 蝗(旱)
921	20	不	W20	가뭄	秋八月 (蝗)旱
927	20	京	P40	탑요동	三月 皇龍寺塔搖動北傾
928	20	不	E10	지진	六月 地震
932	20	不	E10	지진	春正月 地震
934	20	不	A11	노인성	秋九月 老人星見

* 지방에서 경주로 물건을 바친 것은 지역을 '不'에 포함시켰음

[참고문헌]

■ 원사료

역사: 『三國史記』, 『三國遺事』, 『三國史節要』, 『高麗史』, 『朝鮮王朝實錄』, 『承政院日記』,
『東史綱目』

『史記』, 『史記集解』, 『史記正義』, 『漢書』, 『後漢書』, 『三國志』, 『魏書』, 『南史』, 『北
史』, 『晉書』, 『隋書』, 『新唐書』, 『元史』

『日本書紀』, 『古事記』

사전·언어: 『老乞大諺解』, 『飜譯老乞大』, 『新增類合』, 『譯語類解』, 『譯語類解補』, 『龍飛御
天歌』, 『訓蒙字會』

『刊謬補缺切韻』, 『廣雅』, 『廣韻』, 『大廣益會玉篇』, 『方言』, 『說文解字』, 『說文解字
注』, 『爾雅』, 『集韻』

문집·일기: 崔致遠 『孤雲集』, 柳得恭 『泠齋集』, 曺偉 『梅溪集』, 金時習 『梅月堂集』, 李文楗
『默齋日記』, 沈彦光 『漁村集』, 金正喜 『阮堂全集』, 黃胤錫 『頤齋亂藁』, 金堉 『潛谷
遺稿』, 金宗直 『佔畢齋集』, 卞季良 『春塘集』, 金壽興 『退憂堂集』, 成俔 『虛白堂集』
劉禹錫 『劉夢得先生文集』

불경: 『起世經』, 『起世因本經』, 『大樓炭經』, 『大寶積經』, 『菩薩從兜術天降神母胎說廣普
經』, 『佛本行集經』, 『阿毘達磨俱舍論』

기타: 『國朝曆象考』, 『宮闕志』, 『東國輿地備考』, 『新增東國輿地勝覽』, 『書雲觀志』, 『續東
文選』, 『松都誌』, 『輿圖備志』, 『頤齋全書』, 『林下筆記』, 『增補文獻備考』, 『太平通
載』, 『漢京識略』, 『海東雜錄』, 『戶口總數』

『開元占經』, 『論語』, 『論衡』, 『唐詩紀事』, 『毛詩注疏』, 『法苑珠林』, 『步天歌』, 『詩
經』, 『左傳』, 『皇帝內經』

■ 조사보고서·도록

국립경주문화재연구소, 1996, 『재매정지 발굴조사보고서』

국립경주문화재연구소, 2004, 『월성 지표조사보고서』

국립경주문화재연구소·경주시, 2009,『경주 황남동 대형건물지―황남동 123-2번지 유적―』

국립경주박물관·경주시, 2008,『문화재유적분포지도―경주시 1:10,000』

국립문화재연구소, 2007,『풍납토성 Ⅷ』, 태양정보출판

국립문화재연구소, 2009,『경주 첨성대 실측 훼손도평가 조사보고서』

국립민속박물관, 2004,『천문』

국제기념물유적협의회(ICMOS)한국위원회·문화재청, 2004,『세계문화유산 고구려고분벽화』

남북역사학자협의회, 2010,『개성 만월대 남북공동발굴조사』

문화공보부, 1976,『불국사 복원공사보고서』

문화재관리국 문화재연구소, 1993,『파주 서곡리 고려벽화묘(발굴조사보고서)』

배기동·강병학, 2000,『부천 고강동 선사유적 제4차 발굴조사보고서』, 부천시·한양대학교
    박물관·문화인류학과

서울역사박물관·한신대학교박물관, 2008,『풍납토성 경당지구 재발굴조사 보고서』, 한신대
    학교박물관

성림문화재연구원, 2008,『경주 화곡리 제단 유적』

안동대학박물관, 1981,『서삼동 벽화고분』

임효재·양성혁, 1999,『영종도 는들 신석기유적―신공항고속도로건설지역 발굴조사보고서―』

중앙문화재연구원·경주시, 2008,『경주 나정』,『경주 나정―사진―』, 중앙문화재연구원

중앙일보사, 1979,『한국의 미 ⑩불상』

창원대학교박물관·한국수자원공사, 2000,『창원 반계동유적 Ⅰ』

한국표준연구소, 1989,「측정표준 사료 복원 Ⅳ―일성정시의―」

한성백제박물관·한신대학교박물관, 2015,『風納土城 ⅩⅦ』

橿原考古學研究所附屬博物館, 2003,『古墳時代の馬との出會い―馬と馬具の考古學―』
    (橿原考古學研究所特別展圖錄), 奈良

潘鼐 編, 2009,『中國古天文圖錄』, 上海: 上海科技教育出版社

朝鮮總督府, 1973,『朝鮮古蹟圖譜』3, 東京: 名著出版

狹山池博物館, 2006,『水にうつる願い』(平成18年度特別展圖錄), 大阪: 大阪府立狹山池博
    物館

■ 저서

강한영 校注, 1971, 『申在孝판소리사설집』, 민중서관

권영필 옮김, 안드레아스 에카르트 著, 2003, 『에카르트의 조선미술사』, 열화당 (Eckardt, Andreas, 1929, *Geschichte der Koreanishen Kunst*, Leipzig: Karl W. Hiersemann)

길희성, 1984, 『인도철학사』, 민음사

김기흥, 2000, 『천년의 왕국 신라』, 창작과 비평사

김동소, 2011, 『한국어의 역사(수정판)』, 정림사

김열규, 1985, 『한국의 신화』, 일조각

김완진, 1980, 『향가해독법연구』, 서울대학교출판부

김일권, 2008, 『우리 역사의 하늘과 별자리』, 고즈윈

김일권, 2008, 『고구려 별자리와 신화』, 사계절

김장훈, 2019, 『첨성대의 건축학적 수수께끼』, 동아시아

김향 옮김, 나카야마 시게루 지음, 1995, 『하늘의 과학사』, 가람기획(中山茂, 1984, 『天の科學史』, 東京: 朝日新聞社)

김희선, 2010, 『동아시아 도성제와 고구려 장안성』, 지식산업사

나일성, 2000, 『한국천문학사』, 서울대학교출판부

나일성 편, 2004, 『서양 과학의 도입과 연희전문학교』, 연세대학교출판부

나희라, 2003, 『신라의 국가제사』, 지식산업사

남문현, 1998, 『한국의 물시계』, 건국대학교출판부

남문현, 2002, 『장영실과 자격루』, 서울대학교출판부

남천우, 1997, 『유물의 재발견』, 학고재

東峰 옮김, 사다카타 아키라 지음, 1993, 『불교의 우주관』, 관음출판사(定方晟, 1973, 『須彌山と極樂』, 東京: 講談社)

문동석, 2007, 『백제 지배세력 연구』, 혜안

박병채, 1971, 『고대국어의 연구』, 고려대학교출판부

박병채, 1989, 『국어발달사』, 세영사

박창범, 2002, 『하늘에 새긴 우리역사』, 김영사

박창범, 2007, 『한국의 전통과학 천문학』, 이화여자대학교출판부

박창원, 2002, 『고대국어 음운』(1), 태학사

박흥수, 1999, 『韓·中度量衡制度史』, 성균관대학교출판부

신동원, 2006, 『우리과학의 수수께끼』, 한겨레출판

신형식, 1984, 『한국고대사의 신연구』, 일조각

안상현, 2000, 『우리가 정말 알아야 할 우리 별자리』, 현암사

魏國峰, 2017, 『고대 한국어 음운 체계 연구』, 태학사

이거룡 옮김, 라다크리슈난 지음, 1999, 『인도철학사 1』, 한길사(Radhakrishnan, Sarvepalli, 1923, *Indian Philosophy*, Vol. 1, Oxford: Oxford University Press Inc.)

이광원 옮김, 에크하르트 슬라빅·우베 라이허르트, 2008, 『우주로 가는 별자리 지도』, 이치 (Eckhard Slawik·Uwe Reichert, 1997, *Atlas der Sternbilder*, Elsevier GmbH.)

이기문, 1998, 『(新訂版) 국어사개설』, 태학사

이난영, 1979, 『韓國金石文追補』, 아세아문화사

이동근 엮음, 2008, 『수이전 일문』, 지만지

이동환 校勘, 1973, 『三國遺事』(영인본), 민족문화추진위원회

이면우 옮김, 조지프 니덤 지음, 콜린 로넌 축약, 2000, 『중국의 과학과 문명―수학, 하늘과 땅의 과학, 물리학』, 까치(Ronan, Colin A., 1981, *The Shorter Science and Civilisation in China: An Abridgement of Joseph Needham's Original Text*, Vol.2, Cambridge: Cambridge University Press)

이문규, 2000, 『고대 중국인이 바라본 하늘의 세계』, 문학과 지성사

이상희, 2006, 『꽃으로 보는 한국문화 3』, 넥서스BOOKS

이용범, 1993, 『한국과학사상사연구』, 동국대학교출판부

이재숙·이광수 옮김, J. H. 데이브 編, 1999, 『마누법전』, 한길사(Dave, J. H. ed., 1972, Manu-Smṛti, Bombay: Bharatiya Vidya Bhavan)

이태형, 1989, 『재미있는 별자리여행』, 김영사

이홍직, 1973, 『한국고대사의 신연구』, 신구문화사

임승휘, 2004, 『절대왕정의 탄생』, 살림

전상운, 1977, 『한국의 과학사』, 세종대왕기념사업회

전상운 옮김, 야부우치 기요시 지음, 1997, 『중국의 과학문명』, 민음사(藪內淸, 1970, 『中國의 科學文明』, 東京: 岩波書店)

전상운, 2016, 『우리 과학문화재의 한길에 서서』, 사이언스북스

정승석 편역, 1984, 『리그베다』, 김영사

조선기술발전사편찬위원회(편), 1994, 『조선 기술 발전사 3 (고려편)』, 평양: 과학백과사전종합출판사

조용진, 1989, 『동양화 읽는 법』, 집문당

최무장, 1995, 『고구려 고고학 Ⅰ』, 민음사

한국역사연구회 중세1분과 나말여초연구반, 1996, 『역주 나말여초금석문』, 혜안

한글학회, 1979, 『한국지명총람 7(경북편Ⅳ)』

한글학회, 1992, 『우리말 큰사전』, 어문각

한정숙 譯, 마르크 블로크 著, 1986, 『봉건사회 Ⅱ—계급과 통치—』, 한길사(Bloch, Marc, 1968, La société féodale, Paris: Albin Michel)

홍순민, 2017, 『홍순민의 한양 읽기 궁궐』, 눌와

京城府, 1934, 『京城府史』第一卷

關野貞, 1904, 『韓國建築調査報告—東京帝國大學 工科學術報告 第6號—』

橋本敬造, 1993, 『中國占星術の世界』, 東京: 東方書店

金理新, 2005, 『上古漢語形態硏究』, 合肥: 黃山書社

唐作藩, 2013, 『音韻學敎程(第4版)』, 北京: 北京大學出版社

大崎正次, 1987, 『中國の星座の歷史』, 東京: 雄山閣出版社

渡邊豪·二宮謙次郎, 1910, 『朝鮮名勝記』

董同龢, 1944, 『上古音韻表稿』, 臺北: 台聯國風出版社

藤堂明保·加納喜光, 2005, 『(學硏)新漢和大字典』, 東京: 學習硏究社

薄樹人 編, 1995, 『中國天文學史』, 臺北: 文津出版社

潘鼐, 2009, 『中國恒星觀測史』(增訂版), 上海: 學林出版社

潘悟雲, 2000, 『漢語歷史音韻學』, 上海: 上海敎育出版社

徐中舒 主編, 1998, 『甲骨文字典』, 成都: 四川辭書出版社

邵榮芬, 1982, 『切韻研究』, 北京: 中國社會科學出版社

王力, 1987, 『漢語語音史: 王力文集10』, 濟南: 山東教育出版社

越智唯七, 1917, 『(新舊對照)朝鮮全道府郡面里洞名稱一覽』, 京城府: 中央市場

李方桂, 1980, 『上古音研究』, 北京: 商務印書館

李榮, 1973, 『切韻音系』, 臺北: 鼎文書局

伊藤智ゆき, 2007, 『朝鮮漢字音研究』, 東京: 汲古書院

臧嶸, 1997, 『中國古代驛站與郵傳』, 北京: 商務印書館

鄭張尙芳, 2012, 『鄭張尙芳語言學論文集』, 北京: 中華書局

鄭張尙芳, 2013, 『上古音系(第2版)』, 上海: 上海敎育出版社

諸橋轍次, 1985, 『大漢和辭典』, 東京: 大修館書店

朝鮮總督府觀測所, 1913, 『日用便覽(第5次)』, 東京: 東京國文社

鐘方正樹, 2003, 『井戸の考古學』, 東京: 同成社

周法高 主編, 1973, 『漢字古今音彙』, 香港: 香港中文大學

周法高, 張日昇·林潔明 編, 1973, 『周法高上古音韻表』, 臺北: 三民書局

陳遵嬀, 1985, 『中國天文學史』, 臺北: 明文書局(2016, 上海: 上海人民出版社)

馮時, 2013, 『中國古代物質文化史: 天文歷法』, 北京: 開明出版社

賀云翱, 2005, 『六朝瓦當與六朝都城』, 北京: 文物出版社

洪以燮, 1944, 『朝鮮科學史』, 東京: 三省堂出版株式會社

和田雄治, 1917, 『朝鮮古代觀測記錄調查報告』, 朝鮮總督府觀測所

華學誠 匯證, 王智群·謝榮娥·王彩琴 協編, 2006, 『揚雄方言校釋匯證』, 北京: 中華書局

Baxter, William H., 1992, *A Handbook of Old Chinese Phonology*, Berlin·New York: Mouton de Gruyter

Baxter, William H. & Sagart, Laurent, 2014, *Old Chinese: A New Reconstruction*, New York: Oxford University Press

Karlgren, Bernhard, 1957, *Grammata Serica Recensa*, Stockholm: The Museum of Far Eastern Antiquities

Monier-Williams, M., 1979, *A Sanskrit-English Dictionary*, London: Oxford University Press

Needham, Joseph, 1959, *Science and Civilisation in China*, Vol. Ⅲ, Cambridge: Cambridge University Press

Pulleyblank, Edwin G., 1984, *Middle Chinese: A Study in Historical Phonology*, Vancouver: University of British Columbia Press

Pulleyblank, Edwin G., 1991, *Lexicon of Reconstructed Pronunciation in Early Middle Chinese, Late Middle Chinese, and Early Mandarin*, Vancouver: UBC Press

Rufus, W. C., 1936, *Korean Astronomy*, Seoul: The Literary Dept., Chosen Christian College

Starostin, Sergei A. · Dybo, Anna V. · Mudrak, Oleg A., 2003, *Etymological Dictionary of the Altaic Languages*, Leiden: Brill

Ting Pang-hsin, 1975, *Chinese Phonology of the Wei-Chin Period: Reconstruction of the Finals as Reflected in Poetry*, Taipei: Institute of History and Philology Academia Sinica

Torge, Wolfgang, 2001, *Geodesy* (3rd edition), Berlin · New York: Walter de Gruyter

■ 논문

강재철, 1991, 「'善德女王知幾三事'條 설화의 연구」, 『동양학』 21, 단국대학교 동양학연구소

구만옥, 2007, 「천상열차분야지도와 전통 별자리」(국사편찬위원회 편, 『하늘, 시간, 땅에 대한 전통적 사색』, 두산동아

권오영, 2008, 「성스러운 우물의 제사」, 『지방사와 지방문화』 11-2

권인한, 1997, 「한자음의 변화」, 『국어사연구』, 태학사

권인한, 1999, 「고대국어의 치음계열에 대한 연구」, 『애산학보』 23

권인한, 2014, 「동대사도서관장 화엄경의 각필로 본 신라한자음」, 『구결연구』 33

권인한, 2022, 「고대 한국한자음의 연구(Ⅴ)—동대사 화엄경의 한자음 관련 각필점들을 중심으로—」, 『구결연구』 49

김경숙, 2000, 「16세기 사대부 집안의 제사설행과 그 성격」, 『한국학보』 98

김경찬, 2010, 「새로 발굴된 고구려 첨성대터에 대하여」

김근수, 2009, 「한국 최고의 문화산수, 화양구곡」, 『예던길』 33

김기협, 1981, 「첨성대의 천변관측 기능」, 『한국과학사학회지』 3-1

김기흥, 2010, 「서동설화의 역사적 진실」, 『역사학보』 205

김두진, 1987, 「신라 진평왕대의 석가불신앙」, 『한국학논총』 10, 국민대학교 한국학연구소

김만태, 2012, 「성수신앙의 일환으로서 북두칠성의 신앙적 화현 양상」, 『동방학지』 150

김봉규, 2011, 「신라의 천문관측 기록과 첨성대의 역할」, 『천문학회보』 36-1

김수진, 2010, 「7세기 고구려의 도교 수용 배경」, 『한국고대사연구』 59

김용운, 1974, 「첨성대를 빨가 벗긴다」, 『자유교양』 1974년 7월호, 한국자유교양추진위원회

김용운, 1974, 「瞻星臺小考」, 『역사학보』 64

김용운, 1975, 「첨성대의 뒷 이야기」, 『자유교양』 1975년 4월호

김용운, 2001, 「한·중·일 과학기술문화 읽기」, 『디자인문화비평』 04, 안그라픽스

김일권, 1997, 「고구려 고분벽화의 천문사상 특징: '삼중 천문 방위 표지 체계'를 중심으로」,
　　　『고구려연구』 3

김일권, 1998, 「고구려 고분벽화의 북극성 별자리에 관한 연구」, 『고구려연구』 5

김일권, 2010, 「첨성대의 靈臺적 독법과 신라 왕경의 三雍제도 관점」, 『신라사학보』 18

김창룡, 2007, 「善德女王과 牡丹故事 攷」, 『어문연구』 35-4

김창억, 2000, 「삼국시대 時至聚落의 전개과정과 성격」, 『영남고고학』 27

김창억, 2004, 「우물에 대한 祭儀와 그 의미」, 『영남문화재연구』 17

김호일, 2000, 「소백산천문대의 어제와 오늘」, KAO Newsletter 22, 한국천문연구원

나일성, 1981, 「첨성대의 사각기초석의 방향결정과 천문대로서의 기능」, 『한국과학사학회지』 3-1

나희리, 2002, 「신라의 즉위의례」, 『한국사연구』 116

남동신, 1992, 「자장의 불교사상과 불교치국책」, 『한국사연구』 76

남동신, 1999, 「원효와 분황사 관계의 사적 추이」, 『분황사의 제조명』, 동국대학교 신라문화
　　　연구소

남동신, 2007, 「『삼국유사』의 사서로서의 특성」, 『불교학연구』 16

남천우, 1974, 「첨성대에 관한 諸說의 검토—김용운, 이용범 兩氏說을 중심으로—」, 『역사
　　　학보』 64

남천우, 1987, 「첨성대 異說의 원인—이용범 씨의 瞻星臺存疑 再論을 보고—」, 『한국과학사

학회지』 9-1

노태돈·이인철, 2006, 「안학궁의 역사적 배경과 기존의 연구성과」, 『고구려 안학궁 조사보고서 2006』, 고구려연구재단

민영규, 1981, 「瞻星臺偶得」, 『한국과학사학회지』 3-1

박동현, 1963, 「천문대의 어제와 오늘」, 동아일보 1963. 1. 29

박성래, 1980, 「첨성대에 대하여」, 『한국과학사학회지』 2-1

박성래, 1982, 「고대 천문학과 첨성대」, 『(KBS TV 공개대학시리즈⑤) 한국과학사』, 한국방송사업단

박성환, 1981, 「첨성대에 관한 고찰」, 『한국과학사학회지』 3-1

박종성, 2003, 「구비전승의 〈三台星〉과 〈北斗七星〉 神話 一考—무속신화와 건국신화의 상관성 및 신앙의 형상을 중심으로—」, 『구비문학연구』 16

박창범, 2009, 「전통시대 천문현상 관측대로서의 첨성대의 특징과 영향」, 『인문학과 과학으로 풀어보는 첨성대의 비밀』(제4차 첨성대 대토론회 발표문)

박홍수, 1979, 「첨성대의 천문측량」, 『한국과학사학회지』 1-1

성형미, 2002, 「한국에 있어서 지자기 영년변화의 측정」, 『제4기학회지』 16-2

성형미, 2006, 「고고지자기학의 연구현황과 성과」, 『영남고고학회 학술발표회』 15

손환일, 2006, 「삼족도(三足圖) 문양의 시대별 변천」, 『한국사상과 문화』 33

송민구, 1981, 「「경주 첨성대 실측 及 복원도」에 의한 비례분석」, 『한국과학사학회지』 3-1

송상용, 1983, 「첨성대 是非」, 『과학과 기술』 16-2

송상용, 1984, 「첨성대」, 『이야기 한국과학사』, 서울신문사

신동하, 1979, 「신라 골품제의 형성과정」, 『한국사론』 5, 서울대학교 국사학과

신용하, 2001, 「고조선문명권의 삼족오태양 상징과 조양 원대자벽화묘의 삼족오태양」, 『한국학보』 105

신종원, 1996 「『삼국유사』 선덕왕지기삼사조의 몇 가지 문제」, 『신라문화제학술발표회논문집』 17

양화영, 2003, 「삼국시대 영남지방 우물의 구조에 대한 연구」, 창원대학교 석사학위논문

여호규, 2003, 「국가의례를 통해 본 신라 중대 도성의 공간구조」, 『한국의 도성』, 서울시립대학교 서울학연구소

염중섭, 2007, 「불국사 대웅전 영역의 이중구조에 관한 고찰」, 『종교연구』 49

유경로, 1984, 「천문대―경주 첨성대」, (『한국의 과학문화재 조사보고』), 『한국과학사학회
　　　지』 6-1

유복모·강인준·양인태, 1981, 「경주 첨성대의 위치해석에 대한 고찰」, 『한국과학사학회지』 3-1

윤순옥·황상일, 2004, 「경주 및 천북 지역의 선상지 지형발달」, 『대한지리학회지』 39-1

이경섭, 2008, 「신라 월성해자 목간의 출토상황과 월성 주변의 경관 변화」, 『한국고대사연구』 49

이기동, 1972, 「신라 내물왕계의 혈연의식」, 『역사학보』 53

이기백, 1975, 「신라 초기 불교와 귀족세력」, 『진단학보』 40

이동우, 1998, 「경주 첨성대의 축조에 관한 구조공학적 고찰」, 『한국전통과학기술학회지』 4-1

이동주, 2013, 「신라 '儀鳳四年皆土'명 기와와 納音五行」, 『역사학보』 220

이문기, 2009, 「문헌으로 본 나정」, 『퇴계학과 한국문화』 44

이문형, 2005 「경주 나정 발굴조사 개요」, 『경주 나정―신화에서 역사로―』(제1회 중앙문화
　　　재연구원 학술대회 발표문)

이상주, 2008, 「우암(尤庵)의 화양구곡 '첨성대'에서의 '천문관측'설 및 선기옥형(璿璣玉衡)
　　　의 용도에 대한 검증」, 『槐鄕文化』 16

이용범, 1974, 「瞻星臺存疑」, 『진단학보』 38

이용범, 1987, 「續〈瞻星臺存疑〉―신라의 佛敎占星과 첨성대―」, 『불교와 諸科學』, 동국대
　　　학교출판부

이용삼·김상혁, 2002 「세종시대 창제된 천문관측의기 소간의(小簡儀)」, 『한국우주과학회
　　　지』 19-3

이용삼, 2007, 「尤庵의 渾天儀와 華陽九曲 첨성대에 대한 고찰」, 『충북대학교 우암연구소
　　　창립기념학술발표대회 논문집』, 충북대학교 우암연구소

이은석, 2006, 「신라 왕경 발굴의 과제」, 『신라사학보』 5

이은성, 1981, 「첨성대에 관한 소감」, 『한국과학사학회지』 3-1

이정원, 2008, 「애정 전기소설사 초기의 서사적 성격―『대동운부군옥』에 실린 『수이전』 일
　　　문을 중심으로―」, 『고소설연구』 25

이종욱, 1980, 「신라 중고시대의 성골」, 『진단학보』 50

이지원, 2004, 「춤추는 이미지: 엘리자베스 1세의 이미지 정치」, 『역사와 문화』 9

이형구, 1994, 「고구려의 삼족오 신앙에 대하여」, 『동방학지』 86

이혜원, 2008 「고려대학교 박물관 소장 「경복궁배치도」의 제작시기와 사료가치에 대한 연구」, 『건축역사연구』 17-4

인권환, 1968, 「「心火繞塔」 說話攷―인도 설화의 한국적 전개―」, 『국어국문학』 41

임기환, 2003, 「고구려 도성제의 변천」, 『한국의 도성』, 서울학연구소

장활식, 2020, 「첨성대 이름의 의미 해석」, 『문화재』 53-4

전덕재, 2006, 「신라 왕궁의 배치양상과 그 변화」, 『신라왕경의 구조와 체제』, 동국대학교 신라문화연구소

전상운, 1964, 「삼국 및 통일신라시대의 天文儀器」, 『고문화』 3

전상운, 1973, 「한국의 세계제일 ③ 첨성대: 世界속의 과학문화재―신라 천문학의 상징」, 『세대』 1973년 11월호

전상운, 1979, 「첨성대 연구 약사」, 『한국과학사학회지』 1-1

전상운·나일성, 1983, 「관상감 관천대에 대하여」, 『동방학지』 40

전상운 외 11인, 1984, 「한국의 과학문화재 조사보고 1980-1985」, 『한국과학사학회지』 6-1

전영신, 2001, 「선각 기상인-와다(和田)의 삶」, 『대기』 11-2

전영신, 2001, 「선각 기상인-와다(和田)의 첫 작품, 한국관측소학술보문(1권, 2권)」, 『대기』 11-4

정선여, 2005, 「7세기대 고구려 불교정책의 변화와 普德」, 『백제연구』 42

정연식, 2009, 「선덕여왕과 성조(聖祖)의 탄생, 첨성대」, 『역사와 현실』 74

정연식, 2009, 「선덕여왕의 이미지 창조」, 『한국사연구』 147

정연식, 2009, 「첨성대의 기능과 형태에 관한 여러 학설 비판」, 『역사학보』 204

정연식, 2010, 「7세기 첨성대 건립과 천문 이변 기록 증가의 관련설에 대한 비판 ―『삼국사기』 신라본기 상서재이 기록의 통계 분석―」, 『역사학보』 206

정연식, 2010, 「조선시대 觀天臺와 日影臺의 연혁―창경궁 일영대와 관련하여―」, 『한국문화』 51

정연식, 2010, 「조선시대 관상감 觀天臺와 경주 瞻星臺의 입지조건 비교」, 『한국고대사연구』 60

정연식, 2011, 「평양 첨성대의 서사구조와 연개소문의 탄생」, 『역사와 현실』 79

정연식, 2011, 「王建 탄생의 落星 설화와 개성 첨성대」, 『한국중세사연구』 30

정연식, 2011, 「신라의 태조 미추왕과 은하수 星漢」, 『한국고대사연구』 62

정연식, 2011, 「통일신라의 종묘 건축과 종묘제의 변화—계림 북쪽의 대형건물 유구와 관련하여—」, 『한국사연구』 153

정연식, 2012, 「제왕의 별 북극오성을 형상화한 무열왕릉」, 『역사문화연구』 41

정연식, 2012, 「천상열차분야지도 별자리의 서방7수를 중심으로 한 부분적 복원」, 『인문논총』 24, 서울여자대학교 인문과학연구소

정연식, 2013, 「천상열차분야지도의 남방7수와 태미원의 복원」, 『인문논총』 27, 서울여자대학교 인문과학연구소

정연식, 2014, 「동명왕편의 유화부인에 대한 고천문학적 해석—알영부인, 원창왕후와의 비교」, 『한국중세사연구』 39

정연식, 2014, 「문무왕릉비의 화관(火官)」, 『역사민속학』 44

정연식, 2014, 「『천문류초』의 중궁, 헌원」, 『조선시대사학보』 69

정연식, 2015, 「신라인들이 '喙(隊)'로 표현하고자 한 소릿값과 그 뜻」, 『역사와 현실』 95

정연식, 2015, 「역사음운학과 고고학으로 탐색한 閼川 楊山村」, 『한국고대사연구』 80

정연식, 2015, 「천상열차분야지도 동방7수의 복원」, 『인문논총』 29, 서울여자대학교 인문과학연구소

정연식, 2016, 「모량(牟梁), 잠훼(岑喙)의 뜻과 귀교(鬼橋)의 위치」, 『인문논총』 30, 서울여자대학교 인문과학연구소

정연식, 2016, 「동명왕편에서 돌에 앉은 유화(柳花)를 쇠그물로 잡은 어사(漁師) 강력부추(强力扶鄒)에 관하여」, 『역사와 현실』 100

정연식, 2016, 「신라 금성(金城)의 위치 고증」, 『한국사연구』 173

정연식, 2017, 「고려 말 서곡리 권준(權準) 묘의 삼성(三星)과 태성(胎星)」, 『인문논총』 31, 서울여자대학교 인문과학연구소

정연식, 2018, 「신라 초기 습비부(習比部) 고라촌[高耶村]의 위치」, 『한국사연구』 183

정연식, 2019, 「울릉도, 독도의 옛 이름 대섬[竹島], 솔섬[松島]의 뜻」, 『역사학보』 241

정용숙, 1994, 「신라 선덕왕대의 정국동향과 비담의 난」, 『이기백선생고희기념한국사학논총—고대편·고려시대편』, 일조각

정자영, 2006, 「한국 고대 목탑지 기단 및 심초부 축조기법 연구」, 숭실대학교 석사학위논문

정중환, 1977, 「비담·염종란의 원인고」, 『동아논총』 14

조경철, 2009, 「신라의 여왕과 여성성불론」, 『역사와 현실』 71

조세환, 1998, 「첨성대의 경관인식론적 해석」, 『한국조경학회지』 26-3

조세환, 2009, 「신라왕경의 공간구조 및 상징성과 첨성대」, 『인문학과 과학으로 풀어보는 첨성대의 비밀』(제4차 첨성대 대토론회 발표문)

조용호, 1997, 「지귀설화고」, 『고전문학연구』 12

주보돈, 1994, 「비담의 난과 선덕왕대 정치운영」, 『이기백선생고희기념한국사학논총(상)— 고대편·고려시대편—』, 일조각

최영준, 2009, 「길과 문명」, 『우리 역사와의 소통과 교통로』, 부산대학교박물관

최헌섭, 1998, 「창원반계동 취락유적 조사예보」(영남문화재연구원 제8회 조사연구회발표문)

추만호, 1992, 「나말여초 선사들의 태몽과 민중생활」, 『伽山李智冠스님화갑기념논총 한국 불교문화사상사』 상, 가산불교문화진흥원

한국과학사학회, 1981, 「제3차 첨성대 토론회 발표요지」, 『한국과학사학회지』 3-1

한국미술사학회 편집실, 1963, 「첨성대 실측」, 『고고미술』 4-5

허상호, 2004, 「조선후기 佛卓 연구」, 『미술사학연구』 244

홍광표, 1999, 「분황사의 복원을 위한 몇 가지 의문」, 『신라문화제학술발표논문집』 20

홍사준, 1965, 「경주 첨성대 실측조서」, 『고고미술』 6-3·4

홍사준, 1967, 「瞻星臺」, 『然齋考古論集』, 考古美術同人會

황패강, 1975, 「志鬼說話小考」, 『동양학』 5

駒見和夫, 1992, 「井戸をめぐる祭祀—地域的事例の檢討から—」, 『考古學雜誌』 77-4

潘鼐, 1996, 「中國與朝鮮古代星座同異溯源」, 『自然科學史研究』 15-1

飯島忠夫, 1926, 「三國史記の日食記事について」, 『東洋學報』 15

北田裕行, 2000, 「古代都城における井戸祭祀」, 『考古學研究』 47-1

蘇甲榮 編製, 1936, 〈南京1936〉 地圖, 北京: 日新興地學社(2005년 學苑出版社 再出刊)

張家泰, 1976, 「登封觀星臺和元初天文觀測的成就」, 『考古』 1976年 第2期

田村專之助, 1958, 「新羅瞻星臺の彗星觀測」, 『東洋人の科學と技術』, 東京: 淡路書房新社

河野六郎, 1979, 「朝鮮漢字音の研究」, 『河野六郎著作集 2』, 東京: 平凡社

和田雄治, 1910, 「慶州瞻星臺ノ說」, 『韓國觀測所學術報文』 第1卷, 農商工部觀測所

Aravind, Padmanabhan. K., 2009, "Sunsets, tall buildings, and the Earth's radius"(https://arxiv.org/abs/0812.3911)

Kim Yong-woon, 1974, "Structure of Ch'ŏmsŏngdae in the Light of the Choupei Suanchin", *Korea Journal*, Vol.14 No.9, Korean National Commission for UNESCO

Nature Publishing Group, 1911, "Korean Meteorology-Old and New", *Nature*, Vol.85

Pulleyblank, Edwin G., 1962, "The Consonantal System of Old Chinese", *Asia Major*, Vol.9 No.1, London: Percy Lund, Humphries & Co.

Pulleyblank, Edwin G., 1970-1971, "Late Middle Chinese", *Asia Major*, Vol.15 No.2, London: Percy Lund, Humphries & Co.

Song Sang-yong, 1984, "A Brief History of the Study of the Ch'ŏmsŏng-dae in Kyŏngju", *Korea Journal*, Vol.23 No.8

■ 기타

국토지리정보원 (https://www.ngii.go.kr)

Daum 지도 (https://map.kakao.com)

漢典 (https://www.zdic.net)

Google Earth (https://earth.google.com)

Baidu百度 (https://www.baidu.com)

KBS 역사스페셜 제109회 「선덕여왕의 비밀코드, 첨성대」(2001.4.7)

울산MBC 「첨성대別記」(2009.12.18)

연합뉴스, 동아일보, 조선일보, 한국일보

[찾아보기]